회화잡는 스피킹 영단어 3300

MP3 파일 무료제공

QR코드를 스캔하면 MP3 파일 저장소로 바로 이동합니다.

회화잡는 스피킹 영단어 3300

2013년 06월 20일 초판 01쇄 발행
2025년 09월 15일 초판 29쇄 발행

지은이 김효상
발행인 손건
편집기획 손용희
마케팅 최관호
디자인 김선옥
제작 최승용
인쇄 선경프린테크

발행처 **LanCom** 랭컴
주소 서울시 영등포구 영신로 34길 19
등록번호 제 312-2006-00060호
전화 02) 2636-0895
팩스 02) 2636-0896
홈페이지 www.lancom.co.kr

ⓒ 랭컴 2013
ISBN 978-89-98469-16-0 13740

이 책의 저작권은 저자에게 있습니다. 저자와 출판사의 허락없이
내용의 일부를 인용하거나 발췌하는 것을 금합니다.

맨날 해도 안 되는 **영어회화 단어로** 사로잡기

회화 잡는

스피킹 영단어 3300

김효상 지음

LanCom
Language & Communication

PREFACE
머리말

영단어 3만 개를 외워도
회화가 술술 안 나오는 이유?

간단한 말은 영어로 할 수 있는데 원어민과 대화를 하게 되면 상황에 맞는 적절한 단어가 입에서 나오지 않아 실망하고는 합니다. 영어회화에 필요한 어휘를 늘릴 수 있는 방법은 없을까요?

이런 질문을 받을 때가 많습니다. 이 질문을 한국의 영어 교육의 모순을 잘 지적하고 있습니다. 왜냐하면, 대학입시를 위해 막대한 시간과 노력을 투자해서 3,000~5,000 단어 이상을 암기하고 있음에도 불구하고 막상 영어회화를 하려고 하면 그 노력은 쓸모없이 되어 버리기 때문입니다.

그 원인은 어휘의 질에 차이가 있습니다. 일상적인 영어회화에 필요한 어휘와 대학입시나 영문을 읽기 위한 어휘와는 기본적은 면에서 일치하지만, 어느 수준을 넘으면 양자 사이에는 차이가 있게 됩니다. 그러나 그 차이를 정확하게 파악하고 편집된 실용영어 단어집, 다시 말하면 회화용 어휘집은 그다지 많지 않습니다.

그래서 생생한 구어표현의 보고인 외국영화를 이용해서 영어회화에 절대적으로 필요한 단어와 표현을 조사해보는 방법을 써보았습니다. 이것은 컴퓨터를 이용해 영화의 dialog 어휘를 분석하고 중요어가 포함된 표현을 뽑아서 회화용 어휘를 가능하면 능률적으로 배울 수 있도록 하기 위해서입니다. 우선, 24만 단어가 넘는 영화의 dialog를 컴퓨터로 분석하고 모든 단어의 사용 빈도수를 알아보기 위해 구어 영어어휘의 총계 자료로 알려진 Word Frequencies of Spoken American English(총 어휘수 105만 8,888개)도 그 분석에 추가하였습니다.

그 결과 일상 영어회화를 위한 어휘학습에 꼭 알아두어야 하는 어휘 목록을 만들 수 있었습니다. 또한, 영화의 dialog도 기대 이상으로 다양하고 풍부하여 표현력을 기르는 데 훌륭한 역할을 할 수 있다는 것도 알게 되었습니다. 이 책에 수록한 기본 1,862 표제단어와 그 파생어와 관련된 표현을 학습하고 풍부하게 수록된 예문을 모두 이해하게 되면 일상적인 영어회화에 필요한 어휘와 표현력은 완전히 익힐 수 있다고 확신합니다.

2013년 6월 저자

ABOUT THIS BOOK
이 책의 특징

● **일상회화를 위한 회화잡는 영단어**

영어회화 실력을 높이려면 우선 어휘력을 강화해야 한다는 것은 두말할 필요도 없습니다. 의미를 나타내는 최소한의 단위인 단어를 이해할 수 없다면 listening, speaking, reading, writing이라는 영어의 4기능 중 어느 것도 할 수 없기 때문입니다.

그러면 4기능 중에서 학습자의 대부분이 가장 원하는 speaking 능력에 필요한 어휘력이란 어떤 것일까요? 그것은 의미를 이해할 수 있을 뿐만 아니라 자유롭게 구사해서 자신이 전달하고자 하는 의미 내용을 적절하게 표현하는 것이 가능한 '회화용 어휘'이어야 합니다. 실제 회화를 하면서 그 장소에 어울리는 단어가 떠오르지 않아 말이 막혀서 입을 다물어 버린 경험을 영어공부를 해봤던 분들이라면 모두가 겪어보았을 것입니다. 이러한 경험을 반복하지 않기 위해서는 회화실력을 확실히 잡을 수 있는 단어, 즉 회화에 강해지는 단어를 중점으로 익혀야 합니다.

다행스럽게도 이 <회화잡는 스피킹 영단어 3300>에는 그 질과 양적인 면에서 두 가지의 기뻐해야 할 특징이 있습니다. 먼저, 누구나 쉽게 이해할 수 있는 쉬운 어휘라는 것, 둘째 단어의 숫자가 많지 않다는 것입니다. 실제로 영미인들은 대개 3,000~4,000개의 어휘로 일상 커뮤니케이션을 하고 있는 것으로 알려져 있습니다. 즉, 한정된 수의 쉬운 어휘를 폭넓게 의미에 맞춰서 사용함으로써 일상회화를 구사하는 것입니다. 따라서 영어회화를 하기 위해서는 먼저 이 회화용 어휘를 '사용되는 형태'로 확실하게 익힐 필요가 있습니다.

● 컴퓨터 분석과 사용빈도를 기초로 엄선한 스피킹 영단어

그러면 3,000~4,000개 정도로 알려진 회화용 영단어란 어떤 것일까요? 이 책에서는 130만개나 되는 실제 영미인의 회화문을 컴퓨터로 분석하고 모든 단어의 사용빈도를 기초로 하여 그것을 밝히는 방법을 채택하였습니다.

구체적으로는 서른 개의 영화 작품의 전체 dialog 및 구어 영단어의 총계 자료로 알려진 Word Frequencies of Spoken American English를 모아서 '회화를 위한 영단어 리스트'를 만들었습니다.

이 리스트에서 우선 알 수 있는 것은 빈도 상위 4,500개의 단어가 구어영어 어휘 전체의 92%를 차지하고 있다는 것입니다. 그리고 이 빈도 상위 4,500개의 단어 중에 단순한 물질명사, 고유명사, 우리말로 정착된 외래어, 기능어(대명사, 전치사, 관사) 등을 제외하고 일상회화 키워드 리스트를 만들었습니다.

이 책에서는 이 리스트에 기초해서 파생관계를 종합하거나 분야별로 편성을 조정하거나 하는 등의 편의적인 정정을 가해 약 1,862 단어를 표제어로 선택하였습니다. 또한 표제어와 파생관계에 있는 단어, 반의어 등을 추가하여 회화에 필요한 약 3,300여 단어를 수록하였습니다.

따라서 이 책에 수록된 약 3,300여개의 영단어는 '구어 영어어휘 리스트'의 약 90%를 커버할 수 있습니다. 즉, 이 책을 완전히 마스터하면 일상회화에 필요한 어휘는 거의 완벽하게 익힐 수 있습니다.

HOW TO USE THIS BOOK
이 책의 활용법

회화를 위한 어휘를 학습하는 데에는 단어와 그 의미를 암기하는 것만으로는 충분하지 않습니다. 그것은 이 '회화용 어휘' 개수는 적은 반면 의미의 폭이 넓고 뜻이 다양하며 숙어로 사용되기 때문입니다.

이것을 앞에서 말한 것처럼 '사용되는 형태'로 익히기 위해서는 단어 뿐만 아니라 반드시 문장 단위로 외우는 것이 중요합니다. 그렇게 함으로써 특정한 단어가 다른 단어와 결합하여 어떻게 사용되는지(예를 들면 pay attention, give consideration 등) 어법상의 지식을 늘릴 수 있습니다. 한정된 어휘를 폭넓게 배우기 위해서는 어법에 익숙해져야 한다는 것을 꼭 알아두십시오.

1 하루 한 그룹을 목표로 한다!
이 책에 수록된 1,862개의 표제어는 99그룹으로 분류되어 약 3개월이면 마스터할 수 있도록 편집하였습니다. 먼저 단어의 의미를 외우고 그 다음에 예문이 거침없이 나올 수 있을 때까지 반복적으로 연습하시기 바랍니다.

2 파생어를 확실하게 연습한다!
단어의 의미에 이어서 표제어와 파생관계에 있는 단어를 추가로 수록하였습니다. 파생어는 의미적으로 관련이 있는 단어로 표제어와 함께 외우면 체계적으로 어휘력을 늘릴 수 있습니다.

3 관련표현을 배운다!
표제어를 이용한 중요 숙어는 관련표현으로 모아 두었습니다. 이것을 잘 익혀두면 이디엄을 활용한 회화 표현력을 더 능률적으로 향상시킬 수 있습니다.

4 생생 예문을 익힌다!

표제어가 예문에 나타난 이외의 의미로 사용된 용례나 파생어, 숙어를 이용한 용례도 보충예문으로 풍부하게 수록하였습니다. 문장을 통해 단어의 정확한 의미를 확인하고 문장 활용능력을 기를 수 있습니다.

5 색인

권말에는 전 표제어를 알파벳순으로 배열한 색인을 수록하였습니다. 필수어휘의 검색에 사용하시기 바랍니다.

6 mp3 파일을 이용한다!

원어민의 음성으로 녹음된 mp3 파일에는 전체 표제어와 그 예문이 수록되어 있습니다. 표제어와 예문(🔊 표시가 붙은 것)이 자연스러운 속도로 한 번씩 녹음되어 있습니다. 원어민의 발음 및 인토네이션에 주의하면서 예문이 입에서 술술 나올 정도로 반복해서 연습하십시오.

이 책을 공부하기 전에 알아두어야 할 약호

n.	명사(noun)	**파**	파생어(derivative)
v.	동사(verb)	**관**	관련표현(phrase)
a.	형용사(adjective)	**반**	반의어(antonym)
ad.	부사(adverb)	**명접**	명사형을 만드는 접미사
conj.	접속사(conjunction)	**동접**	동사형을 만드는 접미사
prep.	전치사(preposition)	**형접**	형용사형을 만드는 접미사
		부접	부사형을 만드는 접미사

CONTENTS
차례

PART 1
동사 810

GROUP 01 >> 14	GROUP 02 >> 20
GROUP 03 >> 26	GROUP 04 >> 31
GROUP 05 >> 35	GROUP 06 >> 40
GROUP 07 >> 45	GROUP 08 >> 50
GROUP 09 >> 55	GROUP 10 >> 60
GROUP 11 >> 65	GROUP 12 >> 70
GROUP 13 >> 75	GROUP 14 >> 79
GROUP 15 >> 84	GROUP 16 >> 89
GROUP 17 >> 94	GROUP 18 >> 98
GROUP 19 >> 102	GROUP 20 >> 106
GROUP 21 >> 111	GROUP 22 >> 116
GROUP 23 >> 121	GROUP 24 >> 125
GROUP 25 >> 130	GROUP 26 >> 134
GROUP 27 >> 139	GROUP 28 >> 143
GROUP 29 >> 147	GROUP 30 >> 152
GROUP 31 >> 157	GROUP 32 >> 162
GROUP 33 >> 167	GROUP 34 >> 171
GROUP 35 >> 175	GROUP 36 >> 179
GROUP 37 >> 183	GROUP 38 >> 187
GROUP 39 >> 191	GROUP 40 >> 196
GROUP 41 >> 200	GROUP 42 >> 204
GROUP 43 >> 208	GROUP 44 >> 212
GROUP 45 >> 216	GROUP 46 >> 220

PART 2
명사 486

GROUP 47 >> 224	GROUP 48 >> 228
GROUP 49 >> 233	GROUP 50 >> 238
GROUP 51 >> 243	GROUP 52 >> 248

	GROUP **53**	>>	253	GROUP **54** >> 258
	GROUP **55**	>>	263	GROUP **56** >> 268
	GROUP **57**	>>	273	GROUP **58** >> 277
	GROUP **59**	>>	281	GROUP **60** >> 285
	GROUP **61**	>>	290	GROUP **62** >> 295
	GROUP **63**	>>	300	GROUP **64** >> 305
	GROUP **65**	>>	310	GROUP **66** >> 315
	GROUP **67**	>>	320	GROUP **68** >> 325
	GROUP **69**	>>	329	GROUP **70** >> 334
	GROUP **71**	>>	338	

PART 3
형용사
467

GROUP **72**	>>	344	GROUP **73** >> 349
GROUP **74**	>>	354	GROUP **75** >> 359
GROUP **76**	>>	364	GROUP **77** >> 369
GROUP **78**	>>	374	GROUP **79** >> 379
GROUP **80**	>>	384	GROUP **81** >> 389
GROUP **82**	>>	393	GROUP **83** >> 398
GROUP **84**	>>	403	GROUP **85** >> 408
GRUUP **86**	>>	413	GROUP **87** >> 418
GROUP **88**	>>	423	GROUP **89** >> 428
GROUP **90**	>>	433	GROUP **91** >> 438
GROUP **92**	>>	443	GROUP **93** >> 448
GROUP **94**	>>	453	

PART 4
부사
99

GROUP **95**	>>	460	GROUP **96** >> 465
GROUP **97**	>>	470	GROUP **98** >> 475
GROUP **99**	>>	480	

회화잡는 스피킹 영단어 3300

PART 1

동사 810

GROUP

001 > 046

GROUP 01

Round 1 ☐ 월 일
Round 2 ☐ 월 일
Round 3 ☐ 월 일

0001. **describe**
[diskráib]
v. (말로) 설명하다, (성질, 속성 따위를) 묘사[설명, 기술]하다

- 파 **description** n. 기술, 서술, 묘사; 설명서   **descriptive** a. 기술적인, 서술적인
- 관 **beyond description** 말로 표현할 수 없을 만큼
  describe a scene 장면을 묘사하다

- 🔊 Would you *describe* your bag?
  어떤 가방인지 말씀해 주시겠어요?
- ☐ The scenery is beautiful beyond *description*.
  말로는 표현할 수 없을 만큼 아름다운 경치이다.
- ☐ Can you *describe* the man to me?
  그 남자의 모습을 나에게 얘기해 줄래요?
- ❖ de(down;밑에) + scribe(write;적다)

0002. **face**
[feis]
v. 향하다, 면하다, 직면하다   n. 얼굴, 면목, 표면, 외관

- 파 **facial** a. 얼굴의
- 관 **face to face (with)** 대면하여   **in[to] a person's face** 얼굴을 맞대고
  save[lose] face 체면을 세우다[잃다]   **make faces** 얼굴을 찌푸리다
  in the face of ~과 직면하여

- 🔊 We're going to *face* that problem sooner or later.
  머지 않아 그 문제에 부딪치게 된다.
- ☐ My house *faces* (the) south.
  우리 집은 남향이다.
- ☐ Let's *face* it.
  현실을 직시하자! 괴롭지만 분발합시다.

0003. **replace**
[ripléis]
v. 되돌리다, 대신하다, 후임이 되다, 교체[교환]하다

- 파 **replacement** n. 교체, 대신할 자리(것), 돌려주기
- 관 **replace A by B** A를 B로 바꾸다, A를 그만두고 B로 하다
  replace a worn tire by[with] a new one 헌 타이어를 새것으로 갈아 끼우다

🔊 The big question is who will ***replace*** him.
중요한 문제는 누가 그의 후임이 되는가입니다.

☐ Have you found a ***replacement*** for her yet?
그녀의 후임은 찾았습니까?

❖ re(다시, 원래) + place(놓다, 두다)

0004. **sacrifice**
[sǽkrəfàis]

v. 희생하다, 제물로 삼다 *n.* 희생, 제물, 손실

관 **sacrifice oneself for one's country** 조국을 위해서 몸을 바치다
sacrifice accuracy to effect (문장 등의) 효과를 노려 정확성을 희생하다

🔊 I had to ***sacrifice*** my career for my family.
가족을 위해 일을 희생해야 했습니다.

☐ This means a big ***sacrifice*** on my part.
이것은 우리 쪽의 희생이 크게 됩니다.

❖ sacri(holy ; 신성한) + fice(make ; 만들다)

0005. **notice**
[nóutis]

v. 알아차리다, 주의하다, 통고하다 *n.* 주목, 주의, 통고, 게시

파 **noticeable** *a.* 두드러진, 현저한
관 **take notice of** ~에 주목하다, 관심을 기울이다
without notice 예고 없이, 무단으로

🔊 I didn't ***notice*** you come in. 네가 들어오는 것을 알아차리지 못했다.
☐ The police ***noticed*** him to appear. 경찰은 그에게 출두하라고 통고했다.
☐ I ***noticed*** that he had a peculiar habit. 그에게 이상한 버릇이 있는 것을 알게 되었다.
☐ The police ***noticed*** him to appear. 경찰은 그에게 출두하라고 통고했다.
☐ Did you get a ***notice*** from the health center? 보건 센터에서 통지를 받았습니까?

❖ not(기록하다) + ice(명접)

* **notice, note, discern, perceive** 비교
① **notice** : 다른 말에 비해 뜻이 제일 가벼우며 「~의 눈에 띄다」라는 뉘앙스가 강하다.
   Did you notice her new hat? 그녀가 새 모자를 쓴 걸 보았나요?
② **note** : 머리 속에 새기듯이 주목하다. 따라서 명령형으로 쓰일 때가 많음.
   Note the fine brushwork in his painting. 그의 붓 놀리는 멋진 솜씨를 잘 보세요.
③ **discern** : 노력이나 애쓴 끝에 겨우 구별해내다라는 의미가 내포됨.
   In spite of the mist, we finally discerned the top of the hill.
   안개가 자욱했으나 마침내 산봉우리를 찾아냈다.
④ **perceive** : 「오관으로 감지하다→이해하다, 알아차리다」 실제로는 notice나 see와도 바꿔 쓸 수 있는 약간 딱딱한 말.
   After examining the evidence he perceived its significance.
   증거물을 조사해 보고 비로소 그는 그 중요성을 알았다.

0006. finance
[fainǽns]

v. 출재[융자]하다, 자금을 공급하다
n. 재정, 융자 〈복수형으로〉재정 상태, 재원

파 **financial** *a.* 재정 상태의 **financially** *ad.* 재정적으로
관 **the Minister of Finance** 재무장관 **public finance** 국가재정
universities financed by the Government 국립대학
financier 금융업자, 재정가

🔊 They've agreed to *finance* this takeover.
그들은 이 경영권 탈취 자금의 융자에 동의했다.

☐ *Financially* they are quite comfortable.
그들은 재정적으로 상당히 안전하다.

❖ fin(끝나다) + ance(명접; 추상)

0007. advance
[ædvǽns, əd-]

v. 전진시키다[하다], 촉진하다, 앞당기다, 선불하다
n. 전진, 진보, 선불

파 **advancement** *n.* 전진, 진보, 선불 **advanced** *a.* 상급의, 고급의; 진보한
관 **in advance** 미리 **advance against[on, upon] an enemy** 적을 향해 진격하다 **advance in office** 승진하다 **advanced freight** 선불 운임

🔊 Will you *advance* my pay?
급료를 선불로 주시겠어요?

☐ He has been *advanced* from lieutenant to captain.
그는 중위에서 대위로 승진하였다.

☐ Can you *advance* me a few dollars till the payday?
월급날까지 2, 3달러 가불해 주실 수 없겠습니까?

❖ ad(~에) + v(victory; 승리) + ance(before; 앞에)

0008. influence
[ínflu:əns]

v. 영향을 끼치다, 영향을 미치다, 감화를 주다

파 **influential** *a.* 영향력 있는, 유력한

🔊 You've *influenced* me a lot. 나는 당신의 영향을 많이 받았습니다.
☐ Food *influences* our health. 음식물은 건강을 좌우한다.
☐ Don't be *influenced* by his opinion. 그의 의견에 영향을 받아서는 안 된다.
☐ You'd better not drive under the *influence* of alcohol.
음주운전을 해서는 안됩니다.

❖ in(~가운데로, 위로) + flu(흐르다) + ence(명접; 추상)

0009. **convince**
[kənvins]

v. 확신[납득]시키다

파 **conviction** n. 확신, 신념 **convinced** a. 확신하여 **convincing** a. 설득력 있는
관 **convince a person of his fault** 누군가에게 잘못을 깨닫게 하다

🔊 You must *convince* him your opinion is right.
당신의 의견이 옳다고 그를 납득시켜야 해요.

☐ I'm *convinced* this is the best plan.
이것이 최선의 계획이라고 확신합니다.

☐ You sound really *convincing*.
당신이 말하고 있는 것은 매우 설득력이 있다.

❖ con(완전히) + vince(overcome;이기다)

0010. **bounce**
[bauns]

v. 튀다, 튀어 오르다, (수표가) 부도로 되돌아오다
n. 튐, 탄력, 활력

관 **bounce back** 회복하다 **get the bounce** 해고당하다, 내쫓기다, 애인에게서 버림받다 **give a person the bounce** 남을 해고하다, 남을 퇴짜놓다

🔊 The check will *bounce* unless I put more money in my account.
은행계좌에 더 입금하지 않으면 수표가 부도가 날 것이다.

☐ He was *bounced* from his job.
그는 해고당했다.

❖ bound(되튀다) + ce(명접;추상)

0011. **denounce**
[dináuns]

v. 비난하다, 탄핵[고발]하다

파 **denunciation** n. 비난, 탄핵, 고발
관 **denounce a person to the authorities** 누군가를 당국에 고발하다

🔊 There's no need to *denounce* him for what he did.
그가 한 일로 그를 비난할 필요는 없다.

☐ He was *denounced* as a coward.
그는 비겁하다고 비난받았다.

❖ de(down;밑에) + nounce(전하다, 선언하다)

0012. **announce**
[ənáuns]

v. 알리다, 고지[발표]하다

파 **announcement** n. 발표, 공표

동사

- 🔊 When shall we ***announce*** our engagement?
  언제 약혼을 발표할까요?
- ☐ She has ***announced*** her marriage to her friends.
  그녀는 친구들에게 결혼한다고 발표했다.
- ☐ He ***announced*** my statement to be a lie.
  그는 나의 진술을 거짓이라고 전했다.
- ❖ an(앞의, 먼저의) + nounce(전하다, 선언하다)

0013. pierce
[piərs]

v. 꿰뚫다, 찌르다, 구멍을 내다; 간파하다

- 파 **piercing** a. 꿰뚫은, 날카로운
- 관 **pierce into one's meaning** 누군가의 저의를 알아차리다
- 🔊 I want to have my ears ***pierced***. 난 귀를 뚫고 싶다.
- ☐ What is that ***piercing*** noise? 저 날카로운 소리는 뭐지?

0014. force
[fɔːrs]

v. 강요하다, 강제하다, 밀어붙이다
n. 힘, 세력, 폭력 〈복수형으로〉 군대

- 파 **forced** a. 강제된 **forceful** a. 강한
- 관 **by force** 억지로 **full force** 총력 **the air force** 공군
  the police force 경찰
- 🔊 You can't ***force*** a person to get married.
  결혼을 강제할 수는 없습니다.
- ☐ Poverty ***forced*** her into a crime.
  가난 때문에 그녀는 범죄를 저질렀다.
- ☐ They shouldn't have used ***force*** against the students.
  학생에 대해 무력을 행사하지 말았어야 했다.
- ☐ We ***forced*** him to sign the paper.
  우리들은 그에게 억지로 그 서류에 서명하게 했다.

0015. reduce
[ridjúːs]

v. 줄이다, 감소하다, 낮추다, 진압하다

- 파 **reduction** n. 삭감, 축소; 저하 **reduced** a. 준, 감소한, 낮춘
- 관 **reduce one's expenditure** 경비를 줄이다
  reduce one's weight 몸무게를 줄이다
- 🔊 You'd better ***reduce*** your intake of salt. 염분 섭취량을 줄이세요.
- ❖ re(다시, 뒤에, 원래) + dice(lead; 이끌다)

0016. **seduce**
[sidjúːs]
v. 유혹하다, 부추기다, 속이다, 꾀다, 꾀어서 ~시키다

파 **seductive** a. 유혹하는, 매력적인
관 **seduce a person into error** 누군가를 속여 실수하게 하다
🔊 She *seduced* Paul for information. 그녀는 정보를 얻으려고 폴을 유혹했다.
❖ se(떨어져서) + dice(lead;이끌다)

0017. **induce**
[indjúːs]
v. 권유해서[설득해서] ~시키다, 일으키다, 유발하다

파 **inducement** 유도, 유인, 보장금
🔊 Try and *induce* Cathy to come. 캐시를 오라고 좀 말해 주십시오.
❖ in(~가운데로, 위로) + dice(lead;이끌다)

0018. **produce**
[prədjúːs]
v. 생산[제조, 제작]하다, 초래하다, 낳다 n. 농산물

파 **product** n. 생산물, 제품 **production** n. 생산(고), 제품
  productive a. 생산적인, 풍부한
관 **produce on the line** 작업으로 대량생산하다 **producing lot** 〈미〉 영화 제작소
🔊 Our factory *produces* 15,000 cars a month.
우리 공장에서는 매월 만 5천 대의 자동차를 생산한다.
❖ pro(앞에) + duce(lead;이끌다)

0019. **introduce**
[ìntrədjúːs]
v. 소개하다, 시작하다, 도입하다

파 **introduction** n. 소개, 도입 **introductory** a. 소개의, 입문의
🔊 I'd like to *introduce* you to my wife.
당신을 제 아내에게 소개하고 싶습니다.
☐ Let me *introduce* myself. = May I introduce myself to you?
저를 소개하겠습니다.
❖ intro(속, 안) + duce(lead;이끌다)

*introduce, present 비교
① **introduce** : 「소개하다」의 뜻으로 쓰이는 일상적인 말.
  Let me introduce Mr. Park to you. 박 선생을 당신에게 소개할게요.
② **present** : 약간 딱딱하고 정형화된 말로써 때로는 손윗사람에게 소개한다는 뜻을 내포함.
  Now, let me present the famous magician, Mr. Park.
  자, 여러분 유명한 마술사 박씨를 소개합니다.

GROUP 02

Round 1 □ 월 일
Round 2 □ 월 일
Round 3 □ 월 일

0020. **fade**
[feid]
v. (꽃이) 시들다, (색, 빛이) 약해지다, (활기, 건강 등을) 잃다

관 **fade in** 화면이나 음향이 점차 뚜렷해지다 ⇔ **fade out** 점차 희미해지다 *영화, 방송 용어

🔊 The flowers have *faded* already.
벌써 꽃이 졌다.

☐ The incident *faded* from her mind.
그 사건은 그녀의 머리에서 점점 사라져 갔다.

☐ The sound *faded* (away) little by little.
소리가 점점 희미해져 갔다.

0021. **persuade**
[pəːrswéid]
v. 설득하다, 믿게 하다

파 **persuasion** *n.* 설득 **persuasive** *a.* 설득력 있는
관 **be persuaded of[that…]** …을 확신하고 있다 **persuaded oneself** 확신하다

🔊 I will *persuade* him to resign from the committee.
내가 그에게 위원을 사임하도록 설득하겠다.

☐ How can I *persuade* you of my sincerity?
저의 성실함을 어떻게 하면 믿어 주시겠어요?

❖ per(통해서, 완전히) + suade(촉구하다)

0022. **evade**
[ivéid]
v. 피하다, 벗어나다

파 **evasion** *a.* 회피 **evasive** *a.* 회피적인, 핑계로, 책임 회피의
관 **evade a question** 질문을 얼버무려 넘기다
evade one's duties 자기 의무를 회피하다

🔊 Stop *evading* my question. 내 질문을 피하지 마세요.
❖ e(ex ; 밖에, 밖에서) + vade(go ; 가다)

0023. **invade**
[invéid]

v. 침입하다, 침략하다, 침해하다, 몰려들다; (소리 · 냄새 따위가) 퍼지다, 충만하다

- 파 **invasion** *n.* 침략
- 관 **invade a person's privacy** 누군가의 사생활을 침해하다
- 🔊 I heard on the news that Iraqi troops have ***invaded*** Kuwait.
  이라크 군이 쿠웨이트를 침략했다고 뉴스에서 들었다.
- ☐ Reading someone's letter is an ***invasion*** of privacy.
  다른 사람의 편지를 읽는 것은 사생활 침해입니다.
- ☐ Terror ***invaded*** our minds. 우리 마음은 공포에 휩싸였다.
- ❖ in(가운데로) + vade(go;가다)

0024. **concede**
[kənsíːd]

v. 양보하다, (사실을) 인정하다

- 파 **concession** *n.* 양보, 용인, 이권
- 관 **concede defeat** 패배를 인정하다
- 🔊 He ***conceded*** that my idea was better than his.
  내 생각이 더 좋다고 그는 인정했다.
- ☐ He ***conceded*** us the right to walk through his land.
  그는 우리에게 그의 소유지를 지나갈 권리를 부여해 주었다.
- ❖ con(함께) + ced(가다, 나아가다, 미루다)

0025. **decide**
[disáid]

v. 결정하다, 결심하다, 판결하다

- 파 **decislon** *n.* 결정, 결심, 판결   **decisive** *a.* 결정적인, 단호한   **decided** *a.* 명백한
- 🔊 I can't ***decide*** whether to wear the red blouse or the pink one.
  빨간 블라우스를 입어야 할지 핑크색을 입어야 할지 결정할 수 없다.
- ☐ The court ***decided*** the case against the plaintiff.
  법원은 원고에게 불리한 판결을 했다.
- ❖ de(떨어져, 밑에) + cide(cut;자르다)

  ***decide, reslove, determine** 비교
  ① **decide** : 여러 가지 가능성 중에서 선택하여 결정하다
     He decided to go today. 그는 오늘 가기로 결정했다.
  ② **resolve** : 마음에 정하다, 결의하다
     I resolve to ask for a promotion. 나는 승진을 부탁하기로 결심하다.
  ③ **determine** : 정한 것을 끝까지 관철하려고 결심하다
     He determined to become an astronaut.
     그는 어떤 일이 있어도 우주비행사가 되려고 결심했다.

0026. **hide**
[haid]

v. 숨기다, 비밀로 하다

- 관 **hidden** a. 숨겨진
- 관 **hide one's feeling** 감정을 드러내지 않다
  hide the fact from a person 사실을 아무에게 숨기다
- 🔊 I have nothing to ***hide***. 숨길 것은 없습니다.
- ☐ He's a man of ***hidden*** talents. 그는 숨겨진 재능을 가진 사람이다.

  * **hide, comceal, cover, secrete** 비교
    ① **hide, conceal** : 거의 같은 뜻이지만 hide에는 숨길 의도가 없는 경우도 포함됨.
       hidden from the eye 사람 눈에 띄지 않는
    ② **cover** : 남의 눈을 속이기 위해서 덮어 감추다
       a show of arrogance to cover one's inferiority complex
       열등감을 감추기 위한 거만한 태도
    ③ **secrete** : 비밀로 하려고 세심한 주의를 기울여 숨기다.

0027. **slide**
[slaid]

v. 미끄러지다, 몰래 움직이다 n. 미끄럼, 활주

- 관 **slide into sin** 죄를 범하다   **slide bad habits** 악습에 물들다
- 🔊 ***Slide*** the door open. 문은 옆으로 밀어서 열어 주십시오.
- ☐ The years ***slide*** away swiftly. 세월이 덧없이 흘러간다.

  * **slide, glide, slip, skid** 비교
    ① **slide** : 미끄러지는 속도에 대한 고려는 없음. 빠를 때도 느릴 때도 있음. 면과 면이 스치는 미끄럼도 slide. (landslide:산사태)
    ② **glide** : 미끄러지듯 움직이다.
    ③ **slip** : 갑자기 미끄러지다. 사고·실책을 시사함.
    ④ **skid** : (바퀴 따위가 회전을 멈추고) 옆으로 미끄러지다. 급속하고 소리가 나는 것이 보통.

0028. **ride**
[raid]

v. 타다, 타고 가다 n. 타기, 타는 시간, (유원지의) 탈 것

- 파 **riding** n. 타기, 승차
- 관 **ride out** (어려움 등을) 이겨내다   **be ridden with nightmare** 악몽에 시달리다
- 🔊 Who is ***riding*** with us? 누가 우리와 함께 타지?
- ☐ Can I give you a ***ride***? 차로 바래다 드릴까요?

  *참고
  give me a ride는 「출발지부터 목적지까지 나를 데려다주는 것」이고 **pick me up**은 「가다가 나를 중간에 태우는 것」을 의미한다.

0029. **guide**
[gaid]
v. 안내하다, 지도하다 *n.* 안내인, 지도자(서), 편람

파 **guidance** *n.* 지도, 안내

- Will you *guide* me in choosing a career? 직업 선택에 지도를 부탁합니다.
- I'll be your *guide* when you come to Seoul. 서울에 오시면 안내하겠습니다.

*참고
guide : 실제의 지식·경험 등을 가진 사람이 (옆에 붙어서) 이끌다.

0030. **divide**
[diváid]
v. 나누다, 쪼개다, 분할[분배, 분열]하다, 분리하다

파 **division** *n.* 분할, 나눗셈

- *Divide* the money between the three of you.
  돈은 셋이서 나누세요.
- We are *divided* over what to do.
  무엇을 해야 하는가에서 의견이 나뉘었다.

0031. **provide**
[prəváid]
v. 제공[공급]하다, 주다, 규정하다, 기르다

파 **provision** *n.* 제공, 공급, 지급, 조항, 규정, 〈복수형으로〉 식료품
provided, providing *conj.* 〈조건문에서〉 만일 ~이라면

- Can you *provide* him with a good explanation?
  그에게 잘 설명해 줄 수 있습니까?
- We'll go out tomorrow *provided* you feel better.
  네 기분이 좋아지면 내일 외출하자.

❖ pro(앞에) + vide(see;보다)

0032. **explode**
[ikslóud]
v. 폭발하다[시키다], 급격히 증가하다

파 **explosion** *n.* 폭발 **explosive** *n.* 폭발물 *a.* 폭발적인

- The plane *exploded* in midair. 비행기는 공중 폭발했다.
- We heard a loud *explosion*. 큰 폭발음이 났다.

❖ ex(밖에, 밖에서) + plode(박수치다)

0033. include
[inklúːd]

v. 포함하다, 넣다 [반] **exclude** 제외하다

[파] **inclusion** n. 포함, 포괄　**inclusive** a. 포괄적인　**including** n. ~을 포함해서

- Does that *include* me? 나도 들어갑니까?
- The dinner came to $100, *including* wine. 식대는 와인을 포함해서 100달러였다.
- in(안에) + clude(shut;닫다)

0034. intrude
[intrúːd]

v. 방해하다, 밀어넣다, 강요하다, 밀고 들어가다

[파] **intrusion** n. 밀고 들어가기, 방해, 침입　**intrusive** a. 침입적인, 방해하는
[관] **intruder** 침입자, 방해자

- I hope I'm not *intruding*. 방해가 되지 않겠습니까?
- Don't *intrude* on her privacy. 그녀의 사생활을 침해하지 마세요.
- in(가운데로) + trude(push;누르다)

0035. agree
[əgríː]

v. 동의[합의]하다, 찬성하다, 뜻이 맞다
[반] **disagree** 반대하다

[파] **agreement** n. 동의, 협정

- I entirely *agree* with you on that point.
  그 점에 관해서는 당신과 똑같은 의견입니다.
- Spicy food doesn't *agree* with me.
  매운 것은 좋아하지 않습니다.
- a(~에) + gree(기분이 좋은)

  ＊참고
  ① 「agree + with + 사람」, 「agree on[about/to] + 사물」, 「agree to + 동사」, 「agree + that절」로 사용한다.
  ② agree는 처음에 서로 틀리던 의견을 조정하여 동의하다. 「일치」를 뜻하는 가장 일반적인 말.

0036. see
[siː]

v. 보(이)다, 만나다, 이해하다, 확인하다, 처리하다

[관] **see about**, **see (to it) that...** ~을 고려하다, ~하도록 주선하다
　　see a person off ~를 전송하다　**see through** ~을 통해 보다, 간파하다

- I *saw* you dancing last night. 어젯밤에 네가 춤추고 있는 것을 보았다.
- I'd like to *see* Mr. Prescott. 프레스코트 씨를 뵙고 싶습니다.
- *See* you later. 또 만나요.

- ☐ Can't you *see* I'm working? 내가 일하고 있는 것이 안 보이세요?
- ☐ I *see*. 그렇군요.
- ☐ Let's *see*.(Let me see.) 어디 보자.
- ☐ I'll *see* if she's finished. 그녀가 마쳤는지 보러가겠습니다.
- ☐ I'll *see* what I can do. 내가 무엇을 할 수 있는지 알아보겠다.
- ☐ I'll *see* (to it) that you get all you need.
  필요한 것을 전부 얻을 수 있도록 주선하겠습니다.

*참고

회화에서 I see. 하면 「지금 알았다」는 뜻이고, I know. 하면 「예전부터 알았다」는 뜻이므로 차이점을 구분하여 사용해야 한다.

0037. guarantee
[gæ̀rəntí:]

v. 보증(하다) *n.* 보증인, 담보

관 **guarantor** 보증인 **guaranty** 보증(인)
on a[under the] guarantee of …의 보증 아래, …의 보증을 하여

- 🔊 I *guarantee* that I'll take responsibility for the that project.
  그 계획의 책임은 내가 진다고 보증합니다.
- ☐ This TV set is *guaranteed* for six months.
  이 텔레비전은 6개월의 보증이 있다.
- ❖ guarant(보호하다) + ee(명접;사람)

0038. manage
[mǽnidʒ]

v. 다루다, 경영하다, 관리하다, 처리하다

파 **management** *n.* 경영, 관리, 조작 **manageable** *a.* 처리하기 쉬운, 유순한
managerial *a.* 경영의

- 🔊 I can *manager* it myself.
  스스로 처리할 수 있습니다.
- ☐ Can you *manage* to be there by 6:00?
  6시까지 그곳에 도착할 수 있습니까?
- ❖ man(hand;손) + age(명접;추상)

GROUP 03

Round 1 □ 월 일
Round 2 □ 월 일
Round 3 □ 월 일

0039. **encourage**
[enkə́:ridʒ]

v. 기운을 북돋우다, 격려하다, 장려하다

파 **encouragement** n. 격려, 장려 **encouraging** a. 격려하는

🔊 I was *encouraged* by what he said. 그의 말에 격려 받았습니다.

❖ en(~로 만들다) + courage(용기)

*참고

encourage ~ to...는 「이제부터 하려는 것」, encourage in...은 「현재 하고 있는 일」에 관해 격려하다의 뜻이다.

0040. **discourage**
[diskə́:ridʒ]

v. 낙담시키다, 단념시키다

파 **discouragement** n. 낙담, 단념 **discouraging** a. 낙담시키는

🔊 Don't *discourage* her like that.
그런 것은 말해서 그녀를 낙담시키지 마세요.

☐ I tried to *discourage* him from bringing up that issue at the meeting.
회의에서 그 문제를 제기하는 것을 그에게서 단념시키려고 했다.

❖ dis(떨어져, 반대) + courage(용기)

0041. **pledge**
[pledʒ]

v. 맹세하다, 서약하다, 담보로 넣다   n. 서약, 담보, 저당물

🔊 I *pledged* to contribute $500.
500달러 기부를 약속했다.

0042. **acknowledge**
[æknɑ́lidʒ]

v. 인정하다, 자백하다, (편지 등을) 받았음을 알리다, 감사하다

파 **acknowledgment** n. 승인, 받았다는 통지, 감사

🔊 She *acknowledged* that she was wrong.
그녀는 자신이 잘못이었다고 인정했다.

❖ ac(~에) + knowledge(알다)

0043. **dodge**
[dɑdʒ/dɔdʒ]

v. (재빨리) 몸을 피하다(피하기), 교묘하게 피하다(피하기)

🔊 Don't *dodge* my question. 내 질문을 피하지 마세요.

0044. **judge**
[dʒʌdʒ]

v. 판단하다, 심사하다, 재판하다 n. 재판, 심사원

파 **judgment** n. 판단, 판정, 판결, 의견
관 **in my judgment** 내 판단[의견]으로는

🔊 You can't *judge* a person by his appearance.
외모로 사람을 판단할 수 없다.

☐ Sentencing by the *judge* will be on Friday.
재판관의 판결은 금요일에 나온다.

0045. **oblige**
[əbláidʒ]

v. 의무를 지우다, 강제하다, 〈수동태로〉 고맙게 생각하다

파 **obligation** n. 의무 **obligatory** a. 의무적인 **obliging** a. 친절한

🔊 You're not *obliged* to go. 갈 필요는 없습니다.

0046. **indulge**
[indʌldʒ]

v. 즐기다, 만족시키다, 기쁘게 하다, 〈indulge in으로〉 ~에 빠지다, ~를 즐기다

파 **indulgence** n. 탐닉, 빠짐, 쾌락 **indulgent** a. 멋대로 하게 하는, 관대한

🔊 You're not here to *indulge* in fantasy. 여기에서 공상에 빠지면 곤란하다.

0047. **change**
[tʃeindʒ]

v. 변하다[변경되다], 교환하다, 환전하다
n. 변화, 갈아타기, 교체, 기분 전환, 잔돈, 거스름돈

파 **change(e)able** a. 변하기 쉬운, 변덕스러운
관 **for a change** 기분전환으로 **change one's mind** 마음을 바꾸다
change machine 잔돈 바꾸는 기계

🔊 Don't *change* the subject. 화제를 바꾸지 마세요.
☐ I'm going to *change* my clothes. 옷을 바꿔 입겠어요.
☐ Keep the *change*. 거스름돈은 필요 없습니다.
☐ Do you have *change* for the phone? 전화를 걸 잔돈은 있습니까?

*참고
change는「전혀 다른 것으로 바꿀 수 있다」는 뜻이 있음.

0048. **exchange**
[ikstʃéindʒ]

v. 교환하다, 환전하다 n. 교환, 환전, 교환소, 환시세

관 **in exchange for[of]** ~과 교환으로, ~대신에

- Can you *exchange* a $100 bill for five 20s?
  100달러 지폐를 20달러 지폐 5장으로 바꿔 주십시오.
- I'll give you this stamp in *exchange* for that one.
  그것과 이 우표를 교환합시다.
- What's today's *exchange* rate between the dollar and the won?
  오늘의 달러와 원의 환율은 얼마입니까?
- ex(밖에, 밖에서) + change(바꾸다)

***exchange, interchange** 비교
exchange「다른 것과 교환하다」, interchange「(두개의 것을 서로) 대치·치환하다」

0049. **arrange**
[əréindʒ]

v. 정리하다, 조정하다, 준비하다

파 **arrangement** a. 정리, 조정, 준비, 편곡 **arranger** a. 편곡자

- I'll *arrange* for someone to meet you at the airport.
  누가 공항까지 마중 가도록 준비하겠습니다.
- ar(~에, ~으로) + range(배열하다)

0050. **challenge**
[tʃǽlindʒ]

v. 도전하다, 이의를 제기하다, 요구하다 n. 도전, 이의, 청구

파 **challenging** a. 의욕을 돋우는, 보람이 있는

- I *challenged* his argument. 나는 그의 주장에 반론했다.
- You picked the wrong man to *challenge*. 도전 상대를 잘못 골랐군요.

0051. **emerge**
[imə́ːrdʒ]

v. 나타나다, (문제 등이) 일어나다

파 **emergence** n. 출현, 발생

- A new problem *emerged* at the meeting. 회의에서 새로운 문제가 일어났다.
- e(ex;밖에, 밖에서) + merge(물에 잠기다, 흡수되다)

PART 1

0052. urge
[əːrdʒ]

v. 강요하다, 주장하다, 재촉하다 *n.* 충동

파 **urgency** *n.* 긴급, 강요 **urgent** *a.* 긴급한

🔊 I ***urge*** you to think twice before you sign the contract.
계약서에 서명하기 전에 잘 생각하세요.

*****urge, exhort 비교**
① **urge** : 꾸물거리고 있을 여유가 별로 없음을 시사하여 행동의 의욕을 일으키게 하다
② **exhort** : 권고나 설득으로써 촉구하다.

0053. bathe
[beið]

v. 적시다, 목욕하다[시키다]

관 **bath** 목욕, 욕실

🔊 I think I'll ***bathe*** now. 목욕하겠습니다.

0054. breathe
[briːð]

v. 호흡하다, (말을) 진술하다

파 **breath** *n.* 숨, 호흡, 생명
관 **breathe in[out]** 숨을 들이쉬다[내쉬다], **catch one's breath** 한숨쉬다, 숨을 죽이다 **hold one's breath** 숨을 죽이다 **out of breath** 숨이 차서 **take a person's breath away** ~를 놀라게 하다 **breathtaking** 놀랄 만한

🔊 I can't ***breathe***. 숨이 막힌다.
☐ Take a deep ***breath***. 숨을 깊이 들이마시세요.

0055. die
[dai]

v. 죽다, 사라지다, 없어지다, 〈be dying to[for]로〉 ~하고 싶어서 죽을 지경이다

파 **death** *n.* 죽음 **dead** *a.* 죽은 **dying** *a.* 죽어가는
관 **die down** 희미해지다 **die hard** 결코 물러서지 않는 **die out** (불이) 꺼지다

🔊 Whatever comes, I'll love you as I do now until I ***die***.
무슨 일이 있더라도 죽을 때까지 당신을 지금처럼 사랑하겠어요.
☐ He ***died*** of stomach cancer.
그는 위암으로 죽었다.
☐ I'm ***dying*** for some coffee.
커피가 마시고 싶어서 죽을 지경이다.

*참고
① **die from** : (부상 등으로) 죽다. **die of** : (병, 노령 등으로) 죽다
② **die**² : 주사위. The die is cast. (주사위는 이미 던져 졌다.)
③ **die**³ : 철인, 거푸집, 찍어내는 본, 형판

0056. **lie**¹
[lai]

v. 거짓말을 하다, 속이다 *n.* 거짓말

관 **liar** *n.* 거짓말쟁이

- I'm not ***lying***. 거짓말이 아닙니다.
- You ***lied*** to me. 당신은 거짓말을 했다.
- Don't tell me a ***lie***. 거짓말 마세요.

0057. **lie**²
[lai]

v. 가로눕다, 가로놓여 있다, 위치하다, (~상태로) 있다

- It's nice to ***lie*** in the sun. 양지에 눕는 것은 즐겁다.
- I can't ***lie*** on my stomach. 엎드릴 수 없습니다.
- ***Lie*** on your back. 드러누우세요.

*lie, stand, be situated 비교
① **lie** : 나라 · 도시 · 바다 · 평야 따위 평평한 것이 「있다」
② **stand** : 집이나 나무 따위 입체적인 것이 「있다」
③ **be situated** : 지리적 뜻을 포함하여 나라·도시·집 등의 소재를 나타냄. be located는 미국에서 사용함.

GROUP 04

Round 1 □ 월 일
Round 2 □ 월 일
Round 3 □ 월 일

0058. **tie** [tai]   *v.* 묶다, 매다, 속박하다, 동점이 되다   *n.* 넥타이, 고삐, 동점

관 **tie up** 관계를 맺게 하다, 매다, 정체시키다, 바쁘게 하다

- ***Tie*** the dog to a pole. 개를 기둥에 매어 주십시오.
- He's ***tied*** up right now. 그는 지금 매우 바쁩니다.
- I was ***tied*** up in traffic. 도로가 혼잡해서 꼼짝할 수 없었다.

  * tie, bind, fasten 비교
  ① **tie** 실·끈 따위로 매다. ② **bind** 띠 따위로 꼭 매다. ③ **fasten** 매거나 핀으로 달거나 아교로 붙이거나 하여 고착시키다.

0059. **bake** [beik]   *v.* 빵 등을[이] 굽다[구워지다]

파 **bakery** *n.* 빵가게

- Did you ***bake*** these pies? 당신이 이 파이를 구웠습니까?
- I'm ***baking*** in this heat. 아주 덥다.

0060. **shake** [ʃeik]   *v.* 흔들다, 요동시키다, 휘두르다, 악수하다, 동요시키다   *n.* 진동, 동요

파 **shaky** *a.* 떨리는, 수상쩍은
관 **shake hands** 악수하다   **shake one's head** 고개를 가로젓다
   shake a leg 서두르다   **shake up** ~를 흥분[동요]시키다

- I feel the building ***shaking***. 건물이 흔들리는 것을 느꼈다.
- You look ***shaken*** up. 심하게 동요하고 있는 것 같군요.

0061. **make** [meik]   *v.* 만들다, 준비하다, 일으키다, (행위, 동작을) 하다, ~시키다, ~이 되다   *n.* 모양, 제작

관 **make it** 성공하다, 시간에 대다, 용케 달성하다   **make out** 작성하다, 이해하다, 해내다   **make up** 구성하다, 작성하다, 메우다, 분장하다, 조정하다   **make up for** ~를 벌

동사

충하다, 만회하다 **make money** 돈을 벌다

🔊 You *make* an excellent cup of tea. 차를 달이는 것이 훌륭하군요.
☐ He *make* about $60,000 a year. 그는 1년에 6만 달러를 번다.
☐ You must *make* time for your family. 가족을 위해 시간을 내주십시오.
☐ John *made* me mad. 존에게 화가 났다.
☐ You'll never *make* it. 당신은 시간을 맞출 수 없어요.
☐ Will you *made* out a check for $5,000? 5,000달러 수표를 써 주시겠습니까?
☐ He *made* up excuses not to go to the meeting.
그는 회의에 결석할 핑계를 생각해 냈다.
☐ Do you remember the *make* of the car?
자동차의 형태를 기억하고 있습니까?

0062. **take**
[teik]

v. (손에) 잡다, 가져가다, 획득하다, 받다, 먹다, 마시다, 받아들이다, 생각하다, (시간, 비용이) 들다, (행위, 동작을) 하다

관 **be taken up with** ~에 빠져 있다 **take after** ~을 닮다 **take down** 헐다 **take in** 맞아들이다, 이해하다, (의복 등을) 줄이다 **take it out on** 떠맡다, 고용하다, 상대로 하여 싸우다 **take out** 꺼내다, 끄집어내다, (감정 등을) 털어놓다 **take up** 집어 올리다, (시간, 장소 등을) 차지하다 **take up with** ~과 잘 사귀다 **take off** 이륙하다

🔊 I'll *take* you home. 집까지 바래다주겠다.
☐ *Take* me to the hospital. 병원까지 데려가 주십시오.
☐ Please *take* me with you. 함께 데려가 주십시오.
☐ It shouldn't *take* long. 오래 걸리지는 않을 것이다.
☐ Why didn't you *take* an earlier train? 어째서 더 일찍 열차를 타지 못했습니까?
☐ Is this seat *taken*? 이 자리는 임자가 있습니까?
☐ I *take* it back. 말한 것을 철회하겠습니다.
☐ *Take* your hat off. 모자를 벗어 주십시오.
☐ The plane is ready to *take* off. 비행기는 이륙 준비가 되어 있다.
☐ I'll *take* a day off tomorrow. 내일은 쉬겠다.

＊참고
「take + 명사」는 하나의 동작을 나타내며, 동사만 사용하는 것보다 훨씬 더 영어다운 표현이 된다.
take a walk 산책하다(= walk), take a bath 목욕하다(= bathe)

0063. **undertake**
[ʌ̀ndərtéik]

v. 맡다, 떠맡다, 착수하다

파 **undertaking** *n.* 사업, 약속, 수임

🔊 I advise you not to *undertake* such a risky venture.
그런 위험한 모험을 그만두는 것이 좋다.

❖ under(아래의) + take(받다)

0064. **stake** [steik]　　v. 걸다, 공급하다　n. 내기에 건 돈, 현상금, 이해관계

관 **be at stake** 위태로운, (돈이) 걸려있는

🔊 I'll *stake* my life on it. 그것에 내 생명을 걸었다.
□ Our company's future is at *stake*. 회사의 장래는 위기에 처해 있다.

0065. **wake** [weik]　　v. 깨다, 일어나 있다, 깨닫게 하다

🔊 I *woke* up at six this morning. 오늘 아침 6시에 일어났다.
□ Will you *wake* me up at five tomorrow? 내일 아침 5시에 깨워주세요.

0066. **like** [laik]　　v. 좋아하다, 〈would like to로〉 ~하고 싶다
반 **dislike** 싫어하다

파 **liking** n. 좋아함
관 **How do you like...?** …을 좋아합니까?, ~은 어떻습니까?
　if you like... 좋으시다면 …

🔊 I *like* you so much. 당신을 매우 좋아합니다.
□ There's somebody I'd *like* you to meet. 소개하고 싶은 사람이 있습니다.
□ Would you *like* to sit down? 앉으시겠습니까?
□ Would you *like* a drink? 마실 것은 어떻습니까?
□ I can take you to the mall if you *like*. 좋으시다면 쇼핑몰에 안내하겠습니다.

＊like, love, be fond of 비교
love는 like보다 강한 감정과 애정을 나타내며, 「매우 좋아하다」, 「사랑하고 있다」라는 의미이다. be fond of는 like와 love의 중간이다.

0067. **strike** [straik]　　v. 치다, 공격하다, (재해 등이) 갑자기 엄습하다, 생각하게 하다, 강한 인상을 주다, 결정짓다, 파업을 하다　n. 타격, 공격, 파업

파 **striking** 이목을 끄는
관 **break up a strike** 파업을 깨다　**call a strike** 파업을 일으키다, 선언하다

🔊 How does the project *strike* you? 그 계획의 인상은 어떻습니까?
□ We *strike* a deal. 거래하기로 결정했다.

동사

0068. choke
[tʃouk]

v. (목을 졸라서) 질식시키다, 숨통을 끊다, 막다, 방해하다
n. 질식, 폐색장치

- 파 **choking** a. 숨막히게 하는
- 관 **choke up** (감정이 격해서) 말문이 막히다
- 🔊 The cigarette smoke is ***choking*** me. 담배 연기로 숨이 막힌다.

0069. provoke
[prəvóuk]

v. 화나게 하다, 분개시키다, 자극하여 ~시키다, 불러일으키다

- 파 **provocation** n. 분개, 자극, 유발 **provocative** a. 도발적인, 화나게 하는
- 🔊 Don't ***provoke*** him. 그를 화나게 하지 마세요.
- ☐ You ***provoked*** this confrontation. 이 대립을 일으킨 것은 바로 너다.
- ❖ pro(앞에) + voke(voice;부르다)

0070. enable
[enéibəl]

v. 할 수 있게 하다, 가능하게 하다

- 🔊 The strong yen ***enabled*** us to take a trip to Europe.
  엔고 덕분에 유럽 여행을 할 수 있었습니다.
- ❖ en(~로 만들다) + able(형접;할 수 있는)

0071. tremble
[trémbəl]

v. 떨리다, 마음 졸이다, 요동하다, 염려하다 n. 떨림, 전율

- 파 **trembling** a. 떨리는
- 관 **(all) in[on] a tremble = on[upon] the tremble** (구) 전신을 떨며; 벌벌 떨며
- 🔊 He was ***trembling*** with anger. 그는 화가 나서 떨었다.

0072. resemble
[rizémbəl]

v. 닮다, 유사하다

- 파 **resemblance** n. 유사, 비슷함
- 🔊 He does not ***resemble*** his father at all. 그는 아버지를 전혀 닮지 않았다.
- ☐ There's a strong ***resemblance*** between you and your mother.
  당신은 어머니를 아주 닮았다.
- ❖ re(원래) + semble(seem;비슷하다, 함께 하다)

GROUP 05

Round 1 □ 월 일
Round 2 □ 월 일
Round 3 □ 월 일

0073. **stumble**
[stʌ́mbəl]

v. 비틀거리다, 발이 걸려 넘어지다, 더듬거리며 말하다, 우연히 발견하다 *n.* 비틀거림, 실패

관 **stumbling block** 장애물

- I *stumbled* and fell.
  비틀거리며 넘어졌다.
- □ This latest problem is a big *stumbling* block.
  최근 일어난 이 문제가 큰 장애가 되고 있다.

*참조
-le : 동사의 어원에 붙어 「반복, 빈발」의 의미를 나타내는 동사가 되며, 앞의 자음을 덧붙이는 경우가 허다하다.

0074. **handle**
[hǽndl]

v. 다루다, 처리하다, 매매하다

파 **handling** *a.* 처리

- I can *handle* it myself. 그거라면 혼자 처리할 수 있다.
- □ Please *handle* it with care. 조심해서 다루세요.
- ❖ hand(손) + le(반복)

0075. **bundle**
[bʌ́ndl]

v. 다발로 하다, 묶다 *n.* 묶음, 꾸러미, 덩어리, 대금(大金)

- *Bundle* up the baby in the blanket. 모포로 아기를 싸세요.
- ❖ bund(묶다) + le(반복)

***bundle, bunch** 비교
① **bundle**은 많은 것을 운반·저장하기 위하여 비교적 느슨하게 묶은 것. ② **bunch**는 a bunch of flowers처럼 같은 종류의 것을 가지런히 묶은 것.

동사

0076. struggle
[strʌ́gəl]

v. 싸우다, 분투하다, 다투다, 노력하다 n. 노력, 분투

- It's no use *struggling* against the authorities.
  권력에 대항해도 소용없습니다.
- We had quite a *struggle* getting here.
  여기까지 오는 데 아주 고생했다.

0077. reconcile
[rékənsàil]

v. 화해시키다, 화목하게 하다, 조정[중재]하다, 조화시키다

파 **reconciliation** n. 화해, 조정, 조화 **reconciliatory** a. 화해시키는

- The company and the union are trying to *reconcile* their differences.
  회사와 조합은 의견 차이를 조정하려고 노력하고 있다.
- ❖ re(다시, 뒤에, 원래) + concil(상담하다)

0078. file
[fail]

v. 파일에 철하다, 정리하다, (서류, 신청, 고소 등을) 정식으로 제출하다 n. 파일, 정보

관 **file a suit** 소송을 일으키다

- Will you *file* these cards in alphabetical order?
  카드를 알파벳순으로 정리해 주십시오.
- I'll *file* charges against you. 너를 고소하겠다.
- These are confidential insurance *files*. 이것은 극비 보험 서류입니다.

0079. pile
[pail]

v. 쌓아올리다, 축적하다, 쌓이다, 충돌시키다
n. 집적, 더미, 다량, 큰 돈

관 **pileup** 다중충돌

- Please *pile* the boxes in the corner. 상자는 구석에 쌓으세요.
- My debts are *piling* up. 빚이 산더미다.

0080. tackle
[tǽkəl]

v. 맞붙어 싸우다, 맞붙다, 붙잡다 n. 태클, 도구

- I'd better *tackle* this matter now. 지금 이 문제를 다루는 것이 좋다.

0081. **entitle**
[entáitl]

v. 자격[권리]를 주다, 표제를 붙이다

- 🔊 You are *entitled* to remain silent.
  당신에게는 묵비권이 있습니다.
- ☐ His latest book is *entitled* "Study Tips."
  그의 신간서는 「학습 힌트」라는 표제가 붙어 있다.
- ❖ en(~로 만들다) + title(제목;자격)

0082. **wrestle**
[résəl]

v. (문제 등과) 씨름하다, 싸우다, 레슬링을 하다

- 🔊 I'm *wrestling* with a big problem. 큰 문제와 씨름하고 있습니다.
- ❖ wrest(비틀기) + le(반복)

0083. **hustle**
[hʌ́səl]

v. 난폭하게 밀다, 서두르다, 재촉하다, 속이다
n. 떠밀기, 매우 서두르는 것

- 🔊 Don't try to *hustle* me into buying the car.
  그 자동차를 사라고 재촉하지 말아요.

0084. **settle**
[sétl]

v. 결정하다, 해결하다, 청산하다, 머물다, 진정되다

- 파 **settlement** *n.* 해결, 조정, 정주, 입주　**settled** *a.* 자리잡은, 진정된, 청산이 끝난
- 관 **settle down** 마음을 잡게 히디　**settlc for** ~으로 해결하다
  settler 이주자, 조정자
- 🔊 We don't have to *settle* this right now.
  지금 바로 그것을 해결할 필요는 없다.
- ☐ Up to now, nothing has been *settled*.
  지금까지 아무것도 결정되지 않았습니다.
- ☐ Why don't you *settle* down and go married?
  결혼해서 안정하는 게 어때요?

0085. **puzzle**
[pʌ́zl]

v. 난처하게 하다, 당혹시키다, 괴롭히다　*n.* 어려운 문제

- 파 **puzzlement** *n.* 곤혹, 당혹

동사

🔊 I was *puzzled* by his attitude.
그의 태도에 당혹했습니다.

☐ It's still a *puzzle* to me why you're resigning.
어째서 사임했는지 나는 아직 모르겠습니다.

0086. blame
[bleim]

v. 비난하다, 꾸짖다, ~의 탓으로 하다 n. 비난, 책임

관 **be to blame** 책망을 들어야 하는 **blameless** 결백한

🔊 Don't *blame* yourself. 자신을 책망하지 마세요.
☐ I'm partially to *blame*. 나도 일부 책임이 있습니다.
☐ I'll take the *blame*. 책임은 모두 내가 지겠습니다.

*참고
「…을 ~의 탓으로 하다」라고 할 때는 blame ~ for… / blame … on ~을 이용한다.

0087. frame
[freim]

v. 뼈대를 짜다, 고안하다, 틀에 넣다, (나쁜 것을) 꾸미다
n. 뼈대, 액자, 골조

관 **framework** 골조, 구성

🔊 I was *framed*. 속아 넘어갔다.
☐ We should *frame* this picture. 이 사진을 액자에 넣어야 해요.
☐ What kind of time *frame* do you have in mind?
시간적으로는 어떻게 생각하십니까?

0088. come
[kʌm]

v. 오다, (상대 쪽으로) 가다, 돌아오다, (일이) 일어나다, 출신이다, (일이) 진척되다, (상태, 결과로) 되다, ~하도록 되다,

관 **come about** 일어나다 **come across** 이해시키다, 우연히 만나다[발견하다]
come along 함께 오다, **come apart** 뿔뿔이 흩어지다, 무너지다
come around 돌아오다, 들르다 **come back** 돌아오다, 되살아나다
come by 들르다, 획득하다 **come down with** (병에) 걸리다
come from ~출신이다 **come of** 떠나다, 벗겨지다
come out 나오다, 출판되다 **come over** 다가오다, 들르다
come through 끝까지 해내다, 벗어나다, (전화 등이 상대에게) 연결되다
come to think of it 그렇다면 **come true** 현실로 되다
come up 오르다, 다가오다, 시작하다
come up with (해답 등을) 찾다, 제안하다, 꺼내다
how come 어째서 **when it comes to** ~라는 점에 이르면

🔊 May I *come* in? 들어가도 좋습니까?

☐ I'm *coming*. 지금 갑니다.

☐ How did this problem *come* about? 어째서 이 문제가 일어났지?

☐ I *came* across an interesting article. 재미있는 기사를 우연히 찾았다.

☐ Where does he *come* from? 그의 출신지는 어디입니까?

☐ *Come* to think of it, this a pretty good deal.
　생각해 보면, 이것은 꽤 좋은 거래다.

☐ My dream of getting a foreign car *came* true.
　외제차를 갖는 꿈이 이루어졌다.

☐ An important matter has *come* up.
　중요한 일이 일어났다.

☐ If you *come* up with something, call me.
　무슨 정보가 들어오면 전화해 주십시오.

☐ When it *comes* to efficiency, you can't beat him.
　효율 면에서는 그를 당할 수 없다.

＊참고

① come은 「말하는 사람 쪽으로 다가옴」 또는 「말하는 사람이 가려고 하는 쪽으로 가다」라는 뜻이 있다. 반면 go는 「어떤 사람이나 물건이 사람이 있는 장소에서 멀어져 간다」라는 뜻이다. 비교해서 알아 두자.

② 회화에서 자주 나오는 Come on은 뉘앙스와 상황에 따라 「제발 하지 마」라는 뜻도 되고 「제발 좀 해」라는 뜻도 된다. 제발 좀 하지 마(=Stop it.) 제발 좀 해(=Please)로 바꿔 쓸 수 있다.

GROUP 06

Round 1 ☐ 월 일
Round 2 ☐ 월 일
Round 3 ☐ 월 일

0089. **become**
[bikÁm]

v. ~이 되다, 어울리다

파 **becoming** *a.* 어울리는, 알맞은
관 **become of** ⟨what, whatever를 주어로⟩ ~이 어찌 되었을까, ~이 도대체 어찌 될까

🔊 He ***became*** an American citizen. 그는 미국 시민권을 얻었다.
☐ What's to ***become*** of me? 나는 어떻게 되지?
❖ be(되다) + come(오다)

*참고
「(장차 무엇)이 되다」라고 말할 경우에는 become보다는 보통 be를 사용한다.
What do you want to be? (무엇이 되고 싶니?)
I want to be a teacher. (저는 선생님이 되고 싶어요.)

0090. **overcome**
[òuvərkÁm]

v. 이겨내다, 극복하다

🔊 We must ***overcome*** this hardship.
우리는 이 고난을 이겨내야 한다.
❖ over(넘어, 초과하여) + come(오다)

*잠깐 「~해야 한다」의 단어를 정리해보자.
① **must** : 가장 강한 표현으로 법적 제재가 가능하고 공고문이나 표지판에 쓰인다.
② **should** : 관습적으로 ~해야 한다는 의미. ex)학생은 공부를 해야 한다.
③ **have to** : 회화에서 가장 두루두루 쓰인다.
④ **gotta** : got to(= have got to)의 의미로 「지금 곧 해야 한다」는 의미가 강하다.

0091. **resume**
[rizú:m /-zjú:]

v. 다시 시작하다, 재개하다, 되찾다

파 **resumption** *n.* 재개, 회복, 속행

🔊 The two countries have ***resumed*** diplomatic relations.
그 두 나라는 외교 관계를 재개했다.
❖ re(다시, 원래) + sume(take; 취하다)

0092. **presume**
[prizúːm]
v. 추정하다, 가정하다

파 **presumption** *n.* 추정, 가정 **presumable** *a.* 추측할 수 있는
presumably *ad.* 아마도, 아마

🔊 I just *presumed* she knew what she was doing.
그녀는 자신이 무엇을 하고 있는지 알고 있을 거라고 생각했다.

❖ pre(앞에) + sume(take；취하다)

＊참고
presume에는 「자기 형편 좋을 대로 단정하다」 라는 어감이 있다.

0093. **consume**
[kənsúːm]
v. 소비하다, 다 써버리다

파 **consumption** *n.* 소비, 소모
관 **consumer** 소비자 **consumer(s') goods** 소비재

🔊 My work *consumes* all my time.
일이 너무 바빠서 내 시간이 없습니다.

❖ con(완전히) + sume(take；취하다)

0094. **assume**
[əsjúːm]
v. 당연하다고 여기다, 추측[가정]하다, 임무·책임 등을 떠맡다

파 **assumption** *n.* 가정, 취임 **assumed** *a.* 가정의, 가짜의
관 **assuming that...** …이라고 가정하면

🔊 Can I *assume* your insurance will cover the damage?
그 쪽의 보험이 손해배상을 지불한다고 생각해도 좋습니까?

❖ as(ad；~에) + sume(take；취하다)

0095. **combine**
[kəmbáin]
v. 짜맞추다, 결합하다, 합병하다, 화합시키다
n. 결합체, 기업 합동

파 **combination** *n.* 결합, 짜맞추기, 배합 **combined** *a.* 결합한, 연합의

🔊 She's trying to *combine* a career with taking care of her family.
그녀는 일과 가정을 병행하고 있다.

❖ com(함께) + bine(묶다)

동사

0096. **imagine**
[imǽdʒin]
v. 상상하다, 마음에 그리다, 생각하다, 가정하다

- 파 **imagination** n. 상상(력)　**imaginable** a. 상상할 수 있는　**imaginary** a. 가정의　**imaginative** a. 상상력이 풍부한
- I can *imagine* what's going on in your mind.
  당신이 지금 무엇을 생각하고 있는지 압니다.
- □ *Imagine* yourself in her place.
  그녀의 입장이 되어 보세요.
- ❖ image(심상) + ine(어미)

0097. **shine**
[ʃain]
v. 빛나다, 반짝이다, 이채를 발하다, 비치다　n. 빛, 광채, 광택

- 관 **come rain or shine** 날씨에 관계없이, 어떤 경우라도
- The sun is *shining* bright. 태양이 밝게 비치고 있습니다.
- □ Will you *shine* my shoes? 구두를 닦아주시겠습니까?
- □ I'm going to finish this job today, come rain or *shine*.
  무슨 일이 있더라도 이 일은 오늘 중에 마치겠습니다.

0098. **examine**
[igzǽmin]
v. 조사하다, 시험하다, 진찰하다, 심문하다

- 파 **examination** n. 시험, 검사, 진찰
- *Examine* it carefully before you buy it. 사기 전에 잘 조사하세요.
- □ I have *examinations* next week. 다음 주는 시험입니다.

0099. **determine**
[ditə́ːrmin]
v. 결심하다, 결정하다

- 파 **determination** n. 결심, 결정　**determined** a. 결연한, 굳게 결심한
- We're trying to *determine* what policy we should take in the situation we're in. 지금 처해 있는 상황에서 어떤 방침을 취해야 하는지 결정하려고 합니다.
- □ Are you still *determined* to become an actress?
  여배우가 될 결심은 아직 확고합니까?
- ❖ de(떨어져, 밑에, 안전히) + termine(limit; 제한하다)

0100. **postpone**
[poustpóun]
v. 연기하다 반 advance 앞당기다

파 **postponement** n. 연기

🔊 The concert was ***postponed*** due to the singer's cold.
가수가 감기에 걸려서 콘서트는 연기되었다.

❖ post(뒤에)+pone(put;놓다)

0101. **escape**
[iskéip]
v. 달아나다, 벗어나다, 새다 n. 도망, 탈출, 도피

🔊 You must not ***escape*** from realities.
현실에서 도망칠 수 없어요.

☐ You can't use school to ***escape*** your problems.
자신의 문제에서 벗어나려고 학교를 이용해서는 안 된다.

❖ es(ex;밖에, 밖에서) + cape(mantle;덮개)

*참조
escape는 위험이나 위해 따위를 피하여 달아나는 일. avoid는 위험을 무릅쓰고 싶지 않다거나 위험하다고 생각되는 것에 가까이 가지 않는다는 뜻에서 escape보다는 소극적인 말이다. flee 급히 달아나다. abscond 자취를 감추다

0102. **scrape**
[skreip]
v. 문질러대다, 문지르다, 긁어모으다 n. 문지르기

🔊 Don't ***scrape*** the plate. 그릇을 긁으며 먹어서는 안 된다.

0103. **wipe**
[waip]
v. 닦다, 닦아내다, 훔치다, 전멸시키다 n. 닦는 것

관 **wipe off** 씻다, 청산하다 **wipe out** (~속을) 닦다, 일소하다

🔊 ***Wipe*** your hands with this towel.
이 수건으로 손을 닦으세요.

0104. **cope**
[koup]
v. 잘 대체[처리]하다, 수습하다

🔊 I can't ***cope*** with so many problems at once.
한 번에 그렇게 많은 문제를 처리할 수 없습니다.

동사

0105. **hope**
[houp]
v. 바라다, 원하다, 기대하다 n. 희망, 바람, 기대

파 **hopeful** a. 유망한, 희망에 찬 **hopefully** ad. 유망하게, 희망을 가지고
관 **hopeless** 희망이 없는

- I *hope* we meet again. 다시 만나길 바랍니다.
- I *hope* you don't mind. 신경 쓰지 말았으면 합니다.

  *참고
  I hope는 바람직한 일에 쓰이며, 바람직하지 않은 일에는 보통 I'm afraid를 쓴다.

0106. **share**
[ʃɛəːr]
v. 분배하다, 나누어주다, 공유하다, 함께 하다
n. 몫, 할당액, 분담, 주(식), 시장 점유율

- I'm *sharing* an apartment with a Chinese student.
  나는 중국인 학생과 함께 아파트에 살고 있습니다.
- How much is my *share*?
  내 몫은 얼마입니까?

0107. **declare**
[dikléər]
v. 선언하다, 공표하다, 단언하다, (세관 등에서) 신고하다

파 **declaration** n. 선언, 공표, 신고(서)

- The president *declared* war on drug dealers.
  대통령은 마약업자에게 선전포고했다.
- Do you have anything to *declare*?
  무슨 신고할 것은 있습니까?

❖ de(떨어져, 밑에, 안전히) + clare(clear;명백하게 하다)

0108. **prepare**
[pripéər]
v. 마련[준비]하다, 각오하다, 조리하다

파 **preparation** n. 준비, 예습, 조리 **preparatory** a. 준비의, 예비의
prepared a. 준비가 되어 있는

- I'm *preparing* supper now. 저녁 식사 준비를 하고 있는 중입니다.
- Hope for the best, and *prepare* for the worst.
  최선을 기대하고 최악을 준비하세요.
- I'm *prepared* to meet you halfway.
  당신과 타협할 작정입니다.

❖ pre(앞에) + pare(set;놓다)

GROUP 07

Round 1 □ 월 일
Round 2 □ 월 일
Round 3 □ 월 일

0109. **compare**
[kəmpéər]
v. 비교하다, 견주다, 필적하다

파 **comparison** n. 비교, 유사   **comparable** a. 비교할 수 있는, 유사한, 필적하는
comparative a. 비교에 의한   **comparably** ad. 비교할 수 있을 정도로
comparatively ad. 비교하여

- Don't *compare* me with Nancy. 나를 낸시와 비교하지 마세요.
- He *compared* life to a game. 그는 인생을 게임과 비교했다.
- You can't *compare* with Elvis. 당신은 엘비스와 비교되지 않는다.
❖ com(함께) + pare(같은)

0110. **spare**
[spεəːr]
v. 나누어주다, (수고 등을) 아끼다, (시간 등을) 할애하다, 절약하다
a. 예비의, 여분의   n. 예비의 것

관 **to spare** 여분의

- Can you *spare* me a minute or two? 1, 2분 시간을 내 주시겠습니까?
- Do you have a *spare*? 스페어 타이어는 있습니까?

0111. **stare**
[stεəːr]
v. 뚫어지게 노려보다, 빤히 훑어보다   n. 응시

- Why are you *staring* at me? 어째서 나를 빤히 보고 있니?

0112. **interfere**
[ìntərfíər]
v. 간섭하다, 훼방놓다

파 **interference** n. 간섭, 방해

- Don't *interfere* in other people's business.
  다른 사람의 일을 간섭하지 마세요.
❖ inter(~사이에, 서로) + fere(strike;때리다)

동사

0113. **hire** [haiər]   v. 고용하다, 세내다 n. 세내기, 사용료

🔊 Forget about the money and just *hire* someone else.
돈 문제는 잊고 누구 다른 사람을 고용하세요.

＊참조
let out on ~ 세놓다

0114. **admire** [ædmáiər, əd-]   v. 감탄하다, 칭찬하다

파 **admiration** n. 감탄, 칭찬 **admirable** a. 칭찬할 만한

🔊 I've always *admired* your perseverance.
당신의 인내심에는 항상 감탄하고 있습니다.

❖ ad(~에, ~으로) + mire(wonder; 경탄)

0115. **inspire** [inspáiər]   v. 떨쳐 일어나게 하다, (생각 등을) 불러일으키다, 고무하다

파 **inspiration** n. 영감, 고무 **inspired** a. 영감을 받은
inspiring a. 고무하는, 감격시키는

🔊 I was really *inspired* by his speech.
그의 연설을 듣고 매우 감동했다.

☐ He gave a very *inspiring* performance.
그의 연기는 매우 감동적이었다.

❖ in(가운데로) + spire(breathe; 숨쉬다)

0116. **retire** [ritáiər]   v. 퇴직하다, 은퇴하다, 쑥 들어가다

파 **retirement** n. 퇴직, 은퇴 **retired** a. 퇴직한, 은퇴한 **retiring** a. 퇴직하는, 소극적인

🔊 I'd like to live on one of the Caribbean islands after I *retire*.
퇴직 후에는 카리브해의 섬에서 살고 싶습니다.

❖ re(다시, 뒤에, 원래) + tire(draw; 이동하다)

0117. **acquire** [əkwáiər]   v. 얻다, 획득하다

파 **acquisition** n. 취득(물), 획득 **acquired** a. 획득한, 후천적인

🔊 You have *acquired* bad habits.
나쁜 습관이 붙었군요.

❖ ac(~에, ~으로) + quire(obtain;구하다)

0118. **require**
[rikwáiər]

v. 필요로 하다, 요구하다

파 **requirement** *n.* 요건, 필요조건, 자격   **required** *a.* 필수의

🔊 This job *requires* a lot of time. 이 일은 시간이 걸립니다.

❖ re(다시, 뒤에, 원래) + quire(obtain;구하다)

0119. **inquire**
[inkwáiər]

v. 묻다, 질문하다, 조사하다

파 **inquiry** *n.* 조사, 조회, 질문   **inquiring** *a.* 미심쩍은, 캐묻기 좋아하는
inquisitive 호기심이 강한

관 **inquire after** ~의 안부를 묻다, **inquire for** ~에게 면회를 청하다, 찾아오다
inquire into ~를 조사하다

🔊 I'm calling to *inquire* about today's show.
오늘의 쇼에 관해 알아보려고 전화하고 있습니다.

☐ I'm going to *inquire* if I can get a discount.
할인해 줄 수 있는지 알아보겠다.

❖ in(~에) + quire(ask;묻다)

0120. **bore**
[bɔːr]

v. 지루하게 하다, 진저리나게 하다   *n.* 따분한 것[사람]

파 **boredom** *n.* 지루함, 권태   **boring** *a.* 지루한, 따분하게 하는

🔊 I'm *bored* with my job.
일에는 싫증났습니다.

*참조
① bore² : …에 구멍을 뚫다, 도려내다. (송곳 따위로 뚫은) 구멍; 시굴공.
② bore³ : 고조, 해일 (강어귀 따위에 밀려오는)

0121. **score**
[skɔːr]

v. 득점하다, 얻다   *n.* 득점, 악보

🔊 Joe *scored* the winning goal at the last moment.
조는 경기 종료 직전에 결승점을 올렸다.

동사

0122. **adore**
[ədɔ́ːr]
v. 숭배하다, 열렬히 사랑하다, 경애하다

- 파 **adoration** n. 숭배, 동경 **adorable** a. 귀여운 **adoring** a. 흠모하는
- She ***adores*** animals. 그녀는 동물을 매우 좋아합니다.

0123. **explore**
[ikspló:r]
v. 탐험[탐구]하다, 답사하다, (가능성 등을) 조사하다

- 파 **exploration** n. 탐사, 탐험 **exploratory** a. 탐험의
- Let's ***explore*** all the different possibilities.
  모든 가능성을 조사해 봅시다.
- ❖ ex(밖에, 밖에서) + plore(cry out;외치다)

0124. **ignore**
[ignɔ́ːr]
v. 무시하다, 개의치 않다

- 파 **ignorance** n. 무시, 무학 **ignorant** a. 무지의, 무학의, 모르는
- We can't ***ignore*** his accomplishments up to now.
  지금까지의 그의 업적을 무시할 수는 없습니다.
- ❖ i(in;~아닌) + gnore(know;알다)

0125. **restore**
[ristɔ́ːr]
v. 되돌리다, 회복하다, 수복하다, 반환하다

- 파 **restoration** n. 회복, 수복, 복원, 반환 **restorative** a. 회복시키는, 복구의
- The paintings were ***restored*** to their original beauty.
  그림은 원래대로의 아름다움으로 복구됐다.
- ❖ re(다시, 뒤에, 원래) + store(비축하다)

0126. **endure**
[endjúər]
v. 견디다, 참다, 지속하다

- 파 **endurance** n. 인내력, 참을성, 내구성, 지속 **endurable** a. 참을 수 있는
  enduring a. 참을성이 강한, 오래가는
- Can you ***endure*** such hard training?
  이렇게 심한 훈련을 참을 수 있습니까?
- ❖ en(~로만들다) + dure(hard;힘든)

0127. **figure** [fígjər/-gər]
v. 계산하다, 상상하다, 판단하다, 상징하다
n. 도형, 숫자, 모양, 인물, 상징, 조상, 〈복수형으로〉 계산

- 파 **figurative** a. 비유적인
- 관 **figure out** ~을 계산하다, 완전히 이해하다, 생각해 내다
- I *figure* we'll make $6 million a month.
  한 달에 6백만 달러의 이익을 올리는 것으로 생각한다.
- I can't *figure* out why you want to go to New York.
  네가 어째서 뉴욕에 가고 싶어하는지 이해할 수 없다.
- I'll *figure* something out.
  좀 생각해 보겠다.
- Take a look at these *figures*.
  이 숫자를 봐주십시오.
- ❖ fig(형태) + ure(명접;추상)
  *참조
  회화에서 I figure은 I think와 같은 뜻으로 보면 된다.

0128. **injure** [índʒər]
v. 해치다, 손상시키다, 상처 입히다

- 파 **injury** n. 상해, 손해 **injured** a. 상처 입은 **injurious** a. 유해한
- I *injured* my leg playing soccer.
  축구를 하다 다리를 다쳤다.
- Is it a serious *injury*?
  상처는 심합니까?
- ❖ injury(부상) +e(어미)

0129. **lure** [luər]
v. 유혹하다, 꾀어 들이다, 유인하다 n. 유혹, 매혹

- She's good at *luring* men.
  그녀는 남자를 유혹하는 데 능숙하다.

동사

GROUP 08

Round 1 ☐ 월 일
Round 2 ☐ 월 일
Round 3 ☐ 월 일

0130. **measure** [méʒər]
v. 측정[평가]하다, 판단하다
n. 치수, 측정, 기준, 단위, 법안 〈보통 복수형으로〉 대책, 처치

파 **measurement** n. 측정 〈복수형으로〉 도량법
measured a. 정확히 측정된, 신중한

A worker's value is *measured* by the work. 근로자의 가치는 일로 평가된다.

❖ meas(measure;측정하다) + ure(명접;추상)

0131. **assure** [əʃúər]
v. (사람에게) 보증하다, 납득시키다

파 **assurance** n. 보증, 확신 **assured** a. 보증된, 확실한, 자신만만한

I can *assure* you that this car will run without any trouble for at least two years. 이 자동차는 적어도 2년간 고장없이 달린다고 보증합니다.

❖ as(ad;~에) + sure(secure;확실하게 하다)

0132. **manufacture** [mæ̀njəfǽktʃər]
v. 제조하다, 생산하다
n. 제조, 산업, 〈보통 복수형으로〉 제품

파 **manufacturer** n. 제조업자

Do they *manufacture* cars in your country?
당신의 나라에서는 자동차를 생산합니까?

☐ We have to complain to the *manufacture*.
제조자에게 불만을 말하자.

❖ manu(hand;손) + fact(make;만들다, 이루다) + ure(명접;추상)

0133. **capture** [kǽptʃər]
v. 포획하다, 획득하다, (마음 등을) 잡다 n. 체포, 점령, 상품

If we're *captured*, it will be your fault.
만일 우리가 체포되면 당신 책임입니다.

☐ This picture has *captured* the charm of the village.
이 사진에는 마을의 매력이 잘 나타나 있다.

❖ cap(머리, 잡다) + ture(명접;추상)

0134. **ease**
[iːz]

v. 편하게 하다, (걱정, 고통 등을) 덜다   n. 안락, 쉬움

관   **ease off** 늦추다, 덜다   **at ease** 편히, 차분히   **ill at ease** 불안한
with ease 쉽게

🔊 Can you give me some medicine to *ease* this pain?
이 통증을 멈추는 약을 주십시오.

☐ *Ease* your belt if you're full.
너무 먹었다면 벨트를 푸세요.

☐ You've *eased* my mind.
덕분에 편하게 됐다.

☐ The pain has *eased* off.
통증이 완화됐다.

0135. **cease**
[siːs]

v. 중지하다, 그만두다, 멈추다

관   **ceaseless** 끊임없는

🔊 The two countries have *ceased* negotiations.
두 나라는 교섭을 중지했다.

＊참조
cease ~ing, cease to~의 둘 다 쓸 수 있다

0136. **release**
[rilíːs]

v. 해방[석방]하다, 자유로 하다, 떼어놓다, 놓아주다, 발매하다
n. 해방, 석방, 방출, 개봉, 발매

🔊 The hostages were *released* unharmed. 인질은 무사히 석방됐다.

❖ re(다시) + lease(loosen; 늦추다)

0137. **please**
[pliːz]

v. 기쁘게 하다, 만족시키다, 마음에 들다   n. 부디

파   **pleasure** n. 기쁨, 만족, 쾌락   **pleasant** a. 즐거운, 기분 좋은
pleased a. 기쁜, 만족한, 마음에 드는   **pleasing** n. 유쾌한, 즐겁게 해주는
pleasantly ad. 즐겁게, 상냥하게

관   **if you please** 좋으시다면   **for pleasure** 심심풀이로
with pleasure 기꺼이   **unpleasant** 불쾌한   **displeasure** 불쾌

🔊 You can't *please* everyone.
모든 사람의 마음에 들 수는 없다.

동사

51

- My *pleasure*.
  천만에요.
- You'll never know the *pleasure* of living in the country.
  당신은 시골에 사는 즐거움을 이해할 수 없습니다.
- Did you have a *pleasant* flight?
  비행기 여행은 즐거웠습니까?

*참조
상대가 뭔가를 해 주었을 때는 thank you, 뭔가를 부탁하고 싶은 경우에는 please를 사용.

0138. **increase**
[inkríːs]
v. 늘다, 커지다, 증가하다 n. 증가

파 **increasing** a. 점점 더 느는 **increasingly** ad. 점점 더, 차차
관 **on the increase** 증가하여

- I have to think of a way to *increase* my income.
  수입을 증가시키는 방법을 생각해야 한다.
- Crime is on the *increase* in this city.
  이 마을에서는 범죄가 증가하고 있다.
❖ in(~가운데로, 위로) + crease(grow;자라다)

0139. **tease**
[tiːz]
v. 괴롭히다, 졸라대다, 애먹이다

- She is fun to *tease*. 그녀는 괴롭히는 것을 좋아한다.

0140. **chase**
[tʃeis]
v. 쫓다, 뒤쫓다 n. 추적, 추구

- I was *chased* by a stray dog. 길 잃은 개에게 쫓겼다.

0141. **erase**
[iréis/iréiz]
v. (문자, 녹음 등을) 지우다

파 **erasure** n. 말소, 삭제부분
관 **eraser** 칠판 지우개, 고무 지우개

- Did you *erase* all the data? 데이터를 모두 삭제했니?
❖ e(ex;밖에, 밖에서) + rase(scraped;긁어내다)

0142. raise
[reiz]

v. 올리다, 승진시키다, 높이다, 기르다, 끌어올리다, 제기하다
n. 올리기, 승진

- You don't have to *raise* your hand. 손을 들 필요는 없습니다.
- I'm getting a *raise*. 승진하기로 되어 있습니다.

0143. praise
[preiz]

v. 칭찬하다, 찬미하다 n. 칭찬, 찬미

관 **in praise of** …을 칭찬하여

- I *praised* him for his effort. 그의 노력을 칭찬해 주었다.

0144. exercise
[éksərsàiz]

v. 운동하다, 연습하다, 훈련하다; 권력 등을 행사하다, 발휘하다
n. 운동, 연습, 훈련

- I never *exercise* these days. 요즘에는 전혀 운동하지 않습니다.
- ex(밖의) + ercise(prevent;막다)

0145. promise
[prámis/prɔ́m-]

v. 약속하다, 기대하다, 가망이 있다 n. 약속, 장래성, 유망함

파 **promising** a. 기대할 수 있는, 유망한

- *Promise* me you won't tell anyone. 아무에게도 말하지 않는다고 약속해 주십시오.
- He's very *promising* pitcher. 그는 앞으로 기대되는 투수다.
- pro(앞에) | mise(send;보내다)

0146. compromise
[kámprəmàiz/kɔ́m]

v. 타협하다, 화해하다, 조정하다 n. 타협, 화해, 절충안

- We'll have to *compromise* on this issue.
  이 문제에 관해서 우리는 타협해야 합니다.
- Will you settle for a *compromise*?
  타협하는 것에 승낙하겠습니까?
- com(함께) + promise(약속하다)

0147. despise
[dispáiz]

v. 경멸하다, 업신여기다

파 **despicable** *a.* 비열한

🔊 You ***despise*** me, don't you? 나를 경멸하고 있죠?

❖ de(떨어져) + spise(spect;보다)

0148. **rise**
[raiz]

v. 일어나다, 오르다, 증가[상승]하다 *n.* 오르기, 증가

🔊 The price of gas has ***risen***. 유가가 올랐다.
☐ The crime rate is on the ***rise***. 범죄 발생률이 증가하고 있다.

0149. **arise**
[əráiz]

v. 일어나다, 발생하다

🔊 If any trouble ***arises***, call me right now.
무슨 문제가 일어나면 즉시 전화해 주십시오.

❖ a(~에, ~위에) + rise(일어나다)

0150. **surprise**
[sərpráiz]

v. 놀라게 하다, 불시에 덮치다 *n.* 놀람, 기습
a. 불시의, 예고 없는

파 **surprised** *a.* 놀란   **surprising** *a.* 놀랄 만한, 의외의

🔊 I wanted to ***surprise*** you. 당신을 놀래 주고 싶었습니다.
☐ I am ***surprised*** at you. 당신에게는 놀랐다.
☐ What a ***surprise*** to see you here! 여기에서 너를 만나서 놀랐다.
☐ It's not ***surprising*** that they're getting a divorce.
그들이 이혼한다는 것은 놀랄 일이 아니다.

❖ sur(위에, 넘어서) + prise(take;잡다)

GROUP

09

Round 1 □ 월 일
Round 2 □ 월 일
Round 3 □ 월 일

0151. **advertise**
[ǽdvərtàiz]

v. 광고하다, 자기 선전을 하다, 알리다

파 **advertisement** n. 광고

🔊 Don't ***advertise*** the fact that you are carrying a lot of money with you.
많은 돈을 가지고 다닌다는 것을 자랑하지 마세요.

❖ ad(~에, ~으로) + vert(turn;돌리다) + ise(동접)

0152. **bruise**
[bru:z]

v. 멍들게 하다, 상하게 하다 n. 타박상, 멍

🔊 I ***bruised*** my shin on the bicycle. 정강이를 자전거에 부딪쳐서 멍이 생겼다.
☐ That's a bad ***bruise*** you have. 멍이 심하게 났군요.

0153. **advise**
[ædváiz, əd-]

v. 권고하다, 충고하다

파 **advice** n. 충고 **advisable** a. 합당한, 현명한 **advisory** a. 충고의, 고문의

🔊 I ***advise*** you to hold on to that stock.
= I advise that you hold on th that stock.
그 주식을 더 기지고 있어요.

❖ ad(~에, ~으로) + vise(look;보다)

0154. **lose**
[lu:z]

v. 잃다, 빼앗기다, 잃어버리다, 지다, 몰두하다, (시계가) 늦다

파 **loss** n. 분실, 손실, 패배 **losing** a. 승산 없는 **lost** a. 잃은, 길을 잃은
관 **loser** 패자 **at a loss** 당황하여, 어찌할 바를 몰라서 **lost and found** 분실물 취급소 **lose one's weight** 살을 빼다

🔊 There's no time to ***lose***. 낭비할 시간 없다.
☐ He has ***lost*** his mind. 그는 미쳤다.
☐ I really ***lost*** my temper. 정말로 화가 났다.
☐ I got ***lost*** on the way. 도중에서 길을 잃었다.

동사

☐ His leaving is a big *loss* for our company.
그의 퇴직은 우리 회사에는 큰 손실입니다.

☐ She's trying to *lose* her weight.
걔 살빼려고 노력하는 중이야.

0155. **close**
[klouz]
v. 닫다, 닫히다, 휴업하다, 마치다, 중단하다, (토의 등을) 끝내 a. 가까운, 흡사한, 위태위태한, 친근한, 정밀한, 주의 깊은, (경기 등이) 호각의, 닫힌 ad. 접근하여, 가까이에, 바짝

파 **closely** ad. 조밀하게, 친밀히, 단단히

🔊 *Close* the curtains before you undress. 옷을 벗기 전에 커튼을 치세요.

☐ I'm *closing* the account. 구좌를 해약합니다.

☐ The bank is *closed*. 은행은 닫혀 있습니다.

☐ Don't get *close* to me. 나에게 접근하지 마세요.

☐ I'm very *close* to Jim. 짐과는 친한 사이입니다.

0156. **enclose**
[enklóuz]
v. 둘러싸다, 동봉하다

파 **enclosure** n. 둘러싸기, 동봉물

🔊 The pool is *enclosed* by a fence. 풀은 담으로 둘러싸여 있다.

❖ en(~로만들다) + close(닫다)

0157. **choose**
[tʃuːz]
v. 고르다, 선택하다, 결정하다

파 **choice** n. 선택   **choosy** a. 까다로운

🔊 Which one would you *choose*? 어느 것을 고르겠습니까?

☐ I *chose* to go on to graduate school. 대학원에 진학하기로 했다.

0158. **pose**
[pouz]
v. 포즈를 취하다, 뽐내다, 제출하다   n. 자세, 젠 체하는 태도

🔊 Will you *pose* for a picture? 사진 포즈를 취해 주십시오.

0159. **impose**
[impóuz]
v. 강요하다, 부과하다, 위압하다, (세금, 의무 등을) 과하다

- 파 **imposition** *n.* 부과하기, 부과, 사기 **imposing** *a.* 당당한, 이목을 끄는
- 관 **impose on** ~에 편승하다

🔊 He always tries to ***impose*** his opinions on others.
그는 항상 자신의 의견을 강요하려고 한다.

□ I don't want to ***impose*** on her good nature.
그녀의 성실함을 이용하고 싶지 않다.

❖ im(in;~가운데로, 위로) + pose(놓아두다)

0160. **suppose**
[səpóuz]

v. 생각하다, 가정하다, 〈be supposed to로〉 ~하게 되어 있다

- 파 **supposition** *n.* 가정, 추측, 추정

🔊 I ***suppose*** you're right. 당신이 옳다고 생각합니다.
□ ***Suppose*** you were me. 네가 나라고 생각하자.
□ What am I ***supposed*** to do? 내가 어떻게 하면 좋겠습니까?
□ He's ***supposed*** to be here. 걔 지금 여기 있어야 하는데.

❖ sup(sub;~밑에) + pose(놓아두다)

*참조
be supposed to(~되도록 가정되다, 예측되다)는 약간 복잡한 뜻 때문에 한국인들은 사용하기 어려워하지만 외국인들은 회화에서 많이 사용하는 표현이다. 회화에서 I think~가 「내가 보기에는 ~인 것 같은데」라는 뜻이라면 be supposed to는 「~됐어야 하는데」, 가정과 의무의 뜻이 섞여 있다.

0161. **expose**
[ikspóuz]

v. 드러내다, 폭로하다, 진열하다

- 파 **exposure** *n.* 드러내기, 폭로, 진열 **exposition** *n.* 박람회

🔊 Don't ***expose*** the film to sunlight.
필름은 햇빛에 노출하지 마세요.

❖ ex(밖에, 밖에서) + pose(놓아두다)

0162. **collapse**
[kəlǽps]

v. 붕괴[함몰]하다, (사업 등이) 실패하다, (사람이) 쓰러지다, 폭락하다 *n.* 붕괴, 함몰, 좌절

🔊 He has ***collapsed*** from fatigue.
그는 과로로 쓰러졌다.

❖ col(com;함께) + lap(fall;떨어지다) + se(어미)

동사

0163. **reverse**
[rivə́ːrs]

v. 역으로 하다, 뒤집다, 취소하다, 역전시키다
a. 반대(의), 역(의), 뒷면(의)

파 **reversal** n. 역전, 반전, 전도

- I'm not good at *reversing*. 후진시키기가 어렵다.
- Put the car into *reverse*. 차를 후진하세요.
- re(다시, 뒤에, 원래) + vers(turn;향하게 하다) + e(어미)

0164. **use**
[juːz]

v. 사용하다, 쓰다, 이용하다 n. 사용, 이용, 용도, 효용

파 **used** a. 중고의
관 **in use** 쓰여 **out of use** 쓰이지 않게 되어
make use of, put ~ to use ~을 사용[이용]하다

- *Use* your brains. 머리를 쓰세요.
- Can I *use* your phone? 전화를 써도 됩니까?
- It's no *use* scolding him. 그를 꾸짖어도 소용없습니다.

* **use, employ, utilize 비교**
① **use** : 가장 일반적인 말. 목적어가 사람인 경우에는 「이용하다」 「혹사하다」 라는 나쁜 뜻이 된다. ex) I hate being used by her. (그녀에게 이용당하는 것은 싫다.)
② **employ** : 특정 목적을 위하여, 기술적으로 가장 효과 있다고 생각되는 방법으로 사용하다. 목적어가 사람인 경우에는 「고용하다」 ex) The police had to employ force to enter the building. (경찰은 그 건물에 들어가기 위해 물리력을 써야 했다.)
③ **utilize** : 이용하다. 반드시 최적의 것이 쓰이는 것은 아니다. 사람이 목적어가 되는 일은 거의 없다. ex) The Romans were the first to utilize concrete as a building material. (로마인들이 최초로 콘크리트를 건축 재료로 이용했다.)

0165. **cause**
[kɔːz]

v. 원인이 되다, 야기하다, 사람에게 ~시키다
n. 원인, 동기, 목적, 대의

- What *caused* the plane to crash? 비행기는 왜 추락했습니까?
- I'm not going to *cause* you any trouble. 당신에게 폐가 되지는 않겠습니다.
- I have good *cause* to scold you. 너를 꾸짖는 데에는 그럴 만한 이유가 있어.

0166. **abuse**
[əbjúːz]

v. 학대하다, (지위, 특권 등을) 악용[남용]하다 n. 학대, 악용

🔊 These children were *abused* by their father.
이 아이들은 아버지에게 학대당했다.
❖ ab(떨어져서) + use(쓰다)

0167. **accuse**
[əkjúːz]

v. 나무라다, 기소하다, 문책하다

파 **accusation** *n.* 고발, 죄, 비난 **accusing** *a.* 고소의
관 **accuse ~ of ...** …라는 점에서 ~를 고소하다[문책하다]

🔊 He was *accused* of stealing the money.
그는 그 돈을 훔친 것으로 고소당했다.

☐ Don't *accuse* me.
나를 나무라지 마세요.

❖ ac(~에, ~으로) + cuse(cause;일으키다)

0168. **excuse**
[ikskjúːz]

v. 용서하다, 변명하다, 면제하다 *n.* 구실, 변명

🔊 Would you *excuse* me for a minute?
잠깐 실례하겠습니다.

☐ You're using me as an *excuse* not to go.
가지 않는 구실로 나를 이용하고 있군요.

❖ ex(밖에) + cuse(cause;원인, 이유)

0169. **refuse**
[rifjúːz]

v. 물리치다, 거절하다

파 **refusal** *n.* 거절, 거부

🔊 I *refuse* to take the responsibility.
그 책임을 질 수는 없습니다.

❖ re(뒤에) + fuse(pour;끼얹다)

GROUP 10

Round 1 ☐	월	일
Round 2 ☐	월	일
Round 3 ☐	월	일

0170. **confuse**
[kənfjúːz]
v. 혼란시키다, 혼동하다, 당황케 하다, 어리둥절하게 하다

파 **confusion** n. 혼란, 혼동 **confused** a. 혼란한, 당혹한
confusing a. 혼란시키는, 이유를 알 수 없는

🔊 Don't *confuse* me with unnecessary details.
하잘 것 없는 것으로 나를 혼란시키지 마세요.

☐ I always *confuse* you with your brother.
항상 당신과 형을 혼동합니다.

☐ I'm a little *confused*.
약간 어리둥절합니다.

❖ con(완전히) + fuse(녹이다, 액체를 따르다)
＊**disconcer**, **embarrass** 비교
① **disconcert** (마음 속에 준비되어 있지 않은 것을 갑자기 꺼집어내거나 하여) 잠시 어리둥절케 하다, 당황케 하다. ② **embarrass** 난처하게 하다, 거북하게 하다.

0171. **debate**
[dibéit]
v. 토의[토론]하다, 숙고하다 n. 토론, 논쟁

파 **debatable** a. 의논의 여지가 있는

🔊 The two candidates will *debate* domestic and international issues in this program.
이 프로에서는 2명이 국내 문제와 국제 문제에 관해서 토의합니다.

❖ de(밑에, 안전히) + bate(beat;치다)

0172. **dedicate**
[dédikèit]
v. 바치다, 헌정하다, 헌납하다

파 **dedication** n. 헌신, 헌정, 헌납 **dedicated** a. 전념하는, 헌신적인

🔊 He *dedicated* his life to his company.
그는 회사에 일생을 바쳤다.

☐ She's a *dedicated* wife.
그녀는 헌신적인 아내입니다.

❖ de(떨어져) + dicate(speak;말하다)

0173. **indicate**
[índikèit]
v. 가리키다, 표시하다, 암시하다

파 **indication** n. 지시, 암시, 징조 **indicative** a. 가리키는, 암시하는

🔊 The red light *indicates* there's no more parking space available.
붉은 램프는 주차 여유가 없다는 것을 나타내고 있다.

❖ indic(index:표시) + ate(동접)

0174. **communicate**
[kəmjú:nəkèit]
v. 전달하다, 연락하다, 통신하다

파 **communication** n. 전달, 통신 **communicable** a. 전달할 수 있는, 전염성의
communicative a. 이야기를 좋아하는, 통신의

🔊 My boss and I don't *communicate* very well.
상사와 의사소통이 잘 되지 않는다.

❖ commun(common:공통의) + icate(동접)

0175. **locate**
[lóukeit]
v. (지도 등에서) 가리키다, 소재지를 찾아내다, 놓다, 설치하다

파 **location** n. 위치, 장소

🔊 Can you *locate* the airport on this map?
이 지도에서 공항의 위치를 가르쳐 줄 수 있습니까??

☐ Where is your office *located*?
당신의 회사는 어디에 있습니까?

❖ loc(locus:장소, 위치) + ate(동접)

0176. **create**
[kriéit]
v. 창조[창작]하다, 만들어내다

파 **creation** n. 창조, 창작 **creative** a. 독창적인 **creatively** ad. 독창적으로
관 **creativity** 창조성, 독창력 **creator** 창작자 **creature** 생물

🔊 The plan to build a golf course *created* a controversy.
골프장 건설 계획은 논쟁을 불러일으켰다.

❖ crea(make:만들다) + te(어미)

0177. investigate
[invéstəgèit]   v. 조사하다, 연구하다

- 파 **investigation** n. 조사, 연구 **investigative** a. 조사의
- When are you going to *investigate* his case?
  그의 사건은 언제 조사합니까?
- Who is leading this *investigation*?
  누가 이 조사를 지휘하고 있습니까?
- ❖ in(~가운데로, 위로) + vestige(자취) + ate(동접)

0178. hate
[heit]   v. 미워하다, 싫어하다, 하고 싶어하지 않다

- 파 **hatred** n. 증오, 혐오
- I *hate* smokers. 담배 피우는 사람은 싫다.
- I *hate* missing the game. 시합을 놓치고 싶지 않다.
- I *hate* to tell you why. 그 이유를 말하고 싶지 않다.

0179. appreciate
[əpríːʃièit]   v. 감사하다, 평가하다, 가치를 인정하다

- 파 **appreciation** n. 감사, 감상, 평가 **appreciative** a. 감사하고 있는, 진가를 아는
- I'd *appreciate* any advice you can give.
  어떤 충고라도 해준다면 감사하겠습니다.
- ❖ ap(ad;~에) + preci(price;가치, 보수) + ate(동접)

0180. associate
[əsóuʃièit]   v. 교제하다, 제휴하다, 연상하다, 연합시키다
n. 친구, 동료, 준학사

- 파 **association** n. 교제, 연합, 제휴, 협회, 연상, 관련
- She is not the sort of person you can afford to *associate* with.
  그녀는 당신의 재력으로 교제할 수 있는 상대가 아니다.
- ❖ as(ad;~에) + soci(partner;동료) + ate(동접)

0181. humiliate
[hjuːmílièit]   v. 자존심 상하게 하다, 창피를 주다

- 파 **humiliation** n. 굴욕 **humiliating** a. 굴욕적인

🔊 She ***humiliated*** him in front of his friends.
그녀는 친구 앞에서 그에게 창피를 주었다.
❖ humili(humble; 천한, 낮은) + ate(동접)

0182. **initiate**
[iníʃièit]

v. 시작하다, 창시하다, 가입시키다, 비법을 전하다

파 **initiation** *n.* 개시, 창설, 가입   **initiative** *a.* 주도권, 실행력, 선도, 개시
관 **initiator** 선도자, 창시자

🔊 Mrs. Johnson has ***initiated*** a city beautification campaign.
존슨 부인이 도시 미화계획을 시작했다.

☐ He took the ***initiative*** in organizing a campaign against corporal punishment in school.
그는 교내 체벌에 반대운동을 시작했다.

❖ initi(begin; 시작하다) + ate(동접)

0183. **negotiate**
[nigóuʃièit]

v. 교섭[협의]하다, 결정하다

파 **negotiation** *n.* 교섭, 협의   **negotiable** *a.* 교섭의 여지가 있는

🔊 We will ***negotiate*** the annual raise at the next meeting.
다음 회의에서 연차 봉급인상 교섭을 하겠습니다.

☐ It's still ***negotiable***.
아직 교섭의 여지가 있다.

❖ negoti(business; 사업) + ate(동접)

0184. **isolate**
[áisəlèit]

v. 고립시키다, 격리하다, (물질을) 분리하다

파 **isolation** *n.* 고립, 격리   **isolated** *a.* 고립한

🔊 You should not ***isolate*** yourself from your co-workers.
동료 사이에서 고립되어서는 안된다.

0185. **translate**
[trænsléit, trænz-]

v. 번역하다, 옮기다

파 **translation** *n.* 번역

🔊 Will you ***translate*** this letter into English?
이 편지를 영어로 번역해 주시겠습니까?

❖ trans(넘어서) + late(carry; 운반하다)

0186. speculate
[spékjəlèit]   v. 숙고하다, 추측하다, 투기하다

- 파 **speculation** n. 숙고, 추측, 투기   **speculative** a. 사색적인, 투기적인
- I'm *speculating* on how to improve business.
  업적을 올리는 방책을 숙고하고 있습니다.
- I'm *speculating* in oil stocks.
  석유주에 투기하고 있다.
- ❖ specul(watch;보다) + ate(동접)

0187. calculate
[kǽlkjəlèit]   v. 계산하다, 판단하다, 평가하다

- 파 **calculation** n. 계산, 견적, 예측   **calculated** a. 계산에 의한, 계획적인
  calculating a. 계산하는, 타산적인
- I *calculated* the total cost of the trip to be $5,000.
  여비는 전부 5,000달러 되겠다고 판단했다.
- ❖ calcul(calculus;계산법) + ate(동접)

0188. regulate
[régjəlèit]   v. 규제하다, 통제하다, 조절하다

- 파 **regulation** n. 규제, 규칙   **regulative, regulatory** a. 규정하는, 단속하는
- The government strictly *regulates* the import of citrus fruit.
  정부는 감귤류의 수입을 엄격히 규제하고 있다.
- ❖ regul(rule;규칙) + ate(동접)

GROUP 11

Round 1 □ 월 일
Round 2 □ 월 일
Round 3 □ 월 일

0189. **stimulate**
[stímjəlèit]
v. 자극하다, 장려하다, 흥분시키다

파 **stimulation, stimulus** n. 자극 **stimulating** a. 자극적인
stimulative a. 자극성의 n. 자극물
관 **stimulant** 흥분제

- His talk *stimulated* my interest. 그의 이야기는 흥미를 돋우었다.
- stimul(stimulus;자극) + ate(동접)

0190. **manipulate**
[mənípjəlèit]
v. 솜씨 있게 다루다, 조작하다, 조종하다, 속이다

파 **manipulation** n. 부정적인 조작, 교묘한 조작

- He knows how to *manipulate* people. 그는 사람을 다루는 법을 알고 있다.
- manipul(handful;움큼) + ate(동접)

0191. **estimate**
[éstəmèit]
v. 어림잡다, 계산하다, 평가하다 n. 견적(서), 계산(서), 평가

파 **estimation** n. 견적, 판단, 평가

- Could you *estimate* the cost of building a villa?
  별장 건축비용을 견적해 주십시오.
- Will you give me a rough *estimate* of the cost of the trip?
  여행비용을 계산해 주십시오.
- In my *estimation* he is not doing a very good job.
  내가 보는 바로는 그는 일을 잘 처리하지 못하고 있다.
- estim(value;평가) + ate(동접)

0192. **coordinate**
[kouɔ́:rdənit, -nèi]
v. 조정하다, 조화시키다, 동등하게 하다 n. 동등의 (것)

파 **coordination** n. 조정, 동등

동사

🔊 We must ***coordinate*** our opinions.
우리의 의견을 조정해야 한다.
❖ co(함께) + ordin(order;순서) + ate(동접)

0193. eliminate
[ilímənèit]

v. 제거하다, 삭제하다

파 **elimination** *n.* 제거, 삭제

🔊 Let's ***eliminate*** these two proposals. 이 두 제안을 빼자.
❖ e(ex;밖에, 밖에서) + limin(threshold;한계점, 문지방)

0194. dominate
[dámənèit/dɔ́-]

v. 지배하다, 우위를 차지하다, 억제하다

파 **domination** *n.* 우세, 지배 **dominant** *a.* 지배적인, 우세한

🔊 Mr. Baker ***dominated*** the meeting. 회의에서는 베이커 씨가 주로 말했다.
❖ domin(master;주인) + ate(동접)

0195. anticipate
[æntísəpèit]

v. 예상[예기]하다, 선수를 치다

파 **anticipation** *n.* 예상, 예측

🔊 I did not ***anticipate*** this much trouble. 이런 문제는 예상하지 못했다.
❖ anti(앞의, 먼저의) + cip(take;잡다) + ate(동접)

0196. participate
[pɑːrtísəpèit]

v. 참가하다, 가담하다

파 **participation** *n.* 참가 **participant** *n.* 참가자

🔊 Are you going to ***participate*** in the debate?
토론에 참가하겠습니까?
❖ part(나누다, 일부) + cip(take;잡다) + ate(동접)

0197. rate
[reit]

v. 평가하다, 사정하다 *n.* 비율, 율, 요금, 정도

관 **at any rate** 무슨 일이 있어도

🔊 Our apartment is ***rated*** at 80 million won.
우리 맨션의 평가 가격은 8천만 원입니다.

0198. **separate**
[sépərèit]

v. 분리하다, 나누다, 구별하다, 별거하다[시키다]
a. 분리된, 관련없는, 개개의

- 파 **separation** n. 분리, 별거 **separately** ad. 나누어서, 분리해서
- 🔊 Lots of people *separate* and get divorced.
  별거하거나 이혼하는 사람은 많다.
- ☐ *Separate* the yolks from the whites.
  계란의 노른자와 흰자를 나누어주십시오.
- ☐ Let's go in *separate* cars.
  각자 차로 갑시다.
- ❖ se(떨어져서) + par(prepare;준비하다) + ate(동접)

0199. **celebrate**
[séləbrèit]

v. 축하하다, (식전 등을) 거행하다

- 파 **celebration** n. 축하, 칭찬 **celebrated** a. 유명한
- 관 **celebrity** 유명인
- 🔊 Let's *celebrate* your passing the exam.
  그의 합격을 축하합시다.
- ☐ Did you know he was a *celebrated* pianist?
  그가 유명한 피아니스트라는 것을 알았습니까?
- ❖ celebr(famous;유명한) + ate(동접)

0200. **exaggerate**
[igzǽdʒərèit]

v. 과대하게 말하다, 과장하다

- 파 **exaggeration** n. 과장 **exaggerated** a. 과장한
- 🔊 Don't *exaggerate* like that.
  그렇게 과장해서 말하지 마세요.
- ❖ ex(밖에, 밖에서) + agger(heap;쌓아올리다) + ate(동접)

0201. **tolerate**
[tálərèit/tɔ́-]

v. 허락하다, 허용하다, 묵인하다

- 파 **tolerance** n. 관용, 묵인 **tolerant** a. 관용의
- 🔊 I won't *tolerate* laziness. 게으름을 허락하지 않겠다.
- ☐ He's very *tolerant* with new workers. 그는 신입사원에게 관대하다.
- ❖ toler(bear;참다) + ate(동접)

동사

0202. **generate** [dʒénərèit]   v. 발생시키다, 일으키다

- 파 **generation** n. 발생, 세대, 동시대인
- 🔊 The new plant will *generate* many job opportunities.
  많은 고용을 창출할 것이다.
- ❖ gener(beget;낳다) + ate(동접)

0203. **operate** [ápərèit/ɔ́p-]   v. 움직이다, 작동[동작]하다, 조작하다, 경영하다, 수술하다, 군사 행동을 취하다

- 파 **operation** n. 작용, 조작, 운전, 수술, 사업, 작전
  operational a. 조작상의, 사용할 수 있는
- 🔊 Can you *operate* this word processor? 이 워드프로세서를 조작할 수 있습니까?
- ☐ Doctors had to *operate* right away. 의사는 즉시 수술하지 않으면 안 되었다.
- ☐ I've never had an *operation*. 수술을 받은 적이 없다.
- ❖ oper(work;작업) + ate(동접)

0204. **decorate** [dékərèit]   v. 꾸미다, (집을) 장식하다, (훈장을) 수여하다

- 파 **decoration** n. 장식, 훈장 **decorative** a. 장식의, 장식적인
- 🔊 Did you *decorate* this room yourself?
  이 방을 직접 꾸몄습니까?
- ❖ decor(장식하다, 장식) + ate(동접)

0205. **concentrate** [kánsəntrèit/kɔ́n-]   v. 집중하다, 농축하다

- 파 **concentration** n. 집중(력) **concentrated** a. 집중한, 농축한
- 🔊 *Concentrate* on your work.
  일에 집중하세요.
- ☐ What she needs is *concentration*.
  그녀에게 필요한 것은 집중력입니다.
- ❖ con(완전히) + centr(center;중심) + ate(동접)

0206. **demonstrate** [démənstrèit]   v. 증명하다, 설명하다, 실연하다, 데모하다

- 파 **demonstration** n. 증명, 실연, 데모   **demonstrative** a. 지시적인, 예증적인
- 관 **demonstrator** 데모 참가자, 논증자
- 🔊 He ***demonstrated*** a new model of computer.
  그는 컴퓨터 신기종을 실연했다.
- ☐ I'd like to see a ***demonstration*** of this word processor.
  이 워드프로세서를 데모해 주십시오.
- ❖ de(아래로) + monstrate(sign;경고하다, 내보이다)

0207. **illustrate**
[íləstrèit, ilʌ́streit]
v. 설명하다, 예증하다, 삽화를 넣다, (그림 따위로) 설명하다

- 파 **illustration** n. 실예, 삽화, 도해, 예증   **illustrated** a. 사진이 들은 그림, 삽입된
- 🔊 That remark just ***illustrates*** his lack of sensitivity.
  그가 둔감한 사람이라는 것은 그 발언에서 잘 알 수 있다.
- ❖ il(in;~가운데로, 위로) + lust(luster;광채) + ate(동접)

0208. **frustrate**
[frʌ́streit]
v. 실망[좌절]시키다, 기대를 저버리다, 방해하다, 망쳐 놓다

- 파 **frustration** n. 좌절, 실망, 욕구불만
- 🔊 All this foolishness really ***frustrates*** me.
  이런 바보 같은 일들에 실망이다.
- ☐ I'm terribly ***frustrated*** because I can't get my work done.
  일이 진척되지 않아서 아주 실망하고 있다.

GROUP 12

	Round 1 ☐	월	일
Round 2 ☐	월	일
Round 3 ☐	월	일

0209. imitate
[ímitèit]
v. 흉내내다, 모방[모사]하다, 모조하다

- 파 **imitation** *n.* 모방, 모조 *a.* 모조의 **imitative** *a.* 모방의
- Carol *imitates* her big sister in everything.
  캐롤은 무엇이든지 언니 흉내를 낸다.
- ❖ imit(copy;모방하다) + ate(동접)

0210. irritate
[írətèit]
v. 초조하게 하다, 짜증나게 하다

- 파 **irritation** *n.* 초조, 격앙 **irritated** *a.* 짜증난 **irritating** *a.* 짜증나게 하는
- I was *irritated* by his attitude. 그의 태도에 화가 났다.
- What's *irritating* you? 무엇을 그렇게 화내고 있니?
- Don't get so *irritated* over such a small thing.
  그렇게 사소한 일에 화내지 마세요.
- ❖ irrit(anger;분노) + ate(동접)

0211. hesitate
[hézətèit]
v. 망설이다, 주저하다

- 파 **hesitation** *n.* 망설임 **hesitant** *a.* 주저하는
- Don't *hesitate* to call me if you need help.
  도움이 필요하면 언제라도 전화해 주십시오.
- I *hesitate* to ask you, but I need some money.
  선뜻 부탁하고 싶지 않지만 돈이 필요합니다.
- ❖ hesit(hold;붙다) + ate(동접)

0212. graduate
[grǽdʒuèit]
v. 졸업하다[시키다], 점점 (높은 단계로) 나가다 *n.* 졸업생

- 파 **graduation** *n.* 졸업

🔊 He *graduated* from an American college.
그는 미국의 대학을 졸업했다.

☐ Are you going to *graduate* school?
당신은 대학원에 진학할 생각입니까?

❖ gradu(degree;단계, 학위) + ate(동접)

0213. **evaluate**
[ivǽljuèit]
v. 평가하다, 사정하다

파 **evaluation** *n.* 평가, 사정

🔊 How do you *evaluate* your students' work?
학생의 성적을 어떻게 평가합니까?

❖ e(ex;밖에, 밖에서) + value(평가) + ate(동접)

0214. **cultivate**
[kʌ́ltəvèit]
v. 경작하다, 재배하다, (재능, 품성 등을) 기르다

파 **cultivation** *n.* 경작, 재배, 세련, 교환　**cultivated** *a.* 세련된, 교양있는, 경작된

🔊 We need to *cultivate* a sense of humor.
우리는 유머 센스를 길러야 한다.

☐ Farmers in this area *cultivate* grapes.
이 지역의 농부들은 포도를 재배하고 있다.

❖ cult(care for;일구다) + ive(형접) + ate(동접)

0215. **motivate**
[móutəvèit]
v. 동기를 주다, 자극하다, ~할 마음을 일으키다

파 **motivation** *n.* 동기부여　**motive** *n.* 동기

🔊 We have to *motivate* him to study hard.
그에게 열심히 공부할 마음을 일으켜야 한다.

☐ *Motivation* is a major factor in education.
교육에서 동기부여는 중요한 요소이다.

❖ motiv(move;움직이다) + ate(동접)

0216. **complete**
[kəmplíːt]
v. 완성하다, 마치다　*a.* 전부의, 완전한, 완성한

파 **completion** *n.* 완성　**completely** *ad.* 완전히, 전부

🔊 When will the house be *completed*? 집은 언제 완성됩니까?

☐ You have 20 minutes to *complete* the test. 시험 종료까지 아직 20분 남았다.

동사

☐ These are the ***complete*** works of Poe. 이것은 포의 전집입니다.
❖ com(완전히) + plete(fill;채우다)

0217. compete
[kəmpíːt]

v. 경쟁하다, 다투다, 대항하다, 필적하다

파 **competition** n. 경쟁, 경기   **competitive** a. 경쟁이 심한, 경쟁력 있는
관 **competitor** 경쟁 상대

🔊 I can't ***compete*** with him.
그와는 다툴 수 없다.

☐ The new supermarket is giving a lot of ***competition***.
새 슈퍼마켓 때문에 경쟁이 심해지고 있다.

☐ She is a very ***competitive*** person.
그녀는 매우 경쟁심이 강한 사람입니다.

❖ com(함께) + pete(seek;탐색하다)

0218. bite
[bait]

v. 물다, (모기 등이) 물다   n. 물기, 〈a~로〉 간단한 식사

파 **biting** a. 심한, 고통스러운

🔊 Stop ***biting*** your nails. 손톱을 물어뜯지 마세요.
☐ Let's get a ***bite*** to eat. 가볍게 식사합시다.

0219. unite
[juːnáit]

v. 결합시키다[하다], 단련시키다[하다], 결부하다

파 **unity** n. 통일(성), 단일(성), 합동, 단결, 협조   **union** n. 결합, 조합, 연합, 연방
united a. 결합[단결]한

🔊 We should ***unite*** to cope with this crisis.
이 위기를 벗어나려면 단결해야 한다.

❖ un(one;하나) + ite(동접)

0220. write
[rait]

v. 쓰다

파 **writing** n. 집필, 필적   **written** a. 씌어진
관 **write down** 적어두다   **write out** 정서하다, 빠짐없이 쓰다

🔊 I'd rather ***write*** to him than tell him on the phone.
그에게는 전화보다 편지로 알리겠다.

☐ Let me *write* down your telephone number.
당신의 전화번호를 가르쳐 주십시오.

0221. **invite**
[inváit]

v. 초대하다, 부르다

파 **invitation** n. 초대(장)　**inviting** a. 매력적인　**invitational** a. 초대[선수]의

🔊 I *invited* Tom to dinner. 톰을 저녁식사에 초대했다.
☐ Thank you for your *invitation*. 초대해 주셔서 감사합니다.

0222. **note**
[nout]

v. 주의하다, 주목하다, 써 두다, 언급하다
n. 메모, 편지, 주해, 지폐, 주목

파 **noted** a. 현저한, 이름있는

🔊 *Note* how he holds the racket.
그의 라켓 잡는 법을 주목하세요.
☐ I got her *note* saying she would be late.
그녀에게서 늦겠다는 메모를 받았다.

0223. **quote**
[kwout]

v. 인용하다, 견적하다

파 **quotation** n. 인용, 시세

🔊 He *quote* from Hamlet. 그는 햄릿에서 인용했다.

0224. **vote**
[vout]

v. 투표하다, 표결하다　n. 투표(권), 표결

관 **voter** 유권자

🔊 I'm *voting* for the Democrats. 민주당에 투표하겠다.
☐ The *vote* was unanimous. 표결은 만장일치였다.

0225. **devote**
[divóut]

v. (시간, 정력 등을) 바치다, 전념하다

파 **devotion** n. 헌신, 전념　**devoted** a. 충실한, 헌신적인, 열심한

🔊 She *devoted* herself to raising her children.
그녀는 자녀 교육에 전념했다.

동사

☐ Cathy is a ***devoted*** mother.
케이시는 헌신적인 어머니이다.
❖ de(떨어져, 밑에, 안전히) + vote(투표, 지지하다)

0226. **waste**
[weist]

v. 낭비하다, 못쓰게 만들다, 황폐시키다, 소모시키다
n. 낭비, 허비, 폐기물 *a.* 폐물의, 쓸모없는, 황폐한

파 **wasteful** *a.* 헛된, 비경제적인
관 **go to waste** 낭비되다

🔊 Let's not ***waste*** time bickering.
험담으로 시간을 낭비하지 말자.

☐ Buying another insurance policy is a ***waste*** of money.
보험을 하나 더 드는 것은 돈을 낭비하는 것입니다.

0227. **contribute**
[kəntríbju:t]

v. 기부하다, 공헌하다, 기고하다

파 **contribution** *n.* 기부, 공헌, 기고

🔊 Have you ***contributed*** to the flood relief fund?
홍수 구제기금에 기부했습니까?

☐ She made several valuable ***contributions*** to the plan.
그녀는 그 계획에 귀중한 공헌을 했다.

❖ con(함께) + tribute(할당하다, 주다)

GROUP 13

Round 1 ☐ 월 일
Round 2 ☐ 월 일
Round 3 ☐ 월 일

0228. **distribute**
[distríbju:t]

v. 분배하다, 배달하다, 유통시키다

- 파 **distribution** n. 분배, 배급, 유통
- 관 **distributor** 배급자, 판매 대리점

- Please *distribute* these handouts. 이 인쇄물을 나눠주십시오.
- This newspaper has a wide *distribution*. 이 신문은 발행부수가 매우 많다.
- ❖ dis(떨어져) + tribute(할당하다, 주다)

0229. **attribute**
[ətríbju:t]

v. (~에게) 돌리다, (~에게) 원인이 있다고 하다
n. 속성, 특성

- 파 **attributable** a. 돌릴 수 있는

- She *attributed* her success to his help. 그녀는 자신의 성공을 그의 덕분이라고 생각했다.
- ❖ at(ad; ~에, ~으로) + tribute(할당하다, 주다)

0230. **substitute**
[sʌ́bstitjùːt]

v. 대신 쓰다, 대용하다, 대역을 하다
n. 대변인, 보결, 대용 a. 대체의, 대리의

- 파 **substitution** n. 대리, 대용

- We need someone to *substitute* for Joyce by next Monday.
  월요일까지 조이스를 대신할 사람을 찾아야 한다.
- Some people use beans as a *substitute* for meat.
  고기 대용식으로 콩을 이용하는 사람도 있다.
- ❖ sub(~밑에) + stitute(stand; 세우다)

0231. **institute**
[ínstətjùːt]

v. 제정하다, 설립하다, 개시하다
n. 협력, 연구소, (이공계의) 고등전문학교, 대학

- 파 **institution** n. 협회, 단체, 사회제도 **institutional** a. 제도상의, 협회의

- The boss is trying to *institute* a new filing system.
  사장은 새 파일링 시스템을 도입하려고 하고 있다.
- ❖ in(~가운데로, 위로) + stitute(stand; 세우다)

동사

0232. **constitute**   v. 구성하다, 제정하다
[kánstətʃùːt/kɔ́n-]

- 파 **constitution** n. 헌법, 구성, 체질   **constituent** a. 구성의, 성분의 n. 성분
  constitutional a. 합법의, 체질[기질]의
- This *constitutes* no evidence. 이것은 증거가 되지 않는다.
- Freedom of speech is a *constitutional* right.
  언론의 자유는 헌법에 보장된 권리다.
- ❖ con(함께) + stitute(stand; 세우다)

0233. **rescue**   v. 구조(하다), 구출(하다)
[réskjuː]

- The woman was *rescued* from the burning building.
  그 여자는 화염 속의 건물에서 구조되었다.
- A *rescue* operation begins within the hour.
  구조활동은 1시간 내에 시작합니다.
- ❖ re(다시, 원래) + scue(discharge; 떠나는 것을 허락하다)

0234. **argue**   v. 언쟁하다, 논쟁하다
[áːrgjuː]

- 파 **argument** n. 논쟁, 논의   **argumentative** a. 논의를 좋아하는
- Let's not *argue* about this. 이것으로 논쟁을 그만두자.
- What is the *argument* about? 무엇에 대해 언쟁하고 있어?

0235. **continue**   v. 계속되다, (지위에) 머무르다
[kəntínjuː]

- 파 **continuity** n. 연속(성)   **continuation** n. 연속
  continuous a. 연속적인, 끊이지 않는   **continual** a. 빈번한, 연속적인
  continuously ad. 연속해서 끊임없이   **continually** ad. 빈번히, 계속적으로
- How much longer will this game *continue*?
  이 경기는 앞으로 얼마나 계속됩니까?
- Please *continue*.
  부디 (이야기를) 계속해 주십시오.
- I'd like to *continue* my education as a graduate student.
  대학원생으로서 공부를 계속하고 싶다.
- ❖ con(함께) + tin(hold; 잡다) + ue(어미)

0236. **sue** [suː/sjuː]   v. 청하다, 고소하다, 청원하다

- 🔊 I'll *sue* you. 고소할 거야.
- ☐ She's *suing* the publisher for libel. 그녀는 출판사를 명예훼손으로 고소하고 있다.

0237. **pursue** [pərsúː/-sjúː]   v. 추구하다, 추적하다, 괴롭히다, 착실히 추진시키다

- 파 **pursuit** *n.* 추구, 추적, 수행
- 🔊 I'm *pursuing* a career in banking. 은행에서 일하고 있습니다.
- ☐ The *pursuit* of happiness is important to Americans.
  미국인에게 행복 추구는 중요한 것입니다.
- ❖ per(pro ; 앞에) + sue(follow ; 따르다)

0238. **leave** [liːv]   v. 물러나다, 떠나다, (어떤 상태로) 그대로 두다, 맡기다, 남기다, 잊어버리고 두고 가다

- 관 **leave out** ~을 빠뜨리다   **leftover** 나머지
- 🔊 I'm *leaving* for London tomorrow. 내일 런던으로 출발합니다.
- ☐ I won't *leave* you. 너를 버리지 않겠다.
- ☐ *Leave* me alone. 혼자 있게 놔두세요.
- ☐ *Leave* the light on. 전등을 켜 두세요.
- ☐ Just *leave* it to me. 나에게 맡겨 주십시오.
- ☐ *Leave* some for Jim. 짐을 위해 남겨 두세요.
- ☐ My father *left* me a piece of land. 아버지가 나에게 땅을 조금 남겨 주셨다.
- ☐ There's only 10 minutes *left*. 10분밖에는 남지 않았다.
- ☐ I *left* my umbrella on the train. 열차에 우산을 두고 왔다.
- ☐ I want to *leave* the boy at home. 난 그 소년을 집에 남겨두길 원해.

  *참조
  leave는 동사로 쓰일 때 크게 「~를 떠나다」, 「~를 남겨두다」 라는 뜻으로 쓰인다. 일반적으로 「~를 떠나다」의 뜻으로 더 많이 사용되지만 구분이 애매할 경우가 있는데 뒤에 구체적인 장소가 나온다면 「남겨두다」의 뜻으로 보면 된다.

0239. **have** [hæv]   v. 가지고 있다, 손에 넣다, 먹다, 마시다, 경험하다, ~시키다[하게 하다], ~당하다

- 관 **have had it** 끝내 해냈다   **have it** 이기다, 유리하다   **have on** ~을 입고 있다

have to ~해야 한다

- 🔊 Let's *have* a cup of coffee or something. 커피 같은 걸 좀 마시자.
- ☐ *Have* a nice weekend. 주말 잘 지내요.
- ☐ I *have* a lot to learn. 배울 것이 많이 있습니다.
- ☐ You may *have* a difficult time. 당신은 고생할지도 모른다.
- ☐ I *have* a headache. 두통이 있다.
- ☐ May I *have* a word with you? 잠깐 시간이 있습니까?
- ☐ You should *have* a look at this. 이것을 봐야 한다.
- ☐ He *has* a bad attitude. 그는 태도가 나쁘다.
- ☐ I *have* nothing to do with it. 나는 그 일과는 아무 관련이 없다.
- ☐ As soon as she comes in, *have* her call me.
  그녀가 오면 바로 나에게 전화하도록 하세요.
- ☐ Can I *have* this suit delivered to my house?
  이 옷을 집으로 배달해 줄 수 있습니까?
- ☐ I've *had* it! 이겼다!
- ☐ You don't *have* to apologize. 네가 사과할 필요는 없다.

0240. **behave**
[bihéiv]

v. 행동하다, 행실이 좋다

- 파 **behavior** n. 행실, 태도, 행동, 행위   **behavioral** a. 행동의
- 관 **well[ill] behaved** 행실이 좋은[나쁜]
- 🔊 You must *behave* like a gentleman. 신사같이 행동하세요.
- ☐ *Behave* yourself. 행실을 좋게 하세요.
- ❖ be(되다) + have(가지다, 행동으로 옮길 자질이 있다)

0241. **shave**
[ʃeiv]

v. (수염을) 깎다, ~을 스치며 지나가다 n. 면도

- 파 **shaving** n. 면도하기, 깎기
- 🔊 You need to *shave*. 수염을 깎으세요.
- ☐ Why did you *shave* off your beard? 어째서 수염을 깎았죠?

0242. **save**
[seiv]

v. 구하다, 저축하다, 저금하다, 떼어두다, 절약하다, 제외하다

- 파 **saving** n. 절약, 구제, 〈복수형으로〉 저금 a. 구하는, 절약하는
- 🔊 He *saved* my life. 그가 내 생명을 구해 주었습니다.
- ☐ Let's *save* time by taking the speedway. 고속도로를 이용해서 시간을 절약하자.

GROUP 14

Round 1 □ 월 일
Round 2 □ 월 일
Round 3 □ 월 일

0243. **achieve**
[ətʃíːv]
v. 달성하다, 성취하다, 획득하다

- 파 **achievement** *n.* 달성, 업적, 성적
- 🔊 He has ***achieved*** success through a lot of hard work.
  그는 매우 노력해서 성공했다.
- ❖ a(~에, ~위에) + chieve(head;앞지르다)

0244. **believe**
[bilíːv]
v. 믿다, 생각하다

- 파 **belief** *n.* 믿고 있는 것, 신념 **believable** *a.* 믿을 수 있는
- 관 **believe in** ~의 존재를 믿다, 신뢰하다, 가치를 인정하다 **believe it or not** 믿지 않을지 모르지만 **make believe** ~하는 체하다 **unbelievable** 믿을 수 없는
- 🔊 I can't ***believe*** it. 믿을 수 없다.
- ☐ I ***believe*** in you. 너를 신뢰하고 있다.
- ☐ ***Believe*** me. 정말이야.

0245. **relieve**
[rilíːv]
v. 완화하다, 안심시키다, 구제하다, 면제하다, 교체하다

- 파 **relief** *n.* 완화, 경감, 안심, 구제, 긴장을 풀어주는 것
- 관 **to one's relief** 마음이 놓여
- 🔊 The medicine helped ***relieve*** the pain. 약으로 고통을 완화했다.
- ☐ I'm ***relieved*** to hear that. 그것을 듣고 안심했다.
- ☐ What a ***relief***! 아, 마음 놓인다.
- ❖ re(다시, 뒤에, 원래) + lieve(raise;들어 올리다)

0246. **deceive**
[disíːv]
v. 속이다, 기만하다

- 파 **deception** *n.* 속이기, 기만 **deceit** *n.* 사기, 기만
  deceptive *a.* 남을 속이는, 믿을 수 없는 **deceitful** *a.* 사기의, 거짓의

동사

deceptively *ad.* 속여서 **deceitfully** *ad.* 속여서

🔊 He lied to me and ***deceived*** me.
그는 거짓말을 해서 속였다.

☐ Don't be ***deceived*** by appearances.
외모에 속지 마세요.

❖ de(떨어져, 밑에) + ceive(take;붙잡다)

0247. **receive**
[risíːv]

v. 수여받다, 받다, 수용하다

파 **reception** *n.* 수리, 수령, 입회, 접수   **receptive** *a.* 수용하는, 이해력이 있는
관 **receipt** 영수증   **receptionist** 접수계

🔊 Didn't you ***receive*** the invitation? 초대장을 받지 못했습니까?

☐ May I have a ***receipt*** for this? 영수증을 받을 수 있습니까?

❖ re(다시, 뒤에, 원래) + ceive(take;붙잡다)

0248. **conceive**
[kənsíːv]

v. 상상하다, 생각하다, 생각해내다, 임신하다

파 **conception** *n.* 개념, 생각, 임신   **conceivable** *a.* 생각할 수 있는
conceivably *ad.* 필시, 아마

🔊 I can't ***conceive*** how he could buy such an expensive car.
그가 그렇게 비싼 차를 어떻게 샀는지 모르겠습니다.

☐ Who ***conceived*** (of) such a poor plan?
그렇게 바보같은 계획을 생각해낸 게 누구냐?

❖ con(완전히) + ceive(take;붙잡다)

0249. **give**
[giv]

v. 주다, 증여하다, 건네다, 보이다, 개최하다

관 **give and take** 공평하게 거래하다   **give away** ~을 주다, (비밀 등을) 폭로하다
give back ~을 돌려주다   **give in** ~을 제출하다, 항복하다   **give out** ~을 배포하다,
발표하다   **give up** ~을 단념하다

🔊 Just ***give*** me a yes or a no. 예스인지 노인지를 말해 주십시오.

☐ ***Give*** me time to think about it. 그것에 관해 생각할 시간을 주십시오.

☐ ***Give*** me a break. 쉬게 해 주십시오.

☐ ***Give*** me your phone number. 전화번호를 가르쳐 주십시오.

☐ Who ***gave*** you permission? 누가 허가했습니까?

☐ I'll never ***give*** up. 나는 절대 단념하지 않겠다.

☐ Don't *give* up your dream. 꿈을 포기하지 마세요.

0250. **forgive**
[fəːrgív]

v. 용서하다, (빌린 돈 등을) 탕감해 주다

파 **forgiveness** *n.* 용서하는 것, 관대   **forgiving** *a.* 관대한

🔊 *Forgive* me for asking so many rude question.
실례인 질문을 해서 미안합니다.

☐ *Forgive* my being so abrupt and direct.
퉁명스럽고 조심스럽지 못한 점을 용서해 주십시오.

❖ for(미리) + give(건네주다)

0251. **live**
[liv]

v. 살다, 생활하다, 거주하다

파 **life** *n.* 생명, 인생   **lively** *a.* 명랑한   *ad.* 힘차게
관 **live up to** ~에 따라 행동하다   **live off** ~에 의지해서 살다

🔊 Do you *live* around here?
이 근처에 살고 있습니까?

☐ I'm not trying to tell you how to *live* your life.
당신의 생활에 간섭하려는 건 아니다.

☐ He's still *living* off his parents.
그는 아직도 부모의 도움으로 살아.

0252. **drive**
[draiv]

v. 운전하다, 차로 보내다, (어떤 상태, 행위로) 몰아대다
n. 운전, (기부, 모집 등의) 운동, 충동, 자동차 도로

관 **drive at** ~을 겨누다, 언급하다   **go for a drive** 드라이브하다

🔊 I'll *drive* you to the station. 역까지 차로 데려다 주겠다.

☐ What are you *driving* at? 무얼 말하고 싶니?

0253. **derive**
[diráiv]

v. 유래하다, 이끌어 내다

파 **derivation** *n.* 유래, 파생

🔊 Many English words are *derived* from Latin.
영어 단어의 대부분은 라틴어에서 유래한다.

❖ de(~로 부터) + riv(stream;시내, 유래, 물가)

동사

0254. **deprive**
[dipráiv]

v. 〈전치사 of를 수반해서〉 빼앗다, 박탈하다

파 **deprivation** n. 박탈, 궁핍 **deprived** a. 빈곤한

🔊 I'm being ***deprived*** of my privacy.
사생활을 빼앗기고 있다.

❖ de(완전히) + prive(separate;분리하다)

0255. **arrive**
[əráiv]

v. 도착하다, 이르다, 당도하다

파 **arrival** n. 도착

🔊 Jack will ***arrive*** any moment now.
잭은 지금 당장이라도 도착할 것이다.

☐ How did you ***arrive*** at that conclusion?
어째서 그런 결론에 이르렀습니까?

❖ ar(ad;~에) + rive(shore;육지)

0256. **survive**
[sərváiv]

v. 살아남다, 오래 살다, 존속하다

파 **survival** n. 생존, 유물 **surviving** a. 살아남은, 존속하는
관 **survivor** 생존자, 유족

🔊 I'm very happy the baby ***survived***.
아기가 구조되어 매우 기쁘다.

☐ It's a matter of ***survival***.
그것은 사활이 걸린 문제입니다.

0257. **solve**
[sɑlv/sɔlv]

v. 풀다, 해결하다, 지불하다

파 **solution** n. 해결, 용해, 용액

🔊 I'll ***solve*** this problem and make everybody happy.
이 문제를 해결해서 모두를 기쁘게 해주겠다.

☐ Can you think of a good ***solution***?
좋은 해결안이 있습니까?

0258. **dissolve**
[dizálv/-zɔ́lv]

v. 녹이다, 녹다, 분해하다, (의회 등을) 해산하다, (관례 등을) 해소하다

파 **dissolution** n. 용해, 분해, 해산

- This sugar doesn't *dissolve* easily.
  이 설탕은 쉽게 녹지 않는다.
- Parliament is to be *dissolved* next week.
  국회는 다음주에 해산이다.

❖ dis(떨어져) + solve(loosen;늦추다)

0259. **involve**
[inválv/-vɔ́lv]

v. 말려들게 하다, 연루시키다, 관계하다, 수반하다, 포함하다

파 **involvement** n. 관여, 말려듦   **involved** a. 관계있는, 얽힌, 혼란한

- What does your latest research *involve*?
  당신의 최근 연구에는 어떤 것이 포함되어 있습니까?
- Don't get *involved* in her troubles.
  그녀의 문제에 말려들지 않도록 하세요.
- I don't want to get *involved* with him.
  그의 일에는 관계하고 싶지 않다.

❖ in(~가운데로) + volve(roll;굴리다)

GROUP 15

Round 1 □ 월 일
Round 2 □ 월 일
Round 3 □ 월 일

0260. **shove**
[ʃʌv]

v. 밀다, 밀어내다, 밀고 나아가다 *n.* 떠밀기, 밀치기

🔊 Don't *shove* other people. 다른 사람을 밀지 마세요.
□ Give the door a *shove*. 문을 세게 밀어주십시오.

0261. **love**
[lʌv]

v. 사랑하다, 매우 좋아하다, 〈would, should와 함께 쓰여서〉 ~하고 싶다 *n.* 사랑, 좋아함

파 **lovely** *a.* 아름다운, 예쁜
🔊 I'd *love* to go with you. 당신과 함께 가고 싶다.

0262. **move**
[muːv]

v. 움직이다, 이동하다, 이사하다, 감동시키다, 진행하다, 조치를 강구하다 *n.* 움직임, 이동, 이사, 처치

파 **movement** *n.* 움직임, 이동, (사회적) 운동, 동향
movable *a.* 움직일 수 있는, 이동할 수 있는   **moving** *a.* 움직이는, 감동적인
관 **move in[out]** 이사오다[가다]   **move up** 승진하다   **get a move on** 서두르다
make a move 조치를 강구하다   **on the move** 진행 중인

🔊 Do you want to *move* the seat back?
자리를 뒤로 이동하고 싶습니까?
□ We are *moving* out tomorrow.
내일 이사합니다.

0263. **remove**
[rimúːv]

v. 이동시키다, 벗다, 치우다

파 **removal** *n.* 이전, 제거
🔊 Will *remove* your glasses? 안경을 벗어 주십시오.
❖ re(다시, 뒤에, 원래) + move(움직이다)

0264. **prove**
[pruːv]

v. 증명하다, 입증하다

파 **proof** n. 증명 a. ~에 견디는
- Can you ***prove*** that? 그것을 증명할 수 있습니까?
- My intuition ***proved*** to be right. 역시 내 영감은 맞았다.

0265. **improve**
[imprúːv]

v. 개량[개선]하다, 향상시키다

파 **improvement** n. 개량, 개선, 향상
관 **improve on** ~을 보다 좋은 것으로 만들다
- I want to ***improve*** myself. 내 자신을 향상시키고 싶다.
- Her health is ***improving***. 그녀의 건강은 회복되어 가고 있다.
- He ***improved*** on my invention. 그는 내 발명을 개량했다.
❖ im(en;~로 만들다) + prove(profit;이익)

0266. **approve**
[əprúːv]

v. 찬성하다, 인가[승인]하다 반 **disapprove** 반대하다

파 **approval** n. 승인, 찬성, 인가
- I do not ***approve*** of your decision. 당신의 결정을 인정할 수는 없다.
❖ ap(ad;~에) + prove(test;시험해보다)

＊참조
자동사인 경우 전치사 of가 필요하다. 타동사로 I do not approve your decision.이라고도 할 수 있다.

0267. **starve**
[staːrv]

v. 아사하다[시키다], 굶다, 절망하다

파 **starving** a. 굶주린, 절망하고 있는
- She's ***starving*** herself trying to lose weight.
  그녀는 체중을 줄이기 위해 굶고 있다.
- I'm ***starving*** to death.
  배가 고파 죽겠다.
- She is ***stared*** for friendship.
  그녀는 우정에 굶주려 있다.

동사   85

0268. **serve** [sə:rv]
v. 섬기다, 봉사하다, 쓸모가 있다, 근무하다, 응대하다, 서브하다

- 파 **service** n. 봉사, (수도, 교통 등) 공급사업
- 🔊 Do we *serve* ourselves here? 여기는 셀프서비스입니까?
- ☐ Are you being *served*? 불만은 없습니까?
- ❖ slave(노예)에서 유래

0269. **observe** [əbzə́:rv]
v. 관찰하다, 눈치채다, 진술하다, 지키다, 축하하다

- 파 **observation** n. 관찰(력), 의견, 주목   **observance** n. 지키는 것, 축하하는 것
  observant a. 관찰력이 예리한, 준수하는
- 관 **observatory** 전망대, 측소
- 🔊 Did you *observe* anything strange? 무슨 이상한 것을 보았습니까?
- ☐ Did you make any other *observations*? 그 외에 다른 관찰할 것이 있습니까?
- ❖ ob(~에 대해, 향해) + serve(돕다, 지키다)

0270. **deserve** [dizə́:rv]
v. (보수, 벌 등을) 받을 만하다, 가치가 있다

- 파 **deserving** a. 당연히 받아야 할
- 🔊 He got what he *deserved*. 그는 당연히 받을 것을 받았다.
- ❖ de(완전히) + serve(돕다, 지키다)

0271. **reserve** [rizə́:rv]
v. 예약하다, 비축해 두다, 떼어두다
n. 축적, 보유, 조심성, 무뚝뚝함, 준비금

- 파 **reservation** n. 예약, 보유, 조심성, 특별 보유지
  reserved a. 예비의, 보유된, 무뚝뚝한
- 🔊 I'd like to *reserve* a single room for tonight. 오늘밤 싱글룸 예약을 부탁합니다.
- ☐ Have you made the *reservations* yet? 예약은 했습니까?
- ❖ re(다시, 뒤에, 원래) + serve(돕다, 지키다)

0272. **preserve**
[prizə́ːrv]

v. 보호하다, 보존하다, 간직하다
n. 보호구역, ⟨복수형으로⟩ 잼(jam)

파 **preservation** n. 보존, 저장, 보호   **preservative** a. 보존의, 방부의 n. 방부제

🔊 How can I best *preserve* this old pictures?
이 오래된 사진을 보존하는 가장 좋은 방법은 무엇입니까?

☐ *Preservation* of our forests is vital to the environment.
자연환경을 지키는 데 삼림보호가 매우 중요합니다.

❖ pre(앞에) + serve(돕다, 지키다)

0273. **owe**
[ou]

v. 빚지고 있다, 은혜를 입고 있다, 지고 있다

관 **owing to** ~ 때문에

🔊 How much do I *owe* you?
얼마입니까? / 얼마나 빚지고 있습니까?

☐ I *owe* my success to your advice.
내 성공은 당신의 충고 덕분입니다.

☐ *Owing* to the circumstances, I prefer to withdraw my offer.
사정이 있어서 제의를 철회합니다.

0274. **dye**
[dai]

v. 물들이다, 염색하다 n. 염료

🔊 Did you *dye* your hair? 머리를 염색했습니까?

0275. **sneeze**
[sniːz]

v. 재채기(를 하다)

🔊 I *sneeze* a lot in the morning. 아침에는 재채기를 많이 한다.

0276. **freeze**
[friːz]

v. 얼다, 냉동하다, 굳어지다, 차가워지다 n. 한파, 동결

파 **freezing** a. 빙점 이하의, 차가운   **frozen** a. 언, 동결된

🔊 Do I have to *freeze* this meat? 이 고기는 냉동해야 합니까?

☐ It's *freezing* out here. 이곳은 얼 정도로 춥다.

☐ Freeze! (경관의 경고) 움직이지 마, 정지

동사

0277. **squeeze**
[skwi:z]

v. 죄다, 압착하다, 압박하다, 굳게 악수하다[껴안다], 쑤셔 넣다
n. 압착, 짜내는 것

- *Squeeze* out all the water.
  물을 전부 짜 주십시오.
- I *squeezed* my finger in the door.
  문에 손가락을 끼었다.

0278. **criticize**
[krítisàiz]

v. 비평하다, 비판하다

파 **criticism** *n.* 비평, 비판, 비난   **critical** *a.* 비판적인, 비평의, 위기의
   critically *ad.* 비판적으로, 위기에 놓여
관 **critic** 비평가, 평론가

- He always *criticizes* my work.
  그는 내 일을 비판하기만 한다.
- The boss is very *critical* of his staff.
  그 상사는 부하를 매우 혹평하고 있다.
- ❖ critic(비평가) + ize(동접)

0279. **apologize**
[əpálədʒàiz/əpɔ́l-]

v. 사과하다

파 **apology** *n.* 사죄   **apologetic** *a.* 사죄하는

- I *apologize* to you all for what I said.
  발언을 사과합니다.
- ❖ apology(사과) + ize(동접)

GROUP 16

Round 1 □ 월 일
Round 2 □ 월 일
Round 3 □ 월 일

0280. **realize** [ríːəlàiz]   v. 깨닫다, 이해하다, 실현하다

파 **realization** n. 인식, 실현

🔊 She doesn't ***realize*** the emergency of the matter.
그녀는 사태의 긴급성을 이해하지 못하고 있다.

❖ real(현실) + ize(동접)

0281. **specialize** [spéʃəlàiz]   v. 전문화하다, 전공하다

파 **specialty** n. 특색, 전문, 특산품   **special** a. 특별한, 특정의, 전용의
specially ad. 일부러, 특히
관 **specialist** 전문가

🔊 We ***specialize*** in sportswear. 우리는 스포츠웨어를 전문으로 하고 있습니다.

❖ special(특별한) + ize(동접)

0282. **symbolize** [símbəlàiz]   v. 상징하다, 기호로 나타내다

관 **symbol** n. 상징, 기호   **symbolization** 상징화   **symbolic** a. 상징적인, 기호의

🔊 What do the 13 stripes and 50 stars on the American flag ***symbolize***?
미국 국기의 13개의 줄과 50개의 별은 무엇을 상징하고 있습니까?

❖ symbol(상징) + ize(동접)

0283. **organize** [ɔ́ːrɡənàiz]   v. 조직하다, 설립하다, 계획하다   반 **disorganize** 해산시키다

파 **organization** n. 조직, 구성

🔊 Can you ***organize*** a language learning trip for this summer?
금년 여름 어학연수 여행을 계획해 주시겠습니까?

☐ We're only a part of the whole ***organization***.
우리는 조직 전체의 일부에 지나지 않는다.

❖ organ(기관) + ize(동접)

동사

0284. recognize
[rékəgnàiz]
v. 인정하다, 승인하다, 인지하다, 알아주다

- 파 **recognition** n. 승인, 인식
- 관 **beyond recognition** 알아볼 수 없을 정도로
- 🔊 Do you *recognize* the voice? 누구 소리인지 알겠습니까?
- ☐ I *recognized* you from your picture. 사진으로 당신에 대해서는 알고 있었다.
- ❖ re(다시) + cogn(know;알다) + ize(동접)

0285. emphasize
[émfəsàiz]
v. 강조하다, 역설하다

- 파 **emphasis** n. 강조, 중점, 강세   **emphatic** a. 강조된, 단호한, 두드러진
- 🔊 There are two main points I want to *emphasize*.
  강조하고 싶은 중요한 것이 두 가지 있습니다.
- ❖ emphas(힘) + ize(동접)

0286. analyze
[ǽnəlàiz]
v. 분석하다

- 파 **analysis** n. 분석   **analytical** a. 분석적인
- 관 **analyst** 해설자, 정신분석 의사
- 🔊 We have to *analyze* the results of his survey.
  우리는 그의 조사 결과를 분석해야 한다.
- ❖ analy(analysis;분석) + (i)ze(동접)

0287. eat
[iːt]
v. 먹다, (금속 등을) 부식하다, 〈진행형으로〉 매우 괴로워하다
n. 〈보통 복수형으로〉 음식

- 관 **eat out** 외식하다   **eat up** 다 먹어버리다, 소비하다   **edible** 먹을 수 있는
  edibles 식료품
- 🔊 *Eat* it while it's hot. 뜨거울 때 드세요.
- ☐ *Eat* it up. 남기지 말고 드세요.
- ☐ What's eating you? 무엇을 괴로워하고 있니?

0288. beat
[biːt]
v. 치다, 세게 휘젓다, 거품이 일게 하다
n. 때림, 고동, 박자, 순찰 구역   a. 녹초가 되어

관 **beat around the bush** 돌려서 말하다

🔊 I'm going to ***beat*** you flat. 철저하게 패배시키겠다.
☐ I'm ***beat***. 녹초가 되었다.

0289. **defeat**
[difí:t]

v. 쳐부수다, 패배시키다 n. 패배, 좌절, 실패

🔊 The champion was ***defeated*** by his challenger.
챔피언은 도전자에게 졌다.
☐ Wouldn't that rather ***defeat*** the purpose?
그것은 오히려 목적을 좌절시키지 않겠습니까?
❖ de(완전히) + feat(하다)

0290. **cheat**
[tʃi:t]

v. 속이다, 속여 빼앗다, 〈cheat...out of~로〉...를 속여서 ~을 빼앗다 n. 사기꾼, 컨닝

🔊 He ***cheated*** in the exam. 그는 시험에서 컨닝을 했다.
☐ I was ***cheated*** out of $1,000. 1,000달러를 속아서 빼앗겼다.
☐ My husband is ***cheating*** on me. 내 남편은 나를 속이고 있다.

0291. **repeat**
[ripí:t]

v. 반복하다, 되풀이하다, 복창하다, 재생하다 n. 되풀이, 반복

파 **repetition** n. 되풀이 **repeated** a. 되풀이된, 여러 차례의
repetitious a. 복반복성의 **repeatedly** ad. 되풀이하여

🔊 Will you ***repeat*** what you said? 발언을 되풀이해 주십시오.
❖ re(다시, 뒤에, 원래) + peat(seek;구하다)

0292. **treat**
[tri:t]

v. 다루다, 대우하다, 처리하다, 치료하다, 대접하다
n. 한턱, 향응, 위안회

파 **treatment** n. 대우, 처리, 치료

🔊 I don't like the way you ***treat*** Julie.
당신이 줄리를 대하는 태도가 마음에 들지 않는다.
☐ This is my ***treat***. 내가 사는 겁니다.
☐ You ought to get some ***treatment***. 치료를 받아야 해요.

동사

0293. retreat
[riːtríːt]

v. 물러서다, 퇴각하다, 은퇴하다 *n.* 퇴각, 후퇴, 은거, 피난

- Don't *retreat* from your position. 의견을 철회하지 마세요.
- ❖ re(다시, 뒤에, 원래) + treat(대하다)

0294. sweat
[swet]

v. 땀을 흘리다, 열심히 일하다 *n.* 땀, 불안, 습기

- 파 **sweaty** *a.* 땀이 나는, 힘드는
- 관 **sweat out** 마지막까지 참다 **no sweat** 문제없이, 쉽게 **cold sweat** 식은 땀
- I *sweat* easily. 나는 땀을 쉽게 흘립니다.
- I broke out in a cold *sweat*. 식은 땀을 닦았다.

0295. chat
[tʃæt]

v. 잡담하다 *n.* 잡담

- Sue and Jane are *chatting* in the kitchen.
  수와 제인은 부엌에서 잡담하고 있다.
- I had a nice, long *chant* with Tom today.
  오늘 톰과 잘 이야기했다.

0296. float
[flout]

v. 띄우다, 뜨다 *n.* 뜨는 물건, 뗏목, 크림소다

- 파 **floating** *a.* 떠 있는, 유동적인
- See how well I can *float*. 어떻게 뜨는지 잘 봐요.

0297. doubt
[daut]

v. 의심하다, ~아닐까 생각하다 *n.* 의심, 의혹

- 파 **doubtful** *a.* 의심스러운
- 관 **beyond[without] doubt** 의심할 여지없이, 물론 **in doubt** 의심하여
  no doubt 물론, 필시
- I *doubt* if he'll stick to his promise. 그가 약속을 지킬지 의심스럽다.
- I don't *doubt* his ability to run a restaurant.
  그에게 레스토랑을 경영할 능력이 있다는 것은 의심하지 않는다.

☐ I had no *doubt* that he would get the job.
그가 그 일을 맡을 것이라는 것을 의심하지 않는다.

＊참조
동사인 경우, 긍정문에서는 whether, if, that절, 부정문에서는 that절을 쓴다. 명사인 경우에는 not, no에 계속되는 절은 that, 기타의 경우에는 whether, if 등의 접속사를 쓴다.

0298. **act**
[ækt]
v. 행동하다, 실행하다, 출연하다 *n.* 행위, 〈극〉 막, 법령

파 **action** *n.* 행동, 활동 **acting** *a.* 대리의
관 **act on** ～에 작용하다, ～에 따라 행동하다 **act out** ～을 실연하다

◀» Don't *act* as though there were no problems.
마치 문제가 없는 것처럼 행동하지 마세요.

동사

GROUP 17

Round 1 ☐ 월 일
Round 2 ☐ 월 일
Round 3 ☐ 월 일

0299. **contact** [kɑ́ntækt/kɔ́n-]
v. 연락을 취하다, 접촉하다 n. 접촉, 교제, 연줄

- 관 **make contact** 연락을 취하다
- I'll *contact* you by telephone. 전화로 연락하겠다.
- I've lost *contact* with all of my old friends. 옛친구들 모두와 연락이 단절되었다.
- ❖ con(함께) + tact(touch;닿다)

0300. **affect** [əfékt]
v. 영향을 미치다, (병 등이) 침범하다, 감동시키다

- 파 **affection** n. 애정 **affectionate** a. 애정 깊은 **affected** a. 영향을 입은 **affecting** a. 감동적인
- His drinking is beginning to *affect* his work.
  음주가 그의 일에 영향을 미치기 시작하고 있다.
- ❖ af(~에, ~으로) + fect(make;만들다, 이루다)

0301. **object** [ɑ́bdʒekt/ɔ́b-]
v. 반대하다, 싫어하다 n. 물질, 대상, 목적

- 파 **objection** n. 이의, 난점 **objective** a. 객관적인, 목적의 n. 목표 **objectively** ad. 객관적으로
- 관 **objectivity** 객성
- I *object* to people smoking near me. 가까이서 담배를 피우는 것은 곤란합니다.
- I'd like to have an *objective* opinion. 객관적인 의견을 말해 주십시오.
- What is your *objective* in this survey? 이 조사의 목적은 무엇입니까?
- ❖ ob(~에 반대하여) + ject(throw;던지다)

0302. **reject** [ridʒékt]
v. 거절하다, 물리치다, 제거하다

- 파 **rejection** n. 거절

- 🔊 You'd be foolish to *reject* such a good offer.
  이렇게 좋은 제의를 거절한다면 당신은 바보다.
- ☐ I feel *rejected*.
  나는 받아들여지지 않을 것 같다.
- ❖ re(다시, 뒤에, 원래) + ject(throw;던지다)

0303. elect
[ilékt]

v. 고르다, 선거하다 *a.* 〈명사 바로 뒤에 쓰여서〉 당선된
n. 뽑힌 사람

파 **election** *n.* 선거 **elective** *a.* 선거의, 〈대학〉 필수과목이 아닌, 선택의 *n.* 선택 과목

- 🔊 John was *elected* chairman. 존이 의장으로 선출되었다.
- ☐ Did you vote in the last *election*? 지난 선거에서는 투표했습니까?
- ❖ e(ex;밖에, 밖에서) + lect(choose;고르다)

0304. select
[silékt]

v. 고르다, 선발하다 *a.* 고른, 골라 뽑은

파 **selection** *n.* 선택, 경선 **selective** *a.* 선택적인

- 🔊 *Select* your favorite picture. 좋아하는 그림을 고르세요.
- ❖ se(떨어져서) + lect(choose;고르다)

0305. reflect
[riflékt]

v. 반사하다, 반영하다, 숙고하다

파 **reflection** *n.* 반사, 반영, 영상, 숙고

- 🔊 I think you should *reflect* on what you've done. 자신이 한 일을 잘 생각해 보세요.
- ❖ re(다시, 뒤에, 원래) + flect(bond;구부리지다)

0306. neglect
[niglékt]

v. 게을리 하다, 태만히 하다, 무시[경시]하다
n. 태만, 무시, 경시

파 **negligence** *n.* 태만, 부주의 **neglectful, negligent** *a.* 태만한

- 🔊 You shouldn't *neglect* your work like this. 이처럼 일을 태만히 해서는 안 된다.
- ❖ neg(아닌) + lect(pick up;찾아오다)

0307. collect
[kəlékt]

v. 모으다[모이다], (생각을) 집중하다, (용기를) 불러일으키다, (눈, 먼지 등이) 쌓이다 *a.* 요금 수신인 지불의[로]

동사

파 **collection** n. 수집(물), 채집 **collective** a. 집합적인, 단체의
- I'm *collecting* my thoughts. 생각을 집중하고 있습니다.
- Can I call you *collect*? 콜렉트콜로 전화해도 좋습니까?
❖ col(com;함께) + lect(gather;줍다)

0308. connect
[kənékt]
v. 잇다, 연결하다, 전화를 연결하다

파 **connection** n. 연결, 연락, 관계, 접속, 갈아타기
connected a. 연결되어 있는, 관계가 있는
관 **be connected with** ~와 관계가 있다 **in connection with** ~에 관하여
- Will you *connect* me with Mr. Harris? 해리스 씨와 연결해 주시겠습니까?
- The TV is not *connected*. TV코드가 연결되어 있지 않다.
- It's a bad *connection*.
  (전화) 잡음이 있어서 잘 들리지 않습니다. / (교통) 갈아타기가 나쁘다.
❖ con(함께) + nect(tie;연결하다)

0309. respect
[rispékt]
v. 존경하다 n. 존경, 경의, 존중, 관계, 점

파 **respectable** a. 존경할 만한 **respectful** a. 경의를 표하는
respective a. 저마다의
- You can't force the students to *respect* their teachers.
  스승을 존경하도록 학생에게 강요할 수는 없습니다.
- I've lost *respect* for you. 당신에 대한 존경의 마음을 잃었다.
❖ re(다시, 뒤에, 원래) + spect(look;보다)

0310. suspect
[səspékt]
v. 의심하다, 혐의를 두다, 짐작하다, (~이라고) 수상히 여기다, 생각하다 n. 용의자 a. 의심을 받은, 수상한

파 **suspicion** n. 의심, 혐의 **suspicious** a. 의심 많은, 수상한
- I *suspect* him of lying. 그는 거짓말을 하고 있다고 생각해요.
- The police is looking for the *suspect*. 경찰은 용의자를 찾고 있다.
❖ su(sub;~밑에) + spect(look;보다)

0311. expect
[ikspékt]
v. 기대하다, 예기하다, ~라고 생각하다 〈진행형으로〉 (아이를) 임신하고 있다

파 **expectation** n. 기대, 예상 **expectancy** n. 기대 **expectant** a. 기대하고 있는
관 **as might be[have been] expected** 생각했던 대로

🔊 Nothing turned out as I *expected*. 기대했던 대로 된 것은 없다.
□ I didn't *expect* to see you here. 여기서 당신을 만나리라고는 생각지 못했습니다.
□ She's *expecting* (a baby). 그녀는 임신하고 있습니다.

❖ ex(밖에, 밖에서) + pect(look;보다)

0312. **direct**
[dirékt, dai-]

v. 지도[지시, 명령]하다, 지휘하다, 길을 가리키다, (주의 등을) 돌리다 a. 똑바로인, 직접의, 솔직한

파 **direction** n. 지시, 방향, 설명서 **directly** ad. 똑바로, 직접
관 **indirectly** 간접적으로

🔊 Could you *direct* me to Westwood Shopping Mall?
웨스트우드 쇼핑몰로 가는 길을 가르쳐 주십시오.
□ We must *direct* his attention toward his study.
그의 주의를 공부로 돌리게 해야 한다.
□ I'm sorry for being so *direct*.
너무 솔직해서 죄송합니다.
□ We're going in the wrong *direction*.
우리는 잘못된 길을 가고 있어요.

❖ di(떨어진, ~아닌) + rect(똑바른)

0313. **correct**
[kərékt]

v. 정정하다, 고치다 a. 바른, 정확한

파 **correction** n. 정정, 수정 **correctly** ad. 바르게, 정직하게

🔊 *Correct* me if I'm wrong. 만일 내가 틀렸다면 고쳐 주십시오.
□ That's *correct*. 맞습니다.

❖ cor(com;완전히) + rect(똑바른)

0314. **protect**
[prətékt]

v. 보호하다, 지키다

파 **protection** n. 보호 **protective** a. 지키는, 보호하는

🔊 We have to *protect* the environment. 우리는 환경을 보호해야 한다.
□ This insurance plan offers good *protection*. 이 보험은 보상이 매우 좋다.

❖ pro(앞에) + tect(cover;가리다)

동사

GROUP 18

Round 1 ☐	월 일
Round 2 ☐	월 일
Round 3 ☐	월 일

0315. **contradict**
[kɑ̀ntrədíkt/kɔ̀n-]
v. 모순하다, 부인[부정]하다, 반론하다

파 **contradiction** n. 모순, 부정, 반론　**contradictory** a. 모순된, 정반대의

🔊 I must *contradict* you.
나는 당신에게 반대한다.

☐ What you have just said is a *contradiction* of what you said before.
당신이 지금 말한 것은 전에 말한 것과 모순됩니다.

❖ contra(반대, 역) + dict(speak;말하다)

0316. **addict**
[ədíkt]
v. ⟨be addicted 새로⟩ ~에 빠져[몰두해] 있다
n. 상용자, 중독자

파 **addiction** n. 중독, 탐익

🔊 He is *addicted* to home computer games. 그는 컴퓨터 게임에 몰두해 있다.

❖ ad(~에, ~으로) + dict(say;말하다)

0317. **predict**
[pridíkt]
v. 예언하다, 예보하다

파 **prediction** n. 예보, 예언　**predictable** a. 예언할 수 있는

🔊 The weatherman *predicts* rain for tomorrow.
일기예보에 의하면 내일은 비다.

☐ It's hard to *predict* what the won will do.
원화의 동향을 예측하는 것은 어렵다.

❖ pre(앞에) + dict(say;말하다)

0318. **conflict**
[kɑ́nflikt/kɔ́n-]
v. 싸우다, 모순하다, (의견 등이) 충돌하다
n. 분쟁, (의견 등의) 대립

파 **conflicting** a. 모순하는
관 **come into conflict with** ~와 충돌하다　**in conflict with** ~와 모순되어
conflicting view 대립하는 의견

🔊 This class *conflicts* with my schedule.
이 수업은 내 시간과 맞지 않다.

❖ con(함께) + flict(strike;치다)

0319. **restrict**
[ristríkt]
v. 제한하다, 한정하다

파 **restriction** *n.* 제한, 한정, 제약　**restricted** *a.* 제한된　**restrictive** *a.* 제한하는

🔊 The use of water is *restricted* because of the dry spell.
건조한 날이 계속되어서 물의 사용이 제한되고 있다.

❖ re(다시, 뒤에, 원래) + strict(엄격한)

0320. **construct**
[kənstrʌ́kt]
v. 건설하다, 작성하다

파 **construction** *n.* 건설, 건물　**constructive** *a.* 건설적인
관 **constructor** 건설업자　**under construction** 공사 중인

🔊 Our new office building is being *constructed*.
우리 회사는 새 건물을 건설 중입니다.

☐ His criticism is very *constructive*.
그의 비평은 매우 건설적이다.

❖ con(함께) + struct(build;쌓다)

0321. **bet**
[bet]
v. 내기를 하다, ~라고 생각하다　*n.* 내기, 의견

관 **I('ll) bet...** 확실히 ...이다

🔊 Don't *bet* any more money. 이 이상 돈을 걸지 마.
☐ I *bet* you like the beach. 반드시 해변을 좋아할 것이다.
☐ You bet. 틀림없어.

0322. **meet**
[mi:t]
v. 만나다, 회합[회견]하다, 모이다, 접촉하다, 마중나가다, 마주치다　*n.* 모임, 경기 대회

파 **meeting** *n.* 회합, 집회, 회의

🔊 I'm pleased to *meet* you. 만나뵙게 되어 영광입니다.
☐ I'll *meet* your plane. 비행장까지 마중나가겠다.
☐ This *meeting* is going nowhere. 이 회의는 성립되지 않는다.

동사

0323. **greet** [gri:t]　　v. 환영하다, 맞이하다

파　**greeting** n. 인사, 환영

🔊 Let's go and ***greet*** our guests. 자, 손님들을 마중 나가자.

0324. **get** [get]　　v. 얻다, 획득하다, 취득하다, 도착하다, 이해하다, (~상태로) 되다, ~시키다, ~당하다

관　**get across** 이해시키다, (생각 등을) 알리다　**get ahead** 출세하다, 나아가다
　　get along 살아가다, 의좋게 살다, (일 등이) 진척시키다　**get at** 암시하다
　　get away 도망치다, 모면하다　**get away with** 가지고 도망치다
　　get back 돌아오다, 되찾다　**get by** 고비를 넘기다, 빠져나가다　**get in** 들어오다
　　get off 내리다　**get on** 타다, 진척되다, 살아가다, 사이좋게 지내다, 계속하다
　　get out of ~에서 나오다　**get over** 회복하다, 극복하다　**get through** 통과하다, 끝나다　**get together** 모으다　**get up** 일어나다

🔊 Can I ***get*** you anything? 뭐라도 가져다 드릴까요?

☐ You'd better ***get*** some rest. 좀 쉬는 게 좋아요.

☐ ***Get*** me the police. 경찰을 불러 주세요.

☐ Will you ***get*** Jack on the phone? 잭에게 전화 받으라고 해주십시오.

☐ I'll call you when I ***get*** there. 그곳에 도착하면 전화하세요.

☐ Now let's ***get*** to the point. 요점으로 들어가자.

☐ We might ***get*** lost. 길을 잃어버렸는지도 모른다.

☐ Let's ***get*** started now. 자, 시작합시다.

☐ Are you ***getting*** up? 잘 되었습니까?

☐ You're ***getting*** fat. 뚱뚱해지는군요.

☐ I don't ***get*** it. 나는 그것을 이해할 수 없다.

☐ Did you ***get*** my point? 내가 말하고자 하는 것을 알았습니까?

☐ Let's ***get*** this straight. 이것을 확실히 해 두자.

☐ ***Get*** your TV fixed. TV를 고치세요.

☐ I couldn't ***get*** my point across very well.
　말하고자 하는 것을 잘 이해시킬 수 없었다.

☐ She's trying to ***get*** ahead by using you. 그녀는 당신을 이용해서 출세하려고 한다.

☐ We're ***getting*** along fine. 사이좋게 살고 있습니다.

☐ Don't you ***get*** along with your parents? 부모님과 사이좋게 지내지 않습니까?

☐ What are you ***getting*** at? 무얼 말하고 싶어요?

☐ Now I'll ***get*** back to work. 자, 일로 돌아가자.

☐ ***Get*** out of here. 나가.

- I suppose he just can't *get* over his mother's death.
  그는 어머니의 죽음에서 아직 회복되지 않은 것 같다.
- It's the only way we'll ever *get* through this crisis.
  그것이 이 위기를 넘기는 유일한 방법입니다.
- We can *get* together and talk about it.
  만나서 그것에 관해 이야기합시다.

*참조
get은 회화에서 다른 일반동사에 비해 아주 많이 사용되는 동사이다. have(가지다), 사다(buy) 대신에도 get동사를 사용한다. 「get + ○」으로 쓰인 관용어구를 많이 익혀두자.

0325. forget
[fərgét]

v. 잊다, 망각하다, 게을리 하다

파 **forgetful** a. 잊기 쉬운

- Don't *forget* to take your key. 열쇠를 잊지 마세요.
- let's *forget* about yesterday. 어제의 일은 잊자.
- *Forget* it. 걱정하지 마세요. / 이제 좋아. / 천만에요.
❖ for(away;떨어져) + get(잡다)

0326. let
[let]

v. (~하는 것을) 허락하다, ~시키다, 〈Let's ~로〉 ~하자

관 **let alone** ~은 말할 것도 없고 **let down** 실망시키다 **let go** 허락하다, 석방하다, **let on** 폭로하다 **let out** (비밀 등을) 누설하다, (옷 등을) 늘리다
let up (비, 눈이) 그치다, 약해지다

- *Let* me ask you something. 질문이 있습니다.
- Don't ever *let* that happen again. 두 번 다시 그런 일을 하지 마세요.
- *Let* me think. 생각해 봅시다.
- *Let* me see. (= Let see.) 저...
- Don't *let* yourself down. 기운을 잃지 마세요.
- It's not going to *let* up. 비가 그칠 것 같지 않다.

동사

GROUP 19

Round 1 ☐ 월 일
Round 2 ☐ 월 일
Round 3 ☐ 월 일

0327. **regret**
[rigrét]
v. 후회하다, 걱정스럽게 생각하다 *n.* 후회, 유감, 낙담

파 **regretful** *a.* 후회하는, 유감인 **regrettable** *a.* 근심스러운
regrettably *ad.* 유감스럽게
관 **to one's regret** 유감스럽지만

- You're going to *regret* it forever.
  당신은 평생 그것을 후회할 겁니다.
- I *regret* to tell you but your request has been turned down.
  유감스럽지만, 당신의 요청은 기각되었다.
- ❖ re(다시, 뒤에, 원래) + gret(weep ; 울다)

0328. **interpret**
[intə́ːrprit]
v. 해석하다, 이해하다, 통역하다

파 **interpretation** *n.* 해석, 이해, 통역
관 **interpreter** 통역자

- How should we *interpret* these latest developments?
  최근의 정세를 어떻게 해석하면 좋을까요?
- Will you please *interpret* his speech into Korean?
  그의 연설을 한국어로 통역해 주시겠습니까?
- ❖ inter(~사이에, 서로) + pret(price ; 값을 정하다)

0329. **set**
[set]
v. 놓다, (어떤 상태로) 하다, 베풀다, 정하다, 몰두하다, 조절하다, (태양 등이) 지다, 착수하다 *n.* 1벌, 세트 *a.* 고정된, 준비가 되어 있는

관 **set aside** 제쳐 놓다, 옆에 두다 **set back** 방해하다, 시계바늘을 뒤로 돌리다
set forward 시계를 빠르게 하다 **set off[out]** 출발하다 **set up** 창설하다, 속이다

- Let's *set* the departure date. 출발일을 결정하자.
- She's got her mind *set* on June wedding. 그녀는 결혼을 6월로 결정하고 있습니다.
- I'm all *set*. 만반의 준비가 되었다.
- I *set* my watch five minutes forward. 나는 시계를 5분 빨리 해두고 있습니다.

0330. **shift** [ʃift]

v. 변화시키다 n. 변화, 이동, 교체

관 **early[late] shift** 오전[후] 교대 **night shift** 야근

🔊 Will you help me ***shift*** this table a little?
이 테이블을 옮기는 것을 좀 도와주시겠어요?

☐ I'm working the late ***shift*** this week.
이번 주는 오후 교대입니다.

0331. **lift** [lift]

v. 올리다, 위로 올리다, (금지령 등을) 철폐하다, 공수하다
n. (들어) 올리는 것, 차에 태워줌

🔊 Will you ***lift*** this chair for me? 이 의자를 들어주십시오.
☐ I'll give you a ***lift*** home. 집까지 차로 바래다 줄게요.

0332. **drift** [drift]

v. 떠돌다, 표류하다, 불리어 쌓이다 n. 표류, 동향, 취지

🔊 It's very comfortable to ***drift*** on a raft. 뗏목을 타고 떠다니는 것은 매우 기분이 좋다.
☐ Do you get my ***drift***? 내가 말하고 있는 것을 알겠습니까?

0333. **wait** [weit]

v. 기다리다, 지연되다, 〈진행형으로〉 준비되어 있다
n. 기다림, 기다리는 시간

관 **wait and see** 일이 돌아가는 것을 두고보다 **wait on** 시중들다

🔊 ***Wait*** and see what will happen. 경과를 관망하자.
☐ I can hardly ***wait***. 기대하지 않아요.
☐ This job can ***wait***. 이 일은 뒤로 돌리는 것이 좋다.
☐ It was a long ***wait*** for the bus. 버스가 올 때까지 오래 기다렸다.

0334. **fit** [fit]

v. 적합하다, 꼭 맞다 a. 적당한, 어울리는, 건강한 n. 적합

파 **fitness** n. 적합, 건강

🔊 Do those shoes ***fit*** you? 그 구두는 발에 맞습니까?
☐ You're looking ***fit***. 건강해 보이는군요.

0335. benefit [bénəfit]
v. 이익을 주다[보다] n. 이익, 보험금, 자선

- 파 **beneficial** a. 유익한
- 관 **for the benefit of** ~를 위하여 **beneficiary** (보험금 등의) 수취인, 수혜자
- 🔊 I *benefited* a lot from selling my stocks. 주식을 팔아서 크게 이익을 보았다.
- ☐ This concert is for the *benefit* of the orphanage.
  이것은 고아를 위한 자선 콘서트입니다.
- ❖ bene(좋은) + fit(do;행위)

0336. hit [hit]
v. 치다, 때리다, 이르다, 마주치다 n. 타격, 명중, 대성공

- 관 **hit on someone** ~에게 수작걸다 **hit on something** 불현듯 ~을 생각해 내다
- 🔊 I *hit* my head against the pole. 머리를 기둥에 부딪혔다.
- ☐ The teacher *hit* him on the head. 선생이 그의 머리를 때렸다.
- ☐ My speed *hit* 150 kilometers per hour. 시속 150킬로 냈다.
- ☐ Stop *hitting* on her. 그녀에게 수작 좀 걸지 마.

0337. split [split]
v. 찢다, 쪼개다, 분배하다, 나누다
n. 쪼개짐, 불화 a. 쪼개진, 분열한

- 파 **splitting** a. 쪼개질 것 같은, 심한
- 관 **split the difference** 타협하다
- 🔊 We'll *split* the profit. 이익을 나누기로 하자.

0338. submit [səbmít]
v. 제출[제시]하다, 복종하다

- 파 **submission** n. 제안, 복종 **submissive** a. 복종하는, 유순한
- 🔊 When do I have to *submit* the report? 보고서는 언제 제출해야 합니까?
- ❖ sub(아래로) + mit(send;보내다)

0339. admit [ædmít, əd-]
v. 사실을 인정하다, 자백하다, 입장을 허락하다

- 파 **admission** n. 입장, 입회, 입학, 허가, 승인 **admittance** n. 입장, 들어감
  admissible a. 들어갈 자격이 있는 **admittedly** ad. 명백히

🔊 I *admit* that I hadn't even thought about it.
그 건에 관해 생각해 보지 않았다는 것을 인정합니다.
❖ ad(~에, ~으로) + mit(send;보내다)

0340. **limit**
[límit]

v. 한정하다, 제한하다 n. 한계, 한도

파 **limitation** n. 제한, 한계 **limited** a. 한정된 **limited company** n. 유한회사

🔊 Let's try and *limit* our spending. 지출을 가능한 억제합시다.
☐ What's the *limit*? 어느 정도가 한계입니까?
☐ There's a *limit* to what I'll take. 참는 데도 한계가 있다.

0341. **commit**
[kəmít]

v. (죄 등을) 범하다, (권한을) 맡기다, 위탁하다, 전념하다, 약속하다, 태도를 명백히 하다

파 **commitment** n. 위탁, 범행, 서약, 의무
관 **commit murder** 살인을 범하다 **commit suicide** 자살하다
commit oneself 자신의 의견[태도]을 표명하다, 약속하다

🔊 He has *committed* no crime. 그에게 전과는 없습니다.
☐ I don't want to *commit* myself. 약속을 하고 싶지 않다.
☐ I have family *commitments*. 나에게는 가족에 대한 책임이 있다.
☐ You don't have to make a *commitment* now. 지금 약속할 필요는 없다.
❖ com(함께) + mit(send;보내다)

0342. **omit**
[oumít]

v. 생략하다, 빠뜨리다, 게을리하다

파 **omission** n. 생략, 탈락, 태만

🔊 You *omitted* some of the most important points.
당신은 가장 중요한 것을 몇 가지 빠뜨렸다.
❖ o(ob;~에 대해, 향해) + mit(send;보내다)

0343. **transmit**
[trænsmít, trænz-]

v. 건네다, 전하다, 전염시키다, 송신[방송]하다

파 **transmission** n. 전달, 전송, 변속기, 송신

🔊 We're not sure how the disease is *transmitted*.
병이 어떻게 해서 전염되는지 알 수 없다.
❖ trans(넘어서) + mit(send;보내다)

GROUP 20

Round 1 □ 월 일
Round 2 □ 월 일
Round 3 □ 월 일

0344. **inherit**
[inhérit]
v. 상속하다, 물려받다

파 **inheritance** *n.* 상속, 유산   **inherited** *a.* 상속받은

- My eldest brother **inherited** the family house. 장남이 집을 상속했다.
- How much **inheritance** did you get? 유산은 어느 정도 받았습니까?
- in(~가운데로, 위로) + herit(heir;물려받다)

0345. **sit**
[sit]
v. 앉다, (사진 등을 위해) 포즈를 취하다, 돌보아 주다, (위에) 얹히다, (옷 등이 몸에) 맞다

파 **sitting** *a.* 현직의
관 **sit back** 깊숙이 앉다   **sit in** 참가하다, 대리하다   **sit in on** 견학하다
sit up 똑바로 앉다, 자지 않고 있다   **sitting room** 거실

- Maybe we could just **sit** here and talk a little. 여기에 앉아서 좀 이야기할까요?
- Come on, **sit** at our table. 우리 테이블에 앉으세요.
- I'll **sit** up all night. 철야하겠다.

0346. **visit**
[vízit]
v. 방문하다, 체재하다   *n.* 방문, 시찰, 견학

- Let's **visit** your parents this weekend. 이번 주말에 부모님을 방문하자.
- John and Mary are coming for a **visit**. 존과 메리가 우리를 만나러 온다.

0347. **deposit**
[dipázit/-pɔ́z-]
v. 예금하다, 맡기다, (자동판매기 등에) 동전을 넣다, 보증금으로 지불하다   *n.* 예금, 선불, 보관소

관 **fixed deposit** 정기예금   **deposit[current] account** 보통[당좌] 예금계좌

- I'd better **deposit** this money in the bank.
  이 돈을 은행에 예금하는 것이 좋을 것 같습니다.
- I'd like to put down a **deposit** on his apartment.
  이 맨션에 보증금을 걸고 싶다.
- de(떨어져, 밑에, 안전히) + posit(put;놓다)

PART 1

0348. **quit**
[kwit]
v. 그만두다, 중지하다, 단념하다

- She *quit* her job last week. 그녀는 지난 주 사임했다.
- You must *quit* smoking. 금연하세요.

0349. **suit**
[suːt]
v. 적합하다, 마음에 들다, 어울리다 *n.* 신사복, 소송

- 파 **suitable** *a.* 적당한, 어울리는
- 관 **follow suit** 선례를 따르다
- That color really *suits* you. 그 색이 매우 잘 어울립니다.
- This is not a *suitable* subject for discussion now.
  이 문제는 이번의 토론에는 적합하지 않다.

0350. **halt**
[hɔːlt]
v. 멈추다, 정지하다 *n.* 중지, 휴식

- *Halt*, everyone. 모두, 정지.
- Negotiations have come to a *halt*. 교섭은 중단됐다.

0351. **melt**
[melt]
v. 녹다, 용해하다, 녹이다 *n.* 용해

- 파 **melting** *a.* 녹는
- The ice cream is already *melting*. 아이스크림이 벌써 녹아간다.

0352. **insult**
[ínsʌlt]
v. 모욕하다, 욕보이다 *n.* 모욕, 무례

- 파 **insulting** *a.* 모욕적인
- I didn't mean to *insult* you. 모욕할 생각은 없었습니다.
- He shouted *insults* at me. 그는 나를 욕했다.
- ❖ in(~가운데로, 위로) + sult(jump ; 뛰어 넘어 상대방의 말을 잡다)

0353. **consult**
[kənsʌ́lt]
v. 의견을 듣다, 상담하다, (사건 등을) 찾다, ⟨consult with로⟩ 협의하다

동사

파 **consultation** n. 상담, 자문, 진찰
관 **consultant** 고문

🔊 I'd like to *consult* my lawyer. 내 변호사와 상담하고 싶다.
☐ You'd better *consult* a doctor. 의사에게 진찰 받으세요.
☐ *Consult* your dictionary. 사전에서 찾으세요.

0354. **enchant**
[entʃænt, -tʃɑːnt]

v. 매혹하다, 마음을 빼앗다, 마법을 걸다

파 **enchanting** a. 매력적인 **enchantingly** ad. 매력적으로

🔊 I was *enchanted* by her performance. 그녀의 연주에 매료되었다.
❖ en(~로 만들다) + chant(sing:노래, 마법)

0355. **grant**
[grænt, grɑːnt]

v. 들어주다, 승낙하다, 승인하다, 수여하다
n. 수요, 교부[보조, 조성]금

관 **take ~ for granted** ~을 당연한 일로 생각하다

🔊 He was *granted* a scholarship by an American college.
그는 미국의 대학으로부터 장학금을 받았다.
☐ I took it for *granted* that you were married.
당연히 당신은 결혼했다고 생각했다.

0356. **want**
[wɔ(ː)nt, wɑnt]

v. 원하다, 바라다, ~하고 싶다 n. 필요(물), 결핍, 부족

파 **wanting** a. 모자라는

🔊 Do you *want* my opinion? 내 의견을 듣고 싶습니까?
☐ You can do anything you *want*. 하고 싶은 것을 무엇이라도 하세요.
☐ What do you *want* to be? 무엇이 되고 싶습니까?
☐ I *want* everybody to be quiet. 모두 조용히 해 주십시오.

＊참조
회화에서는 want to를 줄여 wanna라고 발음하기도 한다.

0357. **comment**
[kάment/kɔ́mə-]

v. 비평(하다), 해설(하다), 의견(을 말하다)

관 **commentary** 해설, 주석 **commentate** 논평하다

🔊 Will you *comment* on this report? 이 보고서에 관해서 의견을 부탁합니다.

- ☐ I have no *comment*. 의견은 없습니다.
- ❖ com(완전히) + ment(mind;언짢아하다)

0358. **resent**
[rizént]

v. 화를 내다, 분개하다, 원망하다

- 파 **resentment** *n.* 분개, 원한 **resentful** *a.* 화를 내고 있는, 분개하고 있는
- 🔊 I think she really *resents* me. 그녀는 정말로 나를 원망하고 있다고 생각한다.
- ☐ I could sense her *resentment*. 그녀의 분개를 나는 느꼈다.
- ❖ re(완전히) + sent(feel;느끼다)

0359. **present**
[prézənt]

v. 증정하다, 제출하다, 소개하다, 피로연을 하다, 상연하다
n. 선물

- 파 **presentation** *n.* 증정, 제출, 발표
- 🔊 Your responsibility is to *present* the facts, not your opinions.
  당신의 책임은 사실을 말하는 것이고 의견을 말하는 것이 아니다.
- ☐ I've got a *present* for you. 당신에게 선물이 있습니다.
- ❖ pre(앞에) + sent(있다)

0360. **represent**
[rèprizént]

v. 대표하다, 나타내다, 상징하다, 설명하다

- 파 **representation** *n.* 대표, 표현, 설명
  representative *a.* 대표적인, 대리의 *n.* 대표자, 대리인
- 🔊 He *represented* his company at the conference.
  그는 회사를 대표해서 회의에 참가했다.
- ☐ What does this symbol *represent*? 이 기호는 무슨 의미입니까?
- ❖ re(다시, 뒤에, 원래) + present(내놓다)

0361. **consent**
[kənsént]

v. 동의하다, 승낙하다 *n.* 동의, 합의

- 🔊 Did he *consent* to a divorce? 그는 이혼에 동의했습니까?
- ☐ I won't marry her without your *consent*.
  당신의 동의 없이는 그녀와 결혼하지 않겠다.
- ☐ Silence gives *consent*. 침묵은 승낙의 표시.
- ❖ con(함께) + sent(feel;느끼다)

0362. **prevent**
[privént]

v. 막다, 방해하다

파 **prevention** n. 방지, 예방, 방해   **preventive** a. 방지의, 예방의

There must be a way to *prevent* this kind of tragedy.
이와 같은 비극을 막는 방법이 있을 것입니다.

❖ pre(앞에) + vent(come；오다)

GROUP 21

Round 1 ☐	월	일
Round 2 ☐	월	일
Round 3 ☐	월	일

0363. **invent** [invént]   *v.* 발명하다, 고안하다

- 파 **invention** *n.* 발명(품), 고안   **inventive** *a.* 발명의 재능이 있는   **inventor** 발명자
- 🔊 Who ***invented*** the computer? 누가 컴퓨터를 발명했죠?
- ❖ in(~가운데로, 위로) + vent(come;오다)

0364. **faint** [feint]   *v.* 졸도하다   *a.* (색, 음, 빛 등이) 약해지는
     a. 희미한, 기절할 것 같은   *n.* 기절, 실신

- 파 **faintly** *ad.* 희미하게
- 🔊 I think I'm going to ***faint***. 기절할 것 같습니다.
- 🔊 I remember it ***faintly***. 그 일을 희미하게 기억하고 있습니다.

0365. **paint** [peint]   *v.* 페인트를 칠하다, 그림도구로 그리다   *n.* 페인트, 그림도구

- 파 **painting** *n.* 회화
- 🔊 Did you ***paint*** this picture? 이 그림은 당신이 그린 것입니까?
- ☐ What is this ***painting*** worth? 이 그림은 얼마입니까?

0366. **acquaint** [əkwéint]   *v.* 알리다, 고하다, 습득시키다

- 파 **acquaintance** *n.* 지식, 면식, 아는 사람
- 관 **be[become, get] acquainted with** ~와 알고 있다[알게 되다], ~에 정통해 있다
   [하다] **acquaint oneself with** ~와 친한 사이가 되다
- 🔊 I got ***acquainted*** with him through Mr. Brown.
브라운 씨를 통해서 그를 알게 되었다.
- ❖ ac(ad;~에) + quaint(com;함께 + notice;알다)

동사

0367. appoint
[əpɔ́int]

v. 임명[지명]하다, 정하다

파 **appointment** n. 임명, 약속   **appointed** a. 정해진, 임명된

🔊 I have been ***appointed*** manager. 나는 지배인으로 임명되었다.

❖ ap(ad;~에) + point(향하게 하다)

0368. print
[print]

v. 인쇄하다, 출판하다, 활자체로 쓰다, (사진을) 인화하다
n. 인쇄(물), 도형, (사진의) 인화(지)

관 **in print** 출판되어   **out of print** 절판되어   **printed matter** 인쇄물

🔊 When is your latest book going to be ***printed***?
신간은 언제 출판됩니까?

☐ Please ***print*** your name.
이름을 활자체로 써 주십시오.

0369. confront
[kənfrʌ́nt]

v. 직면하다, 맞서다, (곤란 등이) 들이닥치다, 들이대다

파 **confrontation** n. 대립, 충돌

🔊 You'd better ***confront*** him with the facts.
사실을 그에게 들이대세요.

☐ I'm ***confronted*** with many problems at work every day.
매일 업무상의 문제가 많이 들이닥친다.

☐ John and his father had a ***confrontation*** over the career John wants to pursue. 존과 아버지는 취직에 관해서 대립했다.

❖ con(com;함께) + front(앞부분)

0370. hunt
[hʌnt]

v. 사냥하다, 내쫓다, 찾다   n. 사냥, 수렵, 수색, 추적

🔊 I've been ***hunting*** for this letter for weeks.
벌써 몇 주 동안 이 편지를 찾고 있었다.

0371. count
[kaunt]

v. 세다, 셈에 넣다, 간주하다, 중요하다   n. 계산 소인 사항

관 **count down[up]** 카운트 다운[업]하다   **count in** ~을 셈에 넣다

count on ~을 의지하다, 기대하다   **count out** ~을 제외하다

🔊 Put away your toys by the time I *count* to 10.
열을 셀 때까지 장난감들을 치우세요.

☐ It's the thought that *counts*.
중요한 것은 동정입니다.

☐ I'm *counting* on you.
당신을 의지하고 있다.

0372. **shoot**
[ʃuːt]
v. 쏘다, 발사하다, 풀어놓다, 촬영하다 *n.* 사격, 발사, 촬영

파 **shooting** *n.* 사격, 촬영
관 **shoot down** 쏴서 떨어뜨리다   **shoot for[at]** ~을 얻으려고 하다
shoot up 급등하다

🔊 The bank robber was *shot* to death. 은행 강도는 사살당했다.
☐ What are you *shooting* for? 무엇을 목표로 삼고 있습니까?

0373. **accept**
[æksépt]
v. 떠맡다, 책임지다, 수락하다, 수취하다

파 **acceptance** *n.* 책임짐, 수락, 용인   **acceptable** *a.* 수락[용인]하는

🔊 I can't *accept* this money.
이 돈을 받을 수 없다.

❖ ac(ad;~에) + cept(잡다)

0374. **tempt**
[tempt]
v. 유혹하다, 꾀다, ~할 생각을 일으키다

파 **temptation** *n.* 유혹   **tempting** *a.* 매력적인, 마음을 당기는

🔊 I'm seriously *tempted* to look for another job.
나는 정말로 전직하고 싶은 기분이다.

0375. **attempt**
[ətémpt]
v. 시험해 보다, 기도하다 *n.* 시도, 계획

🔊 We are *attempting* to buy out an American company.
우리 회사는 미국기업의 매수를 기도하고 있습니다.

❖ at(ad;~에) + tempt(try;시도하다)

0376. adopt
[ədápt/ədɔ́pt]   v. 채용하다, 양자로 삼다

- 파 **adoption** n. 채용, 양자결연
- My company has recently ***adopted*** a five day week system.
  우리 회사는 최근 주 5일 근무제도를 채용하고 있다.
- ad(~에) + opt(고르다)

0377. interrupt
[ìntərápt]   v. 가로막다, 방해하다, 중단하다

- 파 **interruption** n. 가로막기, 방해, 중단
- I hate to ***interrupt***, but it's important. 방해해서 죄송하지만 중요한 용건이 있습니다.
- Don't ***interrupt*** him now. 지금 그를 방해하지 마세요.
- inter(사이에) + rupt(break ; 파괴하다, 무너지다)

0378. disrupt
[disrápt]   v. 혼란시키다, (국가, 정부 따위를) 분열시키다

- 파 **disruption** n. 혼란, 분열, 중단   **disruptive** a. 분열을 일으키는
- The accident ***disrupted*** traffic. 사고가 교통을 혼란시켰다.
- dis(떨어져, 반대) + rupt(break ; 파괴하다, 무너지다)

0379. start
[sta:rt]   v. 시작하다, 시작되다, 출발하다   n. 개시, 출발, 시동

- 관 **start over** 처음부터 다시 시작하다   **start out[off]** 출발하다, ~에 착수하다
  to start with 우선, 먼저
- The car wouldn't ***start***. 자동차 시동이 걸리지 않았다.
- We have to ***start*** all over again. 처음부터 다시 해야 한다.
- Let's make a ***start***. 시작합시다.

0380. desert
[dizə́:rt/dézərt]   v. 버리다, 돌보지 않다   n. 사막

- 파 **desertion** n. 내버림, 유기   **deserted** a. 사람이 살지 않는, 인적이 드문
- How could he ***desert*** his family?
  그는 어떻게 자신의 가족을 버렸지?

☐ There is a global increase of ***desert***.
사막은 지구적 규모로 넓어져 가고 있다.
❖ de(떨어져, ~아닌) + sert(join tother;묶다, 잇다)

0381. divert
[divə́:rt]

v. 전환하다, 주의를 딴데로 돌리다, 기분전환하다

파 **diversion** *n.* 전환, 기분전환

🔊 The traffic was ***diverted*** because of road construction.
도로공사로 우회해야 했었다.
❖ di(떨어진) + vert(turn;향하게 하다, 돌다)

0382. convert
[kənvə́:rt]

v. 변화시키다[변하다], 전환하다, (외국 통화를) 환산하다, 환산하다, 개심하다[시키다]   *n.* 개종자

파 **conversion** *n.* 전환, 변환, 개조   **convertible** *a.* 변할 수 있는

🔊 You can ***convert*** your won into dollars at the airport bank.
공항의 은행에서 원을 달러로 바꿀 수 있습니다.

☐ I want to buy a sofa that ***converts*** into a bed.
침대로도 쓸 수 있는 소파를 사고 싶다.
❖ con(함께) + vert(turn;향하게 하다, 돌다)

GROUP 22

Round 1 □ 월 일
Round 2 □ 월 일
Round 3 □ 월 일

0383. **report**
[ripɔ́:rt]
v. 보고[보도]하다, 전하다, 보답하다, 출두하다
n. 보고(서), 발표, 보도

- 파 **reportedly** ad. 전하는 바에 의하면
- *Report* to me in an hour. 한 시간 후에 보고하세요.
- I'm doing a *report* on the marathon. 마라톤을 취재 중입니다.
- ❖ re(뒤로) + port(carry;나르다, 항구)

0384. **import**
[impɔ́:rt]
v. 수입하다, 가지고 들어가다

- 파 **importation** n. 수입 **importable** a. 수입할 수 있는
- The U.S. *imports* much electronic equipment from Korea.
  미국은 대량의 전자기기를 한국에서 수입하고 있다.
- Korean farmers are against the *importation* of rice.
  한국 농가는 쌀 수입을 반대하고 있다.
- ❖ im(~가운데로, 위로) + port(carry;나르다, 항구)

0385. **support**
[səpɔ́:rt]
v. 받치다, 지탱하다, 부양하다, 입증하다
n. 받침, 지지, 부양, 원조, 지지자

- 파 **supporting** a. 지지하는, 조연하는 **supportive** a. 협력적인
- I have a family to *support*. 나는 부양할 가족이 있다.
- I'll *support* you. 나는 너를 지지할 것이다.
- I want your *support*. 나는 당신의 지지를 원한다.
- ❖ sup(sub;~밑에) + port(carry;나르다, 항구)

0386. **export**
[ikspɔ́:rt]
v. 수출하다 a. 수출(의)

- 파 **exportation** n. 수출
- Japan *exported* over $40 billion worth of cars last year.
  일본의 자동차 수출은 작년 400억 달러를 넘었다.

PART 1

☐ Japanese auto makers are voluntarily restricting their ***exports***.
일본의 자동차 회사들은 수출을 자체 규제하고 있다.
❖ ex(밖에, 밖에서) + port(carry;나르다, 항구)

0387. resort
[risɔ́ːrt]
v. 호소하다, 의지하다, 가끔 가다 *n.* 호소하는 것, 행락지

🔊 We should not ***resort*** to force to solve the conflict.
무력에 호소해서 분쟁을 해결해서는 안 된다.
☐ You are my last ***resort***[hope].
당신이 마지막 희망이다.
❖ re(다시) + sort(go out;나가다)

0388. hurt
[həːrt]
v. 다치게 하다, 상하게 하다, 상처를 주다, 아프다
n. 손상, 아픔

파 **hurtful** *a.* 유해한

🔊 I didn't meant to ***hurt*** you. 당신에게 해를 끼칠 의도는 아니었다.
☐ A little ice cream won't ***hurt***. 약간 정도의 아이스크림이면 괜찮을 겁니다.
☐ Does it ***hurt***? 아픕니까?

0389. cast
[kæst, kɑːst]
v. 던지다, (시선 등을) 향하다, 역할을 할당하다
n. 던지는 것, 배역

관 **cast aside** ~을 버리다

🔊 On election day, ***cast*** your vote for me. 투표일에는 제게 투표해 주십시오.

0390. broadcast
[brɔ́ːdkæst, -kɑ̀ːst]
v. 방송하다 *a.* 방송의 *ad.* 광범위하게

🔊 They ***broadcast*** the shuttle lift off. 우주왕복선의 발사를 방송하고 있다.
❖ broad(넓은) + cast(던지다)

0391. forecast
[fɔ́ːrkæst, -kɑ̀ːst]
v. 예측[예보, 예상]하다

관 **weather forecast** 일기예보

🔊 Rain is ***forecast*** for later this evening. 오늘 밤 늦게 비가 예보되고 있다.

□ Did you hear the *forecast* for tomorrow? 내일 일기예보를 들었습니까?
❖ fore(미리) + cast(던지다)

0392. **blast**
[blæst, blɑ:st]

v. 폭파하다, 비난하다, 큰소리 나다
n. 폭파, 돌풍, 돌연한 큰소리, 비난

관 **blast off** 발사하다

🔊 The TV is *blasting*. 텔레비전 소리가 매우 시끄럽다.

0393. **boast**
[boust]

v. 자랑하다, 과장하다 n. 과장, 자랑

파 **boastful** *a.* 자랑하는

🔊 He was *boasting* to us about his new car. 그는 우리들에게 새 차를 자랑했다.
□ He was *boasting* of his new car. 그는 새차를 자랑했다.

*참조
자동사인 경우 전치사 of, about를 취하지만, boast가 전치사와 떨어진 경우는 보통 about가 사용된다.

0394. **roast**
[roust]

v. 굽다, 튀기다, 찌다 n. 구운 고기, 굽기 a. 구운

🔊 How do you *roast* a whole chicken? 닭고기는 모두 어떻게 구울까요?
□ She is *roasting* with fever. 그녀는 열로 체온이 매우 높다.

0395. **suggest**
[səgdʒést]

v. 제안하다, 암시하다, 시사하다

파 **suggestion** *n.* 제안, 암시, 시사   **suggestive** *a.* 시사적인

🔊 Are you *suggesting* I'm lying? 내가 거짓말을 하고 있다는 겁니까?
□ Do you have any *suggestions*? 제안이 있습니까?
□ Can I make a *suggestion*? 제안해도 되겠습니까?
❖ su(sub;~아래로) + gest(carry;나르다)

0396. **rest**
[rest]

v. 쉬다, 휴식하다, 게재하다, 안심하다 n. 휴게, 안락, 정지

파 **restful** *a.* 편안한, 안정된

관 **restless** 불안한

🔊 Why don't you stay here for a while and *rest*? 잠시 여기에서 쉬세요.

☐ You need some *rest*. 당신은 휴식이 필요하다.

*참조
「나머지」의 rest는 어원이 다르다.

0397. **arrest**
[ərést]

v. 체포(하다); (눈 주의 등을) 끌다

관 **under arrest** 구속중인

🔊 In some states, you can get *arrested* for doing such a thing.
그런 일을 하면 체포되는 주도 있다.

☐ You are under *arrest*.
당신을 체포한다.

❖ ar(ad;~에) + rest(stop;멈추게 하다)

0398. **protest**
[prətést]

v. 항의하다, 이의를 제출하다 n. 항의, 이의신청

🔊 The workers are *protesting* against low wages.
노동자들은 저임금에 항의하고 있다.

☐ I took part in the antiwar *protest*.
나는 반전운동에 참가했다.

❖ pro(앞에) + test(witness;증언하다, 증명하다)

0399. **request**
[rikwést]

v. 부탁하다, 구하다, 간청하다 n. 의뢰, 요망

🔊 Did you *request* a transfer? 전근을 희망하십니까?

☐ Do you have any special *requests*? 다른 특별한 요청이 있습니까?

❖ re(다시) + quest(찾다, 구하다)

0400. **list**
[list]

v. 일람표를 만들다, 기재하다, 〈주식〉 상장하다 n. 표, 목록

🔊 Will you *list* the things you need for your office?
사무실에 필요한 것의 목록을 만들어 주십시오.

☐ Will you place my name on the waiting *list*?
대기자 명부에 이름을 올려 주십시오.

0401. **resist** [rizíst]　　v. 저항하다, 거역하다, 방해하다, 견디다, 〈보통, 부정문으로〉 참다

- 파 **resistance** n. 저항, 방해　**resistant** a. 저항하는
- She ***resisted*** his attempt to bribe her.
  매수하려는 그의 시도에 그녀는 저항했다.
- I just can't ***resist*** another piece of cake.
  케이크를 하나 더 먹고 싶어서 죽겠다.
- ❖ re(다시, 뒤로) + sist(stand;서다)

0402. **insist** [insíst]　　v. 주장하다, 강하게 요구하다

- 파 **insistence** n. 주장, 강요　**insistent** a. 강요하는, 끈덕진
- I ***insist*** that you apologize.
  사죄를 요구한다.
- He ***insisted*** on coming.
  그는 온다고 하고 오지 않았다.
- ❖ in(~가운데로, 위로) + sist(stand;서다)

GROUP 23

Round 1 □ 월 일
Round 2 □ 월 일
Round 3 □ 월 일

0403. **consist**
[kənsíst]

v. 〈consist of로〉 되어 있다, 〈consist in으로〉 …에 있다

파 **consistency** n. 일관성, 농도 **consistent** a. 언행이 일치된, 일관된

- Our house *consists* of seven rooms. 우리집은 방이 7개다.
- Happiness *consists* in contentment. 행복은 만족하는 데 있다.
- His behavior is not *consistent* what he says.
  그는 말하는 것과 행동하는 것이 다르다.
- con(함께) + sist(stand; 서다)

0404. **persist**
[pəːrsíst, -zíst]

v. 영속하다, 주장을 계속하다, 지속[존속]하다

파 **persistence** n. 영속, 지속 **persistent** a. 완고한, 지속하는, 지속성의

- Why do you *persist* in doing business with that company?
  어째서 그 회사와의 거래를 고집하는 것입니까?
- per(통해서, 완전히) + sist(stand; 서다)

0405. **assist**
[əsíst]

v. 거들다, 원조하다, 조장하다

파 **assistance** n. 도움, 원조
관 **assistant** 조수, 보조자

- I'm *assisting* Professor Wagner in his project.
  나는 와그너 교수의 연구를 돕고 있다.
- I need your *assistance*.
  도와 주세요.
- as(ad; ~에) + sist(stand; 서다)

0406. **exist**
[igzíst]

v. 존재하다, 생존하다

파 **existence** n. 존재, 생존 **existent, existing** a. 존재하는

동사

- 🔊 Do ghosts really ***exist***? 유령은 정말로 있습니까?
- ☐ I believe in the ***existence*** of God? 그는 신의 존재를 믿습니다.
- ❖ ex(밖에) + ist(stand;서다)

0407. cost [kɔːst/kɔst]
v. (시간, 비용, 노력이) 들다, 희생시키다 n. 비용, 경비, 희생

- 파 **costly** *a.* 고가인, 희생이 따르는
- 관 **at all costs, at any cost** 어떤 비용이 들더라도, 어떻게 해서든지 **at cost** 원가로
- 🔊 It ***cost*** me $300 to fix my car. 차 수리에 300달러 들었다.
- ☐ How much will the repairs ***cost***? 수리비용은 얼마나 됩니까?
- ☐ See if you can cut ***costs***. 비용을 줄일 수 있는지 조사해 보세요.

0408. post [poust]
v. 투함하다 n. 우편, 우편물

- 파 **postal** *a.* 우편의
- 관 **postage** 우편요금 **postage stamp** 우표 **postmark** 소인
- 🔊 Will you ***post*** this letter for me? 이 편지를 부쳐 주십시오.

0409. burst [bəːrst]
v. 파열시키다, 폭발하다, 찢다 〈burst out ~ing, burst into ~로〉 갑자기 ~하다 n. 파멸, 돌발

- 🔊 The audience ***burst*** out laughing. 청중은 갑자기 웃었다.
- ☐ She ***burst*** into tears. 그녀는 갑자기 울음을 터뜨렸다.

0410. adjust [ədʒʌ́st]
v. 순응하다, 맞추다, 조절하다

- 파 **adjustment** *n.* 조절, 적응, 정산 **adjustable** *a.* 조절할 수 있는
- 🔊 I need time to ***adjust*** to my new working conditions.
  새 근무 조건에 익숙해지기에는 시간이 걸린다.
- ❖ ad(~에, ~으로) + just(법, 바른)

0411. trust [trʌst]
v. 신용[신뢰]하다, 위탁하다, 맡기다 n. 신용, 신뢰, 위탁

- 파 **trusted** *a.* 신뢰받고 있는 **trusting** *a.* 신용하는

관 **trustworthy** 신뢰할 수 있는   **mistrust** 불신, 의혹; 의심하다
- I don't *trust* him. 그를 신용할 수 없습니다.
- *Trust* me on this one. 이 건은 나에게 맡겨 주십시오.
- You have my *trust*. 당신을 믿고 있습니다.

0412. **butt**
[bʌt]

v. 머리로 받다   n. 박치기

관 **butt in** 참견하다, 간섭하다
- Don't *butt* in while I'm speaking. 내 말에 참견하지 마세요.

0413. **cut**
[kʌt]

v. 베다, 절단하다, 분할하다, 삭감하다, (값을) 내려치다, 끊다, 무단으로 쉬다   n. 절단, 삭감, 정지, (머리) 깎는 법, 무단결석, 배당
a. 자른, 깎은, 삭감되는

관 **cut across** 지름길로 가다   **cut back** 삭감하다   **cut down** 삭감하다, 값을 깎다, 축소하다   **cut in** (말)참견하다, 끼어들다   **cut into** (대화에) 끼어들다, 방해하다
cut off (가스, 수도 등을) 끊다, 중단하다   **cut out** 잘라내다, 삭제하다
be cut out for (직업에) 준비하다   **cut short** 단축하다, 줄이다
cut up 마음을 아프게 하다, 잘게 자르다

- I had my hair *cut*. 머리를 깎았다.
- I *cut* it from a newspaper. 신문에서 그것을 오려냈다.
- We're going to *cut* $1 million from the budget.
  예산에서 100만달러를 삭감할 예정이다.
- I'm supposed to be *cutting* down on sugar. 설탕을 더 먹어서는 안 됩니다.
- *Cut* it out! 그만둬! / 닥쳐!
- I'm not *cut* out for house work. 가사에는 맞지 않습니다.
- I'm really *cut* up about what you said. 당신이 말한 것에 상처를 입고 있다.

0414. **shut**
[ʃʌt]

v. 닫히다, 폐쇄하다   n. 폐쇄

관 **shut down** 휴업하다, 폐쇄하다   **shut off** 정지하다   **shut out** 내쫓다
shut up 잠자코 있다

- We're *shutting* down for a few weeks. 몇 주간 휴업합니다.

0415. **shout**
[ʃaut]

v. 큰소리 치다, 외치다   n. 큰소리, 외침

🔊 Why are you ***shouting*** at me?
왜 나에게 큰소리 치는 겁니까?

☐ Give me a ***shout*** when you're ready.
준비가 되면 큰소리로 알려주세요.

0416. **put**
[put]

v. 두다, 움직이다, 투입하다, 맡기다, 제출하다, 기입하다, 표현하다

관 **put across** 훌륭히 성공하다 **put aside** 저축하다 **put away** 치우다, 간직하다 **put off** 연기하다, (전기 등을) 끄다 **put on** 옷을 입다, (체중 등을) 늘리다, (전기 등을) 켜다 **put out** 끄다, 내놓다 **put through** 성취하다, (전화를) 연결하다 **put up** 게시하다, 증가하다, 제출하다, 머무르다 **put up with** ~을 참다 **put together** 조립하다

🔊 American workers ***put*** themselves above the company.
미국인은 회사보다도 자신을 우선한다.

☐ I don't know how to ***put*** this. 이것을 어떻게 말하면 좋을지 모르겠다.

☐ ***Put*** your shoes on. 신을 신으세요.

☐ You ***put*** on some weight. 조금 쪘군요.

☐ ***Put*** out the fire. 불을 끄세요.

☐ Will you ***put*** me through to Mr. Palmer? 팔머 씨를 바꿔주십시오.

☐ Help me ***put*** together my furniture. 내 가구 옮기는 것 좀 도와줘.

0417. **lead**
[liːd]

v. 인도하다, 데리고 가다, 거느리다, ~로 안내하다, 우위를 점하다
n. 선두, 리드, 본

파 **leading** a. 주요한, 뛰어난

🔊 I never thought ***lead*** to this. 이런 것이 될지는 결코 생각하지 못했다.

☐ Which team is ***leading***? 어느 팀이 선두죠?

☐ One thing ***leads*** to another. 계속 일이 일어난다.

GROUP 24

Round 1 □ 월 일
Round 2 □ 월 일
Round 3 □ 월 일

0418. **plead**
[pli:d]
v. 탄원하다, 주장하다, 변호하다

파 **pleading** n. 변호, 변론, 소송수속, (복수형)고소장 a. 탄원하는
- I *pleaded* with her not to get involved with him.
  그녀에게 그와는 관련하지 않도록 간청했다.
- My lawyer advised me to *plead* not guilty.
  변호사는 나에게 무죄를 주장하도록 충고했다.

0419. **read**
[ri:d]
v. 읽다, 독해하다, 판단하다, 해석하다

파 **reading** n. 독서, 낭독회
관 **read between the lines** 행간을 읽다
- Can you *read* my handwriting? 내 글씨를 읽을 수 있습니까?
- I *read* about it in a magazine. 그것을 잡지에서 읽었다.

0420. **spread**
[spred]
v. 넓히다, 넓어지다, 퍼뜨리다, 얇게 칠하다 n. 확장, 보급

- *Spread* some butter on the toast. 토스트에 약간의 버터를 발라 주십시오.
- The flu epidemic is *spreading*. 인플루엔자가 유행하고 있다.

0421. **add**
[æd]
v. 더하다, 합산하다, 부언하다 반 **deduct, subtract** 빼다

파 **addition** n. 추가, 덧셈 **additional** a. 추가적인, 특별한 **additive** a. 추가의
관 **add up to** (합계) ~가 되다, 결국 ~이 되다 **in addition** 더욱이
in addition to ...에 더하여
- Please *add* Mr. Blake's name to the invitation list.
  초대자 명부에 블레이크 씨의 이름을 추가해 주십시오.

동사

0422.
succeed
[səksíːd]

v. 성공하다, 출세하다, 계승하다, (~의) 뒤에 계속되다

파 **success** n. 성공, 성공한 사람, 출세 **succession** n. 연속, 계승
successful a. 성공한, 출세한 **successive** a. 연속하는
successfully ad. 성공적으로 잘 **successor** n. 후계자, 계승자

🔊 He *succeeded* in changing the president's mind.
그는 사장의 생각을 바꾸는 데 성공했다.

☐ Do you think his new business will *succeed*?
그의 새 사업이 성공할 것이라고 생각합니까?

☐ He's a very *successful* businessman.
그는 매우 훌륭한 사업가이다.

❖ suc(sub;뒤에) + ceed(go;가다, 나아가다, 미루다)

0423.
proceed
[prousíːd]

v. 나가다, 시작하다, 속행[진행]하다, 수속시키다, 〈proceed against로〉 (~를 상대로) 소송을 일으키다

파 **procedure** n. 방법, 처치, 수속
proceeding n. 진행, 행위, 처치, 〈보통, 복수형으로〉 회보, 소송수속

🔊 May I *proceed*? 계속해도 됩니까?

☐ What's the correct *procedure*? 바른 수속은 어떻게 하면 됩니까?

❖ pro(앞에) + ceed(go;가다, 나아가다, 미루다)

0424.
exceed
[iksíːd]

v. 넘다, 초과하다

파 **excess** n. 과다, 초과 **exceeding** a. 굉장한 **excessive** a. 과다한

🔊 Don't let what you spend *exceed* what you make.
수입 이상으로 돈을 쓰면 안 된다.

❖ ex(밖에, 밖에서) + ceed(go;가다, 나아가다, 미루다)

0425.
feed
[fiːd]

v. 먹을 것을 주다, 젖을 주다, 기르다, 공급하다
n. 급식, 사료, 공급

관 **be fed up with** ~에 싫증이 나다

🔊 Did you *feed* the fish? 물고기에게 먹이를 주었습니까?

☐ Will you *feed* the baby at 11:30? 11시 반에 아기에게 젖을 주시겠습니까?

☐ I'm *fed* up with you. 당신에게 싫증났다.

0426. **bleed**
[bli:d]
v. 피를 흘리다, (마음이) 몹시 아프다, (돈 등을) 빼앗기다

파 **blood** n. 혈액 **bloody** a. 피를 흘리는, 처참한

My nose is ***bleeding***. 코피가 난다.

0427. **need**
[ni:d]
v. ~을 필요로 하다 n. 필요(한 것), 욕구

파 **needy** a. 가난한 **needless** a. 불필요한
관 **needless to say** 말할 나위도 없이

I ***need*** your help to change this tire. 타이어를 교체하는 것을 도와주세요.
I ***need*** to talk you. 당신과 이야기하고 싶다.
I feel the ***need*** for a break. 휴식이 필요하다.

0428. **breed**
[bri:d]
v. (동물이) 새끼를 낳다, 양육하다, 가르치다, (품종을) 개량하다
n. 품종, 종

관 **breeding** 번식, 양육, 교양

He had this crazy idea about ***breeding*** horses.
말의 품종 개량에 관해서 그는 이런 바보같은 생각을 가지고 있었다.

0429. **used**[1]
[ju:st]
v. (과거에) 늘 ~했다, 이전(옛날에는) ~하곤 했다

She ***used*** to wait up for me, no matter how late.
아무리 늦어도 그녀는 자지 않고 나를 기다렸다.
There ***used*** to be a big cherry tree here.
전에 여기에 큰 벚나무가 있었다.
Did you ***use(d)*** to watch that comedy show, too?
당신도 저 코미디를 자주 보았습니까?

0430. **bid**
[bid]
v. (경매에서) 값을 매기다, 명령하다, (인사 등을) 말하다
n. 입찰, 부르는 값, 노력, 기도

He ***bid*** $10,000 for the painting.
그는 그 그림에 만 달러의 값을 매겼다.

0431. forbid
[fəːrbíd]
v. 금지하다, 금하다

파 **forbidden** a. 금지된

🔊 I ***forbid*** you to go there. 그곳에 가는 것을 금합니다.
❖ for(미리) + bid(명령하다)

0432. avoid
[əvɔ́id]
v. 피하다

파 **avoidance** n. 도피 **avoidable** a. 피할 수 있는

🔊 How come you've been ***avoiding*** me? 왜 나를 피하지?
❖ a(~에, ~위에) + void(empty ; 빈)

0433. rid
[rid]
v. 없애다, 제거하다

관 **get rid of** ~을 면하다, 없애다, 몰아내다 **be rid of** ~에서 자유롭게 되다

🔊 I still can't get ***rid*** of this cold. 감기가 아직 낫지 않았다.

0434. yield
[jiːld]
v. 낳다, 가져오다, 양보하다, 굴복하다, 따르다
n. 산출(량), 수확(량), 보수, 이율

🔊 Don't ***yield*** to pressure from him. 그의 압력에 굴복하면 안 됩니다.
☐ That car didn't ***yield*** the right of way. 저 차가 길을 양보하지 않았다.

0435. build
[bild]
v. 세우다, 건설하다 n. 구조, 체격

파 **built** a. 조립해서 만든, 체격이 ~한
관 **build up** (건물 등을) 개축하다, (명성 등을) 높이다

🔊 What are you ***building***, sandcastles? 무얼 만들고 있어, 모래성이니?
☐ You need to ***build*** up your strength now. 지금은 체력을 증강시키세요.

0436. scold
[skould]
v. 나무라다, 잔소리를 하다

🔊 I *scolded* her for coming home so late. 귀가가 늦어서 그녀를 야단쳤다.

0437. **fold**
[fould]

v. (종이, 천 등을) 접다, 접어 개다[겹치다], (손, 팔 등을) 포개다
n. 접힌 자리

파 **folding** 접기식의

🔊 Will you help me *fold* up the sheets? 시트 개는 것을 도와주세요.

동사

GROUP 25

Round 1 □ 월 일
Round 2 □ 월 일
Round 3 □ 월 일

0438. hold
[hould]
v. 가지고 있다, 받치다, 확보하다, 수용할 수 있다
n. 지배(력), 이해(력)

- 관 **hold ~ against...** ~를 …의 책임으로 하다   **hold back** ~을 나아가지 못하게 하다
  hold on 기다리다, (전화를) 끊지 않고 기다리다   **hold on to** ~을 꼭 붙잡다
  hold up ~을 세우다, 연기하다   **get hold of** ~을 잡다, 연락을 취하다, 이해하다

- 🔊 *Hold* on a minute. 잠깐 기다려.
- □ Please *hold* the elevator. 엘리베이터를 잡아두세요.
- □ *Hold* it! 잠깐 기다려! / 움직이지마!
- □ *Hold* on to me. 나를 잡아.
- □ My client's telephone call *held* me back in my work.
  손님에게서 온 전화 때문에 늦었다.
- □ What's *holding* you up?
  왜 못하고 있어?

0439. withhold
[wiðhóuld, wiθ-]
v. 보류하다, 공제하다, …에 …하지 못하게 하다

- 🔊 I advise you not to *withhold* this information.
  이 정보는 전하는 것이 좋다고 생각한다.
- □ I'm *withholding* your raise till this project is completed.
  이 계획을 마칠 때까지 당신의 봉급 인상은 없다.
- ❖ with(back;뒤로) + hold(잡다)

0440. demand
[diménd, -má:nd]
v. 요구하다, 필요로 하다, 묻다   n. 요구, 청구, 수요

- 파 **demanding** a. 지나치게 요구하는, 엄격한
- 관 **in demand** 수요가 있는   **on demand** 요구가 있는 대로

- 🔊 I *demand* an apology. 사과를 요구합니다.
- □ Success *demands* patience and hard work.
  성공하는 데는 인내와 근면이 필요하다.
- □ Cordless telephone are in great *demand*. 무선 전화기는 수요가 많다.
- ❖ de(완전히) + mand(order;명령하다)

0441. **expand**
[ikspǽnd]

v. 넓히다, 넓어지다, 확대[확장]하다, 발전시키다

파 **expansion** n. 팽창, 발전

🔊 We must ***expand*** our business overseas. 해외 사업을 확장시켜야 한다.

❖ ex(밖에, 밖에서) + pand(spread;펴다)

0442. **stand**
[stænd]

v. 서다, 위치하다, ~상태에 있다, 키(값)가 ~이다, (어떤 태도를) 지키다, 참다, 저항하다
n. 바로 선 자세, 입장, 스탠드, 정지, 방어, 태도, 매점, 정류장

관 **as things stand** 현상은   **stand by** 곁에 있다, 대기하다, 지원하다
stand for ~을 나타내다, 의미하다   **stand out** 눈에 띄다, 뛰어나다
stand up for ~을 지지하다   **stand up to** 용감하게 맞서다

🔊 I can't ***stand*** him. 그에게는 더 참을 수 없다.
☐ ***Stand*** still. 움직이지 말고 가만히 서 있으세요.
☐ I'll ***stand*** by you. 당신을 지원하겠다.

0443. **understand**
[ʌ̀ndərstǽnd]

v. 이해하다, 들어서 알다, 해석하다

파 **understanding** n. 이해(력), 합의 a. 이해심 있는
understandable a. 이해할 수 있는, 정상적인
관 **make oneself understood** 자기의 말을 남에게 이해시키다
misunderstand 오해하다

🔊 How can I make you ***understand***?
어떻게 하면 이해시킬 수 있을까?
☐ I don't ***understand*** what you mean.
말씀하시는 것을 모르겠습니다.
☐ I couldn't make myself ***understood*** in English.
영어로 말하고 싶은 것을 이해시킬 수 없었다.

❖ under(속에) + stand(서다)

0444. **end**
[end]

v. 끝내다(끝나다), 결과가 (~이) 되다 n. 끝, 최후, 선단

관 **end up** 마침내 ~에 이르다   **in the end** 마침내

🔊 Fifty percent of all marriages ***end*** in divorce. 결혼의 반은 이혼으로 끝난다.

- ☐ You'll **end** up in big trouble. 곤란에 빠지게 될 거예요.
- ☐ I'll win in the **end**. 결국은 내가 이긴다.

0445. bend
[bend]

v. 구부리다, 굽다, 굴복시키다 n. 구부리기, 굽은 곳

- 관 **be bent on** ~에 몰두하다
- 🔊 I can't **bend** my knees. 무릎을 구부릴 수 없다.

0446. descend
[disénd]

v. 내려가다(오다), 내리다, 갑자기 습격하다
반 **ascend** 올라가다, 오르다

- 파 **descent** n. 강하, 혈통, 급습
- 관 **descendant** 자손
- 🔊 She is **descended** from Yi Soon Shin. 그녀는 이순신의 자손이다.
- ❖ de(떨어져, 밑에) + scend(climb;오르다)

0447. defend
[difénd]

v. 지키다, 방위하다, 변호[옹호]하다

- 파 **defense** n. 방위, 변호, 피고측 **defensive** a. 방어의, 수비적인
- 관 **legal defense** 정당방위 **self defense** 자기[정당]방위
- 🔊 You don't have to **defend** her. 그녀를 보호할 필요는 없다.
- ❖ de(떨어져, 밑에, 안전히) + fend(strike;치다)

0448. offend
[əfénd]

v. 노하게 하다, 불쾌감을 느끼게 하다, 죄를 범하다

- 파 **offense** n. 위반, 모욕, 공격 **offensive** n. 마음에 거슬리는, 불쾌한, 공격적인
- 관 **take offense** ~에 역정을 내다
- 🔊 I didn't mean to **offend** you. 당신의 감정을 상하게 할 의도는 아니었다.
- ☐ Was she **offended** by what I said? 내가 말한 것에 그녀가 상처를 받았나요?
- ☐ These shoes have an **offensive** odor. 이 구두는 불쾌한 냄새가 난다.
- ❖ of(ob;~에 대해, 향해) + fend(strike;치다)

0449. lend
[lend]

v. 빌려주다, 대여하다

🔊 Can you ***lend*** me some money? 돈을 좀 빌려주시겠어요?
☐ ***Lend*** me a hand. 도와 주십시오.

0450. **mend**
[mend]

v. 고치다, 수선하다, 호전되다 *n.* 고친 부분, 개량

관 **on the mend** (병이) 나아가고 있어, 호전되어

🔊 Have you ***mended*** my sweater yet? 내 스웨터 터진 곳을 수선했습니까?

0451. **recommend**
[rèkəménd]

v. 추천하다, 권고하다

파 **recommendation** *n.* 추천, 천거   **recommendable** *a.* 추천할 수 있는

🔊 I ***recommend*** that you take a holiday.
휴가를 가지세요.

☐ I ***recommend*** you to get some rest.
좀 쉬는 게 좋을 것 같습니다.

☐ I need two ***recommendations*** to apply for the job.
취직에는 2통의 추천장이 필요합니다.

❖ re(원래) + commend(기리다)

0452. **depend**
[dipénd]

v. 의지하다, 달려 있다, 신뢰하다, 사정에 달려 있다

파 **dependence** *n.* 의지하기, 의존, 신뢰   **dependent** *a.* 의존하고 있는, ~에 의한, 종속된 *n.* 식솔   **dependable** *a.* 의지가 되는
관 **independence** 독립   **independent** 독립한

🔊 I'm ***depending*** on you. 당신을 의지하고 있습니다.

☐ It ***depends*** on your grades. 그것은 당신의 성적에 달려 있습니다.

☐ That[It] (all) ***depends***. 때와 장소에 따른다.

❖ de(떨어져, 밑에, 안전히) + pend(hang;매달다)

0453. **spend**
[spend]

v. 쓰다, (시간을) 들이다, 낭비하다

🔊 He ***spent*** all his saving on the trip.
그는 저축한 돈을 여행에 모두 썼다.

동사

GROUP 26

Round 1 □ 월 일
Round 2 □ 월 일
Round 3 □ 월 일

0454. suspend [səspénd] v. 매달다, 미루다, 보류하다, 정직(정학)시키다

- 파 **suspense** n. 불안, 걱정, 미정 **suspension** n. 걸기, 미결, 중지, 정학
  suspended a. 매단, 중지한, 출장정지된, 집행유예의
- We have to *suspend* our business plans.
  우리는 업무계획을 보류해야만 한다.
- ❖ sus(sub;~밑에) + pend(hang;매달다)

0455. send [send] v. 보내다, 부치다, 가게 하다, (어떤 상태에) 이르게 하다, 발산하다

- 관 **send back** 되돌리다 **send for** ~을 부르러 보내다 **send out** 발송하다
  send off 발송하다, 전송하다 **sender** 발송인
- I'll *send* it to you by express. 이것을 속달로 보내겠다.
- Will you *send* a cab? 택시를 보내 주시겠습니까?

0456. tend [tend] v. (~의) 경향이 있다, ~하기 일쑤이다

- 파 **tendency** n. 경향, 성향
- He *tends* to criticize others. 그는 타인을 비판하기 일쑤이다.
- He has a *tendency* to boast. 그는 자랑하는 경향이 있다.

0457. pretend [priténd] v. (~인) 체하다, 보이게 하다, 속이다

- 파 **pretense** n. 가면, 허위
- I'll just *pretend* I didn't notice anything.
  아무 것도 모르는 체 하자.
- Stop *pretending* you don't know what I'm talking about.
  내가 말하는 것을 모르는 체 하지 마세요.
- ❖ pre(전에, 전의) + tend(stretch;펴다, 끌다)

0458. **intend** [inténd]   *v.* 의도하다, ~할 작정이다

- 파 **intention** *n.* 의도, 의향   **intended**, **intentional** *a.* 고의의
- I *intended* to say[saying] nothing about this incident.
  이 사건에 관해서는 아무 것도 말하지 않을 작정이었다.
- I have no *intention* of taking her out.
  그녀에게 데이트 신청을 할 생각은 없다.
- ❖ in(~가운데로, 위로) + tend(stretch;펴다, 끌다)

0459. **attend** [əténd]   *v.* 출석하다, (학교에) 통학하다, ~을 보살피다, ~의 시중을 들다, ~에 수행하다, 경청하다

- 파 **attendance** *n.* 출석, 수행   **attention** *n.* 주의   **attendant** *a.* 곁에 따르는 *n.* 수행원
- You should *attend* our next meeting. 다음 회의에 출석하세요.
- Will you *attend* to the baby? 아기를 돌보아 주시겠습니까?
- ❖ at(ad;~에) + tend(stretch;펴다, 끌다)

0460. **extend** [iksténd]   *v.* 넓히다, 연장하다, (축사 등을) 말하다

- 파 **extension** *n.* 확장, 연장, 내선   **extent** *n.* 넓이, 범위, 구역   **extensive** *a.* 광범위한   **extensively** *ad.* 광범위하게
- Can you *extend* your stay by a few days? 체류를 2, 3일 연장하시겠습니까?
- Can I get an *extension* of a few days? 2, 3일 더 연장할 수 있습니까?
- May I have *extension* 1720, please? 내선 1720을 부탁합니다.
- ❖ ex(밖에, 밖에서) + tend(늘이다, 끌다)

0461. **bind** [baind]   *v.* 묶다, 매다, 구속하다 *n.* 속박, 제본

- 관 **in a bind** 곤경에 빠져
- He's *bound* up in debt. 그는 빚에 꼼짝 못하고 있다.

0462. **find** [faind]   *v.* 발견하다 *n.* 발견(물)

동사

관 **find out** 찾아내다, 생각해내다 **findings** (조사) 결과

🔊 Will you help me *find* my car keys?
자동차 키를 찾는 것을 도와주십시오.

☐ I *find* it very interesting.
그것은 매우 재미있다고 생각합니다.

☐ Did you *find* out what time the program starts?
그 프로그램이 몇 시에 시작되는지 알고 있었어?

0463. **mind**
[maind]

v. 주의하다, 〈의문문, 부정문에서〉 신경쓰다
n. 정신, 마음, 심성, 주의, 의향, 생각

파 **mindful** *a.* 염두에 두는
관 **bear[keep] in mind**, **be in two minds** 망설이다 **change one's mind** 마음을 바꾸다 **have in mind** 잊지 않다 **make up one's mind** 결심하다 **put one's mind to** ~에 주의를 돌리다 **speak one's mind** 마음속을 털어놓다 **cross one's mind** 생각이 나다

🔊 Do you *mind* my sitting here? (= Do you mind if I sit here?)
여기에 앉아도 됩니까?

☐ Never *mind*. 그러세요.

☐ Never *mind* her. 그녀의 일은 신경 쓰지 마.

☐ *Mind* you own business. 간섭하지 마.

☐ The name of the book has slipped my *mind*.
책 이름이 좀처럼 생각나지 않는다.

☐ Are you out of your *mind*? 미쳤니?

☐ I can do anything if I just put my *mind* to it.
내가 마음만 먹으면 무엇이든 할 수 있어.

☐ There are so many. I can't make up my *mind*.
너무 많아요. 결정을 못하겠어요.

☐ Honestly, it did not even cross my *mind*.
솔직히 심지어 그건 생각해 보지도 못했어요.

0464. **remind**
[rimáind]

v. 생각나게 하다, 상기시키다

관 **reminder** 생각나게 하는 사람[것], 독촉장

🔊 You *remind* me of Alex. 당신을 보면 알렉스 생각이 난다.

☐ *Remind* me to take my passport. 여권을 잊으면 가르쳐 주세요.

❖ re(다시) + mind(유의하다)

136 PART 1

0465. **wind**
[waind]

v. 감다, 감아서 죄다

파 **winding** a. 꾸불꾸불한
관 **wind up** 끝마치다, 결국 ~로 끝나다

- I forgot to **wind** my watch.
  시계에 밥 주는 것을 잊었다.
- You'll **wind** up miserable if you do such a thing.
  그런 일을 하면 비참하게 돼요.

0466. **respond**
[rispánd/-spónd]

v. 대답하다, 응하다, 반응하다

파 **response** n. 응답

- How did you **respond** to his request? 그의 요청에 어떻게 대답했어?
- What kind of **response** did he give you? 그의 대답은 어떤 것이었지?
- ❖ re(뒤로) + spond(pledge;서약하다)

0467. **surround**
[səráund]

v. 둘러싸다, 에워싸다 n. 둘러막기

파 **surrounding** a. 주위의 n. 〈복수형으로〉 환경

- I'm **surrounded** by problems. 문제 투성이입니다.
- ❖ sur(over;위에, 넘어서) + round(flow;넘치다)

0468. **sound**
[saund]

v. 울리다, 음(향)

- That **sounds** interesting. 재미있군요.
- What's that **sound**? 저 소리는 무엇입니까?

0469. **nod**
[nɑd/nɔd]

v. 끄덕이다, 묵례하다

- He **nodded** his approval. 그는 승낙했다.

0470. **regard**
[rigá:rd]

v. 생각하다, 눈여겨보다 *n.* 주의, 경의, 평가, 관계, 사항

관 **regarding with[in] regard to** ~에 관해서는 **regardless** 부주의한, 심없는
regardless of ~을 개의치 않고, 관계없이

- I've always *regarded* you as a good friend.
  나는 항상 당신을 친구라고 생각했었다.
- Please give my *regards* to your parents.
  부모님께 안부 전해 주세요.

❖ re(다시) + gard(망보다)

GROUP 27

Round 1 □ 월 일
Round 2 □ 월 일
Round 3 □ 월 일

0471. **guard** [gɑːrd]
v. 보호하다, 지키다 n. 감시, 보물

관 **on[off] one's guard** 보초서서[경계를 게을리하여] **guardian** 보호자

🔊 I want to buy a dog to ***guard*** the house. 집 보는 개를 사고 싶다.

❖ gu(see;보다) + ard(guard;망보다)

0472. **reward** [riwɔ́ːrd]
v. 보답하다, 보수를 주다 n. 보수, 벌, 대가, 보상[현상]금

파 **rewarding** a. 값진, 보답이 되는

🔊 He was ***rewarded*** for his efforts. 그의 노력은 보상을 받았다.

☐ A ***reward*** is being offered. 현상이 걸려 있다.

❖ re(다시) + ward(look;보다)

0473. **record** [rékərd/-kɔːrd]
v. 기록하다, 녹음[녹화]하다
n. (치)기록, 기념품 a. 기록적인, 최고의

관 **for the record** 공식적인[으로] **off the record** 비공식적인, 비밀의
on (the) record 공표되어, 기록되어

🔊 Are you going to ***record*** the movie?
그 영화를 녹화할 겁니까?

☐ he broke the world ***record*** in the 100-meter sprint.
그는 100미터 달리기에서 세계 신기록을 냈다.

☐ This is off the ***record***.
이 건은 비밀입니다.

❖ re(다시, 뒤에, 원래) + cord(heard;마음)

0474. **afford** [əfɔ́ːrd]
v. ⟨can, could, be able to을 수반해서⟩ ~할 수 있다, 여유가 있다, 주다

파 **affordable** a. 입수 가능한, 줄 수 있는

🔊 We can't ***afford*** (to buy) a foreign car. 우리들은 외제 차를 살 여유가 없습니다.

동사

☐ I can't **afford** the time. 시간적 여유가 없습니다.
❖ af(ad;~에) + ford(forward;앞으로)

0475. **bar**
[baːr]
v. 닫다, 금지하다, 제외하다
n. 장해, 법정 〈the Bar로〉 변호사단

관 **behind bars** 옥중에서

🔊 Visitors are **barred** from the computer room.
전산실은 외부인 출입금지다.

0476. **bear**
[bɛər]
v. 유지하다, 견디어내다, (몸에) 지니다, 마음에 가지다

파 **bearing** n. 관계, 참음
관 **bear out** ~을 뒷받침하다 **bear up** 분발하다

🔊 I can't **bear** to see you so sad. 그렇게 슬퍼하는 당신을 볼 수가 없다.

＊참조
「참을 수 없다」라는 의미는 보통 can, could를 수반해서 부정문, 의문문으로 쓰인다.

0477. **fear**
[fiər]
v. 무서워하다, 근심하다 n. 공포, 걱정, 조심

파 **fearful** a. 두려운, 무서운
관 **for fear of** ~이 두려워 **in fear of** ~을 무서워하여

🔊 The student **fear** their teacher. 학생들은 선생님을 무서워한다.
☐ I **fear** for my mother's health. 어머니의 건강이 걱정이다.

0478. **hear**
[hiər]
v. 듣다, 들리다, 전해 듣다

파 **hearing** n. 청력, 심리
관 **hear from** ~로부터 (전화)소식을 듣다

🔊 I didn't **hear** you come in. 당신이 들어오는 것을 듣지 못했다.
☐ Can you **hear** me? 내 목소리가 잘 들립니까?
☐ I'm sorry to **hear** that. 그거 참 안됐군요.
☐ Did you **hear** about the bank robbery? 은행강도 사건을 들었습니까?
☐ I've never **heard** of that brand before. 그 상표는 들은 적이 없다.
☐ I hope to **hear** from you soon. 가까운 시일에 연락해 주십시오.

*참조
hear은 「가만히 있어도 저절로 들리는 것」이고, listen은 「의식적으로 무언가를 주의 깊게 듣는 것」이다.

0479. **clear**
[kliər]

v. 깨끗이 하다, 제거하다, 빚을 갚다, 개다 a. 명백한, 확신하는, 제된, 정량의 ad. 확실히, 완전히 반 **unclear** 명백하지 않은

파 **clarity** n. 명쾌, 명료, 명쾌 **clearance** n. 정리, 제거
clearly ad. 뚜렷하게, 명확하게
관 **clear away** 제거하다, 치워 없애다 **clear off** 없애다, 치우다, 청산하다
clear up 개다, 치우다, (병이) 낫다

- Help me *clear* the table. 식탁을 치우는 것을 도와주십시오.
- I have *cleared* $1,000 already. 이미 1,000달러를 갚았다.
- It *cleared* up. 날씨가 갰다.
- He *cleared* up the misunderstanding. 그는 오해를 풀었다.
- Is that *clear*? 알았어?
- Am I making myself *clear*? 내가 말하고 있는 것을 알겠습니까?

0480. **appear**
[əpíər]

v. 나타나다, 출현하다, ~으로 보이다[생각하다] 반 **disappear** 사라지다

파 **appearance** n. 출현, 출장, 출두, 외관
관 **to all appearance(s)** 아무리 뜯어봐도

- It *appear* to be all arranged. 준비는 다 되어 있는 것 같습니다.
- ap(ad;~에) + pear(be visible;나타나다)

0481. **tear**
[tɛər]

v. 찢다, 찢어지다, 잡아 뜯다 n. 잡아 찢기, 헤어진 곳

관 **tear apart** ~을 분열시키다, 헐뜯다 **tear down** (건물 따위를) 헐다, 분해하다
tear up (계약 등을) 파기하다

- Why did you *tear* up that letter? 왜 그 편지를 찢었지?
- My jacket has a *tear*. 상의가 찢어졌다.

0482. **wear**
[wɛər]

v. 입고 있다, (머리, 수염을) 기르고 있다, 닳게 하다, 피로하게 하다 n. 착용, 의류, 마모

파 **worn** a. 지친, 닳은

동사

관 **wear down** 지치게 하다 **wear off** 닳아 없애다 **wear out** 오래되어 낡게 하다
wear and tear 소모, 마모

🔊 What shall I *wear* to the party? 파티에는 무엇을 입고 갈까?

□ The train ride *wore* me out. 열차 여행으로 지쳤다.

0483. **swear**
[swɛər]

v. 맹세하다, 선서하다, 단언하다, 벌받을 소리를 하다

파 **swearing** n. 욕설

🔊 I *swear* to you I'm telling the truth. 맹세하겠어. 거짓말이 아니야.

□ Will you *swear* never to tell anyone? 아무에게도 말하지 않겠다고 맹세하겠습니까?

0484. **remember**
[rimémbər]

v. 생각나다, 회상하다, 잊지 않고 ~하다, 안부를 전하다, 기억력이 있다

파 **remembrance** n. 기억, 회상

🔊 I *remember* it as if it were yesterday. 어제의 일처럼 기억하고 있습니다.

□ *Remember* to turn off the air conditioner. 에어컨을 끄는 것을 잊지 마세요.

□ I don't *remember* saying such a thing. 그런 것을 말한 기억이 없습니다.

❖ re(다시) + member(mindful; 유의하는)

0485. **consider**
[kənsídər]

v. 숙고하다, 검토하다, 헤아리다, 고려하다

파 **consideration** n. 고려, 검토, 참작 **considerable** a. 적지 않은, 중요한
considerate a. 사려 깊은 **considerable** ad. 상당히
considering ~을 고려하면

🔊 You must *consider* her feelings, too. 그녀의 기분도 고려하세요.

□ I *consider* it a threat. 그것은 협박 같습니다.

□ I'm *considering* investing in the new apartment complex.
새로 건설된 아파트 단지에 투자를 생각하고 있다.

❖ con(함께) + sider(constellation; 별자리, 생각의 무리)

0486. **wander**
[wɑ́ndər/wɔ́n-]

v. 배회하다, 유랑하다, 길을 잃다, 빗나가다 n. 방랑

🔊 We spent the afternoon *wandering* around the mall.
우리는 쇼핑몰을 어슬렁거리며 오후를 보냈다.

❖ wan(wend; 가다) + er(명접)

GROUP 28

Round 1 ☐	월	일
Round 2 ☐	월	일
Round 3 ☐	월	일

0487. **render**
[réndə:r]

v. ~하게 만들다, 주다, 반환하다, 제출하다

파 **rendition** n. 인도, 연출

◀) His remark *rendered* me speechless. 그의 발언에 아연실색했다.
❖ red(re;뒤로) + der(give;주다)

0488. **wonder**
[wʌ́ndə:r]

v. 이상하게 생각하다, 어떨까 생각하다, 놀라다
n. 놀랄만한 것, 경이

파 **wonderful** a. 멋진, 이상한
관 **It's no wonder (that...)** ~은 조금도 이상하지 않다

◀) I *wonder* why he's so late. 그가 왜 이렇게 늦을까?
☐ I *wonder* if you could give me some advice. 조언을 들을 수 있습니까?
☐ No *wonder*! 과연 그렇군요!
☐ I have a *wonderful* idea. 멋진 생각이 있습니다.
☐ You look *wonderful*. 당신 옷은 멋집니다.

0489. **order**
[ɔ́:rdər]

v. 주문하다, 명령하다, 지시하다
n. 주문, 명령, 순서, 질서, 등급

파 **orderly** a. 정연한, 질서를 지키는
관 **in order** 차례차례, 정연하게 **in order to[that]** ~할 목적으로
on order 주문하여 **out of order** 고장나서

◀) Shall we *order* now? 이제 주문할까?
☐ Would you take my *order*, please? 주문을 받아 주십시오.
☐ This vending machine is out of *order*. 이 자동판매기는 고장이다.

0490. **cheer**
[tʃiər]

v. 격려하다, 성원하다 n. 성원, 격려, 기분

파 **cheerful** a. 기분이 좋은, 기분이 상쾌한, 즐거운 **cheerfully** ad. 쾌활하게, 들떠서

동사

143

- 🔊 *Cheer* up. 기운 내세요.
- ☐ *Cheers*! 건배!
- ☐ Be *cheerful*. 힘 내세요.

0491. refer
[rifə́:r]

v. 언급하다, 보내다, 참조하다, 관련이 있다, 돌아가다

- 파 **reference** n. 언급, 참조, 참고(문헌), 조회
- 관 **in reference to** ~과 관련하여
- 🔊 Are you *referring* to me? 나에 관해서 말하는 겁니까?
- ☐ What are you *referring* go? 무얼 말하고 싶은 거죠?
- ❖ re(뒤로) + fer(carry;나르다)

0492. prefer
[prifə́:r]

v. 오히려 ...을 좋아하다

- 파 **preference** n. 더 좋아함, 우선권   **preferable** a. 오히려 나은   **preferably** ad. 오히려
- 🔊 Which would you *prefer*, tea or coffee?
  홍차와 커피 중 어느 것으로 하시겠습니까?
- ☐ I *prefer* whiskey to beer.
  맥주보다 위스키를 좋아합니다.
- ❖ pre(전에, 전의) + fer(carry;나르다)

0493. offer
[ɔ́(:)fər, ɑ́f-]

v. 제공하다, 제안하다 n. 제공, 신청

- 🔊 I can *offer* a wide choice. 선택의 종류는 여러 가지를 준비할 수 있습니다.
- ☐ I've been *offered* a job. 직장 의뢰가 있었다.
- ☐ I got an *offer* on the house. 집을 사준다는 말이 있었다.
- ❖ op(ob;~에 대해, 향해) + fer(carry;나르다)

0494. suffer
[sʌ́fər]

v. 고통을 받다, 앓다, 손해를 입다, 경험하다, 견디다

- 파 **suffering** n. 고통, 피해   **sufferable** a. 견딜 수 있는
- 🔊 The company is *suffering* from a shortage of manpower.
  회사는 인력부족으로 어려워하고 있다.
- ☐ He's *suffering* from stomach ulcers. 그는 위궤양을 앓고 있다.
- ❖ sub(아래로) + fer(carry;나르다)

0495. **infer** [infə́:r] v. 추론하다, 추측하다

파 **inference** n. 추론, 추정

- I *inferred* from his letter that his business was not going well.
  그의 편지로 판단하면 그의 사업은 잘 되고 있지 않은 것 같았다.
- in(~가운데로, 위로) + fer(carry;나르다)

0496. **transfer** [trænsfə́:r] v. 옮기다, 양도하다, 갈아타다, 전입시키다
n. 이전, 양도, 전임, 환어음

- We are *transferring* you to our Busan branch.
  당신을 부산 지사로 전근시킬 예정입니다.
- I'm going to request a *transfer*. 전근을 요청할 작정입니다.
- trans(넘어서) + fer(carry;나르다)

0497. **trigger** [trígə:r] v. 방아쇠를 당기다, 유발하다 n. 방아쇠

- What *triggered* the recent recession? 무엇이 최근의 경기 불황을 일으켰지?
- trig(pull;당기다) + er(명접)

0498. **gather** [gǽðər] v. 모으다, 모이다, (속도 등을) 늘리다, 추측하다

파 **gathering** n. 회합, 집회, (천의) 주름잡기

- Will you *gather* takeover information?
  경영권 탈취 정보를 수집해 주시겠습니까?
- We'll *gather* around the fire. 불 주위에 모입니다.
- I *gather* he isn't going with us. 그는 우리들과 함께 가지 않을 거라고 생각합니다.

0499. **bother** [báðə:r/bɔ́ð-] v. 고통스럽게 하다, 괴롭히다, 불쾌하다 n. 성가신 사람(것)

파 **bothersome** a. 귀찮은

- I'm sorry to *bother* you, but would you take a look at this report now?
  귀찮게 해서 죄송하지만, 이 보고서를 지금 검토해 주시겠습니까?
- Don't *bother* me. 귀찮게 하지 마.

- ☐ Don't ***bother*** to lock the door. 문 열쇠는 걸지 않아도 좋아요.
- ☐ If it's no ***bother***, would you take out the garbage for me?
  귀찮지 않다면 쓰레기를 버려 주시겠습니까?

0500. **alter**
[ɔ́ːltər]

v. (부분적으로) 바꾸다, 고치다, (옷을) 고쳐 짓다

파 **alteration** n. 변경 **alterable** a. 변경할 수 있는

🔊 Could you ***alter*** this dress to fit me? 이 드레스를 나에게 맞게 고쳐 주시겠습니까?

0501. **enter**
[éntər]

v. 들어가다, 참가하다, 가입하다

파 **entrance**, **entry** n. 들어감, 입학, 입사, 입장, 입구
관 **enter into** ~에 끼어들다

🔊 My son ***entered*** a university in Seoul this year.
나의 아들이 금년에 서울에 있는 대학에 들어갔다.
- ☐ Can I ***enter*** by this door?
  이 문으로 들어가도 됩니까?
❖ en(~로 만들다) + ter

0502. **encounter**
[enkáuntər]

v. (우연히) 만나다, (위험, 곤란 등에) 부딪치다 n. 마주침, 조우

🔊 I never expected to ***encounter*** such a problem in my life.
내 인생에서 이러한 문제에 부딪치리라고는 결코 생각지도 않았다.

0503. **charter**
[tʃáːrtər]

v. 특권을 주다, 빌리다, 허가하다 n. 대절(편), 〈Charter로〉 헌장
a. 대절의

🔊 We'd better ***charter*** a bus for the trip. 여행은 버스를 전세하는 게 낫다.
❖ chart(서류) + er(명접)

0504. **master**
[mǽstər, máːstər]

v. 정통하다, 정복하다 n. 달인, 주인, 원반, 석사학위
a. 지배자의, 뛰어난

🔊 English is difficult to ***master***. 영어를 정복하는 것은 어려운 일이다.
- ☐ He's a ***master*** at negotiating. 그는 협상의 달인이다.

GROUP 29

Round 1 □ 월 일
Round 2 □ 월 일
Round 3 □ 월 일

0505. **register**
[rédʒəstər]
v. 등록하다, 기재하다, 기록하다, 등기하다 *n.* 등록부

파 **registration** *n.* 등록, 기재, 기록, 등기 **registered** *a.* 등록[기록]된 *ad.* 등기의

🔊 I'd like to *register* for the summer session.
하기 강좌의 수강 신청을 하고 싶습니다.

☐ I'd like this letter *registered*. 이 편지를 등기로 부탁합니다.

❖ re(뒤로) + gist(carry; 나르다) + er(명접)

0506. **administer**
[ædmínistər, əd-]
v. 관리하다, 운영[경영]하다, 시행하다, 다스리다

파 **administration** *n.* 관리, 운영, 시행, 행정
administrative *a.* 관리(상)의, 행정적인

🔊 He *administers* the finances of the company.
그는 회사의 재무를 관리하고 있습니다.

❖ ad(~에, ~으로) + minister(섬기다)

0507. **scatter**
[skǽtər]
v. 흩뿌리다, 산재시키다 *n.* 분포

파 **scattered** *a.* 흩뿌려진 **scattering** *a.* 뿔뿔이 흩어진

🔊 The cat has *scattered* the garbage.
고양이가 쓰레기를 어질러 놓았다.

☐ We've going to have *scattered* showers this afternoon.
오늘 오후에는 소나기가 오락가락 할 것이다.

0508. **flatter**
[flǽtər]
v. 아첨하다, 알랑거리다, 자만하게 하다

파 **flattery** *n.* 아첨 **flattering** *a.* 아첨하는

🔊 You're just trying to *flatter* me. 아첨하는 거죠.

☐ I'm very *flattered*. 그런 말을 들으니 매우 기쁩니다.

0509. **conquer**
[káŋkər/kɔ́ŋ-]
v. 정복하다, 극복하다

파 **conquest** n. 정복, 획득

🔊 You must *conquer* your smoking habit. 담배를 끊으세요.
❖ con(com;완전히) + quer(gain;얻다)

0510. **deliver**
[dilívər]
v. 배달하다, 보내다, (의견 등을) 말하다, 인도하다, 분만하다

파 **delivery** n. 배달, 인도, 하술, 출산

🔊 Could I have this suit *delivered* to my house?
이 양복을 집으로 배달해 주시겠습니까?
☐ I have to *deliver* a speech at the convention.
나는 회의에서 연설을 해야 합니다.
❖ de(떨어져) + liver(free;자유로운)

0511. **cover**
[kʌ́vər]
v. 덮다, 덮어서 가리다, (범위가 ~에) 이르다, (연구, 주제를) 다루다, 보도[취재]하다, (비용 따위를) 메꾸다, (손실 등을) 상쇄하다, 보험에 들게 하다 n. 덮개, (책의) 표지, 엄호, 보증금, 담보물

관 **cover up** 감추다, 숨기다 **coverage** 보도(범위) **cover story** 특집기사

🔊 Would you *cover* the pot for me, please?
포트를 덮어 주십시오.
☐ You are not *covered* by my car insurance.
당신은 내 자동차 보험의 대상이 되지 않는다.
☐ I've got to *cover* his losses which total about $7 million.
그의 약 7백만 달러의 손해는 내가 메꿔야 한다.
☐ Why are you always trying to *cover* up your mistakes?
왜 항상 자신의 실수를 숨기려 하지?

0512. **recover**
[rikʌ́vər]
v. 회복하다, 되찾다, 보상하다

파 **recovery** n. 회복

🔊 Has he *recovered* from the shock? 그는 충격에서 회복됐습니까?
☐ He has made a complete *recovery*. 그는 완전히 회복했다.
❖ re(다시, 뒤에, 원래) + cover(덮다)

0513. discover
[diskΛvər]

v. 발견하다, (사실 등을) 알다, 깨닫다

파 **discovery** n. 발견(물)

🔊 Mary *discovered* that John is in love with another woman.
메리는 존이 다른 여자를 사랑하고 있다는 것을 알았다.

❖ dis(떨어져, 반대) + cover(덮다)

0514. answer
[ǽnsər, άːn-]

v. 대답하다, 답하다 n. 대답, 회답

🔊 Will you *answer* the phone? 전화를 받아 주시겠습니까?
☐ There's no *answer*. 아무도 전화를 받지 않는다.

❖ an(againt;반대의) + swer(swear;맹세하다)

0515. air
[ɛər]

v. 공기에 쐬다, 방송하다 n. 공기, 대기, 태도

관 **in the air** 공중에서 **on the air** (계획 따위가) 미정인 **by air** 비행기를 타고, 항로로

🔊 I'm going to *air* the cushions. 쿠션에 바람을 넣자.
☐ Are you going by *air*? 비행기로 갑니까?

0516. repair
[ripέər]

v. 수리(하다), 회복(하다)

관 **repairman** 수리공

🔊 Is it possible to *repair* the TV? 텔레비전을 수리할 수 있습니까?
☐ How much will the *repairs* cost? 수리비용은 얼마입니까?

❖ re(다시) + pair(prepare;준비하다)

0517. sponsor
[spάnsəːr/spɔ́n-]

v. 후원하다, 보증하다 n. 보증인, 후원자

🔊 Will you *sponsor* me in this venture? 이 벤처 사업을 후원해 주시겠습니까?

0518. monitor
[mάnitər/mɔ́n-]

v. 감시[관찰]하다, 조사하다, 청취하다 n. 모니터, 감시자

동사

🔊 We'd better *monitor* the situation.
상황을 지켜보자.
❖ moni(remind;상기시키다) + tor(명접)

0519. **occur** [əkə́ːr]

v. 일어나다, 나타나다, ⟨occur to로⟩ 마음에 떠오르다

파 **occurrence** n. 사건, 나타남, 출현

🔊 Where did the accident *occur*?
그 사건은 어디서 일어났지?

☐ It never *occurred* to me this might happen.
그런 일이 일어나리라고는 생각하지 못했다.

❖ oc(ob;∼에 대해, 향해) + cur(run;흐르다, 달리다)

0520. **pour** [pɔːr]

v. 붓다, 쏟아 놓다, 세차게 움직이다 n. 주입, 유출, 폭우

🔊 Shall I *pour* you some more coffee?
커피를 조금 더 따라 드릴까요?

☐ It was *pouring* last night.
지난밤에 폭우가 내렸다.

0521. **lay** [lei]

v. 놓다, 눕히다, 잠재우다, 마련하다, (알을) 낳다

관 **lay off** ∼을 일시 해고하다   **lay out** 펼치다, 설계하다   **lay off** 일시해고

🔊 Management is *laying* off five workers.
경영자 측은 5명의 노동자를 일시 해고하려 하고 있다.

☐ Our bird *laid* three eggs.
새가 알을 3개 낳았다.

0522. **delay** [diléi]

v. 늦추다, 연기하다, 꾸물거리다 n. 지체, 지연

🔊 The train was *delayed* one hour by the accident.
열차는 사고로 1시간 연착되었다.

☐ A slight *delay* won't hurt our schedule.
약간의 지연이면 일정에는 영향이 없다.

❖ de(떨어져) + lay(slacken;늦추다)

0523. **play**
[plei]

v. 놀다, 경기하다, 연주하다, 연기하다, (역할을) 맡아 하다
n. 놀기, 연극, 시합

파 **playful** *a.* 놀기 좋아하는

- Are you going to *play* golf this weekend?
  이번 주말에 골프를 할 겁니까?
- Who *played* this trick on Mary?
  누가 메리에게 이런 장난을 했습니까?
- Is the movie still *playing* at the theater?
  그 영화는 아직 상영하고 있습니까?

0524. **display**
[displéi]

v. 전시하다, 진열하다, 표시하다 *n.* 전시, 진열, 표시

- He *displayed* a talent for persuading people.
  그는 사람을 설득하는 능력을 발휘했다.
- I'd like to take a look at that dress on *display*.
  전시되어 있는 드레스를 보여 주십시오.

❖ dis(떨어져, 반대) + play(flod;접다)

동사

GROUP 30

Round 1 □ 월 일
Round 2 □ 월 일
Round 3 □ 월 일

0525. **pay**
[pei]

v. 지불하다, 이익이 되다[을 얻다], (주의 등을) 표하다
n. 지불, 임금, 급료, 보수

파 **payment** n. 지불, 변상 **payable** a. 지불해야 할, 이익이 나는, 유망한
관 **pay back** ~을 갚다 **pay down** 계약금을 치르다, 즉석에서 지불하다
pay off 완불하다, 이익을 내다 **pay up** 완납하다

- I'll *pay* for it. 그것은 내가 지불하겠다.
- I haven't *paid* off my loans yet. 아직 대출을 갚지 못했다.
- I've got a big raise in *pay*. 봉급이 대폭 올랐다.

0526. **pray**
[prei]

v. 빌다, 기원하다

파 **prayer** n. 기도, 예배

- I *pray* this will become a happy family. 행복한 가정이 되길 기원합니다.
- Say a *prayer* for me. 나를 위해 기도해 주세요.

0527. **betray**
[bitréi]

v. 배반하다, 무심코 드러내다, 폭로하다

파 **betrayal** n. 배신, 밀고

- I was *betrayed* by my best friend. 친구에게 배반당했다.

0528. **stray**
[strei]

v. 길을 잃다, 벗어나다, 방랑하다 n. 유랑자 a. 벗어난, 길잃은

관 **stray cat** 야생 고양이

- You're *straying* from the main point. 당신은 핵심을 잊고 있다.

PART 1

0529. **say**
[sei]

v. 말하다, 진술하다, 주장하다, 가정하다
n. 하고 싶은 말, 해야 할 말, 발언권

관 **I would say...** 아마 ~이겠지요
- I know what you're *saying*. 말씀하시는 것을 알겠습니다.
- What do you *say* we take a walk? 산책하러 갈까요?
- I don't know what to *say*. 뭐라 하면 좋을지 모르겠습니다.
- I'll *say*. 과연. / 정말. / 물론.

0530. **stay**
[stei]

v. 체재하다, 묵다, 남아 있다 n. 체재, 정지

관 **stay away** 비우다, 가까이하지 않다 **stay up** 일어나 있다
- I *stayed* at the Hilton in New York. 뉴욕에서는 힐튼호텔에 묵었다.
- You had better *stay* away from him. 그와는 가까이 하지 마라.
- I *stayed* up all night. 철야했다.

0531. **study**
[stʌ́di]

v. 공부하다, 연구하다, 조사하다
n. 공부, 연구, 조사, 연구, 조사, 서재, 연구실

관 **study up on** ~를 잘 조사하다, 충분히 검토하다
- Did you *study* for the test? 시험 공부는 마쳤습니까?
- We'll *study* all our options. 취할 수 있는 방법을 모두 조사해 보겠다.
- He's conducting a *study* on the ozone layer. 그는 오존층 조사를 하고 있다.

0532. **obey**
[oubéi]

v. 따르다, 복종하다

파 **obedience** n. 복종, 순종 **obedient** a. 순종하는
- You must *obey* the traffic rules. 교통규칙을 준수하세요.
- ob(~대해, 향해) + ey(hear;듣다)

0533. **modify**
[mádəfài/mɔ́d-]

v. 수정[변경]하다, 완화하다, 개조하다

파 **modification** n. 수정, 변경, 완화, 개조
- I think we'll have to *modify* our plan. 우리는 계획을 수정해야 할 것 같습니다.
- mode(measure;척도, 틀) + ify(동접;만들다)

0534. qualify
[kwɑ́ləfài/kwɔ́l-]

v. 자격을 주다, 취득하다, 적임으로 하다

- 파 **qualification** n. 자격, 자질 **qualified** a. 적격의, 자격이 있는
- 🔊 Did you *qualify* as a trainer? 코치 자격은 땄습니까?
- ☐ He's not *qualified* for the job. 그는 그 일에 적임이 아니다.
- ❖ qual(quality;질, 재능) + ify(동접;만들다)

0535. clarify
[klǽrəfài]

v. (의미 등을) 분명히 하다, 분명히 설명하다, 청정하게 하다

- 파 **clarification** n. 설명, 청정화
- 🔊 Will you *clarify* what you mean? 말하려 하는 것을 확실히 설명해 주십시오.
- ❖ clar(clear;밝은, 깨끗한) + ify(동접;만들다)

0536. terrify
[térəfài]

v. 겁나게 하다, 무섭게 하다

- 파 **terror** n. 공포 **terrified** a. 놀란, 겁먹는 **terrifying** a. 무서운
- 🔊 The horror movie *terrified* the children.
  아이들은 공포 영화를 보고 매우 놀랐다.
- ☐ I was *terrified* by his anger.
  그가 화를 내서 놀랐습니다.
- ❖ terr(frighten;두렵게 하다) + ify(동접;만들다)

0537. classify
[klǽsəfài]

v. 분류하다, 등급별로 하다, (문서 따위를) 기밀 정도에 따라 구분하다

- 파 **classification** n. 분류, 유별, 등급, 기밀종별 **classified** a. 분류한, 비밀 구분이 있는, 항목별 광고의
- 🔊 How shall I *classify* these papers?
  이 서류들을 어떻게 분류할까요?
- ☐ What I'm about to tell you is *classified*.
  지금부터 말하는 것은 발설하지 말아 주세요.
- ❖ class(종류) + ify(동접;만들다)

0538. **identify**
[aidéntəfài]
v. 분별하다, (본인, 동일 인물이라고) 확인하다, 동일시하다

파 **identification** n. 동일하다는 증명, 신분증명서 **identity** n. 동일함, 일치, 신원
identical a. 동일의

- Can you *identify* the robber? 강도의 얼굴을 기억할 수 있습니까?
- I left my *identification* care at home. 집에 신분증명서를 두고 왔습니다.
- ident(identity;정체) + ify(동접;만들다)

0539. **justify**
[dʒʌ́stəfài]
v. 정당화하다, 변명하다

파 **justification** n. 정당화, 변명 **justifiable** a. 정당한 **justifiably** ad. 정당하게

- Don't try to *justify* your mistake. 자신의 실수를 정당화하지 마세요.
- just(법, 바른) + ify(동접;만들다)

0540. **satisfy**
[sǽtisfài]
v. 만족시키다, 채우다, 납득시키다, 조건을 만족시키다
반 **dissatisfy** 불만을 품게 하다

파 **satisfaction** n. 만족, 납득 **satisfied** a. 만족한 **satisfactory**, **satisfying** a. 만족시키는, 이해가 가는 **satisfactorily** ad. 만족스럽게
관 **dissatisfaction** 불만

- I'm *satisfied* with my position. 내 지위에 만족하고 있다.
- satis(satisfy;만족) + (i)fy(동접;만들다)

0541. **rely**
[rilái]
v. 의존하다, 신뢰하다, 기대디

파 **reliance** n. 신뢰, 신용, 믿는 곳 **reliable** a. 신뢰할 수 있는, 확실한

- I'll *rely* on you to help. 당신의 도움을 믿고 있어요.
- Is she *reliable*? 그녀는 믿을 수 있습니까?
- re(원래대로) + ly(bind;묶다)

0542. **fly**
[flai]
v. 날다, 날게 하다, 조종하다, 빨리 지나가다

파 **flight** n. 비행

- I'll *fly* to Dallas on Monday. 월요일에 비행기로 달라스에 갑니다.

□ I *fly* my own plane. 나는 자가용 비행기를 탑니다.

0543. **reply**
[riplái]

v. 응답하다, 대답하다, 응하다 *n.* 응답, 회답, 대답

🔊 Have you *replied* to the invitation? 초대장에 답장을 했습니까?
□ Did you receive a *reply*? 답장을 받았습니까?
❖ re(다시, 뒤에, 원래) + ply(fold;접다)

0544. **imply**
[implái]

v. 의미하다, 암시하다, 함축하다

파 **implication** *n.* 암시, 밀접한 관계, 함축, 함의
🔊 Are you *implying* that I'm telling a lie?
내가 거짓말을 하고 있다는 겁니까?
❖ im(~가운데로, 위로) + ply(fold;접다)

GROUP 31

Round 1 □ 월 일
Round 2 □ 월 일
Round 3 □ 월 일

0545. **apply**
[əplái]

v. 지원하다, 적용[활용]하다

파 **application** n. 지원, 원서, 적용   **applied** a. 응용의
applicable a. 적용할 수 있는
관 **apply to ~ for...** ~에게 ~을 신청하다   **application form** 신청서
applicant 지원자

- What universities is your son *applying* to?
  아드님은 어느 대학에 지원했습니까?
- That custom does not *apply* here.
  그 관습은 여기에서는 통용되지 않는다.

❖ ap(ad;~에) + ply(fold;접다)

0546. **supply**
[səplái]

v. 공급[배급]하다, 보충하다
n. 공급(품), 〈복수형으로〉 일용품, 생활 필수품

관 **supply and demand** 수요와 공급

- Our company can *supply* you with the necessary information.
  우리 회사는 필요한 정보를 제공할 수 있습니다.
- The water *supply* is threatened by the drought.
  가뭄으로 물 공급이 위협받고 있다.

❖ sup(sub;~밑에) + ply(fill;채우다)

0547. **accompany**
[əkʌ́mpəni]

v. ~와 동행하다, 동반하다, ~의 반주를 하다

- I *accompanied* my boss to the convention.
  나는 상사와 동행해서 그 회의에 참가했었다.

❖ ac(ad;~에) + company(단체, 함께 있음)

0548. **deny**
[dinái]

v. 부정하다, 거부하다, 〈deny oneself로〉 (음식 등을) 거절하다

파 **denial** n. 부정

동사

🔊 I'm not ***denying*** my mistake. 내 실수를 부정하지는 않겠다.
☐ The motion is ***denied***. 그 동의는 부결되었다.
☐ I must ***deny*** myself sweet things. 단 것을 피해야 합니다.

0549. enjoy
[endʒɔ́i]

v. 즐기다, 재미있게 경험하다

파 **enjoyment** *n.* 즐거움, 향락, 기쁨 **enjoyable** *a.* 즐거운
🔊 You must ***enjoy*** your life more. 인생을 더 즐기세요.
☐ Are you ***enjoying*** yourself? 즐거우십니까?
❖ en(~로 만들다) + joy(rejoice ; 기뻐하다)

0550. employ
[implɔ́i]

v. 고용하다, 사용하다

파 **employment** *n.* 고용, 사용, 이용
관 **employee** 피고용자, 종업원 **employer** 고용자
🔊 She's ***employed*** as a secretary. 그녀는 비서로 고용되어 있다.
☐ I'm now out of ***employment***. 나는 실업 중입니다.
❖ em(in ; 안에) + ploy(fold ; 접다)

0551. annoy
[inɔ́i]

v. 괴롭히다, 난처하게 하다

파 **annoyance** *n.* 성가시게 하는 일 **annoying** *a.* 귀찮은
관 **be annoyed with** (사람에게) 귀찮아하는
　　be annoyed at[about, that절] (사물에) 화난
🔊 I'm ***annoyed*** at her indecision. 그녀의 우유부단에는 화가 난다.

0552. destroy
[distrɔ́i]

v. 파괴하다, 괴멸하다, 구제하다

파 **destruction** *n.* 파괴, 구제 **destructive** *a.* 파괴적인
　　destructively *ad.* 파괴적으로
🔊 I ***destroyed*** my career. 스스로 경력을 쓸모없이 해버렸다.
❖ de(아래로) + stroy(build ; 세우다)

0553. **copy** [kápi/kɔ́pi]   *v.* 베끼다, 복사하다, 모방하다   *n.* 베낌, 복사, 부(수), 광고문

- 🔊 ***Copy*** what I write on the blackboard. 칠판에 쓴 것을 베끼세요.
- ☐ Please make two ***copies*** of this. 이것을 2부 복사해 주십시오.
- ☐ Will you get me a ***copy*** of Newsweek? 「뉴스위크」 1부를 사와 주시겠습니까?

0554. **occupy** [ákjəpài/ɔ́k-]   *v.* 차지하다, 점유하다, 전념하다

- 파 **occupation** *n.* 직업, 점유   **occupational** *ad.* 직업의
- 관 **occupant** 임차인, 거주자
- 🔊 I'm ***occupied*** with more important matters. 더 중요한 일에 골몰해 있습니다.
- ☐ The rest room is ***occupied*** right now. 화장실은 지금 사용 중입니다.
- ☐ My hands are ***occupied***. 지금은 다른 여유가 없습니다.
- ☐ What is his ***occupation***? 그의 직업은 무엇입니까?
- ❖ oc(ob ; ~에 대해, 향해) + cupy(seize ; 잡다)

0555. **cry** [krai]   *v.* 울다, 부르짖다
n. 부르짖는 소리, (짐승) 울음소리, 소문, 간청

- 관 **cry for** ~를 요구하다   **cry over** ~를 한탄하다   **a far cry** 큰 차이
- 🔊 It makes me want to ***cry***. 그 일에는 울고 싶어져요.
- ☐ You are ***crying*** for the moon. 생떼를 쓰고 있어요.

0556. **pry** [prai]   *v.* 엿보다, 동정을 살피다   *n.* 파고듦을 (좋아함)

- 파 **prying** 엿보는
- 🔊 Stop ***prying*** into his private life. 그의 사생활을 캐묻지 마세요.

0557. **carry** [kǽri]   *v.* 나르다, 지니고 가다, 전하다, (계획 등을) 진행시키다

- 관 **carry away** ~을 가지고 가버리다, 〈보통 수동태로〉 넋을 잃게 하다
  carry on ~를 계속하다, 버티어 나가다   **carry out** ~를 실행하다, 완수하다
  carry over ~를 이월하다   **carry through** ~를 견디어내다
- 🔊 Can you ***carry*** this bag for me? 이 가방을 날라 주시겠습니까?

동사

- ☐ I was *carried* away by the beautiful sunset.
  아름다운 석양에 넋을 잃었다.
- ☐ *Carry* on with your work.
  일을 계속해 주세요.
- ☐ When will you *carry* out your plan?
  언제 계획을 실행할 거죠?

0558. **marry** [mǽri]
v. 결혼하다[시키다]

파 **marriage** n. 결혼   **married** a. 결혼한, 결혼 생활의
관 **marital** 결혼의

- 🔊 If you *marry* me, I'll do anything for you.
  결혼해 준다면 어떤 것이라도 하겠다.
- ☐ I'm getting *married*.
  나는 결혼합니다.
- ☐ How long have you been *married*?
  결혼한 지 얼마나 되었습니까?
- ☐ Sharon is *married* to Richard.
  샤론은 리차드와 결혼했다.

*참조
「결혼하다」고 할 때 marry보다 be[get] marrid를 더 많이 쓴다. 「이혼하다」는 be divorced.

0559. **worry** [wə́:ri, wʌ́ri]
v. 걱정하다[시키다], 괴롭히다 n. 걱정(거리), 수고(로운 일)

파 **worried** a. 걱정하고 있는, 괴로운

- 🔊 There's nothing to *worry* about.
  걱정할 것 없습니다.
- ☐ I'm *worried* about the outcome of the examination.
  시험 결과가 걱정이다.

*참조
Don't worry 하면 「걱정마」, 「진정해」의 뜻으로 Take it easy. 와 바꿔 쓸 수 있다.

0560. **hurry** [hə́:ri, hʌ́ri]
v. 서두르다, 재촉하다 n. 서두르기

파 **hurriedly** ad. 서둘러
관 **in a hurry** 서둘러서

- 🔊 We'd better *hurry*. 서두르자.

- Are you in a **hurry**? 급하세요?
- What's your **hurry**? 왜 서두르죠?

0561. **try**
[trai]

v. 해보다, 노력하다, 시도해 보다 *n.* 시도, 노력

파 **trial** *n.* 시도, 시련
관 **try on** ~를 시험해 보다 **try out** ~를 잘 살피다 **on trial** 시험 중, 심리 중으로

- You've got to **try** harder. 더 노력하세요.
- **Try** this salad. 이 샐러드를 드셔 보세요.
- I'd like to **try** this on. 이것을 입어보고 싶습니다.
- Give it a **try**. 시험삼아 해 보세요.

0562. **bury**
[béri]

v. 파묻다, 덮어 숨기다, 몰두하다

파 **burial** *n.* 매장(지)

- He's **buried** himself in his work.
  그는 일에 몰두해 있다.

0563. **buy**
[bai]

v. 사다, 사치하다, (뇌물로) 매수하다, (의견 등을) 받아들이다
n. 매입 구매, 구입품

관 **buy out** 사들이다 **buy time** 시간을 벌다 **buy up** 매점하다
a good buy 싸게 잘 산 물건

- Could I **buy** you dinner sometime?
  언제 식사를 사도 되겠습니까?
- I don't **buy** that.
  저는 납득할 수 없군요.

동사

GROUP 32

Round 1 □ 월 일
Round 2 □ 월 일
Round 3 □ 월 일

0564. **envy**
[énvi]
v. 부러워하다, 샘내다 *n.* 샘, 질투

파 **enviable** *a.* 샘나는, 부러운 **envious** *a.* 시기하는

- I *envy* you your children. 당신 아이들이 부럽다.
- I was green with *envy*. 질투 때문에 화가 났다.

0565. **lean**
[li:n]
v. 기울다, 상체를 굽히다, 기대다, 의지하다 *n.* 기울기, 경사

- Don't *lean* on[against] the wall. 벽에 기대지 말아요.
- You can *lean* on me. 내게 의지해도 좋아요.

0566. **clean**
[kli:n]
v. 깨끗이 하다, 청소하다 *a.* 깨끗한, 청결한, 결백한, 공정한
ad. 깨끗하게, 완전히, 떳떳이

관 **clean up** ~을 깨끗하게 청소하다, 치우다 **cleanse** 정화하다

- Let's *clean* up the mess. 어지른 것을 치우자.
- Are your hands *clean*? 손은 깨끗합니까?

0567. **mean¹**
[mi:n]
v. 뜻하다, ~할 작정으로 말하다, 계획하다

파 **meaning** *n.* 의미 **meaningful** *a.* 의미[의의] 있는

- What do you *mean*? 무슨 의미입니까?
- I know what you *mean*. 당신이 말하고 있는 것을 압니다.
- I really *mean* it. 정말이에요.
- I want to live a *meaningful* life. 의미 있는 인생을 살고 싶다.

0568. **plan**
[plæn]
v. 계획하다, 입안하다 *n.* 계획, 방식

- 파 **planned** *a.* 계획한
- 🔊 What are you *planning* for the summer?
  여름에는 무엇을 계획하고 있습니까?
- □ So far everything is going according to *plan*.
  지금까지는 모두 계획대로 진행되고 있다.

0569. loan [loun]
v. (이자를 받고) 돈을 대부하다, 빌려주다 *n.* 빌려줌, 대부금

- 🔊 Will you *loan* me $100 till payday?
  봉급날까지 백 달러 빌려 주십시오.
- □ I'll have paid off my house *loan* in five years.
  5년 동안 주택 대출을 모두 갚았다.

0570. happen [hǽpən]
v. 일어나다, 우연히 ~되다

- 파 **happening** *n.* 일어난 일, 사건
- 관 **as it happens** 때마침, 공교롭게
- 🔊 How did it *happen*? 어떻게 그런 일이 일어났지?
- □ No matter what *happens* you can depend on me.
  무슨 일이 있어도 나를 믿어 주십시오.
- □ What *happened* to him? 그에게 무슨 일이 일어났죠?
- □ We just *happened* to be taking the same train. 우연히 같은 열차에 탔습니다.
- □ As it *happens*, he's left-handed. 공교롭게도 그는 왼손잡이다.
- ❖ hap(행운, 우연) + en(동접;~로 하다)

0571. threaten [θrétn]
v. 위협하다, 협박하다, ~에 위협을 주다

- 파 **threat** *n.* 위협, 협박, 두려움, 징조   **threatening** *a.* 위협적인, 험악한
- 🔊 He *threatened* to transfer me. 그는 나를 전근시킨다고 위협했다.
- □ The sky looks very *threatening*. 하늘이 수상하다.
- ❖ threat(위협) + en(동접;~로 하다)

0572. listen [lísən]
v. (주의해서) 듣다, 귀를 기울이다, (충고 등을) 따르다

- 파 **listening** *n.* 경청

동사

관 **listen for** ~을 기대하고 귀를 기울이다

🔊 ***Listen*** to me. 내 말을 들어주세요.
☐ ***Listen***. (상대방의 주의를 끌기 위해) 저.
☐ ***Listen***, I am getting tired. 저, 이제 피곤해요.
☐ Are you ***listening***? 듣고 있어?

0573. **sign**
[sain]

v. 서명하다, 신호하다, (서명해서) 계약하다
n. 기호, 시호, 표시, 시늉, 징후

파 **signature** *n.* 서명
관 **sign off** 계약을 파기하다, 방송을 마치다 **sign up** 참가[입회] 하다

🔊 Did you ***sign*** the contract? 계약에 사인했습니까?
☐ It's a good ***sign***. 그것은 좋은 징조다.

0574. **design**
[dizáin]

v. 디자인하다, 설계하다 *n.* 디자인, 도안, 설계도

🔊 I ***designed*** this dress. 이 드레스는 내가 디자인했다.
❖ de(밖에) + sign(상징, 적다)

0575. **resign**
[ri:sáin]

v. 그만두다, 사직하다, 사임하다

파 **resignation** *n.* 사직, 사임 **resigned** *a.* 순종하는, 사직한

🔊 I won't ***resign*** my position. 사임할 생각은 없습니다.
☐ I've handed in my ***resignation***. 퇴직신청을 했습니다.
❖ re(opposite;반대하여) + sign(상징, 적다)

0576. **assign**
[əsáin]

v. (임무 등에) 선임하다, 배정하다, 할당하다

파 **assignment** *n.* 임명, 숙제, 연구 과제

🔊 I've been ***assigned*** here by the Washington bureau.
워싱턴 지사에서 이곳으로 배속됐다.
❖ as(ad;~에) + sign(상징, 적다)

0577. gain
[gein]

v. 얻다, 이익을 얻다, 증가하다, (시계가) 더 가다
n. 이득, 증가

관 **capital gain** 자본이득

- I *gained* a lot of experience. 여러 가지로 경험이 되었다.
- I don't want to *gain* any weight. 이 이상 뚱뚱하게 되고 싶지 않아요.

0578. complain
[kəmpléin]

v. 불평을 말하다, (병을) 하소연하다

파 **complaint** n. 불평, 고충

- Stop *complaining* about your job. 일 불평은 그만 하세요.
- ❖ com(완전히) + plain(plague;역병, 괴롭히다)

0579. explain
[ikspléin]

v. 설명하다, 사정을 해명하다

파 **explanation** n. 설명, 해명   **explanatory** a. 설명적인, 해명적인
관 **explain away** 설명하여 풀다   **explain oneself** 자신의 입장을 변명하다

- Will you *explain* the situation? 상황을 설명해 주시겠습니까?
- It *explains* everything. 그것으로 모든 걸 알았다.

0580. remain
[riméin]

v. 남다, 머무르다, ~인 채로 있다
n. 〈보통 복수형으로〉 잔여물, 유물, 유적

관 **remainder** 잔류자, 유물, 유적

- Please *remain* seated. 앉아 계세요.
- Working conditions must *remain* as they are.
  노동조건은 현행대로 유지되어야 한다.
- ❖ re(뒤에) + main(stay;머물다)

0581. drain
[drein]

v. 배출시키다[하다], 배수하다[시키다] n. 배수(관), 유출

관 **go down the drain** 없어지다   **drainage** 배수, 하수도   **drainpipe** 배수

- You have to *drain* out all the water first. 우선 먼저 배수하세요.

0582. **refrain**
[rifréin]

v. 그만두다, 삼가다, 자제하다

☐ I hope you will ***refrain*** from drinking at the party.
파티에서 음주는 삼가 주십시오.

❖ re(뒤로) + frain(bridle ; 굴레)

0583. **restrain**
[ri:stréin]

v. 억제하다, 제한하다, 구속하다

파 **restraint** *n.* 규제, 억제, 속박

🔊 You must ***restrain*** yourself. 자제하세요.

❖ re(뒤로) + strain(bridle ; 굴레)

GROUP 33

Round 1 ☐	월	일
Round 2 ☐	월	일
Round 3 ☐	월	일

0584. **maintain** [meintéin, mən-]   *v.* 유지하다, 지속하다, 보유하다

- 파 **maintenance** *n.* 유지, 지속, 관리
- 🔊 It is quite essential to ***maintain*** our schedule. 계획대로 하는 것이 매우 중요하다.
- ☐ The ***maintenance*** of the car costs a lot. 차 유지비가 많이 든다.
- ❖ main(hand;손) + tain(hold;들다)

0585. **contain** [kəntéin]   *v.* 들어 있다, 함유하다

- 파 **content** *n.* 내용, 주제
- 파 **container** 용기, 컨테이너
- 🔊 Milk ***contains*** a lot of calcium. 우유에는 칼슘이 많이 함유되어 있다.
- ☐ What are the ***contents*** of this package? 이 상자의 내용물은 무엇입니까?
- ❖ con(함께) + tain(hold;들다)

0586. **entertain** [èntərtéin]   *v.* 즐겁게 하다, 고려하다, 접대하다, (생각 등을) 마음에 품다

- 파 **entertainment** *n.* 오락, 접대   **entertaining** *a.* 재미있는
- 🔊 I'm supposed to ***entertain*** our buyers in Myung-dong this Friday.
  금요일에는 명동에서 바이어를 접대하기로 되어 있다.
- ☐ Don't ***entertain*** such pessimistic thoughts.
  그런 비극적인 생각은 갖지 마세요.
- ☐ He's very ***entertaining***.
  그는 유쾌한 사람이다.
- ❖ enter(inter;사이에, 서로) + tain(hold;들다)

0587. **sustain** [səstéin]   *v.* 지탱하다, 견디다, 유지하다, 계속하다, (손실 등을) 받다

- 파 **sustenance** *n.* 받침, 유지, 내구, 지속   **sustained** *a.* 지속하는, 지칠 줄 모르는

🔊 How can we *sustain* the present business boom?
어떻게 하면 현재의 호경기를 유지할 수 있습니까?
❖ sus(sub;~밑에) + tain(hold;들다)

0588. **begin** [bigín]
v. 시작하다, 착수하다

- 파 **beginning** *n.* 시작
- 관 **beginner** 초심자　**to begin with** 우선 첫째로
- 🔊 *Begin* when you're ready. 준비가 되면 시작해 주세요.
- ☐ Let's *begin* at page 20. 20쪽에서 시작하자.

0589. **join** [dʒɔin]
v. 접합하다, 연합시키다, 합류하다

- 🔊 *Join* us for a drink. 함께 한 잔 하자.
- ☐ May I *join* the game? 게임을 같이 해도 되겠습니까?

0590. **pin** [pin]
v. 핀으로 고정시키다, 꽉 붙이다　*n.* 핀, 머리핀, 빨래집게

- 관 **pin down** ~를 확실히 하다, 얽매다　**pin up** ~을 핀으로 박아 게시하다
  pin point 정확하게 지적하다
- 🔊 Could you help me *pin* up this poster?
  이 포스터 거는 것을 도와주십시오.

0591. **spin** [spin]
v. 회전시키다, 뱅글뱅글 돌리다, 잣다, (머리가) 어찔어찔하다
n. 회전, 급락, 한번 달리기

- 🔊 She thinks the world is *spinning* around her.
  그녀는 세계가 자신을 중심으로 돌고 있다고 생각하고 있다.
- ☐ My head is *spinning*. 머리가 어지럽다.

0592. **ruin** [rúːin]
v. 파괴하다[시키다], 파산시키다
n. 파괴, 파멸, 파산, 〈때로 복수형으로〉 폐허, 황폐된 유적

- 🔊 You're *ruining* your own life. 자신의 인생을 망치고 있어요.
- ☐ My dress is *ruined*. 드레스가 못쓰게 되었다.

0593. **win** [win]   *v.* 이기다, 획득하다, 성공하다   *n.* 승리

- 🔊 Which team is ***winning***? 어느 팀이 이기고 있죠?
- ☐ I ***won*** $10,000 at roulette. 룰렛에서 만 달러 벌었다.
- ☐ Billy Johnson has 15 ***wins*** and 10 losses. 빌리 존슨은 15승 10패입니다.

0594. **condemn** [kəndém]   *v.* 강하게 비난하다, 유죄판결을 내리다, 운명지우다

- 파 **condemnation** *n.* 비난, 유죄판결
- 🔊 I'm not ***condemning*** you. 당신을 비난할 수는 없다.
- ☐ The prisoner was ***condemned*** to death. 그 죄인은 사형 판결을 언도받았다.
- ❖ con(완전히) + demn(harm;헐뜯다)

0595. **abandon** [əbǽndən]   *v.* 버리다, 저버리다, 그만두다

- 파 **abandoned** *a.* 버림받은, 자포자기의
- 🔊 We had to ***abandon*** our plans. 계획을 단념할 수밖에 없었다.

0596. **pardon** [páːrdn]   *v.* 허락하다, 용서하다   *n.* 허가, 용서, 사면

- 🔊 ***Pardon*** me. 실례합니다.
- ☐ ***Pardon*** me? (= I beg your pardon?) 다시 한번 말씀해 주시겠습니까?
- ☐ I beg your ***pardon***. 실례합니다.
- ❖ par(per;통하여, 완전한) + don(give;주다)

0597. **function** [fʌ́ŋkʃən]   *v.* 기능하다   *n.* 기능, 작용, 역할

- 파 **functional** *a.* 기능의, 작용할 수 있는   **functionally** *ad.* 기능적으로
- 🔊 This copy machine isn't ***functioning*** properly. 이 복사기는 상태가 이상하군요.
- ☐ This telephone has many ***functions***. 이 전화에는 많은 기능이 붙어 있다.

0598. **mention** [ménʃən]   *v.* 간단히 언급하다, ~의 이름을 말하다   *n.* 언급, 진술

- 관 **not to mention** ~은 말할 것도 없고
- 🔊 I did not *mention* our plan at the meeting. 회의에서 우리 계획을 말하지 않았다.
- ☐ Don't *mention* it. 천만에요.
- ❖ men(mind;정신) + tion(명접;추상)

0599. question
[kwéstʃən]
v. 질문하다, 의심하다   n. 질문, 의심, 문제

- 파 **questioning** n. 의문을 나타내는   **questionable** ad. 의심스러운
- 관 **out of question** 틀림없이   **without question** 확실히
- 🔊 I *question* his *qualifications*. 그의 자격에 의문을 가지고 있다.
- ☐ Any *questions*? 질문 있습니까?
- ❖ quest(seek;찾다, 구하다) + tion(명접;추상)

0600. earn
[ə:rn]
v. 벌다, (보수를) 받다, (명성을) 얻다

- 관 **earnings** 수입, 소득
- 🔊 He *earns* over 2 million dollars a year.
  그의 수입은 1년에 2백만 달러를 넘는다.
- ☐ She *earns* her living by teaching abacus.
  그녀는 주산을 가르치는 것으로 생계를 유지하고 있다.

0601. learn
[lə:rn]
v. 배우다, 습득하다, 들어서 알다

- 파 **learning** n. 학습, 학식   **learned** a. 박식한
- 관 **learn by heart** 암기하다
- 🔊 I have a lot to *learn*. 배울 것이 많이 있습니다.
- ☐ I *learned* a lot from experience. 경험에서 많은 것을 배웠다.

0602. warn
[wɔ:rn]
v. 경고하다, 주의하다, 통고하다

- 파 **warning** n. 경고, 경보, 주의
- 🔊 I *warned* you to be careful about speeding. 속도 위반에 주의할 것을 말해 두었다.
- ☐ I *warned* you about working too hard. 과로에 주의하라고 경고했다.

GROUP 34

Round 1 ☐	월	일
Round 2 ☐	월	일
Round 3 ☐	월	일

0603. **concern**
[kənsə́ːrn]

v. ~에 관계하다[시키다], 걱정시키다
n. 관심사, (이해) 관계, 염려, 걱정, 중요성

- 파 **concerned** a. 관계하고 있는, 걱정스러운   **concerning** prep. ~에 관하여
- 관 **as far as ~ be concerned** ~에 관한 한
- 🔊 This doesn't *concern* you.
  그것은 너와는 관계없는 일이다.
- ☐ What you've done before today is not my *concern*.
  당신이 지금까지 무엇을 해왔는지는 관심이 없다.
- ☐ I'm *concerned* about your future.
  당신의 장래가 걱정이다.
- ☐ As far as grammar is *concerned*, this sentence is correct.
  문법에 관한 한 이 문장은 올바르다.
- ❖ con(함께) + cern(perceive; 이해하다)

0604. **burn**
[bəːrn]

v. 불타다[태우다], 타다[태우다], 화끈거리다, 화상을 입히다
n. 화상, 햇볕에 탐

- 파 **burning** a. 불타는
- 관 **burn down** 전소하다, (화력이) 약해지다   **burn out** 모두 태우다
- 🔊 I smell something *burning*. 무엇인가 타는 냄새가 난다.
- ☐ I have money to *burn*. 돈은 넘칠 만큼 많다.

0605. **turn**
[təːrn]

v. 돌리다, 돌다, 구부리다, 뒤집다, 방향을 바꾸다, (나이, 시간을) 넘다, ~으로 하다 n. 회전, 방향전환, 반전, 순번

- 관 **turn away** 외면하다   **turn back** 돌려주다   **turn down** 거절하다, 접어 포개다, 작게 하다   **turn in** 제출하다   **turn off** 끄다, 희미해지다   **turn on** 켜다   **turn out** 끄다, ~으로 판명되다, 제조하다   **turn over** 뒤집다, 넘어뜨리다   **turn to** 의지하다   **turn up** (소리를) 크게 하다   **in turn** 차례차례로   **take turns** 순서대로 하다
- 🔊 *Turn* around. 뒤로 돌아 서세요.

- Will you ***turn*** on the television? 텔레비전을 켜 주겠습니까?
- It's your ***turn***, Linda. 린다, 당신 차례야.

0606. **return**
[ritə́:rn]

v. 되돌리다, 되돌아 오다, (이익 등을) 낳다
n. 되돌아 가기, 귀환, 복귀, 답례, 수익, 신고(서)

관 **in return** 보수로, 대신에

- Has your father ***returned*** from New York?
  아버님은 뉴욕에서 돌아오셨습니까?
- By when shall I ***return*** the book?
  책은 언제까지 돌려주면 됩니까?
- What are the ***returns*** for the year?
  1년간 이익은 얼마입니까?

❖ re(뒤에) + turn(돌리다)

0607. **run**
[rʌn]

v. 달리다, 급히 가다, 달아나다, 입후보하다, 흐르다, 흘리다, 연속으로 상연되다, 경영하다, 운전하다 n. 달리기, 도주, 경주, 운행, 유출, 발전, 득점

관 **run across[into]** ~와 우연히 만나다　**run after** ~의 뒤를 쫓다
run away 도망치다　**run down** 멈추다, (전기 따위가) 끊어지다
run out 다 없어지다　**run out of** ~을 다 써버리다, ~을 떨어지게 하다
run out on ~을 저버리다　**run over** 넘치다, (차가 사람을) 치다
in the long run 긴 안목으로 보면, 결국은　**on the run** 도주하여

- Are the trains still ***running***? 열차는 아직 운행하고 있습니까?
- Why don't you ***run*** for mayor? 시장에 입후보하면 어떨까?
- My sister ***runs*** a boutique. 여동생은 부띠끄를 경영하고 있다.

0608. **stun**
[stʌn]

v. 깜짝 놀라게 하다, 망연케 하다, 기절시키다

파 **stunning** 기절시키는, 어리둥절케 하는

- I was ***stunned*** at the change in her. 그녀의 변화에 놀랐다.
- You look ***stunning*** today. 오늘 당신은 너무 멋지다.

0609. **drown**
[draun]

v. 빠지다, 익사하다

- A man *drowned* here last year. 작년에 여기에서 남자가 빠져 죽었다.
- I'm *drowning* in debt. 빚에 몰려 있다.

0610. **reach**
[ri:tʃ]
v. 도착하다, 도달하다, 닿다, 내밀다, 연결하다 n. 닿는 범위

- We couldn't *reach* an agreement. 우리는 합의에 도달할 수 없었다.
- Where can I *reach* you? 어디로 연락을 취할 수 있습니까?
- Buying a house is out of our *reach*. 도대체 집 같은 것은 살 수 없다.

0611. **preach**
[pri:tʃ]
v. 설교하다, 전도하다, 창도하다

- Practice what you *preach*. 설교하는 것을 연습하세요.
- ❖ pro(앞에) + ach(say;말하다)

0612. **teach**
[ti:tʃ]
v. 가르치다, 교수하다, 깨닫게 하다

파 **teaching** n. 가르침, 교육

- What subject do you *teach*? 무슨 과목을 가르칩니까?
- Will you *teach* me to ski? 스키를 가르쳐 주십시오.

0613. **reproach**
[ripróutʃ]
v. 꾸짖다, 비난하다, 책망하다 n. 질책, 비난, 치욕, 불명예

파 **reproachful** a. 비난을 나타내는, 꾸짖는 듯한

- He *reproached* me for not doing better.
  그는 나아지지 않는다고 나를 비난했다.

0614. **attach**
[ətǽtʃ]
v. 붙들어 매다, 부가하다, 〈중요성 등을〉 ~에 두다
반 **detach** 떼어내다

파 **attachment** n. 부착, 부속품, 애착

- John's mistake was *attaching* so much importance to what his boss might think. 상사가 자신을 어떻게 생각하는지를 지나치게 생각한 것이 존의 실수였다.
- ❖ at(ad;~에) + tach(닿다)

동사

0615. launch
[lɔːntʃ, lɑːntʃ]

v. 발사하다, 쏘아올리다, 진수시키다, (사업 등을) 시작하다
n. 발사, 진수

- 관 **launch pad** 발사대
- You got a great opportunity to *launch* your campaign.
  당신이 캠페인을 시작할 절호의 기회였다.
- They are *launching* the space shuttle Discovery on Friday.
  우주 왕복선 디스커버리호는 금요일에 발사될 예정이다.

0616. search
[səːrtʃ]

v. 뒤지다, 탐구하다, 조사하다 n. 수사, 추구, 조사

- 파 **searching** 수색하는
- I've *searched* everywhere. 모든 곳을 조사해 보았다.
- What are you *searching* for? 무엇을 찾고[구하고] 있지?

0617. research
[risə́ːrtʃ, ríːsəːrtʃ]

v. 조사[연구]하다 n. 연구, 조사

- He's *researching* the history of Chinatown in Los Angeles.
  그는 로스앤젤레스에 있는 차이나타운의 역사를 연구하고 있다.
- I'm doing *research* on acid rain for my Ph. D.
  박사 학위를 따기 위해 산성비를 조사하고 있습니다.
- ❖ re(다시) + search(조사하다)

GROUP 35

Round 1 ☐	월	일
Round 2 ☐	월	일
Round 3 ☐	월	일

0618. **catch** [kætʃ]
v. 붙들다, 잡다, (열차 등의) 시간에 닿다, 발견하다, (주의를) 끌다, 이해하다 n. 잡기, 책략, 함정

관 **catch on** 이해하다, 유행하다   **catch up** 뒤진 일을 되찾다

- I'm sorry, but I didn't *catch* what you said.
  실례지만 말씀하시는 것을 이해하지 못했습니다.
- ☐ You'll *catch* (a) cold. 감기 걸리겠어요.
- ☐ I'm *catching* a cab. 택시를 잡고 있습니다.
- ☐ I'll *catch* up with you. 뒤따라 가겠습니다.

0619. **match** [mætʃ]
v. 어울리다, 조화되다[시키다], 필적하다, 경쟁시키다
n. 잘 어울리는 한쌍, 대등한 사람[것], 시합, 결혼

파 **matching** 조화되는

- I must buy a tie that *matches* this jacket. 이 상의에 맞는 넥타이를 사야 한다.

0620. **scratch** [skrætʃ]
v. 긁다, 할퀴다, 긁힌 자국을 내다, 지워 없애다, 휘갈겨 쓰다
n. 긁기, 휘갈겨 쓰기 a. 휘갈겨 쓰기 위한, 대등한

관 **from scratch** 출발신에서, 무에서부터

- Will you *scratch* my back? 등을 긁어 주시겠습니까?
- ☐ This table has a *scratch*. 이 테이블에는 흠이 있다.

0621. **watch** [watʃ, wɔːtʃ]
v. 지켜보다, 주의하다, 돌보다, (기회 등을) 기다리다
n. 시계, 경계, 감시

파 **watchful** 주의 깊은, 방심하지 않는
관 **watch out for** ~을 경계하다   **on the watch for** ~을 마음놓지 않고, 경계하여

- Shall we *watch* the video? 비디오를 볼까?
- ☐ *Watch* your head. 머리를 조심하세요.
- ☐ *Watch* it[out]! 조심해!

동사

0622. stretch
[stretʃ]

v. 잡아늘이다, 뻗다, 펴지다, 극도로 긴장시키다, 확대 해석하다
n. 뻗기, 확인 해석, 기지개, 최종 단계

관 **at a stretch** 단숨에, 쉬지 않고

- These socks don't *stretch*. 이 양말은 늘어나지 않는다.
- I want to *stretch* my legs. 다리를 뻗고 싶다.
- Did you do all this work at a *stretch*? 이 일을 한꺼번에 모두 했습니까?

0623. pitch
[pitʃ]

v. (천막 등을) 치다, 던지다, 정착하다, 조절하다
n. 던지기, 정도, 비탈, 정점

관 **pitch in** 협력하다

- This is a good spot to *pitch* the tent. 텐트를 펴기에는 이곳이 좋다.
- We all *pitched* in and got the job done. 모두 협력해서 일을 끝냈다.

0624. switch
[switʃ]

v. 〈switch on[off]로〉 스위치를 넣다[끊다], 바꾸다, 교환하다, 갈아타다
n. 스위치, 변경, 전환

관 **switch off** 전화를 끊다, 흥미를 잃게 하다 **switch on** 흥미를 일으키다
switch over 갈아타다

- I *switched* the TV off. 나는 TV 스위치를 껐다.
- Shall we *switch* sets? 자리를 바꿀까요?

0625. touch
[tʌtʃ]

v. 손대다, 접촉하다, 달하다, 감동시키다, 영향을 주다
n. 닿기, 촉감, 일필, 접촉, 기미

파 **touching** a. 감동적인 **touchy** a. 화를 잘 내는, 불이 잘 붙는, 다루기 어려운, 성가신
관 **touch down** 착륙하다 **touch off** 발사하다, 폭발[유발]시키다
touch up 마치다, 수정하다 **keep[get] in touch with** ~와 연락을 취하다, 접촉을 유지하다 **out of touch** 연락이 두절되어

- Don't *touch* the negative. 사진 원판에 손대지 마세요.
- I lost *touch* with him. 그와는 연락이 끊겼다.

0626. weigh
[wei]

v. 무게를 재다, 무게가 ~이다, 중요하다

파 **weight** 무게, 체중, 중요성

🔊 I *weigh* 60 kilograms or 132 pounds.
내 체중은 60킬로그램[132파운드]입니다.

☐ You seem to have put on some *weight*.
체중이 좀 는 것 같다.

☐ I need to lose *weight*.
감량이 필요하다.

0627. laugh
[læf, lɑːf]

v. 웃다, 왁자그르하고 웃다, 바보스럽게 생각하다 *n.* 웃음, 조소

관 **laugh away** 웃어넘기다
have the last laugh 형세를 역전시켜 최후의 승리를 거두다 **laughter** 웃음

🔊 Why are you *laughing*?
왜 웃지?

☐ It's not a *laughing* matter.
웃을 일 아닙니다.

☐ That's a *laugh*.
그것은 웃음거리다.

0628. dash
[dæʃ]

v. 돌진하다, 부수다, (희망 등을) 꺾다
n. 돌진, (단거리) 경주, 소량

파 **dashing** *a.* 기세좋은, 씩씩한
관 **dash off** ~을 단숨에 쓰다, 거침없이 해치우다   **at a dash** 단숨에
make a dash for ~을 향하여 단숨에 내닫다

🔊 Let's *dash* to the station.
서둘러 역에 가자.

☐ My hopes were *dashed*.
희망은 깨졌다.

☐ Would you like a *dash* of whiskey in your tea?
차에 위스키를 조금 넣을까요?

0629. smash
[smæʃ]

v. 분쇄하다, 격파하다, 강타하다, 격돌하다
n. 분쇄, 강타, 격돌, 추락, 대성공

🔊 He *smashed* the window and opened the door.
그는 창문을 부수고 문을 열었다.

❖ s(smack;헤로인), + mash(으깨다)

동사

0630. crash
[kræʃ]

v. 충돌하다, 추락하다, 부서지다, (사업 등을) 실패하다
n. 충돌, 추락, (시가의) 급락   a. 응급의, 속성의

- His car *crashed* into a dump truck but fortunately he wasn't hurt.
  그의 차는 덤프차와 충돌했지만 다행히도 부상을 입지 않았다.
- There was a plane *crash* in Chicago.
  시카고에서 비행기 추락 사고가 있었다.
- ❖ cra(craze;열광) + sh(mash;으깨다)

0631. wash
[waʃ, wɔ(:)ʃ]

v. 씻다, 세탁하다, 씻어내다, 도금하다   n. 씻기, 세탁물

파 **washing** n. 씻음, 세탁   **washable** a. 세탁할 수 있는
관 **wash down** ~을 씻어내리다, 쓸어가다   **wash out** ~을 가시다, 단념하다
wash up 설거지를 하다

- Go *wash* your hands for dinner.
  저녁식사가 준비됐으니까 손을 씻고 오세요.
- Will you help me clear the table and *wash* up?
  식탁을 치우고 설거지하는 것을 도와주시겠습니까?
- the car needs *washing*.
  세차해야 한다.

0632. establish
[istǽbliʃ]

v. 설립하다, 확립하다, 명성을 얻다

파 **establishment** n. 설립, 확립, 시설   **established** a. 확립된, 기성의

- I want to *establish* my own English conversation school.
  내 영어 학교를 세우고 싶다.
- He *established* himself as a successful businessman.
  그는 사업에 성공해서 명성을 얻었다.

GROUP 36

Round 1 ☐	월	일
Round 2 ☐	월	일
Round 3 ☐	월	일

0633. **publish** [pʌ́bliʃ]   v. 출판하다, 공표하다

- 파 **publishing** n. 출판사업   **publication** n. 출판(물)
- 관 **publisher** 출판사, 출판인
- 🔊 Have they agreed to *publish* your book?
  그들은 당신 책을 출판하는 데 동의했습니까?
- ❖ publ(public;공공의) + ish(동접)

0634. **polish** [póuliʃ]   v. 닦다, 윤을 내다, 연마하다   n. 닦는 재료, 광택, 세련, 고상

- 파 **polished** a. 광택있는, 세련된
- 관 **polish off** 재빨리 끝내다
- 🔊 Will you *polish* my shoes? 구두를 닦아주시겠습니까?
- ☐ Her manners are *polished*. 그녀의 매너는 세련되어 있다.

0635. **accomplish** [əkʌ́mpliʃ/əkɔ́m-]   v. 해내다, 완료하다

- 파 **accomplishment** n. 수행, 완성, 업적
- 🔊 If you put your mind to it, you can *accomplish* anything.
  그 기분으로 전념하면 무엇이든 이룰 수 있어요.
- ❖ ac(ad;~에) + compl(complete;완전한) + ish(동접)

0636. **vanish** [vǽniʃ]   v. 사라지다, 볼 수 없게 되다, 없어지다

- 🔊 Our problems can't just *vanish* overnight.
  문제가 하룻밤 사이에 없어지지는 않는다.

동사

0637. finish
[fíniʃ]

v. 마치다, 종료하다, 완성하다, 다 써 버리다 n. 끝, 마무리

- 파 **finished** a. 끝난, 완성된
- 관 **finish up with** ~으로 마지막을 장식하다
- 🔊 Let's *finish* this quickly. 일찍 그것을 마치자.
- ☐ I'm *finished*. 이미 마쳤다. / 벌써 끝냈다.
- ❖ fin(끝나다) + ish(동접)

0638. diminish
[dəmíniʃ]

v. 줄이다, 작게 하다

- 🔊 His influence has *diminished* considerably. 그의 영향력은 매우 약했다.
- ❖ di(완전히) + min(작은) + ish(동접)

0639. furnish
[fə́ːrniʃ]

v. (가구 등을) 비치하다, 설비하다, 공급하다

- 파 **furnishing** n. 〈복수형으로〉 설치한 가구 **furnished** a. 가구가 갖추어진
- 관 **furniture** 가구
- 🔊 Did you *furnish* the apartment yourself? 혼자서 아파트에 가구를 설치했습니까?

0640. punish
[pʌ́niʃ]

v. 벌주다, 혼내주다

- 파 **punishment** n. 처벌 **punishable** a. 처벌해야 할 **punitive** a. 형벌의
- 🔊 Are we going to be *punished*? 우리가 벌을 받겠습니까?
- ☐ The *punishment* was too severe. 처벌은 너무 엄했다.

0641. distinguish
[distíŋgwiʃ]

v. 식별[구별]하다, 특색을 나타내다, 이름을 떨치다

- 파 **distinction** n. 구별, 특징 **distinguished** a. 저명한, 현저한
  distinct a. 별개의, 진귀한 **distinctive** a. 특징적인, 독특한
- 🔊 I can never *distinguish* between the two sisters. 저 두 자매는 구별할 수 없다.
- ☐ Can you *distinguish* a genuine diamond from an imitation one? 진짜 다이아몬드와 모조품을 구별할 수 있습니까?
- ❖ dis(떨어져, 반대) + tingu(prick;따끔하게 찌르다) + ish(동접)

0642. **wish** [wiʃ]　　v. 바라다, 갈망하다, 원하다, 빌다　n. 소원, 원망, 희망

파 **wishful** a. 갈망하는
관 **wishful thinking** 희망적 관측

- I *wish* I had more time. 더 시간이 있으면 좋겠어요.
- I *wish* you every happiness. 결혼 축하합니다.
- Make a *wish*. 원하는 것을 해 봐.
- I hope your *wish* comes true. 희망이 이루어지길 바랍니다.

＊참조
현재의 실현 불가능한 희망을 나타내는 경우, wish 뒤의 절은 과거형으로, 과거에 관한 실현 불가능한 희망을 나타내는 경우에는 과거완료형으로 된다.

0643. **flush** [flʌʃ]　　v. (얼굴을) 붉게 하다, 홍조를 띠게 하다, (화장실 등에서) 물을 흘러 내려가게 하다, 씻다　n. 붉어짐, 홍조, 흥분

- Your face is *flushed*. 얼굴이 빨개지는군요.
- Did you *flush* the toilet? 화장실 물을 내렸습니까?

0644. **push** [puʃ]　　v. 밀다, 몰다, 밀고 나아가다, 몰아 세우다, 강요하다
n. 밀기, 매진, 분발

파 **pushy** a. 억지가 센, 뻔뻔스러운

- Don't *push* me. 밀지 마세요.
- Don't *push* her to accept. 그녀에게 강제하지 마세요.

0645. **rush** [rʌʃ]　　v. 돌진하다, 서두르다, 성급히 하다, 재촉하다
n. 돌진, 쇄도, 분망

- I'm *rushing* to catch the bus. 버스 시간에 늦지 않도록 서두르고 있습니다.
- There's no *rush*. 서두를 필요 없습니다.

0646. **brush** [brʌʃ]　　v. 솔질을 하다, 솔로 닦다, 털어내다

관 **bursh off** 무시하다, 거부하다　**brush up on** (공부를) 다시 시작하다

- *Brush* your teeth as soon as you finish eating. 식사를 마치면 이를 닦으세요.

동사

- I must ***brush*** up (on) my English. 영어공부를 다시 해야 한다.

0647. **crush** [krʌʃ]

v. 밀치고 들어가다[쇄도하다], 찌그러뜨리다, 밀어넣다, (희망 등을) 꺾다 *n.* 진압, 압도

- 파 **crushing** *a.* 눌러 찌그러뜨리는, 압도적인
- My shirt is ***crushed***. 와이셔츠가 쭈글쭈글하다.

0648. **leak** [li:k]

v. 새다, (비밀 등을) 누설하다 *n.* 새는 곳, 누출, 누설

- 파 **leakage** *n.* 누출, 누설
- The gas seems to be ***leaking***. 가스가 새고 있는 것 같다.
- Who ***leaked*** our secret? 누가 비밀을 퍼뜨렸지?
- I think it's an oil ***leak***. 기름 누출 같습니다.

0649. **speak** [spi:k]

v. 말하다, 진술하다, 연설하다

- 파 **speech** *n.* 연설, 이야기
- 관 **generally[frankly, strictly] speaking** 일반적[솔직, 엄밀]으로 말해서 **not to speak of** ~은 말할 것도 없고 **so to speak** 이를테면 **speaking of** ~에 해 말하면 **speak against** ~에 반론하다 **speak for** ~을 대변하다, 변호하다 **speak out[up]** 마음먹고 이야기하다 **speak up** 큰소리로 말하다 **speak well[ill] of** ~을 좋게[나쁘게] 말하다
- I ***speak*** a little Spanish. 스페인어를 조금 합니다.
- Could I ***speak*** to you a minute? 잠깐 말할 수 있습니까?
- ***Speaking*** of your family, how is your daughter doing at college? 가족에 대해 말하면, 따님은 대학에서 어떻게 지내고 있습니까?
- Are you ***speaking*** for Linda? 린다를 변호하고 있는 겁니까?

  *「말하다」 동사류 비교
  ① **speak** : 연설하다, 혼자서 말하다, 외국어를 말하다
  ② **talk** : 상대방과 이야기를 나누다
  ③ **say** : 말하다 (~을 말하다)
  ④ **tell** : 말해주다(누구누구에게 ~을 말해주다)

GROUP 37

Round 1 □ 월 일
Round 2 □ 월 일
Round 3 □ 월 일

0650. **break**
[breik]

v. 깨뜨리다, 깨지다, (뼈 등을) 부러뜨리다, 부수다, 파산시키다, 해직시키다 n. 갈라진 틈, 휴게시간, 휴가, 중단, 단절, 기회

파 **breakage** n. 파손
관 **break down** 고장나다 **break off** ~을 파기하다
  break out (화재, 전쟁 등이) 일어나다 **break through** 벗어나다, 돌파하다 **break up** 갈라서다, 해산하다, 분할하다 **breakdown** 고장, 분열, 쇠약

- You *broke* your promise. 당신은 약속을 깼어요.
- My car *broke* down. 자동차가 고장났다.
- They *broke* up. 그들은 헤어졌다[해산했다].
- I'm *broke*. 파산했다.
- Let's take a *break*. 잠깐 쉬자.
- He's trying to *break* his bad habit. 그는 나쁜 버릇을 고치려고 노력하는 중이야.

0651. **soak**
[souk]

v. 젖다, 잠기다, 흠뻑 젖다, 스며들다 n. 담그기, 적시기

파 **soaked** a. 흠뻑 젖은, 스며든 **soaking** a. 흠뻑 젖은

- You have to *soak* the beans before you cook them.
  요리하기 전에 콩을 물에 담그세요.
- I'm *soaking* wet. 흠뻑 젖었다.

0652. **pack**
[pæk]

v. 꽉 채우다, 싸다, 포장하다, 짐을 꾸리다 n. 꾸러미, 한 상자
반 **unpack** (싼 것을) 풀다, 열다

관 **package** 하물, 소포, 일괄 계약

- I'll *pack* my things. 내 짐을 꾸리겠다.
- I'm *packed* and ready to go. 짐은 꾸려져 있고 언제라도 출발할 수 있습니다.

0653. **crack**
[kræk]

v. 금이 가다, 찢어지다, 탕소리를 내다, (어려운 문제, 암호 등을) 풀다 n. 금, 균열, 잔금

파 **cracked** *a.* 갈라져 있는
관 **crack down (on)** 단속을 강화하다   **crackdown** 단속 강화
get cracking (일을) 시작하다

🔊 This glass is *cracked*.
이 유리는 깨져 있다.

0654. **attack**
[ətǽk]

v. 공격하다, 비난하다, (일에) 착수하다   *n.* 공격, 비난

🔊 I was personally *attacked* at the meeting.
나는 회의에서 개인적으로 공격받았다.

☐ He had a heart *attack*.
그는 심장 발작을 일으켰다.

0655. **check**
[tʃek]

v. 저지[억제]하다, 조사하다, 점검하다, 검인을 붙이다, (일시적으로) 맡기다   *n.* 저지, 점검, 수표, 계산서, 물표

관 **check in** 체크인하다   **check out** 체크아웃하다, 수속을 해서 빌리다
check up on ~을 상세히 조사하다   **check with** ~와 상담하다

🔊 *Check* the oil, too. (엔진) 오일을 점검해 주십시오.
☐ *Check* it out. 이 건을 철저하게 조사해 줘.
☐ Let me *check*. 조사해 보자.
☐ *Check*, please. 계산서를 부탁합니다.
☐ I'll write a *check* for $50. 50달러 수표를 쓰겠습니다.

0656. **kick**
[kik]

v. 차다, 걷어차다, (습관 등을) 끊다   *n.* 차기, 기운, 해고

관 **kick around** 이리저리 돌아다니다   **kick off** 시작하다, 개시하다
kick out ~를 해고하다, 퇴학시키다

🔊 I want to *kick* this bad habit.
이 나쁜 습관을 끊고 싶다.

0657. **lick**
[lik]

v. (혀로) 핥다, 때리다   *n.* 한번 핥기, 소량

🔊 Don't *lick* the plate. 접시를 핥지 마라.
☐ I'm going to *lick* him this time. 이번에는 그를 혼내주겠다.

0658. pick
[pik]

v. 고르다, 따다, 찍다, 훔치다 n. 선택(권)

관 **pick off** ~을 빼내다, 잡아떼다 **pick on** ~를 골리다, 선정하다 **pick out** ~를 골라내다, 발탁하다 **pick up** ~를 주워 올리다, 회복하다, (속도 등을) 내다, 차에 태우다

- *Pick* one you like. 좋아하는 것을 고르세요.
- You *picked* a bad time. 당신은 나쁠 때에 왔다.
- Everybody's *picking* on me. 모두 나를 괴롭히고 있어.
- His grades are *picking* up. 그의 성적이 오르고 있다.
- I'll *pick* you up at 8:00. 8시에 차로 마중하러 가겠다.

0659. stick
[stik]

v. 푹 찌르다, 꽂다, 붙이다, 고정시키다 n. 찌르기, 점착물

파 **sticky** a. 끈적거리는, 어려운, 불쾌한
관 **stick around** 대기하다 **stick at** ~을 끈기 있게 하다
stick it (out) 끝까지 참다 **stick to** ~을 고집하다, 끝까지 지키다
stick to it 강경히 버티다 **stick with** ~을 계속하다, 지지하다

- A needle *stuck* my finger. 바늘이 손가락을 찔렀다.
- *Stick* around. 그대로 가만히 있으세요.
- I'll *stick* it out. 마지막까지 분발하겠다.
- Let's *stick* to the basics. 기본에 충실하자.
- This table is *sticky*. 이 테이블은 끈적거린다.

0660. lock
[lɑk/lɔk]

v. 자물쇠를 채우다, 고정하다 n. 자물쇠, 열쇠, 제륜 장치
반 **unlock** 자물쇠를 열다

관 **lock out** ~를 내쫓다 **lock up** 잠그다

- I feel like I forgot to *lock* the door. 문을 잠그는 것을 잊은 것 같다.
- I'm going to change the *locks*. 열쇠를 바꾸겠다.

0661. knock
[nɑk/nɔk]

v. 노크하다, 때리다, 두드리다, 부딪치다 n. 치기, 노크

관 **knock down** 해체하다, 때려눕히다 **knock off** 중단하다

- Someone's *knocking* on the door. 누군가 노크를 하고 있어요.
- Did you hear a *knock* on the door? 노크 소리를 들었습니까?

0662. **rock** [rak/rɔk]
v. 흔들리다, 동요하다

파 **rocky** a. 흔들리는, 불안정한

🔊 She's *rocking* the baby to sleep. 그녀는 아기를 흔들어서 재우고 있다.

0663. **suck** [sʌk]
v. 빨다, 빨아들이다, 흡수하다 n. 흡인

☐ The baby is *sucking* his thumb. 아기는 손가락을 빨고 있다.

0664. **seek** [siːk]
v. 찾다, 구하다, 애쓰다

🔊 It's a new trend for college graduates to *seek* jobs in their hometown.
대졸자가 태어난 고향에서 직업을 구하는 것이 새로운 경향입니다.

0665. **talk** [tɔːk]
v. 이야기하다, 말하다
n. 이야기, 강화, 소문, 〈복수형으로〉 회담

파 **talkative** a. 이야기하기 좋아하는
관 **talk back** 말대답하다   **talk a person into[out of]** ~를 설득해서 ~하게 하다[하지 않게 하다]   **talk out** ~를 철저하게 논하다   **talk over** ~를 의논하다

🔊 I'd like to *talk* to you for a second. 잠시 이야기하고 싶습니다.
☐ Nice *talking* to you. 이야기할 수 있어서 즐거웠습니다.
☐ Let's *talk* business. 진지하게 이야기를 하자.
☐ I've got business to *talk* about. 사업 이야기가 있습니다.
☐ Don't *talk* back to me. 험담하지 마.
☐ You have to *talk* this over with your boss. 이 건은 상사와 상의하세요.
☐ We had a long *talk*. 우리는 오래 이야기했다.

*참조
회화에서 a second. two second라고 하면 1초, 2초가 아니라 「잠시」 라는 뜻으로 쓰일 수 있다. Two seconds. (잠시만 기다려줘요.)

GROUP 38

Round 1 ☐ 월 일
Round 2 ☐ 월 일
Round 3 ☐ 월 일

0666. **walk**
[wɔːk]
v. 걷다, 경보하다, 걷게 하다 *n.* 보행(거리), 경보

- 관 **walk out** 퇴장하다, 파업하다   **walk out on** ~을 버리다, 방치하다
  walk up 다가서다, 나아가다
- 🔊 Would you *walk* ahead of me? 앞장 서 걸어 주시겠습니까?
- ☐ I'll *walk* you to the station. 역까지 바래다주겠습니다.
- ☐ I take a *walk* every day. 매일 산책합니다.

*참조
walk out이 「밖으로 나가다」, 「집단파업」의 뜻이라면 work out은 「밖에서 운동하다」, 「쓸데 없는 빚을 빼다」, 「개인파산신청」이라는 뜻이다.

0667. **thank**
[θæŋk]
v. 감사하다, 감사말을 하다 *n.* 〈복수형으로〉 감사

- 파 **thankful** *a.* 감사하고 있는
- 관 **thanks to** ~의 결과로서, ~덕분에
- 🔊 *Thank* you for your good advice. 훌륭한 조언 감사합니다.
- ☐ *Thanks* a lot. 대단히 감사합니다.

0668. **spank**
[spæŋk]
v. 손바닥으로 때리다 *n.* 손바닥으로 때리기

- 파 **spanking** *n.* 볼기를 때리기
- 🔊 Do you ever *spank* your children? 아이들을 때린 적이 있습니까?

0669. **think**
[θiŋk]
v. 생각하다, 사색하다, 숙고하다

- 파 **thought** *n.* 생각, 사고   **thoughtful** *a.* 생각이 깊은, 주의 깊은, 사색적인
- 관 **think ahead** 앞일을 생각하다   **think better of** ~를 다시 보다, 다시 생각하여 그만 두다   **think much[highly] of** ~를 중시하다   **think nothing[little] of** ~를 하찮게 생각하다   **think of** ~에 해 생각하다, 상기하다   **think out** ~를 생각해 내다

동사

think over ~를 숙고하다　　**think twice** 곰곰이 생각하다

- 🔊 I *think* so. 그렇게 생각한다.
- ☐ Let me *think*. 저...
- ☐ I'll *think* about it. 생각해 보겠다.
- ☐ What do you *think* about the sixties? 60대를 어떻게 생각합니까?
- ☐ I can *think* of two reasons. 2가지 이유를 생각할 수 있습니다.
- ☐ I *think* of you as my son. 당신을 아들처럼 생각하고 있다.
- ☐ *Think* nothing of it. 천만에요.
- ☐ I have to *think* it over. 그 건은 다시 한번 생각해 봐야 한다.
- ☐ That's a beautiful *thought*. 멋진 생각이다.
- ☐ On second *thought*, maybe we shouldn't call the police.
  다시 생각해 보니 경찰을 부르지 말아야겠다.

0670　**link**　　*v.* 결합하다, 잇다, 관련시키다　*n.* 고리, 구성 요소, 연결
　　　[liŋk]

- 파　**linkage** *n.* 결합, 연쇄
- 🔊 How can we *link* these two ideas?
  어떻게 하면 이 2가지 생각을 관련지을 수 있을까?
- ☐ I see a *link* between my problem and yours.
  나와 당신 문제의 관련성이 보이고 있다.

0671　**shrink**　　*v.* 줄어들다, 감소하다, 몸을 움츠리다
　　　[ʃriŋk]　　*n.* 움츠러들기, 꽁무니 빼기, 수축

- 파　**shrinkage** *n.* 수축, 감소량
- 🔊 My shirts have *shrunk*. 와이셔츠가 오그라들었다.

0672　**sink**　　*v.* 가라앉다, 앉히다, 떨어지다, 약해지다　*n.* 개수대, 세면대
　　　[siŋk]

- 🔊 The boat capsized and *sank*. 보트는 전복되어 침몰했다.
- ☐ Put the dishes in the *sink*. 접시는 싱크대에 넣으세요.

0673　**stink**　　*v.* 악취(를 풍기다)
　　　[stiŋk]

- 파　**stinking** *a.* 악취가 나는, 불쾌한

🔊 These shoes ***stink***. 이 구두는 역한 냄새가 난다.

0674. **book**
[buk]
v. 장부에 기입하다, 예약하다 n. 책, 장부

관 **be booked up** 예약으로 만원이 되어 있다 **booking** 예약
by the book 규칙에 따라 **in my book** 내 의견으로는

🔊 I'd like to ***book*** a table for two. 2인석을 예약하고 싶습니다.
☐ I'm ***booked*** solid the whole month. 한 달 예정이 꽉 차 있다.

0675. **hook**
[huk]
v. 구부리다, 고리로 잠그다 n. 갈고리, 낚시바늘

파 **hooked** a. 갈고리 모양으로 굽은, 열중한
관 **hook up** ~에 접속하다

🔊 Don't ***hook*** up to the amplifier yet. 앰프에 아직 연결하지 마.
☐ The phone was off the ***hook***. 전화기가 내려져 있었다.
☐ She's ***hooked*** on jazz. 그녀는 재즈에 빠져 있다.

0676. **look**
[luk]
v. (유심히) 보다, (어떤 상태로) 보이다, 만들다
n. 〈주의를 끌기 위한〉 이봐, 봄, 생김새, 외관, 표정

파 **look after** 돌봐주다 **look at** ~를 보다 **look back** 되돌아보다, 회고하다
look down on 깔보다 **look for** ~를 찾다 **look forward to** ~을 즐겁게 기다리다 **look into** 만들다 **look like** ~처럼 보이다 **look on** 방관하다
look out for ~에 주의하다 **look over** 넓게 보다, 훑어보다
look through 다시 검토하다 **look to** ~에 조심하다
look up (단어 등을) 조사하다, 방문하다 **look up to** 존경하다

🔊 Let's ***look*** a that chart. 저 표를 보자.
☐ You ***look*** tired. 피곤해 보이는군요.
☐ Take a ***look*** at these figures. 이 숫자를 잠깐 보세요.
☐ Can you ***look*** after Betty for a few days? 2, 3일 베티를 돌보아 주시겠습니까?
☐ What are you ***looking*** for? 무얼 찾고 있습니까?
☐ She's been ***looking*** forward to seeing you again.
그녀는 당신을 만나길 기대하고 있었다.
☐ Tell him to ***look*** into it. 그에게 그것을 조사해 보도록 하세요.
☐ ***Look*** it up in the dictionary. 그것을 사전에서 찾아 주십시오.
☐ ***Look*** me up when you get to San Francisco.
샌프란시스코에 도착하면 나를 방문해 주십시오.

동사

*참조

미드나 영화에서 Look! 이라는 말이 자주 나오는데 이것은 「봐!」라는 뜻이 아니라 상대방의 주의를 끌기 위해 하는 「있잖아」 정도의 뜻으로 보면 된다.

0677. **overlook** [òuvərlúk]

v. 내려다보다, 간과하다, 훑어보다, 감독하다

🔊 We *overlooked* the last two items of the order.
주문품의 마지막 2가지를 빠뜨렸다.
❖ over(초과하여) + look(보다)

0678. **mark** [maːrk]

v. 표를 하다, 특징을 지우다, 눈에 띄게 하다, 기록하다, 채점하다
n. 흔적, 상징, 기호, 평점, 표

파 **marked** a. 표가 있는, 현저한
관 **off the mark** 만족하여
up to the mark 〈보통, 부정문으로〉 표준에 달하여, 만족하여

🔊 I'm busy *marking* exam papers. 시험 채점으로 바쁘다.
□ Don't *mark* the paper. 종이에 아무 것도 쓰지 마세요.
□ He made a good *mark* in his English test.
그는 영어 시험에서 좋은 점수를 받았다.
□ On your *mark*! 위치로!

0679. **park** [paːrk]

v. 주차하다 n. 공원, 유원지

파 **parking** n. 주차

🔊 Can I *park* here? 여기에 주차할 수 있습니까?

0680. **jerk** [dʒəːrk]

v. 갑자기 잡아당기다(당기기), 갑자기 움직이다(움직이기), 경련(을 일으키다) n. 멍청이, 철부지

🔊 I fell down as the train *jerked* to a stop.
열차가 갑자기 멈춰서 넘어졌다.
□ What a *jerk*!
얼간이!

GROUP 39

Round 1 ☐	월	일
Round 2 ☐	월	일
Round 3 ☐	월	일

0681. **ask**
[æsk]
v. 묻다, 부탁하다, 요구하다

관 **ask for** ~을 부탁하다　**ask somebody out** ~에게 데이트 신청하다

- Can I *ask* you something? 잠깐 부탁해도 됩니까?
- Can I *ask* you a personal question? 개인적인 질문을 해도 됩니까?
- Please *ask* him to wait outside. 그에게 밖에서 기다리라고 해주십시오.
- May I *ask* a favor of you? 부탁이 있습니다.
- He's too shy to *ask* her out. 그는 너무 소심해서 그녀에게 데이트 신청을 못 한다.

0682. **risk**
[risk]
v. 위험에 드러내다, 감행하다　*n.* 위험

파 **risk** *a.* 위험한, 대담한
관 **take[run] a risk** 위험을 무릅쓰다　**at risk** 위험한 상태에서,
at any risk 어떠한 위험을 무릅쓰고 하다　**at high risk** 큰 위험을 무릅쓰고
at one's[own] risk 자신의 책임으로

- I don't want to *risk* my life for fame. 명성을 위해 목숨을 거는 일은 하고 싶지 않다.
- I don't want to take that *risk*. 그런 모험은 하고 싶지 않다.
- Go there at your own *risk*. 자신의 책임으로 거기에 가세요.

0683. **conceal**
[kənsíːl]
v. 감추다, 비밀로 하다

파 **concealment** *n.* 은닉

- Don't *conceal* your true feelings. 진정한 감정을 숨기지 마세요.
❖ con(com;함께) + ceal(hide;감싸다)

0684. **deal**
[diːl]
v. 다루다, 처리하다, 거래하다, 분배하다
n. 거래, 처리, 상당한 량, 〈부사적으로〉 제법

관 **dealer** 상인, 딜러

동사

191

- 🔊 I don't know how to **deal** with that situation.
  그 사태에 어떻게 대처하면 좋을지 모르겠습니다.
- ☐ John is hard to **deal** with. 존은 다루기 어렵다.
- ☐ It's no big **deal**. 그것은 중요한 일은 아닙니다.
- ☐ It's[That's] a **deal**. 그것으로 결말짓자.
- ☐ I've heard a great **deal** about you. 소문은 많이 들었습니다.

0685. **appeal**
[əpíːl]
v. 간청하다, 흥미를 끌다, 호소하다, 부탁하다
n. 매력, 애원, 상소

- 파 **appealing** a. 매력적인
- 🔊 She doesn't **appeal** to me. 그녀는 내가 좋아하는 타입은 아니다.
- ❖ ap(ad;~에) + peal(beat;치다)

0686. **steal**
[stiːl]
v. 훔치다, 교묘히 손에 넣다 n. 훔치기, 절도, 싼 물건

- 🔊 Did you **steal** the painting? 네가 그림을 훔쳤니?

0687. **reveal**
[rivíːl]
v. 드러내다, 폭로하다, 나타나다

- 파 **revelation** n. 폭로, 계시 **revealing** a. 감추어졌던 것을 보이는, 계발적인
- 🔊 I didn't want to **reveal** my relationship to her.
  그녀와의 관계는 말하고 싶지 않았다.
- ❖ re(opposite;반대로) + veal(veil;덮개)

0688. **cancel**
[kǽnsəl]
v. 취소하다, 중지하다

- 파 **cancellation** n. 취소
- 🔊 I'd like to **cancel** my reservation. 예약을 취소하고 싶습니다.
- ☐ I'm waiting for a **cancellation**. 취소 대기하고 있습니다.

0689. **feel**
[fiːl]
v. 느끼다, 만져보다, 생각하다, 동정하다
n. 느낌, 감촉, 만져보기

- 파 **feeling** n. 감각, 느낌, 인상 a. 느끼는, 인정어린

관 **feel free to** 마음놓고 ~하다　**feel like** ~하고 싶다, 마음이 내키다

🔊 I *feel* just great. 매우 기분이 좋다.
☐ How do you *feel* about the problem? 그 문제를 어떻게 생각합니까?
☐ I understand how you *feel*. 당신의 기분은 이해한다.
☐ I *feel* like deeply for you. 깊이 동정합니다.
☐ I don't *feel* like going to a party. 파티에 갈 기분이 아니다.
☐ I *feel* like working. 일할 맛 안나.
☐ I have a *feeling* that she doesn't like me. 그녀는 나를 싫어하는 느낌이 있다.
☐ No hard *feelings*. 나쁘게 생각하지 마.

0690. **compel**
[kəmpél]
v. 강제하다, 무리하게 ~시키다

파 **compelling** *a.* 강제적인

🔊 I was *compelled* to make a speech. 억지로 시켜서 연설을 했다.
❖ com(함께) + pel(drive; 움직이다, 몰아내다)

0691. **quarrel**
[kwɔ́:rəl/kwár-]
v. 말다툼(하다), 싸움(하다), 잔소리(를 하다)

파 **quarrelsome** *a.* 싸우기를 좋아하는, 성급한

🔊 I wouldn't *quarrel* with her if I were you.
내가 당신이라면 그녀와는 싸우지 않는다.
☐ I had a big *quarrel* with my mother-in-law.
장모와 대판 싸웠다.

0692. **counsel**
[káunsəl]
v. 충고하다, 조언하다, 권고하다, 상담하다
n. 충고, 조언, 상담, 협의, 변호사

파 **counseling** *n.* 카운셀링, 조언

🔊 He *counseled* me to refuse the offer.
그는 나에게 그 제안을 거절하라고 조언해 주었다.
☐ I'd like to have some *counseling* on studying abroad.
유학에 관한 카운슬링을 부탁합니다.

0693. **fail**
[feil]
v. 실패하다, ~하지 못하다, (시험 등에서) 떨어지다, 낙제시키다, 부족하다, 쇠약해지다

파 **failure** *n.* 실패, 부족, 낙제
관 **without fail** 틀림없이
🔊 He *failed* all the entrance examinations. 그는 모든 입학시험에 떨어졌다.
▫ My luck is *failing*. 행운이 사라지고 있다.

0694. **mail**
[meil]
v. 우송하다 *n.* 우편(물)

관 **air mail** 항공편 **surface mail** 보통우편, 해상우편
mail order 통신판매, 우편주문
🔊 Will you *mail* this letter for me? 이 편지를 부쳐 주시겠습니까?
▫ Have I got any *mail* today? 오늘 나에게 온 우편물은 없었습니까?
▫ I'd like to send it by air *mail*. 이것을 항공편으로 보내고 싶습니다.

0695. **nail**
[neil]
v. 못으로 때려박다, 고정하다, 붙잡다 *n.* 못, 손톱

🔊 *Nail* the sign to the fence. 간판을 펜스에 박으세요.

0696. **boil**
[bɔil]
v. 끓어오르다, 삶다, 익히다, 격노하다, 비등

🔊 The water's *boiling*. 물이 끓고 있습니다.

0697. **spoil**
[spɔil]
v. 못쓰게 만들다, 망쳐놓다

🔊 Don't *spoil* the mood. 무드를 깨지 마세요.
▫ She's *spoiled*. 그녀는 응석받고 있다.

0698. **call**
[kɔːl]
v. 부르다, (모임에) 소집하다, 전화를 걸다, 들르다
n. 부르는 소리, 통화, 방문, 소집

관 **call back** 되부르다, 전화를 다시 걸다 **call for** 요구하다, 필요로 하다
call it a day (업무 따위를) 그만 끝내다 **call off** (약속 따위를) 취소하다, 중지하다
call on 방문하다, 요구하다 **call up, give[make] a call** 전화를 걸다
🔊 I kept trying to *call* you. 여러 번 전화했어요.

- ☐ ***Call*** me Kelly. 켈리라고 불러주세요.
- ☐ I'll ***call*** the police[doctor]. 경찰[의사]을 부르겠다.
- ☐ Give me a ***call*** tomorrow. 내일 전화해 주세요.
- ☐ I'll ***call*** it off. 그것은 취소하겠다.

0699. recall
[rikɔ́ːl]

v. 생각해 내다, 회상하다, 회수하다, 취소하다
n. 소환, 회상, 취소, 리콜, 불량품 회수

- 🔊 I can't ***recall*** her name. 그녀의 이름이 생각나지 않는다.
- ❖ re(다시, 뒤에, 원래) + call(부르다)

0700. fall
[fɔːl]

v. 떨어지다, 낙하하다, 넘어지다, 쓰러지다, 감소하다, (~상태로)되다, (날짜가 특정한 때에) 해당하다
n. 낙하, 추락, 함락, 강우[량], 가을

- 관 **fall behind** (예정 따위가) 뒤지다 **fall for** 이성에게 반하다
- 🔊 Don't let the baby ***fall***. 아기가 떨어지지 않도록 조심하세요.
- ☐ Our production ***fell*** behind. 생산이 계획보다 늦었다.

GROUP 40

Round 1 □ 월 일
Round 2 □ 월 일
Round 3 □ 월 일

0701. **stall** [stɔːl]
v. 꼼짝 못하다, 엔진이 정지하다, 실속시키다, 궁지에 빠뜨리다
n. 엔진의 정지, 실속, 매점, 칸막이 된 곳, 가축우리

- Don't let the engine *stall*. 엔진이 멈추지 않도록 하세요.
- There'll be many different *stalls* at the fair. 박람회에는 많은 부스가 나올 것이다.

0702. **smell** [smel]
v. 냄새가 나다, 냄새를 맡다, 낌새가 있다, 느끼다, 악취를 풍기다
n. 냄새, 향기

파 **smelly** a. 악취를 풍기는

- I *smell* gas. 가스 냄새가 난다.
- This fish *smell*. 이 생선은 냄새가 이상하다.
- This *smells* good. 이것은 냄새가 좋다.

0703. **spell** [spel]
v. 철자하다, 의미하다

파 **spelling** n. 철자
관 **spell out** 철자를 줄이지 않고 쓰다, 명확히 말하다

- How do you *spell* "graffiti"? 「그래피티」는 어떻게 씁니까?

0704. **sell** [sel]
v. 팔다, 팔아넘기다, 장사하다

관 **sell off** 싼 값에 팔아치우다 **sell out** 매진되다, 팔아서 청산하다

- I *sold* my car for $2,000. 자동차를 2천 달러에 팔았다.

0705. **tell** [tel]
v. 말하다, 알리다, 가르치다, 명하다, 알다, 분별하다

관 **all told** 합쳐서 **tell apart** 구별하다 **to tell the truth** 사실은, 사실을 말하면

- I'll ***tell*** you the truth. 진실을 이야기하겠다.
- ***Tell*** me about your trip. 여행 이야기를 해주세요.
- ***Tell*** her to hurry up. 서둘러 그녀에게 말해 주세요.
- Don't ***tell*** me what to do. 가르치려는 것은 그만두세요.
- ***Tell*** me if you need more money. 돈이 더 필요하면 말해 줘.
- I'm ***telling*** you, this is a great opportunity. 이것은 정말 멋진 기회다.
- I'll ***tell*** you what. 저 잠깐 말을 들어줘.
- Don't ***tell*** me! 설마!
- I ***told*** you so. 그렇게 말했지.
- You can never ***tell***. 외견으로는 알 수 없다.

0706. swell
[swel]

v. 부풀다, 팽창하다, 증가하다 *n.* 팽창, 증대 *a.* 일류의

파 **swelling** *n.* 팽창, 부풀리기 **swollen** *a.* 부푼, 팽창한, 과장된

- Don't let your head ***swell***. 자만해선 안 됩니다.
- How come your eyes are ***swollen***? 왜 눈이 부었지?
- That's a ***swell*** idea. 멋진 생각이다.

0707. yell
[jel]

v. 소리치다[소리를 지르다], 외치다 *n.* 외침소리, 고함

- Don't ***yell*** at me like that again. 다신 그렇게 소리치지 마세요.
- I heard a ***yell***. 비명소리를 들었다.

0708. fill
[fil]

v. 채우다, 보충하다 *n.* 충분, 가득

관 **fill in** 필요 사항을 기입하다, 대리하다 **fill out** 필요 사항을 기입하다 **fill up** 채우다 **filling** 충전물, 속

- Shall I ***fill*** up your glass? 잔을 채울까요?
- Please ***fill*** out[in] this application form. 이 신청서에 필요 사항을 기입해 주십시오.
- ***Fill*** it up. 가득 채워 주세요.

0709. fulfill
[fulfíl]

v. 완수하다, 실행하다, 완료하다

파 **fulfillment** *n.* 수행, 실현, 성취

🔊 I have an obligation to *fulfill*.
내가 수행할 의무가 있다.
❖ ful(full;가득) + fill(채우다)

0710. **kill**
[kil]
v. 죽이다, 살해하다, 시들다, 망치다, 심한 고통을 주다, (통증 등을) 악화시키다, (시간 따위를) 보내다

파 **killing** n. 살해
관 **kill time** 시간을 보내다

🔊 I have one hour to *kill*. 1시간 정도 시간을 보내야 한다.
☐ The suspect *killed* himself. 용의자는 자살했다.
☐ These shoes are *killing* me. 이 구두는 아파 죽겠다.

0711. **spill**
[spil]
v. 흘리다, 엎지르다 n. 흘리기

🔊 Be careful not to *spill* the coffee.
커피를 엎지르지 않도록 주의하세요.

0712. **thrill**
[θril]
v. 감동시키다, 가슴을 설레게 하다, 두근거리게 하다, 감격하다
n. (쾌감, 공포 등으로) 두근두근하는 느낌

파 **thrilling** a. 두근두근하는, 흥분된

🔊 I was *thrilled* at her news.
그녀의 소식에 감격했다.
☐ Car racing gives me a *thrill*.
자동차 경주는 스릴 만점이다.

0713. **roll**
[roul]
v. 구르다, 굴 다, 회전하다, 전진하다, 말려들다
n. 두루마리, 회전

파 **rolling** a. 회전하는, 완만하게 기복을 이룬
관 **roll in** 굴러들어오다, 호화롭게 살다　**call the roll** 출석을 부르다　**take the roll of** ~의 출석을 부르다

🔊 Let's *roll* the dice and play the game.
주사위를 던져서 게임을 시작하자.
☐ A lot of money is *rolling* in.
거금이 들어오고 있다.

0714. **pull**
[pul]

v. 잡아당기다, 잡아끌다, 뽑아내다 *n.* 끄는 것, 한 모금, 매력

관 **pull down** ~를 파괴하다, 저하시키다　**pull out** 출발[철수]하다, 손을 떼다
　pull over ~를 한쪽으로 대다　**pull oneself together** 마음을 진정시키다
　pull up 세우다

- *Pull* down the shades. 블라인드를 내려 주세요.
- *Pull* over to the right. 차를 우측에 대 주십시오.

0715. **control**
[kəntróul]

v. 억제[제어]하다, 규제하다, 지배하다, 관리하다

관 **control oneself** 자제하다　**out of control** 통제할 수 없는
　take control of ~을 리하다　**under control** 통제[제어]되는, 지배되는

- My boss *controls* me completely. 상사에게는 큰소리칠 수 없습니다.
- The car went out of *control*. 자동차가 말을 듣지 않았다.
- Everything's under *control*. 모두 순조롭습니다.

❖ cont(contar;반대의) + rol(roll;굴리다)

0716. **snap**
[snæp]

v. 딱 소리를 내다, 뚝 부러지다, 덥썩 물어뜯다, 잔소리를 하다, 스냅사진을 찍다 *n.* 딱하는 소리, 덥썩 물어뜯기, 죔쇠, 활기, 한파, 〈a~로〉 즐거운 일, 스냅사진 *a.* 급한, 쉬운

파 **snappy** *a.* 잽싼, 빠른
관 **snap back** 급속히 회복하다　**in a snap** 즉시
　snap out of it 재빨리 벗어나다, 깨끗이 잊고 다시 일어나다

- *Snap* the cover on.
  딱 소리가 날 때까지 마개를 닫아 주십시오.
- I think we're getting in the habit of *snapping* at each other.
  서로 말다툼하는 습관이 있는 것 같다.

GROUP 41

Round 1 □ 월 일
Round 2 □ 월 일
Round 3 □ 월 일

0717. **trap** [træp] *v.* 올가미로 잡다, 막다, 속이다 *n.* 올가미, 책략

- I was *trapped* in the elevator for one hour.
  한 시간 동안 엘리베이터에 갇혀 있었다.
- I fell into his *trap*.
  그의 함정에 걸렸다.

0718. **wrap** [ræp] *v.* 싸다, 포장하다, 둘러싸다

관 be wrapped up in ~에 열중하다, ~과 밀접한 관계가 있다
wrap up ~을 요약하다, 완성하다

- *Wrap* it up for me, please. 그것을 포장해 주십시오.
- She is *wrapped* up in her career. 그녀는 일에 몰두해 있다.
- It's time to *wrap* up this meeting now. 회의를 마칠 시간입니다.

0719. **keep** [kiːp] *v.* 지니고 있다, 보유하다, 유지하다, ~해 두다, ~를 계속하다, 지키다, (일기 등을) 적다

관 keep at 열심히 하다   keep back 억제하다
keep in, keep it down 억누르다   keep it up 유지하다
keep off 가까이 하지 않다   keep on 계속해 하다   keep out of 막다
keep up 유지하다, 계속하다, 정보를 얻다   keep up with ~에 뒤떨어지지 않다

- *Keep* the change. 잔돈은 필요 없습니다.
- Don't *keep* the guests waiting. 손님을 기다리게 하지 마세요.
- I'll *keep* them quiet. 그들을 조용히 하게 하겠다.
- *Keep* your mouth shut. 입을 다무세요.
- The children *keep* me busy. 아이들 때문에 바쁘다.
- Will you *keep* an eye on my seat? 자리를 봐 주십시오.
- Let's *keep* in touch. 서로 연락을 취하자.
- Can you *keep* a secret? 비밀을 지킬 수 있습니까?

0720. sleep
[sli:p]

v. 잠들다, 자다, 마비하다 *n.* 수면, 잠

- 파 **sleepy** *a.* 졸리는, 졸음이 오는
- 관 **sleep on** ~를 하룻밤 자고 생각하다, ~의 결정을 다음날로 미루다 **sleep over** (남의 집에) 머무르다 **go to sleep** 잠자리에 들다
- 🔊 I couldn't *sleep* well last night. 어젯밤은 잘 수 없었다.
- ▫ You should get some *sleep*. 조금 자세요.
- ▫ I'll *sleep* on it. 밤새 생각해 보겠다.

0721. creep
[kri:p]

v. 기다, 살며시 걷다, 소름이 끼치다
n. 기어가기, 몸서리나는 사람, 〈복수형으로〉 오싹해지는 느낌

- 파 **creeping** *a.* (벌레 등이) 기어다니는 **creepy** *a.* 근질근질하는, 섬뜩한
- 🔊 My baby is still at the *creeping* stage. 내 아기는 아직 기는 단계이다.
- ▫ Snakes give me the *creeps*. 뱀을 보면 소름이 끼친다.

0722. weep
[wi:p]

v. 울다, 슬퍼하다

- 🔊 She's been *weeping* all day. 그녀는 종일 울고 있다.

0723. sweep
[swi:p]

v. 청소하다, 쓸다, 멀리 바라다보다, 대승하다, 펼쳐지다
n. 청소, 쓸기, 대승

- 파 **sweeping** *a.* 휘몰아치는, 광범위에 이르는, 전면적인
- 관 **sweep aside** ~를 일축하다, 휙 걷어버리다
- 🔊 Will you *sweep* the floor? 마루를 청소해 주시겠습니까?
- ▫ The new manager has made some *sweeping* changes. 신임 부장은 전면적인 개혁을 했다.

0724. ship
[ʃip]

v. 배로 나르다, 수송하다 *n.* 배

- 관 **shipping** 선적, 해운업 **shipment** 선적, 발송, 출하
- 🔊 We'll be able to *ship* it on Wednesday. 수요일에는 발송할 수 있겠다.

0725. **skip** [skip] — v. 뛰다, 생략하다, 결석하다, 도망치다 n. 깡충뛰기, 생략

- I'll *skip* lunch. 점심은 거르겠다.
- Let's *skip* the class. 수업을 빼먹자.
- *Skip* it! 신경 쓰지 말아.

0726. **flip** [flip] — v. 손가락으로 튀기다, 펄럭펄럭하고 움직이다, 탁 치다
n. 손가락으로 튀기기, 재주넘기, 공중제비

관 **flip-flop** 공중회전(을 하다), 바꾸다, 뒤엎다

- They *flipped* a coin to decide who would speak first.
  그들은 누가 먼저 말할 것인지 동전을 던져서 결정했다.

0727. **slip** [slip] — v. 미끄러지다, 미끄러 넘어지다, (머리 속에서) 없어지다, 경과하다, 얼떨결에 말하다 n. 미끄럼, 실수, 잘못

파 **slippery** a. 미끄러운
관 **let slip (out)** 무심코 입밖에 내다

- I *slipped* and hit my head.
  미끄러져서 머리를 부딪쳤다.
- The name of the author has *slipped* my mind.
  저자의 이름이 떠오르지 않았다.

0728. **rip** [rip] — v. 째다, 〈rip off로〉 훔치다, 베어내다 n. 째진 틈, 상처

- Something sharp *ripped* my good coat.
  좋은 코트인데 무엇인가에 걸려서 찢어졌다.
- Someone *ripped* off my camera.
  누가 내 카메라를 훔쳐갔다.

0729. **grip** [grip] — v. 꽉 붙잡다, 꼭 쥐다 n. 잡음, 파악, 자루

파 **gripping** a. 흥미있는, 매혹적인
관 **come to grips with** ~과 맞붙다 **lose one's grip** 놓아주다

🔊 ***Grip*** the rope and pull.
로프를 꼭 잡고 당기세요.

0730. **zip**
[zip]

v. 지퍼로 잠그다[열다], 기운차게 나가다 *n.* 지퍼

🔊 ***Zip*** up our jacket. 상의 지퍼를 올리세요.
▫ Pull up your ***zip***. 지퍼를 올리세요.

0731. **help**
[help]

v. 거들다, 도와주다, 도움이 되다, 촉진하다, (음식을) 권하다
n. 원조, 구제, 거드는 사람

파 **helpful** *a.* 도움이 되는 **helping** *a.* 돕는 *n.* 조력, (음식의) 담기
관 **help oneself to** 자유롭게 집어먹다 **help out** 도와주다 **can not help ~ing (but)** ~하지 않을 수 없다 **helpless** 무력한

🔊 ***Help*** me move this table, please.
이 테이블을 옮기는 것을 도와주십시오.
▫ Will you ***help*** me with the dishes?
접시 씻는 것을 도와주겠어요?
▫ I need your ***help*** to bring the baggage inside.
짐을 안으로 나르는 것을 도와주세요.
▫ Please ***help*** yourself to tea or coffee.
커피나 홍차를 마음대로 드세요.
▫ I can't ***help*** thinking about him.
그의 일이 머리에서 떠나지 않는다.
▫ Why don't you have a second ***helping***?
한 그릇 더 드시지 않겠어요?

GROUP 42

Round 1 □ 월 일
Round 2 □ 월 일
Round 3 □ 월 일

0732. **bump**
[bʌmp]
v. 부딪치다, 충돌하다 *n.* 충돌, 혹

파 **bumpy** *a.* (도로 등이) 울퉁불퉁한, (차가) 덜컹거리는
관 **bump into** ~와 뜻밖에 마주치다

- Another car *bumped* into mine. 다른 차가 내 차를 받았다.
- I *bumped* into Mr. Johnson today. 오늘 존슨 씨를 우연히 만났다.

0733. **dump**
[dʌmp]
v. (쓰레기를) 내버리다, 완전히 버리다 *n.* 쓰레기 버리는 곳

- *Dump* the garbage into that container. 그 용기 속에 쓰레기를 버리세요.

*~를 찼어, ~에게 차였어
구어에서 '(~와 사귀다가) ~를 차다'라고 표현할 때 dump를 쓴다.
How do I dump him?(내가 어떻게 그를 찰 수가 있겠어?)

0734. **pump**
[pʌmp]
v. 펌프로 퍼올리다, 물을 퍼내다, 공기를 넣다, 쏟아 넣다
n. 펌프

- You need to *pump* up the tires. 타이어에 공기를 넣으세요.

0735. **hop**
[hɑp/hɔp]
v. 깡충 뛰다, 춤추다 *n.* 한발로 뛰기

- *Hop* in. (차에) 타세요.

0736. **develop**
[divéləp]
v. 발달[발전]하다[시키다], 개발하다, 드러내다, (병의) 증상이 나타나다

파 **development** *n.* 발달, 개발   **developed** *a.* 발달한   **developing** 개발도상의

- Now, a problem has *developed*. 문제가 하나 일어났다.

PART 1

- You have ***developed*** good taste in music. 음악에 취미가 붙었군요.
- His cold ***developed*** into pneumonia. 그는 감기가 악화되어 폐렴이 되었다.

❖ de(dis;떨어져, 반대) + velop(wrap;싸다)

0737. **drop**
[drap/drɔp]

v. 떨어지다[뜨리다], 감소하다[시키다], 내려가다, (계획 등을) 그만 두다, 해고하다 *n.* 낙하, 저하, 물방울

관 **drop out** 중도 퇴학하다 **drop by[in, over]** 불시에 방문하다 **drop off** 잠에 빠지다, 약해지다, 차에서 내리다 **dropout** 중퇴자

- Be careful not to ***drop*** the box. 상자를 떨어뜨리지 않도록 조심하세요.
- I've decided to ***drop*** charges against Jack. 잭에 대한 고소를 취하하기로 했다.
- Let's ***drop*** the plan. 그 계획은 그만 두자.
- I'll ***drop*** by on my way home this evening. 오늘 저녁 귀가 길에 들리겠다.
- ***Drop*** in sometime. 언제 들러 주십시오.
- Could you ***drop*** me off at that corner? 저 모퉁이에서 내려 주십시오.

0738. **prop**
[prap/prɔp]

v. 기대놓다, 받쳐주다, 지지하다 *n.* 받침, 지주, 지지자

- I need someone to ***prop*** up my low spirits.
  낙담해 있는 나를 지원해 줄 사람이 필요하다.

0739. **stop**
[stap/stɔp]

v. 그만두다, 멈추다, 정지하다, 멈추어 서다, 머무르다
n. 정지, 휴지, 중지, 정류소, 체재, 마개

파 **stoppage** *n.* 중지, 정지, 휴지
관 **stop by** 들르다 **stop over** 도중하차하다

- ***Stop*** being sarcastic. 비꼬는 말 그만 하세요.
- Thank you for ***stopping*** by. 들려줘서 고맙습니다.

0740. **grasp**
[græsp, grɑːsp]

v. 잡다, 꽉 쥐다, 이해[파악]하다
n. 움켜잡기, 이해[파악]력, 지배

- I couldn't ***grasp*** his point. 그의 말의 요점을 이해할 수 없었다.

0741. draw
[drɔː]
v. 선을 긋다, 끌다, 끌어내다, 퍼올리다, 알아맞히다
n. 끌기, 인기를 끄는 것, 제비뽑기, 무승부

- 관 **draw a[the] line** 선을 긋다, 구별하다
- Will you *draw* a map of the way to your home?
  당신 집까지 약도를 그려 주시겠습니까?
- How could you *draw* such a conclusion?
  왜 그런 결론이 났지?

0742. withdraw
[wiðdrɔ́ː, wiθ-]
v. 꺼내다, (예금을) 인출하다, 철회하다, 철수시키다, 손을 떼다

- 파 **withdrawal** *n.* 물러나기, 철회, 회수, 취소
- I'll *withdraw* my offer. 내 제안을 철회하겠다.
- I'm going to *withdraw* $1,000 from my savings account.
  예금 구좌에서 천 달러를 인출하겠다.
- ❖ with(떨어져) + draw(끌다)

0743. chew
[tʃuː]
v. 씹다, 심사숙고하다

- 파 **chewy** *a.* 잘 씹히지 않는
- *Chew* your food well. 잘 씹어 드세요.
- I want to *chew* on this. 이 건에 관해서는 신중하게 생각해 보고 싶다.

0744. review
[rivjúː]
v. 다시 조사하다, 재검사하다, 복습하다, 개설하다, 비평을 쓰다
n. 재조사, 재검사, 비평 기사

- Let's *review* the plan. 계획을 재검토하자.
- ❖ re(다시, 뒤에, 원래) + view(보다)

0745. renew
[rinjúː]
v. 갱신하다, 새로 갈다, 바꾸다

- 파 **renewal** *n.* 갱신, 재개
- I have to *renew* my driver's license this year.
  올해는 운전 면허증을 갱신해야 한다.
- ❖ re(다시, 뒤에, 원래) + new(새로운)

0746. **screw** [skru:]   *v.* 나사로 죄다, 비틀어 열다[죄다]   *n.* 나사, 스크류

- 🔊 You have to *screw* the cover off.
  마개는 돌려서 따는 것입니다.
- ☐ You must tighten the *screw*.
  나사를 꼭 잠가 주십시오.

0747. **sew** [sou]   *v.* 꿰매다, 꿰매어 만들다

- 파 **sewing** *n.* 재봉
- 관 **sew up** (교섭 등을) 체결하다
- 🔊 I *sew* my clothes. 옷은 혼자서 고칩니다.
- ☐ The doctor *sewed* up the cut neatly. 의사는 상처를 잘 봉합했다.

0748. **bow** [bau]   *v.* 절[인사]하다, 〈때때로 down을 수반해서〉 머리를 숙이다, 굴복하다   *n.* 인사

- 🔊 Never *bow* to power.
  권력에 굴하지 마라.
- ☐ Let's take a *bow*.
  인사를 하자.

0749. **show** [ʃou]   *v.* 보여주다, 보이다, 전시[상영]하다, 가르치다, 설명하다, 안내하다   *n.* 전람회, 전시, 영화, 연극, 쇼

- 관 **show off** ~을 과시하다   **show up** 나타나다
- 🔊 I want to *show* you something.
  당신에게 보여줄 것이 있습니다.
- ☐ I'll *show* you how to use the washing machine.
  세탁기의 사용법을 가르쳐 드리겠습니다.

GROUP 43

Round 1 ☐ 월 일
Round 2 ☐ 월 일
Round 3 ☐ 월 일

0750. **blow**
[blou]

v. 불다, (악기 등을) 불어 소리내다, (코를) 풀다, 폭발하다, 화를 내다, (휴즈가) 끊어지다, (전구가) 나가다, (타이어가) 펑크나다
n. 강타, 타격, 쇼크

- *Blow* your nose. 코를 푸세요.
- You *blew* it. 당신이 실수했다.
- The bulb *blew*. 전구가 끊어졌다.

0751. **flow**
[flou]

v. 흐르다(듯이 나오다), 생기다, 충만하다 *n.* 흐름

- Things have been *flowing* smoothly ever since he became manager.
  그가 책임자가 되고 나서 만사 순조롭게 진행되었다.
- The traffic is *flowing* smoothly.
  교통의 흐름은 순조롭다.

0752. **glow**
[glou]

v. 빛나다, 빛을 내다, 흰빛을 내다, 발갛게 달아오르다
n. 백열, 달아오름

- Your face is *glowing* with satisfaction.
  만족해서 얼굴이 환하군요.

0753. **allow**
[əláu]

v. 허락하다, (시간, 돈의) 여유를 참작해 주다, 주다

파 **allowance** *n.* 수당

- I can't *allow* you to change our plans.
  당신이 우리 계획을 변경하게 할 수는 없다.
- We had better *allow* one hour for getting to the airport.
  공항까지 한 시간은 여유를 두자.

❖ al(ad; ~에) + low(laud; 찬양)

0754. **swallow**
[swálou/swɔ́l-]
v. 삼키다, 참다, 곧이 듣다 n. 삼키기, 한번에 마시기

🔊 The baby *swallowed* a seed. 아기가 씨를 삼켰다.

0755. **follow**
[fálou/fɔ́lou]
v. 뒤를 따라가다, 쫓아가다, ~의 결과로 일어나다, 추적하다, 이해하다

파 **following** n. 수행원, 다음에 말하는 것 a. 다음의, 이하의
관 **as follows** 다음과 같은

🔊 Please *follow* me. 뒤따라 와 주십시오.
☐ *Follow* the directions. 지시에 따르세요.
☐ I can't *follow* your idea. 당신의 생각을 이해할 수 없다.
☐ Do you *follow* me? 내가 말하는 것을 알겠습니까?

0756. **grow**
[grou]
v. 성장하다, 키우다, 재배하다, 증대하다, (~하게) 되다

파 **growth** n. 성장, 발전 **growing** a. 커가는, 성장하는 **grown** a. 성장한
관 **grow into** 자라서 ~이 되다 **grow up** 성인이 되다

🔊 Business is certainly *growing*. 사업은 확실히 성장하고 있다.
☐ Why don't you *grow* up? 성인이 되세요.

0757. **throw**
[θrou]
v. 던지다, (파티 등을) 개최하다 n. 던지기

관 **throw away** 버리다, 놓치다 **throw out** ~을 던져버리다
    throw up 토하다, 단념하다 **throwaway** 사용 후에 버리는
관 **throw in a towel** 포기하다

🔊 Don't *throw* the ball in the house. 집안에서 공을 던지면 안 돼.
☐ Are you going to *throw* away this chair? 이 의자를 버릴 겁니까?
☐ I feel like *throwing* up. 토할 것 같습니다.
☐ I'm about to *throw* in a towel. 나 손들기 직전이야.

0758. **borrow**
[bɔ́(:)rou, bár-]
v. 빌리다

동사

🔊 May I *borrow* your car this weekend?
이번 주말에 당신 자동차를 빌려도 됩니까?

*참조

borrow는 「이동할 수 있는 것」을 빌리는 경우에 쓴다. 「이동할 수 없는 것」을 빌리는 경우에는 use를 사용한다.

0759. **vow**
[vau]

v. 맹세하다, 서약하다 n. 맹세, 서약

🔊 I *vow* to stop smoking. 금연을 맹세합니다.

0760. **scream**
[skri:m]

v. 날카로운 소리[비명]을 지르다 n. 날카로운 소리[비명]

🔊 Why did you *scream* like that? 왜 그런 비명을 질렀지?
☐ Did you hear a *scream*? 비명소리 들었어요?

0761. **slam**
[slæm]

v. 문을 쾅 닫다, 세게 두드리다, 탁 놓다 n. 털썩

🔊 Don't *slam* the door. 문을 쾅 닫지 마세요.

0762. **seem**
[si:m]

v. ~인 것 같다, ~인 모양이다, (~처럼) 보이다

파 **seemingly** ad. 표면상으로는
관 **it seems like** ~처럼 생각된다   **it seems as if[though]** 마치 ~같다

🔊 It *seems* there is nothing broken. 망가진 곳은 없는 것 같습니다.
☐ That *seems* like a good idea. 좋은 생각 같다.
☐ What *seems* to be the problem? 무엇이 문제인 것 같습니까?
☐ It *seems* so. (= So it seems.) 그런 것 같다.

0763. **stem**
[stem]

v. 유래하다, 일어나다, 생기다, 분기하다 n. 줄기, 자루

🔊 The problem *stemmed* from his carelessness.
그 문제는 그의 부주의에서 일어났다.

0764. **aim** [eim] *v.* 겨누다, 겨냥하다, 노력하다, 노리다 *n.* 목표

관 **aim to** ~을 겨냥하다, 조준하다 **aim to** ~하려고 노력하다

- I think you should *aim* higher. 더 높은 곳을 목표로 해야 한다고 생각합니다.
- What are you *aiming* at? 무엇을 말하고 싶습니까?

0765. **claim** [kleim] *v.* 요구하다, 주장하다, 받을 만하다, (목숨을) 빼앗다
n. 요구, 주장(요구하다), 권리, (보험 등의) 지불 청구서

관 **lay claim to** ~에 대한 권리를 주장하다

- He *claimed* it wasn't his fault. 그것은 자신의 책임이 아니라고 그는 주장했다.
- You should *claim* your right to the inheritance.
  유산 상속권을 주장해야 한다.
- he *claimed* to be her real father. 그는 그녀의 진짜 아버지라고 주장했다.
- Doesn't anyone *claim* this bag? 이 가방의 주인은 없습니까?

0766. **trim** [trim] *v.* 가지런히 하다, 잘라내다, 삭감하다 *n.* 깎아 다듬기, 이발

- We have to *trim* our budget. 예산을 삭감해야 한다.
- Will you *trim* the back of my hair a little more? 뒷머리를 조금 더 깎아 주십시오.

0767. **swim** [swim] *v.* 수영하다 *n.* 수영

- I can't *swim*. 나는 수영을 못한다.
- Can you *swim* butterfly stroke? 접영을 할 수 있습니까?
- How about going for a *swim*? 수영하러 가지 않겠습니까?

0768. **calm** [kɑːm] *v.* 가라앉히다, 진정시키다 *n.* 진정된, 고요한 *n.* 평온

파 **calmly** *ad.* 평온하게, 침착하게

- *Calm* down now. 자, 진정해.
- He's so *calm* and sure of himself. 그는 매우 침착해서 자신에 차 있다.

동사

GROUP 44

Round 1 □ 월 일
Round 2 □ 월 일
Round 3 □ 월 일

0769. **harm**
[haːrm]
v. 해를 주다, 상처를 주다 n. 해, 해악, 잘못

- 파 **harmful** a. 유해한
- 관 **do ~harm** ~에게 해를 끼치다 **harmless** 해가 되지 않는
- Don't *harm* the animals. 동물에게 해를 끼치지 마세요.
- It will do you no *harm* to stay another week. 1주일 더 머물러도 괜찮아요.
- No *harm* trying. 시도해도 손해는 없다.

0770. **confirm**
[kənfə́ːrm]
v. 확인하다, (결심 등을) 굳히다

- 파 **confirmation** n. 확인, 확증 **confirmed** a. 확인된, 굳어진
- 관 **reconfirm** 재확인하다 **reconfirmation** 재확인
- Will you *confirm* our hotel booking by phone?
  전화로 호텔 예약을 확인해 주십시오.
- I'm calling to *confirm* my bus ticket.
  버스표 확인하려고 전화했어요.
- ❖ con(완전히) + firm(단단한, 제대로 된)

0771. **form**
[fɔːrm]
v. 형성하다, 조직하다, 만들다, (의견 등을) 구상하다
n. 모양, 형, 형식, 서식, 용지

- 파 **formation** n. 형식, 구조 **formal** a. 형식에 맞는, 질서정연한, 형식만의
  formally ad. 정식으로, 형식상
- *Form* a line here. 여기에 일렬로 서 주십시오.
- Could I have an application *form*? 신청서를 써주십시오.

0772. **inform**
[infɔ́ːrm]
v. 알리다, 통지하다, 정보를 제공하다

- 파 **information** n. 정보, 안내소 **informative** a. 정보를 주는, 유익한
  informed a. 박식한

관 **informant** 정보제공자

🔊 I haven't *informed* him of my real age. 그에게는 진짜 나이를 알려주지 않았다.
☐ Keep me *informed* of any change of plan. 계획에 변경이 있으면 알려 주십시오.
☐ Will you collect the necessary *information*? 필요한 정보를 모아 주십시오.
❖ in(~가운데로, 위로) + form(형성하다)

0773. **perform**
[pərfɔ́ːrm]
v. 상연[연극]하다, 행하다, 완수하다, 수행하다

파 **performance** n. 연주, 상연, 수행

🔊 How does he *perform* on the job? 그의 업무 수행은 어떻습니까?
❖ per(통해서, 완전히) + form(형성하다)

0774. **transform**
[trænsfɔ́ːrm]
v. 변화시키다, 변형시키다, 바꾸다, 변환하다

파 **transformation** n. 변형, 변용, 변환

🔊 That farmland has been *transformed* into a residential area.
저 농지는 주택지로 바뀌었다.
❖ trans(넘어서) + form(형성하다)

0775. **pass**
[pæs]
v. 통과하다, 합격하다, (시간을) 보내다, 건네다, 가결하다
n. 입장[통행] 허가증, 합격, 통과, 통행

파 **passage** n. 통행, 경과, 일절   **passable** a. 통과할 수 있는
passing a. 합격의, 지나가는
관 **pass away** 죽다   **pass out** ~를 배포하다, 의식을 잃다, 취해 곤드라지다
pass over ~를 무시하다   **pass up** ~를 거부하다, 끊다, 사퇴하다
passenger 승객

🔊 The years *pass* quickly. 세월은 빠르다.
☐ If I don't *pass* the test, they'll kick me out. 시험에 합격하지 못하면 퇴학당한다.
☐ *Pass* these out, please. 이것들을 나눠주십시오.
☐ Would you *pass* me the salt, please? 소금 좀 건네 주십시오.

0776. **embarrass**
[imbǽrəs, em-]
v. 난처하게 하다, 당혹[혼란]시키다

파 **embarrassment** n. 당황, 곤혹   **embarrassed** a. 당황한, 난처한

동사

embarrassing *a.* 난처하게 만드는, 당황하게 하는

🔊 I was *embarrassed* by what she said. 그녀가 말한 것에 당혹했다.
☐ This very *embarrassing*. 아주 난처합니다.
❖ em(in;안에) + barrass(bar;방해하다)

0777. **confess**
[kənfés]
v. 고백[자백]하다, 인정하다

파 **confession** *n.* 고백, 자백

🔊 Did the suspect *confess* to the crime?
용의자는 범행을 자백했습니까?
☐ I *confess* I'm impressed with your work.
당신의 일에 감탄한 것을 인정합니다.
❖ con(함께) + fess(admit;시인하다)

0778. **bless**
[bles]
v. 축복하다, 은혜를 빌다

파 **blessing** *n.* 은혜, 축복 **blessed** *a.* 신성한, 축복을 받은

🔊 God *bless* you. 당신에게 신의 가호가 있기를.

0779. **impress**
[imprés]
v. 인상을 주다, 감동시키다, 감동을 주다, 찍어서 만들다

파 **impression** *n.* 인상, 감동, 감명 **impressionable** *a.* 감동하기 쉬운
impressive *a.* 인상적인

🔊 I was very *impressed* with what you said at the meeting.
회의에서 당신의 발언에 매우 감동했다.
☐ I hope I'll give him a good *impression*.
그에게 좋은 인상을 주고 싶다.
❖ im(~가운데로, 위로) + press(누르다)

0780. **express**
[iksprés]
v. 표현하다, 묘사하다, 자신의 생각을 진술하다
a. 급행의, 명백한, 급행열차의 *n.* 급행열차

파 **expression** *n.* 표현, 표현법 **expressive** *a.* 표현력[표정]이 풍부한, ~을 표현하는

🔊 You must *express* yourself clearly. 확실히 말하세요.
☐ It's take about 40 minutes by *express*. 급행으로 40분 걸립니다.
❖ ex(밖에, 밖에서) + impress(누르다)

0781. **possess**
[pəzés]

v. 소유하다, 가지고 있다, 신들리다

파 **possession** n. 소유(물)   **possessive** a. 소유의, 소유욕이 강한

- He seems to *possess* all he wants in life.
  그는 원하는 것을 모두 가지고 있는 것 같다.
- My health is my most valuable *possession*.
  내게 있어서 가장 중요한 것은 건강이다.

❖ pos(power;힘) + sess(sit;앉다)

0782. **guess**
[ges]

v. 추측하다, 알아맞히다, 생각하다   n. 추측, 어림짐작

관 **anybody's guess** 아무도 확실히 알 수 없는 일

- I *guess* it's hard to understand. 이해하기가 어려운 것 같습니다.
- *Guess* who's coming to dinner. 누가 저녁식사에 올지 맞춰 보세요.
- Make[Take] a *guess*. 맞춰봐요.

0783. **miss**
[mis]

v. 놓치다, 빗맞히다, 타지 못하다, 피하다, ~이 없음을 아쉬워하다

파 **missing** a. 부족한, 분실한, 행방불명인

- I almost *missed* the train. 기차를 놓칠 뻔했다.
- You're *missing* the point. 당신은 중요한 점을 놓치고 있다.
- I'll really *miss* you. 당신이 정말 그립다.
- One page is *missing*. 1쪽 부족하다.

0784. **dismiss**
[dismís]

v. 해고하다, 해산시키다, (생각 등을) 떨어버리다, 뿌리치다, 기각하다

파 **dismissal** n. 해고, 해산, 기각

- Bill was *dismissed* for pocketing company money.
  빌은 회삿돈을 착복해서 해고되었다.
- Class (is) *dismissed*. 수업이 끝났다.
- This case is *dismissed*. 본 소송은 기각합니다.

❖ dis(떨어져, 반대) + miss(send;보내다, 던지다)

GROUP 45

Round 1 ☐ 월 일
Round 2 ☐ 월 일
Round 3 ☐ 월 일

0785. **toss**
[tɔːs]

v. 던져 올리다, 위 아래로 움직이다, 혼란시키다
n. 던져 올리기, 동요, 동전 던지기

관 **toss-up** 동전 던지기, 동전을 던져 정하다

🔊 Let's *toss* for it. 동전을 던져서 결정하다.

0786. **discuss**
[diskÁs]

v. 논의하다, 의도하다, 검토하다

파 **discussion** n. 토론, 의논, 검토

🔊 I want to *discuss* something with you. 잠깐 이야기하고 싶은 것이 있습니다.
☐ There's nothing to *discuss*. 얘기할 것은 아무 것도 없다.

❖ dis(떨어져, 반대) + cuss(strike;치다)

*참조
discuss about라고 하지 않으므로 주의하자.

0787. **drag**
[dræg]

v. 잡아당기다, 끌려가다, 과도하게 끌다, 느릿느릿 걷다
n. 거치적거림, 따분한 사람, 방해물

관 **drag out** ~을 오래 끌다   **drag one's feet** 꾸물거리다

🔊 I'm sorry to *drag* you back for further questioning.
붙잡아서 죄송합니다만 아직 질문이 있습니다.
☐ They *dragged* the meeting out of for two hours.
그들은 지루하게 2시간 이상 회의를 계속했다.
☐ What a *drag*! 지루해!

0788. **beg**
[beg]

v. 빌다, 간청하다, 부탁하다

🔊 Please don't go, I *beg* you. 가지 말아요, 부탁할게요.
☐ I *beg* your pardon? 다시 한 번 말씀해 주십시오.
☐ I *begged* for his forgiveness. 그에게 용서를 빌었다.

216   PART 1

0789. **dig**
[dig]

v. 파내다, 골라내다, 이해하다, 좋아하게 되다 *n.* 비꼬기, 풍자

- Who ***dug*** a hole here? 누가 여기에 구멍을 팠지?
- I can ***dig*** that. 그것은 이해할 수 있다.
- You'll really ***dig*** her. 당신은 정말로 그녀를 좋아하게 될 것이다.

0790. **hang**
[hæŋ]

v. 걸다[걸리다], 장식하다, 드리우다, 교수형에 처하다
n. 매달린 모양, 다루는 법

관 **hang in there** 버티다 **hang on** 꽉 달라붙다, 버티다, 전화를 끊지 않고 두다 **hang out** 말리다, 자주 방문하다, 빈둥거리다 **hang up** 전화를 끊다
hangover 숙취

- I have to ***hang*** out the wash. 세탁물을 말려야 한다.
- ***Hang*** on. (전화에서) 잠깐 기다려요. / 기운내.
- She ***hung*** up angrily. 그녀는 화가 나서 전화를 끊었다.
- I can't get the ***hang*** of this microwave oven. 이 전자레인지의 사용법을 모른다.

0791. **cling**
[kliŋ]

v. 들러붙다, 집착하다, (생각, 습관 등이) 깊이 배어들다

파 **clinging** *a.* 밀착성의, 착 달라붙는

- Don't ***cling*** to the past. 과거에 집착해선 안된다.

0792. **ring**¹
[riŋ]

v. 울리다, 벨을 울려서 부르다, 전화걸다
n. 울림, 울리는 소리, 전화소리

관 **ring a bell** 상기시키다

- The phone is ***ringing***. 전화가 왔어요.
- Give me a ***ring*** when you get there. 그곳에 도착하면 전화해 주세요.

0793. **bring**
[briŋ]

v. 가져오다, (데리고)오다, 초래하다, (소송 등을) 일으키다

관 **bring about** ~를 일으키다 **bring back** ~를 상기시키다
bring in (이익을) 내다 **bring up** 양육하다

- Can I ***bring*** a friend? 친구를 데리고 와도 됩니까?
- What ***bring*** you here? 왜 여기에 왔지?

0794. belong
[bilɔ́(:)ŋ]
v. ~에 속하다, 일원이다, (있어야 할 장소에) 있다

파 **belonging** n. 〈복수형으로〉 소지품

- The painting **belongs** to me. 그 그림은 내 것입니다.
- You don't really **belong** here. 당신은 여기에 어울리지 않는다.

0795. hug
[hʌg]
v. 끌어안다, 포옹하다 n. 포옹

- Come and **hug** Grandma. 와서 할머니를 껴안으세요.
- Give me a **hug**. 꼭 안아주세요.

0796. plug
[plʌg]
v. 플러그를 꽂다, 마개를 하다 n. 플러그, 마개

관 **plug in** (플러그를 꽂아서) 전류가 흐르다   **plug away** 열심히 일하다

- Will you **plug** in the vacuum cleaner, please? 청소기의 플러그를 꽂아주세요.
- keep **plugging** away. 그대로 열심히 근무하세요.

0797. grab
[græb]
v. 붙잡다, 가로채다 n. 잡아채기

관 **up for grabs** 노력만 하면 누구나 얻을 수 있는

- I'm going to **grab** this opportunity. 이 기회를 놓칠 수 없다.
- The position is up for **grabs**. 그 직은 아무나 응모할 수 있다.

0798. climb
[klaim]
v. 오르다, (연기 등이) 피어오르다, 승진하다
n. 오르기(판), 상승, 승진

관 **climb down** (손발을 써서) 오르다

- Be careful **climbing** up the ladder. 사다리를 오를 때는 조심하세요.
- My stock is **climbing**. 내 주식이 오르고 있다.

0799. rob
[rɑb/rɔb]
v. 훔치다, 빼앗다

- 파 **robbery** *n.* 강도, 강탈
- 관 **robber** 강도
- 🔊 A man ***robbed*** the old woman of her purse. 남자가 할머니의 지갑을 훔쳐갔다.
- ☐ I was ***robbed*** of my video camera. 나는 비디오 카메라를 도둑맞았다.
- ☐ Two men ***robbed*** the bank. 2인조가 은행을 털었다.

0800. **absorb**
[æbsɔ́ːrb, -zɔ́ːrb]

v. 흡수하다, (충격 등을) 완화하다, 열중하게 하다

- 파 **absorption** *n.* 흡수, 열중 **absorbed** *a.* 열중한
- 🔊 This material ***absorbs*** water very well. 이 재질은 수분을 매우 잘 흡수한다.
- ☐ he is ***absorbed*** in his work. 그는 일에 몰두하고 있다.
- ❖ ab(떨어져서) + sorb(suck; 빨다)

0801. **disturb**
[distə́ːrb]

v. 폐를 끼치다, 방해하다, 당혹시키다

- 파 **disturbance** *n.* 폐, 방해, 근심 **disturbed** *a.* 동요된, 근심하는
- 🔊 Sorry to ***disturb*** you, but could I speak with you now?
  방해해서 죄송하지만 잠깐 이야기할 수 있습니까?
- ❖ dis(떨어져, 반대) + turb(turbid; 혼란된)

0802. **rub**
[rʌb]

v. 문지르다, 비비다, 문질러 윤내다, 지워버리다

- 파 **rubbing** *n.* 문지르기
- 관 **rub a person the wrong way** 사람의 신경을 건드리다
- 🔊 ***Rub*** some lotion on my back, will you?
  등에 로션을 발라 주십시오.

0803. **scrub**
[skrʌb]

v. 북북 문지르다, 문질러서 닦아내다, 취소하다

- 🔊 ***Scrub*** the floor till it shines. 광이 날 때까지 마루를 닦으세요.
- ☐ The plans have been ***scrubbed***. 계획은 중지되었다.

동사

GROUP 46

Round 1 ☐ 월 일
Round 2 ☐ 월 일
Round 3 ☐ 월 일

0804. **do**
[du:]
v. (일, 행위 등을) 하다, 행하다, (경의 등을) 나타내다, (이익 등을) 초래하다, ~의 역을 연기하다, (식사, 침대 거리를) 가다, ~의 속도로 나가다, 살아가다, 좋다, 도움이 되다 *n.* 행위

관 **do away with** ~를 제거하다, 폐지하다 **do over** ~를 개조하다
do with ~를 처리하다, ~를 다루다, 참고 견디다 **do without** ~없이도 지내다
be[have] done with ~을 마치다, 끝내다 **have something[nothing] to do with** ~와 관계있는[없는] **make do with[without]** ~(없이) 참고 견디다

- 🔊 Just *do* as I say. 내가 말한 대로만 하세요.
- ☐ Anything will *do*. 무엇이라도 상관없습니다.
- ☐ How are you *doing*? 건강하십니까?
- ☐ I'm *doing* pretty good. 매우 건강히 지내고 있습니다.
- ☐ I'm almost *done* with my work. 일은 이제 곧 끝납니다.
- ☐ We're *doing* 100 kilometers. 우리는 백 킬로미터로 나가고 있다.
- ☐ I don't know what to *do* with it. 그것을 어떻게 처리하면 좋을지 모르겠다.
- ☐ We should *do* away with the consumer tax. 우리는 소비세를 폐지해야 한다.
- ☐ I have nothing to *do* with it. 나는 그것에는 관련이 없다.

0805. **go**
[gou]
v. 가다, 나아가다, 나가다, (~상태로) 되다, 작동하다, 진행하다
n. 진행, 시도, 원기

관 **as far as~go** ~에 한 한은 **go about** (일 등을) 착수하다
go after 뒤를 쫓아다니다 **go against** ~에 반대하다
go ahead 전진하다, 먼저~하세요 **go along** 나아가다, 찬성하다
go around (소문, 병 등이) 퍼지다 **go at** ~에게 덤벼들다 **go away** 떠나다
go back 되돌아가다 **go by** 들르다 **go down** 추락하다, 쇠약해지다
go for 가지러 가다, 지시하다, 호의를 보이다 **go in for** ~에 찬성하다, 참가하다, 열중하다 **go into** 들어가다, 연구하다, 참가하다, 열중하다 **go off** 사라지다, 폭발하다, (가스, 수도 등이) 떨어지다 **go on** 나아가다, 계속하다 **go out** 외출하다, (불 등이) 꺼지다 **go out of** ~에서 나오다 **go over** 건너다, 초과하다, 검토하다
go through ~를 전부 마치다 **go through with** ~를 완수하다, 실행하다
go too far 지나치다 **go up** 오르다, 상승하다 **go with** 조화되다, 동반하다
go without ~없이 해나가다 **to go** 남은

- I'm *going* to bed. 이제 자야겠다.
- Let's *go* shopping. 쇼핑하러 갑시다.
- How did the game *go*? 시합은 어떻게 됐어?
- How's it *going*? (요즘) 어떻습니까?
- It *goes* like this. 이와 같이 됩니다.
- I *went* by your place yesterday. 어제 당신 집 근처를 지나갔다.
- Do you want to *go* for a walk? 산책하러 가고 싶습니까?
- He *went* into politics. 그는 정계에 들어갔다.
- Please *go* on talking. 말을 계속해 주십시오.
- What's *going* on? 무슨 일입니까?
- The girls will *go* crazy over you. 여자들은 당신에게 홀딱 반하게 될 것이다.
- I don't know what *went* wrong. 왜 그렇게 잘못되었는지 모르겠다.
- All right, here we *go*. 좋아, 가자.
- We must *go* over these estimates. 이 견적서를 조사해야 한다.
- The value of the house is *going* up. 집 값이 오르고 있다.
- That bag *goes* with your brown shoes. 그 가방은 당신의 갈색 구두와 어울린다.

*참조
회화에서 go see a doctor(병원에 가다)처럼 go 다음에 동사가 바로 오는 경우가 있는데 관용적으로 and를 생략해서 많이 쓴다.

0806. **undergo**
[ʌndərgóu]
v. 체험하다, 견디다, (수술 등을) 받다

- He just *underwent* a major operation. 그는 방금 대수술을 받았다.
- under(아래로) + go(가다)

0807. **relax**
[riláeks]
v. 완화시키다, 풀다, 편하게 하다

파 **relaxation** n. 느긋함 **relaxing** a. 누그러진
- Let's *relax* a while. 잠깐 쉽시다.
- Sitting by the pool is very *relaxing*. 풀 옆에 앉아 있으면 매우 편안하다.
- re(뒤로) + lax(loose;늦추다)

0808. **fix**
[fiks]
v. 고정시키다, 결정하다, 수리하다, 조정하다, 요리하다
n. 괴로운 처지

파 **fixation** n. 정착, 고정 **fixed** a. 고정된, 움직이지 않는, 단호한
관 **fix up** 남을 위해 준비하다, 손질하다

동사

🔊 We have to get our TV *fixed*. 텔레비전을 수리해야 한다.
☐ Let's *fix* the date for the visit. 방문 날짜를 정하자.
☐ I'll *fix* you a drink. 음료를 만들겠다.
☐ Have you *fixed* supper yet? 저녁 준비는 되었습니까?

0809. **mix**
[miks]

v. 섞다, 섞이다, 조합[결합, 조화]시키다, 첨가하다, 교제하다
n. 혼합물, 혼란, 즉석식품

파 **mixture** *n.* 혼합(물)
관 **be mixed up** 머리가 혼란한   **mix up** ~를 혼동하다   **mix-up** 혼란

🔊 *Mix* the flour and water together.
밀가루와 물을 혼합하세요.
☐ I *mixed* you up with your brother.
당신과 형을 혼동한다.
☐ I'm *mixed* up.
머리가 혼란스럽다.

0810. **panic**
[pǽnik]

v. 공항을 일으키다, 열광시키다   *a.* 까닭 없는, 걷잡을 수 없는
n. 공항

🔊 Don't *panic*.
당황하지 말아요.
☐ I could see the *panic* on her face.
당황하는 모습이 그녀 얼굴에 나타나 있었다.

PART 2
명사 486

GROUP

047
∨
071

GROUP 47

Round 1 ☐ 월 일
Round 2 ☐ 월 일
Round 3 ☐ 월 일

0811. **surface** [sə́ːrfis]
n. 표면, 외관 a. 표면의, 지상의, 외관의
v. 떠오르다, 포장하다, 표면화하다

- 🔊 On the **surface** it seems like a good idea. 한편으로 그것은 좋은 생각으로 볼 수 있다.
- ☐ Many new problems have **surfaced**. 많은 문제가 생겼다.
- ❖ sur(위에, 넘어서) + face(표면)

0812. **place** [pleis]
n. 장소, 지역, 입장, 직분, 입상 순위
v. 두다, 배치하다, 제출하다, 임명하다, 평가하다

- 파 **placement** n. 배치
- 관 **in place** 적절하게   **in a person's place**, **in place of** ~대신에
  out of place 부적당한   **take place** 일어나다, 행해지다
  take the place of ~에 대신하다   **in the first place** 우선, 제일 먼저
- 🔊 You can stay at my **place**. 내 집에 묵어도 돼요.
- ☐ The swim meet will take **place** at our school. 수영 경기 대회는 학교에서 거행된다.
- ☐ I feel out of **place** here. 나는 여기에 어울리지 않는다.

0813. **pace** [peis]
n. 한 걸음, 페이스, 보폭, 속도 v. 천천히 걷다, 걸어서 재다

- 관 **keep pace with** 보조를 맞추다   **set the pace** 보조를 맞추다
- 🔊 He always works at his own **pace**. 그는 항상 자신의 페이스로 일을 한다.
- ☐ She can't keep **pace** with the other workers. 그녀는 동료와 보조를 맞출 수 없다.

0814. **trace** [treis]
n. 자국, 발자취, 흔적, 기미, 도형
v. 자국을 따라가다, 추적하다, 베껴 쓰다

- 🔊 There was no **trace** of a break-in. (도둑이) 침입한 흔적은 없었다.
- ☐ Children like to **trace** cartoon characters.
  아이들은 만화 주인공의 그림을 따라 그리는 것을 좋아한다.

0815. **piece**
[piːs]
n. 조각, 단편, 한 개, 작품, 기사 *v.* 잇다, 맞추다

관 **all in one piece** 무사히 **to piece** 산산조각으로 **go to pieces** 산산조각이 되다 **a piece of cake** 케이크 한 조각 **piece by piece** 하나씩 하나씩, 서서히

🔊 Have you got a *piece* of paper? 종이 한 장 있습니까?
☐ They made it back in one *piece*. 그들은 무사히 귀가했다.

0816. **prejudice**
[prédʒudis]
n. 편견, 선입견 *v.* 편견을 품게 하다

파 **prejudiced** *a.* 편파적인
관 **racial prejudice** 인종편견

🔊 He has a *prejudice* against women employees.
그는 여자 사원에 대해 편견을 가지고 있다.
☐ He is *prejudiced*.
그는 편견이 있다.
❖ pre(앞에) + jud(judge;재판하다) + ice(명접)

0817. **choice**
[tʃɔis]
n. 선택(의) 기회[범위], 선택받은 것[사람] *a.* 우량품의, 정선된

파 **choose** *v.* 선택하다
관 **have no choice** 방법이 없는, 아무래도 좋은 **make a choice** 선택하다 **take one's choice** 마음에 드는 것을 택하다, 선정하다

🔊 I had no other *choice*. 방법이 없습니다.
☐ You made a bad *choice*. 나쁜 선택을 했다.
☐ Take your *choice*. 어느 쪽인지 결정하세요.

0818. **voice**
[vɔis]
n. 소리, 음성, 발언 *v.* 표명하다

🔊 Don't raise your *voice*. 소리를 크게 내지 않도록 조심하세요.
☐ Do you recognize the *voice*? 누구 목소리인지 압니까?
☐ Everybody will have a chance to *voice* their opinion.
누구라도 자신의 의견을 말할 기회가 있습니다.

명사

0819. price
[prais]

n. 가격, 대가, 물가, 상금 v. 값을 매기다

관 **at any price** 어떤 희생을 지불해서라도 **at the price of** ~를 걸고서
□ The *price* is too high. 값이 너무 비쌉니다.
□ Stock *prices* fell sharply yesterday. 어제 주가가 급락했다.

0820. justice
[dʒʌ́stis]

n. 정의, 공정, 정당[타당]성, 재판(관) 반 **injustice** 부정

파 **just** a. 정당한, 공정한
관 **do justice to, do ~ justice** ~를 정당하게 하다, 정당하게 평가하다
🔊 I only want to see *justice* done.
   정의가 이루어지기를 기대할 뿐입니다.
□ I wonder if I can do *justice* to all this wonderful food.
   이렇게 맛있는 음식을 전부 먹을 수 있을까요?
❖ just(법, 바른) + ice(명접)

0821. vice
[vais]

n. 악덕, 사악

파 **vicious** a. 악의적인, 부도덕한
🔊 There are many *vices* in society. 세상은 나쁜 일로 가득차 있다.
□ he's a *vicious* person. 그는 부도덕한 인간이다.

0822. device
[diváis]

n. 장치, 고안물, 궁리, 책략

파 **device** v. 생각해 내다, 고안하다
🔊 The video unit is a fascinating *device*. 비디오는 멋진 기계이다.
□ We have to *devise* a scheme to boost sales. 판매를 신장시킬 연구를 해야 한다.

0823. chance
[tʃæns, tʃɑːns]

n. 기회, 가망성, 우연, 모험 v. 우연히 ~이 되다

파 **chancy** a. 불확실한, 위험한
관 **by any chance** 만일에라도 **by chance** 우연히 **chances are ...** 아마 ...이
   다 **take a chance, take one's chance(s)** 되든 안 되든 한번 해보다

🔊 I didn't have a *chance* to call you yesterday.
어제는 당신에게 전화할 기회가 없었다.

☐ *Chances* are you'll end up broke.
당신은 아마 파산할 기회에 처할 것이다.

☐ We'll take our *chances*.
흥하든 망하든 해보자.

0824. **glance**
[glæns, glɑːns]
n. 보기, 일견 *v.* 힐끗 보다

관 **at a glance** 얼핏 쳐다보다   **take a glance at** ~를 힐끗 보다

🔊 I could tell it was Ed at a *glance*. 에드라는 것을 한 눈에 알았다.

0825. **insurance**
[inʃúərəns]
n. 보험

파 **insure** *v.* 보증하다, 보험에 들다   **insured** *a.* 보험에 든

🔊 Do you have *insurance* on your jewelry?
보석은 보험에 들어 있습니까?

☐ Your *insurance* should pay.
보험으로 커버할 수 있습니다.

☐ I'd like to buy a life *insurance* policy.
생명보험을 들고 싶습니다.

☐ My *insurance* premium will go up. 보험료가 올라갈 것입니다.

❖ insure(안전하게 하다) + ance(명접:추상)

0826. **substance**
[sʌ́bstəns]
n. 물질, 본질, 실질, 요지

파 **substantiate** *v.* 실증하다   **substantial** *a.* 실질적인, 확실한, 상당한
substantially *ad.* 실질상, 대체로, 충분히

🔊 What's this *substance*? 이 물질은 무엇입니까?

☐ There was no *substance* to his speech. 그의 연설은 내용이 없었다.

☐ he makes a *substantial* amount of money. 그는 많이 번다.

❖ sub(~밑에) + st(stand:서다) + ance(명접:추상)

GROUP 48

Round 1 □ 월 일
Round 2 □ 월 일
Round 3 □ 월 일

0827. distance [dístəns] *n.* 거리, 상당히 떨어진 간격, 원격, 격의

- 파 **distant** *a.* 먼, 먼 친척의, 서먹서먹한
- 관 **at a distance** 매우 떨어져서 **from a distance** 멀리서
  in the distance 먼 곳에 **keep a person at a distance** 남을 멀리하다
- 🔊 I walked a long *distance* to the library. 도서관까지 꽤 걸었습니다.
- ☐ I see a hotel sign in the *distance*. 멀리 호텔 간판이 보입니다.
- ❖ dist(distant;먼) + ance(명접;추상)

0828. circumstance [sə́ːrkəmstæ̀ns/-stən] *n.* 〈보통, 복수형으로〉 사정, 상황, 환경, 경우

- 파 **circumstantial** *a.* 사정[상황]의, 상세한
- 관 **under no circumstances** 어떤 일이 있어도 **under the circumstances** 형편이 이러하고, 이런 처지이니
- 🔊 He can adapt to any *circumstances*.
  그는 어떤 환경에도 적응할 수 있다.
- ☐ I can't leave you out of the project under any *circumstances*.
  어떤 사정이 있더라도 당신을 계획에서 뺄 수 없다.
- ❖ circum(around;주위에) + st(stand;서다) + ance(명접;추상)

0829. instance [ínstəns] *n.* 예, 실례, 경우, 소송 사건

- 관 **for instance** 예를 들면
- 🔊 Did you know, for *instance*, that this car gets 10 kilometers to the liter?
  예를 들면, 이 차가 리터당 10킬로미터를 간다는 것을 알고 있었습니까?
- ❖ inst(instant;즉시의) + ance(명접;추상)

0830. coincidence [kouínsədəns] *n.* 우연의 일치, 동시 발생

파 **coincide** v. 동시에 일어나다, 일치하다
coincident, coincidental a. 동시에 일어나는, 완전히 일치된

🔊 What a *coincidence* – we're both going to Chicago this summer.
우리가 모두 올 여름에 시카고에 간다는 것은 우연이군요.

❖ coincid(일치하다) + ence(명접;추상)

0831. **residence**
[rézidəns]
n. 주거, 거주(지)

파 **reside** v. 거주하다　**resident** n. 거주자 a. 거주하는　**residential** a. 주택의

🔊 This is the mayor's *residence*. 이곳이 시장의 관사입니다.

❖ reside(상주하다) + ence(명접;추상)

0832. **evidence**
[évidəns]
n. 증거

파 **evident** a. 명백한, 분명한　**evidently** n. 명백하게
관 **in evidence** 존재하여

🔊 I've got hard *evidence*. 확증이 있습니다.
☐ Everything's based on circumstantial *evidence*.
모든 것은 상황 증거에 기초하고 있다.
☐ It is *evident* that he is lying.
그가 거짓말을 하고 있다는 것은 명백하다.

❖ evid(evident;분명한) + ence(명접;추상)

0833. **conscience**
[kúnʃəns/kɔ́n-]
n. 양심, 판단력, 분별

파 **conscientious** a. 양심적인, 성실한
관 **in all conscience** 도리상, 확실히

🔊 It's on my *conscience*. 그 건은 마음이 아픕니다.
☐ It's a matter of *conscience*. 그것은 양심 문제입니다.

❖ con(함께) + sci(know;알다) + ence(명접;추상)

0834. **experience**
[ikspíəriəns]
n. 경험, 체험 v. 경험하다, 체험하다

파 **experienced** a. 경험을 가진, 숙련된

🔊 We need someone with *experience*. 경험자가 필요하다.

명사

☐ Let me go with someone *experienced* in negotiation.
교섭에 능한 사람과 함께 가게 해 주십시오.

❖ ex(밖에, 밖에서) + peri(lead;이끌다) + ence

0835. **conference**
[kánfərəns/kɔ́n-]   n. 회의, 상담

파 confer v. 상의하다

◀) Mr. Williams is in *conference* just now.
월리암 씨는 지금 회의 중입니다.

❖ confer(논하다) + ence(명접;추상)

0836. **sentence**
[séntəns]   n. 판결, 선고, 형 v. 판결을 내리다

관 **death sentence** 사형   **life sentence** 종신형
serve one's sentence 복역하다

◀) The murderer got a death *sentence*.
= The murderer was *sentenced* to death.
살인범에게 사형 판결이 내려졌다.

❖ sent(perceive;이해하다) + ence(명접;추상)

0837. **consequence**
[kánsikwèns/kɔ́nsikwəns]   n. 결과, 논리적인 귀결, 중대성

파 **consequent** a. 결과의, 필연적인   **consequential** a. 중대한
consequently ad. 그 결과로서, 따라서

◀) Have you thought about the *consequences* of your decision?
자신이 내린 결정의 결과에 대해 생각해 본 적이 있습니까?

☐ His decision is of great *consequences* to our future.
그의 결정은 우리의 장래에 큰 영향을 미친다.

❖ con(함께) + sequ(follow;따르다) + ence(명접;추상)

0838. **divorce**
[divɔ́ːrs]   n. 이혼 v. 이혼하다, 시키다

◀) I heard he's getting a *divorce*. 그가 이혼한다고 했다.
☐ They were *divorced* two years ago. 그들은 2년 전에 이혼했다.

❖ di(떨어져) + vor(turn;돌아서다) + ce(명접)

0839. source [sɔːrs]
n. 원천, 근원, 원인, 정보원

- I need another ***source*** of income. 수입원이 하나 더 필요하다.
- Do you have a reliable ***source***? 확실한 정보원이 있습니까?
- sour(rise;오르다) + ce(명접)

0840. resource [ríːsɔːrs]
n. 〈보통, 복수형으로〉 자원, 물자, 임기응변의 재주

파 **resourceful** *a.* 자원이 풍부한, 계략이 풍부한

- Korea is very poor in natural ***resources***. 한국은 천연자원이 부족하다.
- re(다시) + source(원천)

0841. decade [dékeid, dəkéi]
n. 10년간

- The past two ***decades*** have flown. 과거 20년은 빠르게 지나갔다.

0842. shade [ʃeid]
n. 그늘, 해가리개, 색조 *v.* 그늘지게 하다, (빛을) 가리다

파 **shady** *a.* 그늘진, 의심스러운

- Let's rest in that ***shade***. 저 그늘에서 쉬자.
- He's ***shady*** character. 그는 저속한 사람이다.

0843. trade [treid]
n. 무역, 상업, 교환, 직업 *v.* 무역하다, 장사하다, 교환하다

관 **trade in** 장사를 하다   **trade name** 상품명, 상호

- There is a great ***trade*** imbalance between Korea and the U.S.
  한미간에 무역 불균형이 크다.
- I ***traded*** in my old car for a new one.
  새 차를 사기 위해 헌 차를 처분했다.

0844. pride [praid]
n. 자부, 자랑, 자존심, 과시 *v.* 자만하다, 자랑하다

명사

🔊 His *pride* was hurt by this latest failure.
최근의 실패로 그의 자존심은 상처를 입었다.

☐ He takes *pride* in his work.
그는 자신의 일에 자부심을 가지고 있다.

☐ She *prides* herself on her many accomplishments.
그녀는 많은 자신의 업적을 자랑하고 있다.

0845. **gratitude** *n.* 감사
[grǽtətjùːd]

파 **grateful** *a.* 감사하는

🔊 Please accept my *gratitude* for your trouble.
수고해 주셔서 대단히 감사합니다.

☐ I'm very *grateful* for all your help.
도와주셔서 대단히 감사합니다.

❖ grati(pleasing;유쾌한) + tude(명접;추상)

0846. **attitude** *n.* 태도, 자세
[ǽtitjùːd]

🔊 He has a bad *attitude*. 그는 태도가 나쁘다.

0847. **fee** *n.* (전문직 업자에 지불하는) 사례, 보수, (입장, 입회 등의) 요금, 회비
[fiː]

🔊 Is there an admission *fee*? 입장 요금을 받습니까?

GROUP 49

Round 1 □ 월 일
Round 2 □ 월 일
Round 3 □ 월 일

0848. **degree** [digríː] *n.* 수준, 정도, 학위

관 **by degrees** 차례차례 **in some degree** 얼마간은
to a certain degree 어느 정도까지

- It's a matter of ***degree***. 그것은 정도 문제다.
- I'll give in to a certain ***degree***. 어느 정도까지 양보하겠다.
- ❖ de(아래로) + gree(grade;등급)

0849. **committee** [kəmíti] *n.* 위원회, 위원(전원)

- I'm on several ***committees***. 나는 몇 개 위원회의 위원이다.
- I sit on the reunion ***committee***. 나는 동창회 실행 위원회의 멤버이다.
- ❖ commit(위원회에 회부하다) + ee(명접;사람)

0850. **life** [laif] *n.* 인생, 생활, 생명, 활기, 종신형, 실물 *a.* 일생의, 생명의

파 **live** *v.* 살다, 생활하다
관 **come to life** 되살아나다 **In life** 일생 중에서 **lifelong** 일생 동안의
lifetime 일생

- Thank you for saving my ***life***. 생명을 구해 주셔서 감사합니다.
- You've made a difference in my ***life***. 당신은 내 일생을 바꿨다.
- I don't want to live my ***life*** washing dishes. 설거지 인생은 살고 싶지 않다.
- My ***life*** is over. 내 인생은 이제 끝났다.

0851. **garbage** [gáːrbidʒ] *n.* 음식 찌꺼기, 쓰레기, 부스러기, 보잘 것 없는 것

- Shall I take out the ***garbage***? 부엌 쓰레기를 밖으로 내갈까요?

- ☐ What you're saying is just *garbage*.
  당신이 말하고 있는 것은 아무 것도 도움이 되지 않는다.
- ❖ garb(garble;왜곡하다) + age(명접;추상)

0852. mortgage
[mɔ́ːrgidʒ]

n. 저당(권) *v.* 저당잡히다

- 관 **mortgagee** 저당권자　**mortgagor** 저당권 설정자
- 🔊 You can easily buy a villa if you place a *mortgage* on your house.
  자신의 집을 저당잡히면 별장은 간단히 살 수 있다.
- ❖ mort(mortal;죽어야 할 것) + gage(pledge;담보)

0853. damage
[dǽmidʒ]

n. 손상, 파손, 손해, 〈복수형으로〉 손해배상(금), 〈the ~로〉 비용, 대가　*v.* 손해를 끼치다

- 🔊 What's the *damage* to the car?
  자동차 파손은 어느 정도입니까?
- ☐ I hope this won't *damage* my reputation.
  이것으로 내 평판이 나빠지지 않기를 바랍니다.
- ❖ dam(저주하다, 해를 끼치다) + age(명접;추상)

0854. image
[ímidʒ]

n. 모습, 조상, 형태　*v.* 상상하다, ~의 상을 만들다

- 🔊 You shouldn't do anything that can harm your *image*.
  자신의 이미지를 파괴하는 것 같은 일은 절대 해서는 안 됩니다.
- ☐ Mary is the very *image* of her mother.
  메리는 어머니를 꼭 닮았다.
- ☐ My *image* of you was of an older person.
  나는 당신이 더 나이를 먹었다고 생각했었다.
- ❖ im(copy;흉내내다) + age(명접;추상)

0855. rage
[reidʒ]

n. 격분, 맹위, 과격함　*v.* 격노하다, 거칠어지다

- 🔊 He often gets into a terrible *rage*.
  그는 때때로 매우 화낸다.
- ☐ The teacher is in an awful *rage*.
  선생님이 매우 화내고 계신다.

0856. average
[ǽvəridʒ]

n. 평균, 표준, 보통 *a.* 평균의, 표준의, 보통의 *v.* 평균하다

관 **above[below] the average** 평균 이상[이하]으로
on an[the] average 평균하여

🔊 His grades are usually above ***average***.
그의 성적은 항상 평균 이상이다.

□ His grades are usually ***averaged*** 37 points a game.
그는 한 경기당 평균 37득점이다.

❖ aver(merchandise;매매하다) + age(명접;추상)

0857. courage
[kə́:ridʒ, kʌ́r-]

n. 용기, 담력

파 **courageous** *a.* 용기있는, 용감한 **courageously** *ad.* 용감하게

🔊 He didn't have the ***courage*** to say "no" to his boss.
그에게는 상사에게 "노"라고 말할 용기가 없었다.

❖ cour(heart;마음) + age(명접;추상)

0858. heritage
[héritidʒ]

n. 유산, 전통, 상속재산

🔊 Democracy is our national ***heritage***.
민주주의는 국가 유산입니다.

❖ herit(물려받다) + age(명접;추상)

0859. advantage
[ædvǽntidʒ]

n. 유리, 이점, 강함 반 **disadvantage** 불리, 단점

파 **advantageous** *a.* 이익이 있는, 유리한
관 **take advantage of** (기계 등을) 이용하다

🔊 There are many ***advantages*** in living in the city.
도시생활에는 좋은 점이 많이 있습니다.

❖ advant(before;앞서) + age(명접;추상)

0860. stage
[steidʒ]

n. 단계, 시기, 무대, 연극 *v.* 실시하다

🔊 This area is in the early ***stages*** of development.
이 지역은 개발 초기 단계입니다.

0861. edge
[edʒ]

n. 날, 칼, 날카로운 것, 우세
v. 날[칼]을 세우다, 조금씩 나아가게 하다

- 파 **edgy** *a.* 초조해진
- 관 **have the edge on** ~보다 우세하다 **on edge** 초조하여

🔊 Don't stand near the ***edge*** of the platform.
플랫폼 끝에 서 있지 마세요.

0862. knowledge
[nálidʒ/nɔ́l-]

n. 지식, 인식, 학문

- 파 **know** *v.* 알다, 이해하다 **knowledgeable** *a.* 박식한
- 관 **to a person's knowledge** 자기가 알고 있는 한에서는

🔊 His ***knowledge*** of the Middle East is extensive.
그는 중동을 매우 상세히 알고 있다.

❖ know(알다) + ledge(명접;추상)

0863. privilege
[prívəlidʒ]

n. 특권, 특전, 명예

- 파 **privileged** 특권이 주어진
- 관 **the privileged class** 특권계급

🔊 It's a ***privilege*** to work for such a fine company.
이와 같은 멋진 회사에서 근무하는 것은 명예입니다.

☐ You'll get special ***privileges***.
특별한 특전이 있습니다.

❖ privi(private;개인의) + leg(law;원칙) + e(명접)

0864. prestige
[prestíːdʒ, préstidʒ]

n. 명성, 위신 *a.* 평판이 높은

- 파 **prestigious** *a.* 명문의, 일류의

🔊 Don't do anything that will harm the company's ***prestige***.
회사의 평판을 떨어뜨리는 일을 해서는 안 됩니다.

❖ pre(앞에) + stige(bind;묶다)

0865. **range**
[reindʒ]

n. 행렬, 범위, 한계, 사정거리, 산맥
v. 미치다, 분포하다, 변동하다

- There's a wide *range* to choose from.
  선택의 범위는 넓다.
- The sizes *range* from small to extra large.
  사이즈는 소형부터 특대까지 있습니다.

0866. **revenge**
[rivéndʒ]

n. 복수, 보복 v. 복수하다, 보복하다, 원수를 갚아주다

- 파 **revengeful** a. 복수에 불타는
- I'm going to get my *revenge*. 보복하겠다.
- ❖ re(다시) + venge(avange;복수하다)

0867. **charge**
[tʃɑːrdʒ]

n. 요금, 수수료, 고발, 부담, 책임 v. (요금을) 청구하다, 외상으로 팔다, 고발하다, 비난하다, 충전하다

- 파 **chargeable** a. (비용 등을) 짊어져야 할
- 관 **in charge of** ~을 맡는, ~를 담당하는 **take charge of** ~를 맡다
  on the charge of ~인 죄로
- Who's in *charge* here? 이곳의 책임자는 누구입니까?
- The *charges* were dropped. 고소는 취하됐다.
- Will you take *charge* of the planning? 그 계획을 맡아 주시겠습니까?

명사

GROUP 50

Round 1 ☐ 월 일
Round 2 ☐ 월 일
Round 3 ☐ 월 일

0868. **verge**
[vəːrdʒ]
n. 끝, 한계 *v.* 근접하다

관 **on the verge of** 금방 ~할 듯하여

She was on the *verge* of a breakdown.
그녀는 아직도 신경쇠약인 것 같았다.

0869. **surge**
[səːrdʒ]
n. 큰물결, 쇄도, 파동 *v.* 물결치다, 용솟음치다

There's been a recent *surge* in sales. 최근 판매가 급격히 신장했다.
Inflation has *surged*. 인플레가 엄습해 왔다.

0870. **fake**
[feik]
n. 가짜, 위조품 *a.* 위조의 *v.* 위조하다, ~인 체하다

His sickness is a *fake*. 그는 아픈 척하고 있다.
Stop *fake* crying. 거짓 울음은 그만 두세요.
She's not crying. She's just *faking*. 그녀는 울고 있는 척하고 있을 뿐이다.

0871. **sake**
[seik]
n. 위함, 목적, 이익

관 **for God's[Christ's] sake** 제발, 아무쪼록
for ~'s sake, **for the sake of** ~를 위하여

Will you do it for my *sake*? 나를 위해 해 주시겠습니까?

0872. **mistake**
[mistéik]
n. 실수, 틀림, 오해 *v.* 실수하다, 잘못하다

파 **mistaken** *a.* 틀린, 잘못 생각한
관 **by mistake** 실수로

- 🔊 You're making a big ***mistake***. 당신은 큰 실수를 하고 있다.
- ☐ I opened the door by ***mistake***. 실수로 문을 열었다.
- ☐ I ***mistook*** your bag for mine. 내 가방과 당신 가방을 혼동했다.
- ❖ mis(잘못) + take(갖다)

0873. stroke
[strouk]

n. 타격, 한번 젓기, (뇌졸증 등의) 발작, 타법, 수영법, 수완, 필법
v. (선을 그어) 지워버리다

- 파 **strike** v. 치다, 갑자기 덮치다
- 🔊 Our boss had a ***stroke***. 사장님이 발작을 일으켰다.

0874. sale
[seil]

판매, 판매성적, 매상고, 특가판매

- 파 **sell** v. 팔다
- 관 **for sale** 매물의   **on sale** 팔려고 내놓은, 특가로
  put up for sale 팔 것으로 내놓다
- 🔊 There is a house for ***sale*** that I'd like buy. 내가 사고 싶은 집이 매물로 나와 있다.
- ☐ A beautiful handbag was on ***sale***. 염가의 멋진 핸드백이 있었다.

*참조

sale은 「할인」이란 뜻이 아니라 원래는 「판매」라는 뜻이다. 「할인 판매」라고 할 때는 on sale 이라고 해야 정확한 표현이다.

0875. cable
[kéibəl]

n. [해외] 전보, 케이블, 유선 텔레비전   v. 해외 전보를 치다

- 🔊 A ***cable*** came this morning announcing that my daughter is engaged to be married. 딸이 결혼한다는 전보가 오늘 아침 도착했다.

0876. trouble
[trʌ́bəl]

n. 곤란, 괴로움, 귀찮은 일, 폐
v. 고통을 주다, 괴롭히다, 번거롭게 하다, 수고를 끼치다

- 파 **troublesome** a. 곤란한, 귀찮은
- 관 **ask for trouble** 재난을 불러서 자초하다   **in trouble** 곤란하여
  get into trouble 문제를 일으키다

🔊 We're in ***terrible*** trouble. 매우 어려움에 빠져 있습니다.
☐ I have ***trouble*** remembering names. 이름을 기억하기가 어렵습니다.
☐ What's the ***trouble***? 무슨 일이지?
☐ I'm ***troubled*** by his attitude. 그의 태도에 애를 먹고 있다.

0877. miracle
[mírəkəl]

n. 기적, 경이

파 **miraculous** *a.* 기적의, 놀랄만한   **miraculously** *ad.* 기적적으로

🔊 I hoped for a ***miracle***, but it never happened.
기적이 일어나길 희망했지만 전혀 일어나지 않았다.

☐ The baby was saved ***miraculously***.
기적적으로 아기는 구조되었다.

❖ mira(wonder;놀라다) + cle(명접)

0878. obstacle
[ábstəkəl/ɔ́b-]

n. 장애(물), 방해

관 **obstacle race** 장애물 경주

🔊 I see no ***obstacle*** to the merger of our companies.
우리 회사의 합병에 장애는 전혀 없다고 생각한다.

❖ ob(~에) + sta(stand;서다) + cle(명접)

0879. vehicle
[víːikəl, víːhi-]

n. 수송기관, 차량, 매체

🔊 What will the ***vehicle*** of the future be like? 미래의 탈 것은 어떤 것일까?

❖ vhi(convey;나르다) + i + cle(명접)

0880. article
[áːrtikl]

n. 기사, 조항, 물건 *v.* 조목별로 쓰다

🔊 I read an ***article*** about chocolate and its effect on children's teeth.
초콜릿과 그것이 아이들의 치아에 미치는 영향에 관한 기사를 읽었다.

❖ art(joint;마디) + i + cle(명접)

0881. middle
[mídl]

n. 중앙, 중간 . *a.* 중앙의, 중간의

🔊 In the *middle* of the meeting, he fell asleep.
그는 회의 중간에 잠들어버렸다.

☐ The book you want is on the *middle* shelf.
당신이 찾고 있는 책은 한 가운데 선반에 있습니다.

❖ mid(중간의) + dle

0882. **wrinkle**
[ríŋkəl]
n. 주름, 주름살, 잔물결 *v.* 주름살지다, 주름살이 되다

🔊 I'm starting to get many *wrinkles* on my face. 얼굴 주름살이 늘고 있다.
☐ Your shirt is all *wrinkled*. 당신 와이셔츠는 쭈글쭈글하다.

0883. **role**
[roul]
n. 역할, 임무, 배역

🔊 He is playing a very important *role* in the negotiations.
교섭에서는 그가 중요한 역할을 맡고 있습니다.

0884. **principle**
[prínsəpl]
n. 원리, 원칙, 주의, 신조

관 **in principle** 원칙적으로   **on principle** 주의로서

🔊 You don't seem to have any *principles*.
당신에게는 원칙이라는 것이 도대체 없는 것 같다.

☐ In *principle*, you are right.
원칙적으로는 당신이 옳다.

0885. **example**
[igzǽmpəl, -zá:m-]
n. 예, 견본, 모범

관 **for example** 예를 들면   **set an example** ~에게 모범을 보이다
living example 살아있는 견본

🔊 Can you give me a better *example*? 더 좋은 예는 없습니까?
☐ For *example*? (말끝을 올려서) 예를 들면?

0886. **couple**
[kʌ́pəl]
n. 둘, 한쌍, 두 사람, 부부

관 **a couple of** 두 개의, 소수의

명사

- May I have a *couple* of minutes with you? 2, 3분 이야기할 수 있습니까?
- You make a good *couple*. 당신들은 잘 어울립니다.

0887. **hassle**
[hǽsl]

n. 혼란, 격렬한 논쟁 *v.* 말다툼하다, 괴롭히다

- Taking the bus downtown is such a *hassle*.
  시내버스를 타는 것은 매우 힘들다.
- We got into a *hassle* over working hours.
  근무시간을 넘겨서까지 말다툼을 했다.

0888. **schedule**
[skédʒu(:)l/ʃédju:l]

n. 예정, 시각표 *v.* 〈수동태로〉 예정하다

- I have a busy *schedule*.
  일정이 꽉 차 있다.
- I didn't know we had a meeting *scheduled* today.
  오늘 회의가 예정되어 있다는 것을 몰랐습니다.
- ❖ sched(종이조각) + ule(명접)

0889. **rule**
[ru:l]

n. 규칙, 규정 *v.* 지배[통치]하다, 판결하다

- 파 **ruling** *n.* 지배, 통치, 재정 *a.* 지배하는, 유력한
- 관 **as a rule** 일반적으로, 대개 **make it a rule to** ~하는 것을 일상으로 하고 있다
  rule out ~를 제외하다
- He broke the *rules*.
  그는 규칙을 깼다.
- They say she *rules* her husband.
  그녀는 남편보다 주장이 강하다고 한다.

GROUP 51

Round 1 □ 월 일
Round 2 □ 월 일
Round 3 □ 월 일

0890. **style**
[stail]
n. 양식, 스타일, 모양, 문체, 품격
v. 일정한 형에 맞추어 만들다

파 **stylish** a. 유행의

My *style* may be too direct. 내 스타일은 너무 직접적일 지도 모른다.

0891. **fame**
[feim]
n. 명성, 평판

파 **famed**, **famous** a. 유명한

They get the *fame*, and you get the money.
그들은 명성을 얻고 당신은 돈을 얻을 것이다.

His wife is a *famous* dancer.
그의 아내는 유명한 댄서이다.

0892. **shame**
[ʃeim]
n. 부끄러움, 수치, 유감스런 일, 〈a ~〉 창피한 일

파 **shameful** a. 부끄러운
관 **put ~to shame** 창피를 주다   **shameless** 부끄러운 줄 모르는

Shame on you for giving up so easily.
그렇게 쉽게 포기하다니 부끄러운 줄 알아.

Shame on you!
부끄러운 줄 알아!

It's a *shame* that he had to quit school.
그가 학교를 그만두어야 했다니 안타깝다.

What a *shame*!
분하다!

0893. **flame**
[fleim]
n. 불꽃, 불, 정열 v. 불타오르다, 불그레지다

Cook it over a slow *flame*. 그것은 약한 불로 요리하세요.

0894. dime
[daim]
n. 10센트 은화

관 **do not care a dime about** ~에 대해서는 조금도 개의치 않다
dime store 싼 잡화점

- Do you have a ***dime***?
  10센트 동전 가지고 있습니까?
- I don't care a ***dime*** about what others may say.
  다른 사람이 무어라고 하든 조금도 관계없다.

0895. crime
[kraim]
n. 범죄, 벌, 죄악, 부당한 일

파 **criminal** *a.* 범죄의, 수치스러운 *n.* 범인

- I was at the scene of the ***crime***.
  나는 범행 현장에 있었다.
- Even in Seoul, the ***crime*** rate has increased.
  서울에서조차도 범죄 발생률이 늘고 있다.

0896. meantime
[mí:ntàim]
n. 중간 시간 *ad.* 그 동안에, 동시에

관 **in the meantime** 이럭저럭하는 동안에

- Will you go for some beer? In the ***meantime*** I'll fix a snack.
  맥주를 사러 가 주시겠습니까, 그 사이에 스낵을 준비하겠습니다.
- ❖ mean(middle;중간) + time(시간)

0897. income
[ínkʌm]
n. 소득, 수입

관 **income tax** 소득세 **income tax return** 확정신고
gross[net] income 총[실]소득

- I can't support my family on my present ***income***.
  지금의 수입으로는 가족을 부양할 수 없습니다.
- ❖ in(안에) + come(오다)

0898. outcome
[áutkʌm]
n. 결과, 성과

🔊 I wonder what the *outcome* of their meeting will be.
그들의 회의 결과는 어떻게 될까?

❖ out(밖으로) + come(나오다)

0899. home
[houm]

n. 집(가정), 고향, 본국　a. 자택의, 가정의, 본국의
ad. 자택으로, 고향으로, 자국으로

파　**homely** *ad.* 가정적인, 못생긴
관　**at home** 집에서, 느긋하게　**be[feel] at home** 편히 하다, (in이나 with를 수반해서) ~에 정통하는　**make oneself at home** 마음 편히 하다　**get home** 귀가하다

🔊 Make yourself at *home*. 편히 하세요.
☐ I'll take[drive, walk] you *home*. 집까지[차로, 걸어서] 배웅하겠다.
☐ I'll be *home* in half an hour. 30분이면 집에 도착합니다.

0900. scene
[si:n]

n. 광경, 경치, 현장, (연극 등의) 장면

파　**scenic** *a.* 풍경의, 경치 좋은
관　**behind the scenes** 무대 뒤에서, 남몰래　**make a scene** 활동을 하다
　　scenery 경치, 풍경

🔊 This certainly is a familiar *scene*.
이 광경은 확실히 어디에서 본 느낌이 있다.
☐ Were you at the *scene* of the accident?
당신은 사고 현장에 있었습니까?

0901. discipline
[dísəplin]

n. 규율, 단련, 훈련, 징계　v. 훈련하다, 단련하다, 징계하다

파　**disciplinary** *a.* 규율상의, 징계의

🔊 Those children need *discipline*.
저 아이들에게는 규율이 필요하다.
☐ You must *discipline* yourself if you want to lose weight.
감량하고 싶으면 자제하세요.

❖ disciple(제자) + ine(명접)

0902. outline
[áutlàin]

n. 개요, 윤곽, 외형　v. 요점을 말하다, 윤곽을 그리다

🔊 This is the *outline* of the agreement. 이것이 협정의 대강이다.

명사

☐ Just give me the **outline**. 요점만 설명해 줘.
❖ out(밖에) + line(줄, 선)

0903. **routine**
[ruːtíːn]

n. 일정한 일과, 일과, 일정의 절차 v. 일상적인

🔊 I'm sick of my daily **routine**. 매일의 일상사에 지쳤다.
❖ route(way; 길) + ine(명접)

0904. **phone**
[foun]

n. 전화 v. 전화하다

관 **phone in** 전화를 걸다

🔊 Can I use your **phone**?
전화를 빌려 주시겠어요?
☐ Will you answer the **phone**?
전화를 받아 주시겠어요?
☐ Jim is on the **phone** now.
짐은 통화 중입니다.

0905. **tone**
[toun]

n. 소리, 음조, 음색, 어조 v. 가락이 나다, 색조를 띄다

관 **tone down** 음조를 내리다, 부드럽게 하다

🔊 I can't get a dial **tone**.
신호음이 나지 않습니다.
☐ **Tone** down your voice.
목소리를 낮춰 주십시오.

0906. **tune**
[tjuːn]

n. 곡, 가락, 선율, 기분, 조화
v. 기분에 맞추다, 조종[조율]하다, 조화시키다

관 **in tune with** ~를 조화해서   **tune in** 주파수를 맞추다   **tuning** 조율

🔊 Jack is not in **tune** with his co-workers.
잭은 동료들과 융합되지 않는다.
☐ I was singing out of **tune**.
내 노래는 음정이 틀렸다.

0907. **fortune**
[fɔ́ːrtʃən]

n. 큰 재산, 행운, 운(명)

파 **fortunate** *a.* 행복한, 운이 좋은　**fortunately** *ad.* 운좋게도
관 **unfortunate** 불운[불행]한　**unfortunately** 불운[불행] 하게도

- I made a *fortune* in stocks.
  주식으로 한밑천 벌었다.
- You are *fortunate* to get such a good opportunity.
  그렇게 좋은 기회를 잡다니 당신은 행운이다.
- *Fortunately*, I got there just in time.
  다행스럽게도 시간 내에 거기에 도착했다.

0908. **shape**
[ʃeip]

n. 형태, 모습, 컨디션　*v.* 모양짓다, 형체를 이루다

관 **in shape** 양호한 상태로　**out of shape** 망그러진　**take shape** 형태를 이루다, 모양을 갖추다　**shape up** 구체화하다, 발전하다, 운동하다, 완성되다

- I'm in good *shape* today.
  오늘은 컨디션이 좋다.

명사

GROUP 52

Round 1 ☐ 월 일
Round 2 ☐ 월 일
Round 3 ☐ 월 일

0909. **care**
[kɛər]

n. 돌봐줌, 보호, 걱정(거리), 주의 *v.* 마음에 걸리다, 근심하다, 관심이 있다, 〈보통, 부정문, 의문문에서〉 신경을 쓰다, 좋아하다, 바라다

관 **take care** 주의하다, 〈인사〉 몸조심해 **take care of** ~를 돌봐주다, 처리하다
care for ~를 좋아하다, 돌보다 **care to** ~하고 싶다 **for all I care** 알 바 아니다

- Take *care* of yourself. 건강에 주의하세요. (보통 건강하지 않은 사람에게 말한다)
- I'll take *care* of it. 제가 맡겠습니다.
- I don't *care* what you say. 당신이 뭐라고 하든 상관없다.
- I couldn't *care* less. 전혀 신경쓰지 않는다.
- Who *cares*? 누가 상관하겠어?
- I *care* about you. 당신이 걱정이다.
- All he *cares* about is his prestige. 그는 자신의 명성밖에 관심이 없다.
- Would you *care* for another cup of tea? 차를 한 잔 더 드시겠습니까?
- I don't *care* for beer. 맥주는 좋아하지 않습니다.
- Would you *care* to see the view? 경치를 보지 않겠습니까?

0910. **welfare**
[wélfɛ̀ər]

n. 복지, 행복, 생활 보호

관 **go[be] on welfare** 생활 보호를 받다 **welfare state[work]** 복지국가[사업]

- I'm thinking only of Maria's *welfare*. 나는 마리아의 행복만을 생각하고 있습니다.
- ❖ well(잘) + fare(get along ; 살아가다)

0911. **nightmare**
[náitmɛ̀ər]

n. a. 악몽(의)

- I had a horrible *nightmares*. 소름끼치는 악몽을 꾸었다.
- ❖ night(밤) + mare(암말)

0912. **atmosphere**
[ǽtməsfìər]

n. 분위기, 환경, 대기

파 **atmospheric** *a.* 분위기가 있는, 대기의

🔊 I didn't like the ***atmosphere*** at that party.
저 파티의 분위기가 마음에 들지 않았다.

❖ atmo(대기) + sphere(하늘)

0913. **fire**
[faiər]

n. 불, 화재, 정열, 발포 *v.* 불태우다, 해고하다, 발포하다

관 **build a fire** 불이 나다 **catch fire** 불이 붙다 **like fire** 매우 일찍 **on fire** 불이 나서, 열중하여 **set fire to** ~에 불을 지르다 **under fire** 비난을 받아

🔊 Put out the ***fire***. 불을 끄세요.
☐ Turn the ***fire*** down. 불을 줄여 주십시오.
☐ You're ***fired***. 당신은 해고다.

0914. **desire**
[dizáiər]

n. 욕망, 욕구 *v.* 바라다, 요망하다

파 **desired** *a.* 대망의 **desirable** *a.* 바람직한

🔊 I got my heart's ***desire***. 정말로 바라던 것을 얻었다.
☐ Which option do you find ***desirable***? 어떤 옵션이 좋습니까?

0915. **chore**
[tʃɔːr]

n. 허드렛일(을 하다), 자질구레한 일, 〈복수형으로〉 (가정의) 잡일

관 **household chores** 가사

🔊 My sister does all the household ***chores***. 가사는 동생이 합니다.
☐ Writing a letter is such a ***chore***. 편지를 쓰는 것은 성가시다.

0916. **store**
[stɔːr]

n. 가게, 저축, 저장소 *v.* 저축하다, 비축하다, 준비하다

파 **storage** *n.* 저장, 창고

🔊 I went to six different ***stores*** to get your favorite kind.
당신이 좋아하는 것을 사기 위해 가게를 6군데 돌아다녔다.
☐ ***Store*** the suitcases in the closet.
벽장에 가방을 보관해 주십시오.

0917. **cure**
[kjuər]

n. 치료, 요법, 교정법 v. 낫다, 치료하다, 교정하다

- 파 **curable** a. 고칠 수 있는
- 관 **incurable** 불치의
- 🔊 What's a good ***cure*** for a bad headache?
  심한 두통은 어떻게 하면 낫습니까?
- ☐ What cannot be ***cured*** must be endured.
  치료할 수 없는 것은 참아야 한다.

0918. **treasure**
[tréʒər]

n. 보물, 재물, 귀중품 v. 소중히 간직하다, 마음깊이 간직하다

- 파 **treasured** a. 소중히 하는, 비장하는
- 관 **treasure house** 보고
- 🔊 A large amount of ***treasure*** was found in the sunken ship.
  침몰선에서 많은 보물을 발견했다.
- ❖ treas(storehouse;창고) + ure(명접;추상)

0919. **feature**
[fíːtʃər]

n. 특징, 특색, 용모, 두드러지는 것, 주요기사
v. 특징이 되다, 특색으로 하다

- 관 **feature story** 인기를 끄는 기사
- 🔊 This VTR has many special ***features***.
  이 비디오는 몇 가지 특색이 있다.
- ❖ feat(make;만들다) + ure(명접;추상)

0920. **nature**
[néitʃər]

n. 자연, 천성, 성품

- 파 **natural** a. 자연의, 천성의, 당연의   **naturally** ad. 자연히, 당연히
- 관 **by nature** 선천적으로
- 🔊 We really have to think of ways to preserve ***nature***.
  자연을 보호하는 방법을 진정으로 생각해야 한다.
- ☐ She's a kind person by ***nature***.
  그녀는 천성이 친절하다.

0921. **temperature**
[témpərətʃuər]

n. 온도, 기온, 체온, 고열

- What's the *temperature* now? 지금 기온은 몇 도입니까?
- Did you take your *temperature*? 체온을 쟀습니까?
- temperate(기후가 온화한) + ure(명접;추상)

0922. **structure**
[strʌ́ktʃər]

n. 구조, 구성, 조직, 건조물 *v.* 조직[체계]화하다

파 **structural** *a.* 구조상의

- The *structure* of Korean society is quite complicated.
  한국의 사회구조는 매우 복잡합니다.
- Her life is *structured* around her family.
  그녀의 생활은 가정이 중심입니다.
- struct(build;쌓다) + ure(명접;추상)

0923. **departure**
[dipá:rtʃər]

n. 출발, 새출발, 일탈

파 **depart** *v.* 출발하다

- The *departure* of the plane was delayed by heavy fog.
  진한 안개로 비행기 출발이 지연되었다.
- When is the *departure* time?
  출발은 몇 시입니까?
- depart(출발하다) + ure(명접;추상)

0924. **torture**
[tɔ́:rtʃər]

n. 고문, 심한 고통, 왜곡, 고뇌 *v.* 고문하다, 고통을 주다

- The captives were subjected to *torture*.
  포로는 고문을 받았다.
- Don't *torture* yourself thinking about the mistake.
  실패한 것에 자신을 책망하지 마세요.
- tort(불법행위) + ure(명접;추상)

0925. **future**
[fjú:tʃər]

n. 미래, 장래, 전도 *a.* 미래[장래]의

명사

251

관 **in (the) future** 앞으로는   **in the near future** 가까운 장래에

🔊 I'm worried about the *future*.
장래가 걱정입니다.

☐ What are your plans for the *future*?
장래 무슨 계획이 있습니까?

0926. **case**
[keis]

n. 경우, 문제, 사건, 사실, 증세, 소송

관 **as is often the case (with)** 흔히 있는 일이지만   **in any case** 어쨌든
in case 만일의 ~에 대비하여, ~하면 안 되므로   **in that case** 이러한 경우에는
on a case-by-case basis 개개의 경우에 따라

🔊 In that *case*, I'd rather not go.
만일 그렇다면 가는 것을 그만 두자.

☐ In any *case*, I can't go.
어쨌든 갈 수 없습니다.

☐ He's dropping the *case*.
그는 소송을 취하하려 하고 있다.

☐ That's not the *case*.
그것은 사실과 다르다.

☐ I've got the money in *case* you need it.
돈이 필요하다면 내가 가지고 있습니다.

GROUP 53

Round 1 □ 월 일
Round 2 □ 월 일
Round 3 □ 월 일

0927. **disease**
[dizíːz]
n. 병, 질병

- 파 **diseased** 병에 걸린
- 관 **acute disease** 급성[만성]병   **chronic disease** 급성[만성] 병
  contagious[infectious, communicable] disease 전염병
- 🔊 John has come down with a contagious *disease*. 존은 전염병에 걸렸다.
- ❖ dis(떨어져서) + ease(편함)

0928. **purchase**
[pə́ːrtʃəs]
n. 구입, 매입, 취득 *v.* 구입하다, 사다, 손에 넣다

- 🔊 Has the *purchase* of the land been finalized yet?
  토지 구입은 이제 끝났습니까?
- ❖ pur(pro;앞에) + chase(hunt;사냥하다)

0929. **premise**
[prémis]
n. 전제, 근거, 〈복수형으로〉 부동산, 토지, 구내

- 🔊 Don't act on the *premise* that he will agree with you.
  그가 찬성한다는 전제로 행동해서는 안 된다.
- ☐ He was caught loitering on the *premises*.
  그는 구내를 어슬렁거리다 체포되었다.
- ❖ pre(pro;앞에) + mise(send;보내다)

0930. **impulse**
[ímpʌls]
n. 충동, 추진력, 충격

- 파 **impulsive** *a.* 충동적인   **impulsively** *ad.* 충동적으로
- 관 **on impulse** 충동적인
- 🔊 It's obvious she acted on *impulse*. 그녀가 충동에 따라서 행동했다는 것은 명백하다.
- ☐ I had a sudden *impulse* to eat a pizza. 갑자기 피자가 먹고 싶었다.
- ❖ im(~가운데로, 위로) + pul(push;밀다) + se(어미)

명사

0931. license
[láisəns]

n. 허가(증), 면허(장) v. 인가하다, 면허를 주다

- 파 **licensed** a. 인가된
- 관 **driver's license** 운전면허증

- Do you have driver's *license*?
  운전면허증을 가지고 있습니까?
- Did you know I'm a *licensed* pilot?
  내가 비행사 면허를 가지고 있다는 것을 알았습니까?
- ❖ lice(allowed;허가된) + ense(명접)

0932. sense
[sens]

n. 감각, 느낌, 의식, 분별, 의미 v. 느끼다

- 관 **in a sense** 어떤 뜻으로는   **make sense** 뜻이 통하다
  make sense (out) of ~를 이해하다   **common sense** 상식

- That doesn't make any *sense*. 그것으로는 의미가 통하지 않습니다.
- In a *sense*, it was a good buy. 어떤 의미에서는 그것은 좋은 구입이었다.
- Use a little common *sense*. 약간 상식을 이용하세요.

0933. purpose
[pə́ːrpəs]

n. 목적 v. 의도(하다)

- 파 **purposely** ad. 고의로
- 관 **on purpose** 고의로

- What's the *purpose* of this questionnaire?
  이 앙케이트의 목적은 무엇입니까?
- Did you do it on *purpose*?
  고의로 했습니까?
- ❖ pur(pro;앞에) + pose(put;놓아두다)

0934. course
[kɔːrs]

n. 경과, 진로, 방침, 과정, (식사의) 한 가지 음식

- 관 **as a matter of course** 당연한 일로서   **of course** 물론

- Why don't you let things take their *course*?
  추세에 맡기는 것은 어떻습니까?
- I'm taking five *courses* this semester.
  지금 학기는 5과목 이수하고 있습니다.

☐ Did you buy her a birthday present? – Of ***course***.
그녀의 생일 선물을 샀습니까? – 물론입니다.

0935. date [deit]
n. 날짜, 기한, 데이트 (상대)
v. 날짜를 쓰다, 데이트하다, (~에서) 시작되다

파 **dated** a. 날짜가 있는, 구식의
관 **out of date** 시대에 뒤떨어진　**to date** 현재까지, 오늘날까지
　up to date 최신식으로　**date back** 소급되다

🔊 Let's fix the ***date*** for the job interview. 취직 면접일을 결정하자.
☐ This style is out of ***date***. 이 스타일은 이미 유행이 지났다.
☐ I ***dated*** Nancy a few times. 낸시와 몇 번 데이트했다.

0936. fate [feit]
n. 운명, 숙명

파 **fated** a. 운명적인　**fateful** a. 숙명적인, 중대한　**fatal** a. 치명적인

🔊 You can't leave everything to ***fate***.
　모든 것을 운명에 맡길 수는 없다.
☐ That was a ***fateful*** decision.
　그것은 중대한 결정이었다.

0937. state [steit]
n. 상태, 모양, 사태, 국가, 주, 〈the States로〉 미국
a. 국가[정부, 주] 의

🔊 He's in a terrible ***state***. 그는 매우 심한 (정신)상태다.

0938. estate [istéit]
n. 땅, 사유지, 재산

관 **real estate** 부동산　**real estate agent** 부동산업자　**personal estate** 동산

🔊 I'm making stock and real ***estate*** speculations.
　주식과 땅에 투기하고 있습니다.
❖ e(ex;밖에) + state(stand;서다)

0939. spite [spait]
n. 악의　a. 앙심을 품은, 원한　v. 짓궂게 굴다, 괴롭히다

파 **spiteful** a. 앙심을 품은, 원한을 품은
관 **in spite of** ~에도 불구하고   **in spite of oneself** 자기도 모르게
out of spite 앙갚음으로

🔊 He went to work in *spite* of his headache.
두통에도 불구하고 그는 출근했다.

□ She didn't come to my wedding out of *spite*.
원망스러웠는지 그녀는 내 결혼식에 오지 않았다.

0940. **appetite**
[ǽpitàit]
n. 식욕

파 **appetizing** a. 식욕을 돋우는
관 **have a good[poor] appetite** 식욕이 있다[없다]
lose one's appetite 식욕을 잃다   **appetizer** 식욕을 돋우는 것[전채]

🔊 What's the matter with your *appetite*?
식욕이 없습니까?

❖ ap(ab;~에) + peti(seek;구하다) + te(명접)

0941. **taste**
[teist]
n. 미각, 풍미, 기호, 취미   v. 맛보다, 맛이 나다, 시식[시음]하다

파 **tasteful** a. 취미를 이해하는   **tasty** a. 맛있는, 입에 맞는
관 **tasteless** 맛이 없는

🔊 You have wonderful *taste*.
취미가 좋군요.

□ How do you like the *taste* of this beer?
이 맥주 맛은 어떻습니까?

□ This smells like fish, but it *tastes* like chicken.
이것은 생선 같은 냄새가 나지만 맛은 닭고기 같다.

0942. **route**
[ru:t, raut]
n. 길, 노선, 경로, 배달노선

관 **en route** 도중에

🔊 Let's take a different *route* today.
오늘은 다른 길을 가겠다.

□ The plane was off *route*.
비행기는 항로에서 벗어났다.

0943. **cue**
[kjuː]

n. 신호, 암시 *v.* 큐(를) 주다

🔊 I'll give you the *cue* when it's time.
시간이 되면 신호할께요.

*참조
당구의 cue는 queue의 변형 철자.

0944. **colleague**
[káliːg/kɔ́l-]

n. (사업상의) 동료, 동업자

🔊 Do you get on well with your *colleagues*?
동료들과 잘 지내고 있습니까?

☐ We're business *colleagues*.
우리는 사업 동료입니다.

❖ col(com;함께) + league(choose;고르다)

명사

257

GROUP 54

Round 1 □ 월 일
Round 2 □ 월 일
Round 3 □ 월 일

0945. value
[vǽljuː]

n. 가치, 값어치, 가격, 진가 *v.* 평가하다, 존중하다

파 **valuable** *a.* 귀중한, 고가의 *n.* 〈보통, 복수형으로〉 귀중품
관 **of value** 가치 있는

- You don't seem to understand the ***value*** of this information.
  당신은 이 정보의 가치를 모르는 것 같습니다.
- Don't you ***value*** your health?
  자신의 건강이 중요하지 않습니까?
- I received some ***valuable*** information today.
  오늘 중요한 정보를 몇 가지 얻었다.

0946. clue
[kluː]

n. 단서, 실마리 *v.* (clue in[up]으로) 정보[단서]를 주다

관 **not have a clue** 알지 못하다, 모르다

- I don't have a ***clue*** why he said such a thing.
  그가 왜 그런 것을 말했는지 도대체 모르겠다.

0947. glue
[gluː]

n. 접착제, 풀 *v.* 접착하다, 풀을 바르다

- Do you have any ***glue***?
  풀 있습니까?
- My husband is ***glued*** to the TV whenever there's at baseball game.
  남편은 야구 중계가 있으면 텔레비전 앞을 떠나지 않는다.

0948. issue
[íʃuː/ísjuː]

n. 문제, 발행[간행](물) *v.* 나오다, 발행하다

관 **at issue** 문제가 되어 **take issue with** ~에 반대하다

- I don't think his age should be an ***issue***.
  그의 나이는 문제가 되지 않는다고 생각합니다.

☐ Where is the week's *issue* of TIME?
이번 주 타임지는 어디에 있지?

☐ Has the new catalog been *issued*?
새 카탈로그는 발행되었습니까?

0949. **alternative**
[ɔːltə́ːrnətiv, æl-]

n. (2개 이상 중에서의) 선택, 양자택일, 선택지, 대안
a. 양자택일인, 대치되는

관 **alternate** 〈미〉대역, 대리인; 번갈아 하다, 교대하다　**alternately** 교대로

🔊 I had no *alternative* but to tell her a lie.
그녀에게 거짓말을 하는 것밖에 방법이 없었다.

❖ alternate(번갈아) + ive(형접)

0950. **perspective**
[pəːrspéktiv]

n. 사물을 전체적으로 보는 눈, 시야, 전망, 원근 화법
a. 원근법에 의한 배경의

🔊 His *perspective* of the American economy is different from mine.
그의 미국 경제에 대한 견해는 나와 다르다.

❖ per(통해서, 완전히) + spect(보다) + ive(형접)

0951. **motive**
[móutiv]

n. 동기, 원인　a. 움직이게 하는

파 **motivate** v. 동기를 주다, ~할 마음을 일으키다　**motivation** n. 동기부여

🔊 What was the murderer's *motive*?
살인 동기는 무엇이었습니까?

☐ The workers need to be *motivated* to work harder.
종업원이 더 열심히 일할 수 있도록 동기를 줄 필요가 있다.

❖ move(움직이다) + ive(형접)

0952. **executive**
[igzékjətiv]

n. 경영자[진], 중역, 관리직(원), 행정부[관]
a. 관리 작용의, 행정상의

파 **execute** v. 수행하다, 실행하다, 집행하다　**execution** n. 실행, 수행, 집행

🔊 He's one of our *executives*.
그는 중역의 한 사람입니다.

☐ We have a vacant *executive* position.
중역 자리가 한 자리 비었습니다.

❖ execute(실행하다) + ive(형접)

0953. **prize**
[praiz]
n. 상, 상품, 경품 *a.* 입상한, 현상 붙은

🔊 He won first *prize* in the speech contest.
그는 웅변대회에서 우승했다.

0954. **size**
[saiz]
n. 크기, 치수 *v.* 치수로 분류하다

파 **sized** *a.* ~크기의
관 **size up** 평가하다, 판단하다

🔊 What's your shoe *size*? 당신의 신발 사이즈는 얼마입니까?
□ Give me some time to *size* him up. 그를 평가할 시간을 갖고 싶다.

0955. **debt**
[det]
n. 빚, 부채

관 **in a person's debt** (남에게) 빚지고 있는, 의리가 있는
debtor 빚진 사람, 채무자   **indebted** 은혜를 입은

🔊 My *debts* are mounting up. 빚이 쌓이고 있다.
□ He's deeply in *debt*. 그는 많은 빚이 있다.
□ I am *indebted* to him. 그에게 빚지고 있다.

0956. **fact**
[fækt]
n. 사실, 진실, 현실, 실제

파 **factual** *a.* 사실의, 실제의
관 **as a matter of face** 사실은, 사실을 말하면   **in fact** 실제로

🔊 I can't stand the *fact* that he is successful. 그의 성공에는 참을 수 없다.
□ Facts are *facts*. 사실은 사실이다.
□ The *fact* is I can't stand her. 사실은 그녀에게 참을 수 없다.
□ In *fact*, I prefer to stay home today. 사실 오늘은 집에 있고 싶다.

0957. **contract**
[kάntrækt/kɔ́n-]
n. 계약(서), 청부 *v.* 계약하다, 청부맡다, 수축하다(시키다)

파 **contracted** *a.* 수축하는
관 **fulfill[break] a contract** 계약을 이행하다[파기하다]   **contraction** 수축

🔊 Have you signed the ***contract***? 계약에 서명했습니까?
☐ He is here on a two-year ***contract***. 그는 2년 계약으로 옵니다.
❖ con(함께) + tact(draw;끌다)

0958. **defect**
[difékt]

n. 결함, 결점, 단점

파 **defective** *a.* 결함[결점]이 있는
관 **defective product** 흠 있는 물건

🔊 They found a ***defect*** in the new model.
신형[차]에 결함이 있다는 것을 알았다.

0959. **effect**
[ifékt]

n. 결과, 효과, 효력, 〈복수형으로〉 소유물

파 **effective** *a.* 효과적인, (법률 등이) 유효한, 실시되고 있는 **effectively** *ad.* 효과적으로
관 **in effect** 사실상, 유효인 **take effect** 효과를 나타내다, 발효하다
side effect 부작용 **personal effects** 소지품

🔊 My high school teacher had a great ***effect*** on me.
고등학교 선생님의 영향이 매우 컸다.
☐ The medicine will take ***effect*** in one hour.
약은 한 시간 후에 효과가 나타난다.
☐ The medicine was not very ***effective***.
그 약은 그다지 효과가 없었다.
❖ ef(ex;밖에, 밖에서) + fect(make;만들다, 이루다)

0960. **subject**
[sábdʒikt]

n. 주제, 제목, 과목 *v.* 복종하다, ~을 당하게 하다
v. 복종시키다, 받게 하다

파 **subjective** *a.* 주관적인

🔊 Don't change the ***subject***. 주제를 바꾸지 마세요.
☐ What's your favorite ***subject***? 좋아하는 학과는 무엇입니까?
☐ You're being too ***subjective***. 당신은 너무 주관적이다.
❖ sub(~밑에) + ject(throw;던지다)

0961. **project**
[prədʒékt]

n. 기획, 계획, 사업, 연구 과제 *v.* 기획하다, 영사하다

파 **projection** *n.* 기획, 투영

- 🔊 This ***project*** requires at least two months.
  이 계획은 적어도 2개월 걸린다.
- ☐ I can't ***project*** my thoughts that far into the future.
  그런 먼 장래의 일은 생각할 수 없습니다.
- ❖ pro(앞에) + ject(throw;던지다)

0962. **aspect** [ǽspekt]
n. (일의) 양상, 형세, 국면, 방향, 얼굴 생김

- 🔊 We can't ignore the financial ***aspect*** of this issue.
  이 문제의 경제적인 면을 무시할 수는 없습니다.
- ❖ a(~에, ~위에) + spect(look;보다)

GROUP

Round 1 ☐	월	일
Round 2 ☐	월	일
Round 3 ☐	월	일

0963.
prospect
[práspekt/prɔ́s-]

n. 가능성, 기대, 예상, 전망

파 **prospective** *a.* 미래의, 기대되는

🔊 His ***prospects*** are very good. 그는 매우 가망이 있다.

❖ pro(앞에) + spect(look;보다)

0964.
district
[dístrikt]

n. (행정, 사법, 교육 등의) 지구, 지역

🔊 This area used to be a poor ***district***. 과거 이 지역은 빈민 지역이었다.

❖ di(떨어져, 반대) + strict(bind;묶다)

0965.
instinct
[ínstiŋkt]

n. 본능, 직감

파 **instinctive** *a.* 본능의 **instinctively** *ad.* 본능적으로

🔊 It was just an ***instinct***. 그것은 너무 직감적이었다.

❖ in(안에) + stinct(prick;찌르다)

0966.
conduct
[kándʌkt/kɔ́n-]

n. 행위, 지도, 관리 *v.* 지도하다, 안내하다, 지휘하다, 관리하다

관 **conductor** 지휘자, 차장

🔊 I'd like to apologize for ***conduct*** last night.
어젯밤 내가 한 행위를 사과하고 싶습니다.

☐ Who ***conducts*** the Boston Orchestra now?
지금 보스턴 오케스트라를 지휘하고 있는 것은 누구입니까?

❖ con(함께) + duct(이끌다)

0967.
budget
[bʌ́dʒit]

n. 예산(안), 경비, 가계 *v.* 〈budget for로〉 ～의 예산을 세우다

명사

- 파 **budgetary** *a.* 예산의
- 관 **balance the budget** 수지균형을 맞추다　**on a budget** 한정된 예산으로
  on the budget plan 분할지불로
- 🔊 We have to cut $1 million from the ***budget***.
  예산을 백만 달러 삭감해야 한다.
- ❖ budge(팽창) + et(명접)

0968. **diet** [dáiət]
n. (일상의) 식사　*v.* 식이요법(을 하다)

- 파 **dietary** *a.* 식이(요법)의
- 관 **be on a diet** 식이요법을 하고 있다　**go on a diet** 식이요법을 시작하다
  diet food 다이어트 식품　**dietitian** 식이요법을 하고 있는 사람
- 🔊 I'm on a ***diet***. (= I'm dieting.) 나는 다이어트 중이다.
- ☐ What's the American ***diet***? 미국의 일상 식사는 무엇입니까?

0969. **outlet** [áutlet, -lit]
n. 코드 구멍, 콘센트, 출구, 배출구, 소매 상점

- 🔊 Exercise is a good ***outlet*** for stress. 운동은 스트레스를 푸는 데 좋다.
- ❖ out(밖에) + let(내주다)

0970. **secret** [síːkrit]
n. 비밀, 기밀, 극비, 신비　*a.* 비밀의, 기밀의, 극비의

- 파 **secretly** *ad.* 비밀히　**secrecy** *n.* 비밀
- 관 **in secret** 비밀히　**top secret** 극비의
- 🔊 Can you keep a ***secret***? 비밀을 지킬 수 있습니까?
- ☐ We'll keep it ***secret***. 비밀로 해주겠다.
- ❖ se(hidden;숨겨진) + cret(separate;별도의)

0971. **closet** [klázit/klɔ́z-]
n. 개인방, 수납고　*a.* 비밀의, 사적인　*v.* 가두다

- 🔊 Let's tidy up the ***closet***. 장롱을 정리하다.
- ☐ She is ***closed*** in her room. 그녀는 자신의 방에 틀어박혀 있다.
- ❖ close(가까운) + et(명접)

0972. asset
[ǽset]

n. 〈보통, 복수형으로〉 자산, 재산, 귀중한 것

🔊 My ***assets*** are dwindling. 내 자산이 줄어들고 있다.
❖ as(ad;∼에) + set(enough;충분한)

0973. draft
[dræft, drɑːft]

n. 초안, 초고, 환어음, 징병
v. 초고[밑그림]를 기초하다, 징병하다 a. 초안의, 통에서 따른

관 **in draft** 계획 단계에서

🔊 Have you written a ***draft*** of the report yet? 보고서 초안을 작성했습니까?
☐ Who ***drafted*** the letter? 이 편지를 초안한 것은 누구입니까?

0974. height
[hait]

n. 높이, 고도, 해발, 고지, 정상

파 **heighten** v. 높이다, 강하게 하다 **high** a. 높은, 중요한

🔊 What is the ***height*** of that skyscraper?
이 초고층 빌딩의 높이는 얼마입니까?
☐ I think I'm at the ***height*** of my career.
경력은 지금 절정에 있다고 생각한다.

0975. fight
[fait]

n. 싸움, 승부, 격론 v. 싸우다, 교정하다, 격론하다

파 **fighting** a. 호전적인, 선투용의
관 **fight back** 저항하다 **fight it out** 최후까지 싸우다

🔊 I never pick ***fights***. 싸움을 자초할 수 없다.
☐ I'm ***fighting*** for a good cause. 나는 대의를 위해 싸우고 있다.

0976. light
[lait]

n. 빛, 밝음, 햇빛, 불꽃 v. 밝게 하다, 점화하다 a. 밝은

파 **lighten** v. 밝게 하다
관 **come to light** 나타나다, 드러나다 **give the green[red] light** 허가[금지]하다
see the light 이해하다

🔊 Turn on the ***light*** now. 지금 불을 켜 주십시오.
☐ Have you got a ***light***? 성냥 있습니까?

☐ We'll have to *light* some candles.
양초에 불을 붙여야 한다.

0977. **sight** [sait]   *n.* 시력, 시야, 광경, 보는 것   *v.* 발견하다

파 **sighted** *a.* 시력이 ~인
관 **at first sight** 첫눈에   **in sight** 시야에 들어와, 가까워져   **know a person by sight** ~와 안면이 있다   **lose sight of** 시력을 잃다   **out of sight** 멀리 떨어져

🔊 I fell in love with her at first *sight*.
나는 그녀에게 한눈에 반했다.

☐ What a lovely *sight* this is!
얼마나 멋진 광경인가!

☐ I have poor *sight*.
나는 눈이 나쁘다.

0978. **insight** [ínsàit]   *n.* 통찰력, 안식

🔊 Thanks to your *insight* we made a big profit.
당신의 통찰력 덕분에 큰 도움이 되었습니다.

❖ in(안에) + sight(시각)

0979. **bit** [bit]   *n.* 작은 조각, 〈a bit로〉 조금만, 약간

관 **a bit (too) much** 지나치게   **bit by bit** 조금씩   **every bit** 전부   **a little bit** 조금   **not a bit** 조금도 ~아니다

🔊 She seems to be a little *bit* nervous and confused.
그녀는 조금 흥분해서 어찌하면 좋을지 모르는 것 같다.

☐ I'm not a *bit* afraid.
나는 조금도 무섭지 않다.

0980. **habit** [hǽbit]   *n.* 버릇, 습관, 습성

파 **habitual** *a.* 습관적인   **habitually** *ad.* 습관적으로
관 **get into[out of] the habit of** 나쁜 버릇이 생기다[없어지다]   **out of habit** 나쁜 버릇이 없어지다   **make a habit of ~ing** ~하는 것으로 하고 있다

🔊 I've got to break this bad ***habit***.
이 나쁜 습관을 버려야 한다.

☐ He has a ***habit*** of biting his nails.
그는 손톱을 물어뜯는 버릇이 있다.

☐ He is in the ***habit*** of coming home late.
그는 항상 귀가가 늦다.

0981. **deficit**
[défəsit]   *n.* 적자, 부족   반 **surplus** 과잉, 잔액

🔊 The annual accounts showed a ***deficit*** of $300 million.
연차 결산 보고서는 3억 달러 적자를 나타내고 있다.

❖ de(밑에) + fic(make:만들다) + it(명접)

명사   267

GROUP 56

Round 1 □ 월 일
Round 2 □ 월 일
Round 3 □ 월 일

0982.
credit
[krédit]

n. 신뢰, 신용, 명성, 인정하기, 크레딧, 이수학점
v. 믿다, 신용하다, 〈credit to로〉 (공적 등을) ~에게 돌리다

관 **give a person credit for** ~을 ~의 공으로 인정하다 **take[get/have] credit for** ~를 칭찬받다, ~를 인정받다 **on credit** 외상으로, 신용대출로

- I really have to give you *credit* for doing such a good job.
  당신이 매우 잘 했다고 인정합니다.
- Actually I take *credit* for his success.
  그가 성공한 것은 사실 내 덕택이다.
- I bought the stero set on *credit*.
  신용카드로 스테레오를 구입했다.
- He should take *credit* for your part of the project.
  그는 프로젝트에 기여한 부분에 대해 공을 인정받아야 해.

❖ cred(believe; 믿다) + it(명접)

0983.
profit
[práfit/prɔ́f-]

n. 이익(을 얻다), 수익(을 올리다)

파 **profitable** *a.* 이익이 남은, 유익한

- I made a *profit* of 30 million won on my apartment.
  맨션을 사서 3천만원 이상을 벌었다.
- Do you expect to *profit* from the sale of the house?
  집을 팔아서 돈을 벌 작정이에요?

❖ pro(앞에) + fit(make; 만들다)

0984.
unit
[júːnit]

n. (구성)단위, 부대, (학과의) 단위 *a.* 단위의, 유닛식의

파 **unitary** *a.* 단위의

- I'm fascinated with this video *unit*.
  이 비디오 장치가 매우 마음에 들었다.

0985. spirit
[spírit]

n. 마음, 정신, 영혼, 용기, 기운, 기분 *v.* 원기를 돋우다

파 **spiritual** *a.* 정신의, 영적인 **spirited** *a.* 원기왕성한

- I'm always with you in ***spirit***. 마음 속으로는 항상 당신과 함께 있다.
- That's the ***spirit***. 바로 그거다.
- I need ***spiritual*** support from you. 당신으로부터의 정신적 지원이 필요하다.

0986. wit
[wit]

n. 기지, 이해력, 재주꾼

파 **witty** *a.* 기지 있는
관 **at one's wit's end** 어찌할 바를 몰라

- He is noted for his quick ***wit***. 그는 재치가 있다고 알려져 있다.
- Keep your ***wits*** about you. 냉정하게 행동하세요.

0987. fault
[fɔːlt]

n. 실수, 과실, 결점, 결함

파 **faulty** *a.* 결점있는
관 **at fault** 잘못되어 **find fault with** ~를 비난하다

- It's your ***fault***, not mine. 그것은 당신 책임이다. 내 탓이 아니다.
- You always find ***fault*** with me. 당신은 항상 내 결점만을 찾고 있다.

0988. result
[rizʌ́lt]

n. 결과, 성과 *v.* 〈result in으로〉 ~로 끝나다, 〈result from으로〉 ~결과로 생기다, 일어나다

파 **resultant** *a.* 결과로서 생기는

- What was the ***result*** of the test? 시험 결과는 어땠습니까?
- Your condition ***results*** from overwork. 당신의 병은 과로에서 온 것입니다.

0989. plant
[plænt, plɑːnt]

n. 공장, 식물 *v.* 설치[배치]하다, 심다

- We should modernize the ***plant***. 공장을 근대화할 필요가 있다.
- When should I ***plant*** the seeds? 언제 씨를 뿌려야 합니까?

0990. warrant
[wɔ́(:)rənt, wár-]

n. 영장, 소환장, 정당한 이유, 근거, 보증서
v. 정당하다, 보증하다

관 **warrantee** 피보증인 **warrantor** 보증인 **warranty** 정당한 이유, 보증서 **under warranty** 보증기간 중에

🔊 Do you have a search *warrant*? 수색 영장은 있습니까?
▫ Her anger was not *warranted*. 그녀가 분개할 근거는 없다.

0991. scent
[sent]

n. 냄새, 후각

🔊 Do you like the *scent* of this perfume? 이 향수의 향은 좋습니까?

0992. accident
[ǽksidənt]

n. 사건, 사고, 우발 사건

파 **accidental** a. 우연한, 우발적인 **accidentally** ad. 우연히
관 **by accident** 우연히

🔊 I was in a car *accident*. 자동차 사고를 당했다.
❖ ac(ad;~에) + cid(fall;떨어지다) + ent(명접)

0993. incident
[ínsədənt]

n. 사건, 사변, 부대적인 일

파 **incidental** a. 우연한, 뜻밖의, 부수적인
incidentally ad. 수반하여, 부수적으로, 우연하게

🔊 Do you remember the *incident* where the bank was broken into?
은행강도 사건을 기억하고 있습니까?
▫ *Incidentally*, I ran into your sister this afternoon.
우연히 오늘 오후 당신의 동생을 만났다.
❖ in(안에) + cid(fall;떨어지다) + ent(명접)

0994. president
[prézidənt]

n. 대통령, 사장, 학장, 회장

파 **presidential** a. 대통령의, 대통령 선거의
관 **presidency** 대통령직 **preside** 의장이 되다, 사회를 맡다, 주재하다
vice-president 부대통령, 부사장, 부학장

🔊 I'm *president* of Del-fi Records in Hollywood.
나는 할리우드에 있는 델 피 레코드의 사장입니다.

☐ Who is *presiding* over the meeting?
회의를 주재하고 있는 것은 누구입니까?

❖ preside(우두머리가 되다) + ent(명접)

0995. **agent**
[éidʒənt]

n. 대리인, 대표자, 공무원

관 **agency** 대리점

🔊 Please see my *agent* for the details.
상세한 것은 내 대리인을 만나서 상의해 주십시오.

0996. **client**
[kláiənt]

n. (상점의) 손님, 단골손님, 소송의뢰인

관 **clientele** 〈집합적으로〉 단골, 환자

🔊 Don't be rude to the *clients*. 손님에게 무례하게 굴지 마세요.

0997. **talent**
[tǽlənt]

n. 재능(있는 사람들), 수완

파 **talented** *a.* 유능한

🔊 You've got *talent*. 당신은 재능이 있다.
☐ He's a man of hidden *talents*. 그는 숨겨진 재능이 있다.

0998. **element**
[éləmənt]

n. 요소, 성분, 원소, 〈보통, 복수형으로〉 원리

파 **elementary** *a.* 초보의

🔊 Perseverance is a crucial *element* of success.
성공을 결정하는 중요한 요소는 인내다.

0999. **fragment**
[frǽgmənt]

n. 파편

파 **fragmentary** *a.* 조각조각의, 단편적인 **fragmentarily** *ad.* 단편적으로

🔊 There's *fragment* of glass in my foot. 유리 파편이 발에 찔렸다.

❖ frag(break;깨다) + ment(명접;추상)

1000. **compliment**
[kámpləmənt/kɔ́m-]

n. 칭찬하는 말, 찬사, 영광인 일, 〈복수형으로〉 인사
v. 칭찬하다, 인사하다, 축하하다

- 파 **complimentary** *a.* 찬사의, 인사의, 무료의, 초대의
- 관 **make[pay] a compliment** 칭찬하다   **complimentary ticket** 초대권

🔊 He paid me a very nice *compliment*.
그가 매우 칭찬해 주었다.

❖ comply(따르다) + ment(명접;추상)

GROUP 57

Round 1 □ 월 일
Round 2 □ 월 일
Round 3 □ 월 일

1001. **experiment**
[ikspérəmənt]
n. 실험, 시험 *v.* 실험하다, 시험하다

파 **experimental** *a.* 실험의

- My *experiment* worked. 실험에 성공했다.
- I want to *experiment* with new ideas. 새로운 아이디어를 실험해 보고 싶다.
- ex(밖에, 밖에서) + peril(위험에 빠뜨리다) + ment(명접;추상)

1002. **environment**
[inváiərənmənt]
n. 환경, 주위, ⟨the ~로⟩ 자연 환경

파 **environmental** *a.* 환경의
관 **social environment** 사회환경 **environmentalist** 환경보호주의자

- This is the perfect *environment* for raising our children.
  여기는 아이를 기르기에 최고의 환경이다.
- The home *environment* is a crucial factor in how children grow up.
  아이의 성장에는 가정환경이 중요한 요소가 된다.
- environ(둘러싸다) + ment(명접;추상)

1003. **moment**
[móumənt]
n. 순간, 때, ⟨the ~로⟩ 지금

파 **momentary** *a.* 순간의, 찰나의 **momentarily** *ad.* 순간적으로, 곧바로
관 **this moment** 바로 **at any moment** 금방이라도, 언제라도
at the moment 지금, 현재 **every moment** 언제나
for the moment 당장 **to the (very) moment** 바로 그 시간에

- Just a *moment*, please. 잠깐 기다려 주십시오.
- It's a historic *moment*. 역사적 순간이다.
- He'll arrive at any *moment*. 그는 곧 도착할 것이다.
- move(움직임) + ment(명접;추상)

1004. **equipment**
[ikwípmənt]
n. 설비, 비품, 용구, 기재, 지식

명사

파 **equip** *v.* 준비시키다, 채비를 갖추게 하다, (학문 등을) 가르쳐 주다

🔊 The ***equipment*** doesn't work at all.
장치가 전혀 움직이지 않습니다.

☐ I think I am well ***equipped*** for the task.
나는 그 일에 필요한 지식을 충분히 가지고 있다고 생각합니다.

❖ equip(갖추게 하다) + ment(명접;추상)

1005. **torment**
[tɔ́ːrment]

n. 고뇌, 고통 *v.* 고통을 주다, 귀찮게 하다, 시달리게 하다

관 **be in torment** 고통을 받아

🔊 This heat is a ***torment***. 이 더위에는 졌다.

☐ I'm ***tormented*** by my past. 내 과거에 괴로워하고 있다.

❖ tor(torque;목걸이, 비틀다) + ment(명접;추상)

1006. **appointment**
[əpɔ́intmənt]

n. 약속, 결정, 예약, 임무, 임명

파 **appoint** *v.* 임명하다
관 **make an appointment** 약속하다
keep[break] one's appointment 약속을 지키다[어기다]

🔊 I'd like to make an ***appointment*** to see a doctor.
진찰 예약을 하고 싶습니다.

☐ I have a 1 o'clock ***appointment*** with Mr. James.
나는 제임스 씨와 1시에 만날 약속이 있다.

❖ appoint(정하다) + ment(명접;추상)

1007. **department**
[dipáːrtmənt]

n. (기업 등의) 부문, 부, 과, (행정)부, 학부, 학과, 전문영역, 담당분야

파 **departmental** *a.* 부문의

🔊 What does this ***department*** do? 이 과에서는 무엇을 합니까?

☐ Cooking is not my ***department***. 요리는 자신이 없습니다.

❖ depart(떠나다) + ment(명접;추상)

1008. **investment**
[invéstmənt]

n. 투자, 출자

파 **invest** 투자하다, 출자하다

🔊 I'm considering the ***investment*** possibilities in real estate.
부동산 투자를 고려하고 있습니다.

☐ How much can you afford to ***invest***?
얼마나 투자할 수 있습니까?

❖ invest(투자하다) + ment(명접;추상)

1009. **document**
[dákjəmənt/dɔ́k-]
n. (공)문서, 서류, 기록
v. 문서로 증명하다, 증거서류를 제공하다

파 **documentary** *a.* 문서의, 기록하는
관 **official document** 공문서

🔊 Is this the real ***document*** or a copy? 이것은 정식 서류입니까, 아니면 복사본입니까?

❖ doc(teach;가르치다) + u + ment(명접;추상)

1010. **instrument**
[ínstrəmənt]
n. 기구, 계기, 악기, 수단

파 **instrumental** *a.* 기구의, 수단의
관 **musical instrument** 악기

🔊 We are only the ***instruments*** of our company.
우리는 회사의 도구에 지나지 않는다.

1011. **component**
[kəmpóunənt]
n. 구성 요소[부분], 부품 *v.* 구성하고 있는

🔊 We have to order the ***components*** for your car. 자동차 부품을 주문해야 합니다.

❖ com(함께) + pon(put;놓다) + ent(명접)

1012. **rent**
[rent]
n. 집세, 사용료, 임대료 *v.* 임대[임차]하다

관 **rental** 임대료, 임차물 **rent-a-car** 렌터카

🔊 How much ***rent*** do you pay? 집세는 얼마나 지불해야 합니까?
☐ Are you ***renting*** an apartment? 당신 아파트는 임대입니까?
☐ We ***rent*** out our house in Miami. 마이애미의 집은 다른 사람에게 세 주었다.

1013. **hint**
[hint]
n. 암시, 실마리, 지시, 미량 *v.* 암시하다, 시사하다

명사

🔊 I'll give you a *hint*. 힌트를 주겠다.
☐ What are you *hinting* at? 무얼 말하고 싶지?

1014. **point**
[pɔint]

n. 끝, 점(수), 요점, 핵심, 목적, 특질
v. 가리키다, 지시하다, 향하다

파 **pointed** *a.* 분명히, 지목한, 두드러진
관 **at all points** 모든 점에서   **get the point** 이해하다
have a point ~일 리가 있다   **make one's point** 주장을 철하다
make a point of 으레 ~하다   **on the point of** 막 ~하려고 하여
to the point 적절한   **point of view** 점   **good[bad] point** 장[단]점
point out 지적하다

🔊 Now, let's get to the *point*. 요점으로 들어가자.
☐ There's no *point* in trying anymore. 더 이상 노력해도 의미가 없다.
☐ The *point* is we don't have the money. 문제는 돈이 없다는 것이다.
☐ Did you get my *point*? 내가 말한 것을 알았습니까?
☐ From my *point* of view, we're finished. 내 생각으로는 우리는 이제 끝났다.
☐ At this *point*, I just can't say. 이 시점에서는 아무 것도 말할 수 없다.
☐ Don't *point* at people. 사람을 손가락질해서는 안된다.
☐ Will you *point* out the features of the new model?
새 차의 특징을 설명해 주십시오.

1015. **front**
[frʌnt]

n. 앞부분, 전면, 정면   *a.* 앞부분의, 전면의, 정면의

관 **in front** 전방에   **in front of** ~의 앞에   **in the front of** ~의 전방에

🔊 A kid jumped in *front* of my car. 아이가 차 앞으로 뛰어들었다.
☐ Let's sit close to the *front*. 앞쪽으로 앉자.

1016. **account**
[əkáunt]

n. 예금(구좌), 설명, 이유, 평가   v. 〈account for로〉 설명하다

파 **accountable** *a.* 책임있는, 설명할 의무가 있는, 지당한
관 **on account of** ~의 이유로, ~ 때문에   **on one's account** 남을 위하여
take~into account ~를 고려하다

🔊 I'd like to open an *account*. 구좌를 개설하고 싶습니다.
☐ How do you *account* for this difference? 이 차이를 어떻게 설명하죠?
❖ ac(ad;~에) + count(세다)

GROUP 58

Round 1 □	월	일
Round 2 □	월	일
Round 3 □	월	일

1017. discount
[dískaunt]

n. 할인 *v.* 할인하다, (이야기 등을) 에누리하여 듣다

관 **at a discount** 할인하여 **discount rate** 할인율

🔊 Can you give me a ***discount*** on this watch?
이 시계를 깎아 주시겠습니까?

☐ I always ***discount*** half of what he says.
그의 말은 항상 50퍼센트 할인해서 듣고 있다.

❖ dis(떨어져, 반대) + count(세다)

1018. amount
[əmáunt]

n. 총계, 총액 *v.* 달하다, ~가 되다, ~나 다름없다

🔊 I still have a large ***amount*** of money in the bank.
은행에는 아직 돈이 많이 있습니다.

☐ You'll never ***amount*** to anything.
당신은 큰 인물은 되지 않는다.

❖ a(~에, ~위에) + mount(올라가다)

1019. lot¹
[lɑt/lɔt]

n. 〈a lot of로〉 많음 *v.* 월등하게, 대단히

관 **a lot[lots] of** 많은, 다수[량]의

🔊 We'll make a ***lot*** of money. 거금을 벌었다.
☐ I thought about you a ***lot***. 당신을 많이 생각했습니다.

1020. lot²
[lɑt/lɔt]

n. 추첨, 운명, 몫, 일구획

🔊 Let's draw ***lots***. 제비를 뽑아서 결정하자.

1021. **slot** [slɑt/slɔt]
n. 가늘고 긴 구멍, 요금 투입구, 좁은 통로

🔊 Did you put the money in the *slot*?
(요금 투입구에) 돈을 넣었습니까?

1022. **root** [ruːt, rut]
n. 뿌리, 근본, 근원 *v.* 뿌리를 내리다, 정착하다

관 **take root** 성장하다, 정착하다

🔊 I think we've found the *root* of the trouble.
문제의 근원을 찾은 것 같다.
▫ Western-style democracy hasn't taken *root* in Korea.
한국에 서구형 민주주의는 뿌리내리지 못했다.

1023. **spot** [spɑt/spɔt]
n. 얼룩, 반점, 부스럼, 장소 *v.* 더럽히다, 얼룩이 지게 하다, 발견하다 *a.* 즉석의, 임의로 택한

파 **spotted** *a.* 얼룩얼룩한, 얼룩의
관 **hit the high spots** 가장 중요한 점에 대해 언급하다 **in a spot** 난처하여
on the spot 현장에서, 당장에, 그 자리에서

🔊 This apple has a bad *spot*. 이 사과는 상해 있다.
▫ Can you *spot* Jim? 짐을 찾을 수 있습니까?

1024. **concept** [kánsept/kɔ́n-]
n. 개념, 관념

파 **conceptualize** *v.* 개념화하다
관 **conception** 개념, 구상

🔊 You have no *concept* of time. 당신은 시간 개념이 없다.
❖ con(완전히) + cept(seize;잡다)

1025. **contempt** [kəntémpt]
n. 경멸, 모욕

파 **contemptible** *a.* 업신여길만한 **contemptuous** *a.* 경멸적인
관 **in contempt of** ~를 경멸하여
have[hold] ~ in contempt 남을 경멸하고 있다

PART 2

🔊 She holds me in ***contempt***. 그녀는 나를 경멸하고 있다.
☐ He was charged with being in ***contempt*** of court. 그는 법정모욕죄로 고소당했다.
❖ con(완전히) + tempt(slight ; 대단치 않은)

1026. **part**
[pɑːrt]

n. 일부, 부분, 부품, 역할, 책임 *v.* 나누다, 분할하다, 작별하다

파 **partial** *a.* 일부의, 부분적인, 불완전한 **partially** *ad.* 부분적으로, 불공평하게
partly *ad.* 부분적으로는, 어느 정도는

관 **for one's part** ~으로서는   **for the most part** 대부분은
in part 어느 정도   **on the part of** ~에 편에서는   **part from** ~와 헤어지다
part with ~를 양도하다   **impartial** 공평한

🔊 The worst ***part*** is I lost my passport. 최악의 일은 여권을 잃어버렸다는 것이다.
☐ I just did my ***part***. 내 책임을 질 뿐입니다.
☐ I don't want to ***part*** with this book. 이 책은 처분하고 싶지 않습니다.
☐ The teacher is ***partial*** to Tom. 선생님은 톰을 편들고 있다.
☐ I'm ***partially*** to blame. 나에게도 일부 책임이 있습니다.

1027. **expert**
[ékspəːrt]

n. 전문가, 권위자 *a.* 〈서술적인 용법에서는〉 숙달된, 전문의
v. 전문적으로 하다

관 **expertise** 전문지식

🔊 He is an ***expert*** in international relations. 그는 국제관계 전문가다.
☐ I need some ***expert*** advice. 전문가의 조언이 필요하다.

1028. **effort**
[éfərt]

n. 노력, 수고

관 **make an effort** 노력하다

🔊 You must make an ***effort*** to understand her. 그는 그녀를 이해하려고 노력해야 한다.
☐ It's not worth the ***effort***. 그것은 노력할 만한 가치가 없다.
☐ Put more ***effort*** into your work. 더욱 일에 정성을 다하세요.
☐ Your ***efforts*** will pay off. 당신의 노력은 보답을 받을 것이다.
❖ ef(ex ; 밖에, 밖에서) + fort(force ; 강한, 힘)

1029. **sort**
[sɔːrt]

n. 종류, 분류 *v.* 분류하다

관 **a sort of** 일종의, ~같은 것　**sort of** 얼마간　**of sorts** 변변치 않은, 이류의
out of sorts 기분이 좋지 않은　**sort out** 분류하다

🔊 This *sort* of life is new to me. 이런 생활은 처음입니다.
☐ I'm *sort* of tired. 좀 피곤하다.
☐ They are all *sorted*. 그것들은 모두 분류되어 있습니다.

1030. **court**
[kɔ:rt]

n. 법정, 재판소, 안마당, 왕궁, (테니스 등의) 코트
v. 비위를 맞추다, 구애하다

관 **civil court** 민사재판소　**criminal court** 형사재판소
family (affairs) court 가정재판소　**district court** 지방재판소
high court 고등재판소　**the Supreme Court** 최고재판소

🔊 See you in *court*. (문제는) 재판에서 결정하자.

1031. **least**
[li:st]

n. 〈보통 the~로〉 최소　a. 가장 적은, 가장 작은, 아주 적게

관 **at least** 적어도　**not ~in the least** 조금도 ~하지 않는
to say the least 적어도

🔊 It's going to cost at *least* $2,000 or $3,000. 적어도 2천 달러에서 3천 달러 든다.
☐ I don't mind in the *least*. 전혀 상관없습니다.
☐ The campaign was not successful, to say the *least*.
조심스럽게 말해도 그 캠페인은 성공이라고는 할 수 없었다.

1032. **toast**
[toust]

n. 건배의 인사, 축배　v. 건배하다

🔊 Let's drink a *toast* to Jim. 짐의 건강을 위하여 건배하자.

1033. **contrast**
[kάntræst/kɔ́ntrɑ:st]

n. 대조, 대비, 차이, 대조적으로 정반대인 것
v. 대조하다, 대비하다

🔊 What a *contrast* there is between Bob's language and his appearance!
봅의 어투와 복장은 정말 대조적이다!
☐ This tie *contrasts* nicely with my brown suit.
이 넥타이는 갈색 양복과 잘 어울린다.

❖ contra(반대로, 거꾸로) + st(stand; 서다)

GROUP 59

Round 1 □ 월 일
Round 2 □ 월 일
Round 3 □ 월 일

1034. interest
[íntərist]
n. 흥미, 관심(사), 이익, 이해관계, 이자 *v.* 흥미[관심]을 끌다

파 **interested** *a.* 흥미를 가지는, 관심이 있는
interesting *a.* 흥미를 일으키는, 관심을 끄는

- I kind of lost *interest* in playing tennis. 테니스에 대한 흥미를 잃었다.
- You can live on the *interest*. 당신은 이자로 생활할 수 있다.
- Rock music doesn't *interest* me at all. 록뮤직은 전혀 흥미가 없다.
- Are you *interested* in modern art? 근대 미술에 흥미가 있습니까?
- You might find it *interesting*. 흥미를 가질지도 몰라요.

❖ inter(~사이에, 서로) + est(esse;있다)

1035. contest
[kántest/kɔ́n-]
n. 경기(회), 경쟁, 다툼 *v.* 다투다, 논쟁하다

- Did you take part in the speech *contest*? 당신은 웅변대회에 참가했습니까?

❖ con(함께) + test(testify;증언하다, 증명하다)

1036. guest
[gest]
n. (초대) 손님 *a.* 손님의, 손님용의

- We're having *guests* for dinner tomorrow. 내일 저녁식사에는 손님이 옵니다.
- Be my *guest*. 마음대로 쓰세요[마음껏 드세요].

1037. boost
[buːst]
n. 밀어 올리기, 선전, 후원 *v.* 밀어 올리다, 후원하다

- She is down. Let's give her a *boost*. 그녀는 풀이 죽어 있으니까 격려해주자.

1038. dust
[dʌst]
n. 먼지, 티끌 *v.* 먼지를 털다, (먼지 등을) 털어버리다

명사

파 **dusty** *a.* 먼지가 많은
- The wind is strong and the air is full of *dust*. 강풍으로 먼지가 심하다.
- Will you *dust* off the books? 책의 먼지를 털어 주시겠습니까?

1039. tan [tæn]
n. 햇볕에 탐, 황갈색 *v.* 햇볕에 태우다[타다], 피부를 태우다, 가죽을 무두질하다 *a.* 황갈색의

- You've got a nice *tan*. 예쁘게 탔군요.
- Do you *tan* easily? 햇볕에 잘 타는 편입니까?

1040. burden [bə́:rdn]
n. 짐, (의무, 책임의) 부담 *v.* ~에 (짐을) 지우다, 부담시키다

파 **burdensome** *a.* 짐스러운, 괴로운
- I'd only be a *burden* to you. 나는 당신에게 방해가 될 뿐이다.
- Don't *burden* me with your troubles. 당신의 문제로 나를 걱정시키지 마세요.

1041. dozen [dʌ́zn]
n. 12개, 다스 *a.* 12의, 1다스의

관 **dozen of** 매우 많은, 수십의 **by the dozen** 다스 단위로
- I've been to Disneyland *dozens* of times. 디즈니랜드에는 여러 번 갔었다.
- How much a *dozen* are these pencils? 연필 한 다스는 얼마입니까?

1042. campaign [kæmpéin]
n. 캠페인, 운동 *v.* (선거) 운동을 하다

- A *campaign* for traffic safety is on now. 교통안전 운동이 실시되고 있습니다.
- camp(field;들판) + aign(명접)

1043. bargain [bá:rgən]
n. (거래)계약, 협정, 바겐, 싼 물건 *a.* 특매의
v. 계약하다, 교섭하다, 값을 깎다

관 **at a bargain** 싸게 **into the bargain** 게다가 **bargain for** ~를 예상하다
- I'll make a *bargain* with you. 당신과 거래하겠다.
- This is more than we *bargained* for. 예상한 것 이상으로 어려운 일이다.

1044. **pain** [pein] n. 아픔, 고통, 고뇌, 불쾌한 사람[것], 〈복수형으로〉 수고
v. 고통을 주다

- 파 **painful** a. 고통을 주는, 힘드는 **painfully** ad. 아픔이 있는, 고통스럽게
- 관 **spare no pains** 수고를 아끼지 않다 **take pains** 애쓰다
- 🔊 I can't stand the ***pain***. 아파서 참을 수 없다.
- ☐ Give me something for the ***pain***. 진통제를 주십시오.

1045. **brain** [brein] n. 두뇌, 지력, 수재

- 파 **brainy** a. 머리가 좋은
- 관 **beat one's brains out** 지혜를 짜내다 **rack one's brains** 골똘히 생각하다
- 🔊 Use your ***brains***. 머리를 쓰세요.
- ☐ You've got no ***brains***. 머리가 나쁘군요.

1046. **strain** [strein] n. 잡아당기는 힘, (정신적) 긴장, 중압
v. 잡아당기다, 긴장시키다, 극도로 사용하다

- 파 **strained** a. 팽팽한, 긴장된
- 🔊 I'm under a lot of ***strain***. 정신적으로 매우 스트레스를 받고 있습니다.
- ☐ Don't ***strain*** yourself. 긴장을 푸세요.

1047. **origin** [ɔ́:rədʒin, árə-/ɔ́r-] n. 기원, 유래, 원인

- 파 **originate** v. 창안하다, 시작하다[되다]
  original a. 독창적인, 최초의, 원문의 n. 원작, 원문 **originally** ad. 처음으로, 독창적으로
- 관 **originality** 독창성
- 🔊 I wonder what the ***origin*** of this word is. 이 말의 유래는 무엇일까?
- ☐ How did this custom ***originate***? 이 관습은 어떻게 생겼지?

1048. **sin** [sin] n. (도덕상의) 죄, (신의 율법을 어기는) 위반, 과실, (도덕률에 어긋나는) 일 v. 죄를 범하다

- 파 **sinful** a. 죄가 많은
- 🔊 He committed a ***sin***. 그는 죄를 범했다.
- ☐ It's a ***sin*** to waste all this food. 이 음식을 모두 버리면 죄 받는다.

1049. **region** [ríːdʒən]
n. 지역, 지구, 지방, 영역

- 파 **regional** *a.* 지방의, 지역의
- 🔊 It's hot all year long in the Caribbean *region*. 카리브해 지역은 일년내내 덥다.

1050. **opinion** [əpínjən]
n. 의견, 견해, 여론

- 관 **opinion poll** 여론조사
- 🔊 It's a matter of *opinion*. 그것은 사고 방법 문제다.

1051. **union** [júːnjən]
n. (노동)조합, 연합, 연방, 합체

- 파 **unionize** *v.* 노동조합화하다
- 관 **unionist** 노동조합원
- 🔊 Do you belong to the *union*? 당신은 조합원입니까?
- ❖ un(one;하나) + ion(명접)

1052. **occasion** [əkéiʒən]
n. 때, 경우, 행사, 기회, 이유, 근거

- 파 **occasional** *a.* 때때로의 **occasionally** *ad.* 때때로
- 🔊 I'd like to take this *occasion* to express my thanks.
  이 기회를 이용해서 한 마디 감사의 말씀을 드리고 싶습니다.
- ☐ I have an *occasional* beer.
  때때로 맥주를 마십니다.
- ☐ We go to an expensive restaurant for dinner *occasion*.
  때때로 고급 레스토랑에서 식사를 합니다.
- ❖ oc(ob;아래로, 떨어져서) + cas(fall;떨어지다) + ion(명접)

1053. **vision** [víʒən]
n. 환상, 선견지명, 통찰력, 미래상, 시력

- 파 **visionary** *a.* 상상력이 풍부한 *n.* 공상가
- 🔊 Do you have a *vision* for the future? 장래의 전망은 있어요?
- ❖ vis(see;보다) + ion(명접)

GROUP 60

Round 1 □ 월 일
Round 2 □ 월 일
Round 3 □ 월 일

1054. **division**
[divíʒən]

n. 구분, 분할, 부, 분열, 나눗셈

- 파 **divide** *v.* 나누다　**divisional** *a.* 구분의, 지구의, 나눗셈의
- 🔊 Pemrose is a multinational conglomerate with 30 different ***divisions***.
  펨로즈는 30개 부문을 가진 다국적 복합 기업입니다.
- ❖ di(떨어져) + vis(see;보다) + ion(명접)

1055. **dimension**
[diménʃən, dai-]

n. 치수, 크기, 중요성, 차원

- 파 **dimensional** *a.* 치수의, 차원의
- 🔊 There is another ***dimension*** to this problem.
  이 문제에는 다른 측면이 있습니다.
- ❖ di(떨어져) + mens(measure;측정하다) + ion(명접)

1056. **tension**
[ténʃən]

n. 긴장, 불안, 〈복수형으로〉 긴박(상태)

- 파 **tense** *a.* 긴장한, 세게 당겨진 *v.* 긴장시키다
- 🔊 I could feel the ***tension*** in the room. 방안에서 긴장감을 느낄 수 있었다.
- ☐ You seem very ***tense***. 매우 긴장하고 있군요.
- ❖ tent(stretch;늘이다, 끌다) + ion(명접)

1057. **passion**
[pǽʃən]

n. 열정, 격노, 애정, 정욕

- 파 **passionate** *a.* 정열적인, 열렬한
- 🔊 His ***passion*** for me has cooled. 나에 대한 그의 열정은 식었다.
- ❖ pass(suffer;고생하다) + ion(명접)

명사

1058. **compassion**
[kəmpǽʃən]
n. 동정, 동정심, 측은히 여김

파 **compassionate** *a.* 인정 많은 **compassionately** *ad.* 측은히

🔊 She did not show any ***compassion***.
그녀는 동정을 나타내지 않았다.

❖ com(함께) + pass(suffer;고생하다) + ion(명접)

1059. **session**
[séʃən]
n. 개회, 개정, 회기, 학기, 강습회

🔊 Class is in ***session***. 수업 중이다.
☐ There'll be five ***session*** in all. 전부 5개의 회의가 있습니다.

❖ sess(sit;앉다) + ion(명접)

1060. **mission**
[míʃən]
n. 임무, 사명, 천직, 비행 임무, 사절단, 전도

🔊 I consider this my ***mission*** in life. 이것이 내 사명이라고 생각하고 있다.
☐ The astronauts are on a secret ***mission*** this time.
이번 우주비행의 목적은 비밀이다.

❖ miss(보내다) + ion(명접)

1061. **commission**
[kəmíʃən]
n. 위임, 위탁, 임무, 의뢰, 위원회, 수수료, 커미션
v. 직권을 주다, 임명하다, 의뢰하다

관 **in commission** 위탁되어, 취항 중인 **on commission** 합의로

🔊 What percentage is my ***commission***?
= What's my ***commission***?
내 수수료는 얼마입니까?

❖ com(함께) + miss(send;보내다) + ion(명접)

1062. **permission**
[pəːrmíʃən]
n. 허가, 승인

파 **permit** *v.* 허가하다, 허락하다 *n.* 허가(증) **permissive** *a.* 관대한, 허가하여 주는

🔊 You should get ***permission*** before going ahead.
가기 전에 허가를 얻으세요.

☐ I will not ***permit*** you to drop out of college. 대학을 퇴학시키지는 않겠다.
❖ per(통해서, 완전히) + miss(send;보내다) + ion(명접)

1063. conclusion
[kənklúːʒən]
n. 결론, 결말, 결정, 추론

파 **conclude** *v.* 결론을 내리다, 끝내다　**conclusive** *a.* 결정적인, 최종적인
관 **jump to conclusions[a conclusion]** (서둘러) 속단하다
　　in conclusion 마지막으로

🔊 I've come to the ***conclusion*** that this kind of work is not for me.
　　이런 종류의 일은 나에게 맞지 않는다는 결론에 이르렀다.

☐ In ***conclusion***, I'd like to thank you all.
　　마지막으로 인사를 드리고 싶다.

❖ con(함께) + clus(close;닫다) + ion(명접)

1064. illusion
[ilúːʒən]
n. 환상, 환각, 착각

파 **illusory** *a.* 가공의

🔊 He has ***illusions*** about becoming a millionaire.
　　그는 백만장자가 되는 꿈을 꾸고 있다.

❖ il(in;~안에) + lus(play;놀이) + ion(명접)

1065. obligation
[ὰbləgéiʃən/ɔ̀b-]
n. 의무, 책임, 의리

파 **oblige** *v.* 의무를 지우다　**obligate** *v.* 의무를 시우다　**obligatory** *a.* 의무적인

🔊 I don't want you to feel any ***obligation***. 의무라고는 생각하지 마세요.

☐ We are under no ***obligation*** to buy. 살 필요는 없습니다.

❖ ob(~에) + liga(bind;묶다) +tion(명접;추상)

1066. relation
[riléiʃən]
n. 관계, 관련, 혈족관계

파 **relate** *v.* 관계하다, 지적하다, 이야기하다　**related** *a.* 관계있는, 인척의
관 **unrelated** 관계없는　**relationship** 관계　**correlation** 상호관계

🔊 Is there any ***relation*** between these two issues?
　　이 두 가지 문제 사이에는 어떤 관계가 있습니까?

- ☐ Is Frank a friend of yours or a *relation*? 프랭크는 친구입니까, 친척입니까?
- ☐ Are you *related* to Jack? 당신은 잭과 친척입니까?
- ❖ re(다시) + lat(carry;옮기다) + ion(명접;추상)

1067. congratulation
[kəngrætʃəléiʃən]

n. 축하, 〈복수형으로〉 축사

- 파 **congratulate** *v.* 축하하다
- 🔊 *congratulations* on your promotion. 승진 축하해.
- ❖ con(함께) + gratula(agreeable;기분좋은) + tion(명접;추상)

*참조
「축하합니다」는 congratulations! 복수형이 된다.

1068. corporation
[kɔ̀ːrpəréiʃən]

n. (사단)법인, 주식[유한]회사

- 파 **corporate** *a.* 법인의, 공동의
- 🔊 He's begun a hostile takeover of our *corporation*.
  그는 우리 회사에 대해서 적대적 매수를 개시했다.
- ❖ corpora(body;몸통) + tion(명접;추상)

1069. conversation
[kànvərséiʃən/kɔ̀n-]

n. 회화, 담화

- 파 **converse** *v.* 이야기하다
- 🔊 I think this *conversation* has gone far enough.
  대화는 이것으로 충분한 것 같다.
- ☐ I had a good *conversation* with Tom.
  톰과 좋은 이야기했습니다.
- ❖ con(함께) + vers(돌리다, 돌아가다) + tion(명접;추상)

1070. transportation
[trænspəːrtéiʃən /-pɔːrt-]

n. 수송(기관), 운임

- 파 **transport** *v.* 수송하다
- 🔊 The only means of *transportation* we have here is the bus.
  여기에서의 교통기관은 버스뿐입니다.
- ❖ trans(넘어서) + portat(carry;옮기다) + ion(명접;추상)

1071. reputation
[rèpjətéiʃən]

n. 평판, 세평, 명성

파 **repute** *v.* ~라고 생각하다 **reputable** *a.* 평판이 좋은, 훌륭한
reputed *a.* 명성이 있는

🔊 The company has a bad ***reputation*** for laying off workers.
그 회사는 종업원 일시해고로 평판이 나쁘다.

❖ re(다시) + put(think;생각) + ta+ tion(명접;추상)

1072. situation
[sìtʃuéiʃən]

n. 상황, 입장, 위치

파 **situated** *a.* 위치하는, 상태에 놓인

🔊 I don't know how to deal with this ***situation***.
이 사태에 어떻게 대처하면 좋을지 모르겠다.

☐ I'm in a difficult ***situation***.
어려움에 처해 있다.

❖ situa(site;장소) + tion(명접;추상)

1073. civilization
[sìvəlizéiʃən]

n. 문명(사회), 개화

파 **civilize** *v.* 문명화하다 **civilized** *a.* 문명적인, 교양 있는

🔊 There are many advantages and disadvantages of our present ***civilization***.
현대 문명에는 많은 장점과 단점이 있다.

❖ civilize(문명화하다) + ation(명접;추상)

1074. reaction
[riːǽkʃən]

n. 반응, 반동, 반작용

파 **react** *v.* 반응하다, 반대하다 **reactionary** *a.* 반동하는, 반작용의

🔊 What was his ***reaction***?
그의 반응은 어땠습니까?

☐ He ***reacted*** negatively.
그의 반응은 부정적이었다.

❖ re(다시) + act(행동) + tion(명접;추상)

GROUP 61

Round 1 □ 월 일
Round 2 □ 월 일
Round 3 □ 월 일

1075. **infection** [infékʃən] n. 감염, 전염, 오염

- 파 **infect** v. 감염시키다[되다], 오염하다 **infectious** a. 전염성의
- She picked up the *infection* in a restaurant. 그녀는 레스토랑에서 감염됐다.
- Is that disease *infectious*? 그 병은 전염성입니까?
- ❖ in(안에) + fec(perform;행하다) + tion(명접;추상)

1076. **inspection** [inspékʃən] n. 검사, 조사, 점검

- 파 **inspect** v. 검사하다, 점검하다, 시찰하다
- 관 **inspector** 검사, 감독
- I'm taking my car to the dealer for *inspection*.
  점검을 위해 차를 딜러에게 가지고 가겠습니다.
- ❖ in(안에) + spect(look;보다) + ion(명접;추상)

1077. **friction** [fríkʃən] n. 마찰, 충돌

- 파 **frictional** a. 마찰의
- There's a lot of *friction* between my boss and me.
  나와 상사는 자주 충돌한다.
- ❖ fric(rub;문지르다) + tion(명접;추상)

1078. **conviction** [kənvíkʃən] n. 확신, 신념, 설득력, 유죄판결

- 파 **convince** v. 확신시키다 **convict** v. 유죄를 선고하다
  convinced a. 확신을 가진 **convincing** a. 설득력이 있는, 납득이 가게 하는
- I have no political *convictions*. 나는 정치적 신념이 없습니다.
- ❖ con(완전히) + vic(conquer;정복하다) + tion(명접;추상)

1079. **instruction**
[instrʌ́kʃən]
n. 교수, 교육, 〈보통, 복수형으로〉 지시

- 파 **instruct** v. 교육하다, 지시하다 **instructional** a. 교육(상)의
  instructive a. 교육적인, 유익한
- 관 **instructor** 교사

🔊 I only followed your ***instructions***.
당신의 지시에 따랐을 뿐입니다.

☐ We were ***instructed*** to use the emergency exit.
우리는 비상구를 사용하도록 지시받았다.

❖ in(안에) + struct(build;세우다) + ion(명접;추상)

1080. **exhibition**
[èksəbíʃən]
n. 전시회, 전람[박람]회, 전시, 구경거리

- 파 **exhibit** v. 전시하다, 진열하다, 표시하다 n. 전시품

🔊 There's an ***exhibition*** of rare books at the library now.
도서관에서는 희귀 도서 전시회가 열리고 있다.

❖ ex(밖에, 밖에서) + hibit(hold;보유하다) + ion(명접;추상)

1081. **condition**
[kəndíʃən]
n. 상태, 사정, 조건
v. 조건을 달다, 최고의 컨디션이 되도록 조절하다

- 파 **conditional** a. 조건부의
- 관 **be in[out of] condition** 건강상태가 좋다[나쁘다]
  on condition that... ...라는 조건하에서

🔊 You're in no ***condition*** to discuss this now.
당신은 이 건에 관하여 의논할 수 있는 상태가 아니다.

☐ Working ***conditions*** must be improved.
노동조건이 개선되어야 한다.

❖ con(함께) + dic(speak;말하다) + ion(명접;추상)

1082. **position**
[pəzíʃən]
n. 위치, 지위, 직위, 입장 v. 두다

🔊 He's satisfied with his present ***position***.
그는 지금의 지위에 만족하고 있다.

☐ Are you really capable of putting yourself in my *position*?
정말로 내 입장을 이해할 수 있습니까?
❖ posit(place;장소) + tion(명접;추상)

1083. attention
[əténʃən]
n. 주의, 주목

파 **attentive** *a.* 주의깊은　**attentively** *ad.* 주의깊게
관 **pay attention to** ~에 주의를 기울이다

🔊 Don't pay any *attention* to Julie. 줄리가 말한 것에 신경 쓰지 마세요.
☐ *Attention*, please. 주목해 주십시오.
❖ at(~에) + tent(stretch;뻗다) + ion(명접;추상)

1084. convention
[kənvénʃən]
n. 회의, (당)대회, (정기)총회, 관습, 인습

파 **convene** *v.* 불러모으다, 소집하다
　conventional *a.* 전통[인습]적인, 사회적 관습에 의한

🔊 I'm attending a sales *convention* this Friday.
금요일에 판매부의 정기회에 출석합니다.
☐ His teaching methods are very *conventional*.
그의 교수법은 판에 박힌 것이다.
❖ con(함께) + vent(come;오다) + ion(명접;추상)

1085. motion
[móuʃən]
n. 운동, 움직임, 동작, 동의　*v.* 몸짓으로 신호하다

관 **in motions** 움직이고 있는　**put ~ in motion** ~를 작동하게 하다
　go through the motions of ~를 하는 체하다

🔊 He seconded the *motion*. 그는 동의를 지지했다.
☐ he *motioned* to me to sit down. 그는 나에게 앉으라고 신호했다.
❖ mot(move;움직이다) + ion(명접;추상)

1086. emotion
[imóuʃən]
n. 감정, 감동

파 **emotional** *a.* 감정의　**emotionally** *ad.* 감정적으로
관 **mixed emotions** 복잡한 감정

🔊 She doesn't show her *emotions*. 그녀는 감정을 나타내지 않는다.

- Control your *emotions*. 감정을 억제하세요.
- Don't get too *emotional*. 너무 감정적으로 되지 마세요.

❖ e(ex;밖에) + mot(move;움직이다) + ion(명접;추상)

1087. promotion
[prəmóuʃən]

n. 진급, 승진, 승급, 촉진, 진흥 반 **demotion** 강등

파 **promote** *v.* 승격시키다, 촉진하다, 판매를 촉진하다

- He's hoping for a *promotion*. 그는 승진을 희망하고 있다.
- She was *promoted* to section chief. 그녀는 과장으로 승진했다.

❖ pro(앞에) + mot(move;움직이다) + ion(명접;추상)

1088. notion
[nóuʃən]

n. 관념, 생각, 의견

- Jack and his father have different *notions* on running the family business. 잭과 아버지는 가업을 하는 것에 대해 생각이 다르다.

❖ not(know;알다) + ion(명접;추상)

1089. perception
[pərsépʃən]

n. 지각, 인지, 통찰, 이해

파 **perceive** *v.* 지각하다, 이해하다 **perceptible** *a.* 지각할 수 있는
perceptive *a.* 지각력이 있는, 통찰력이 있는

- My *perception* of life has changed considerably.
  내가 인생을 보는 법은 많이 변했다.
- I *perceive* a slight change in his attitude.
  그의 태도가 조금 변한 것 같다.

❖ per(통해서, 완전히) + cept(take;잡다) + ion(명접;추상)

1090. prescription
[priskrípʃən]

n. 처방전, 처방약, 규정

파 **prescribe** *v.* 처방하다, 규정하다
관 **prescription drug** 처방약

- I'm going to the pharmacy to get this *prescription* filled.
  약국에서 이 약을 처방 예정이다.
- My doctor *prescribe* this medicine for me. 의사가 이 약을 처방해 주었다.

❖ pre(앞에) + script(write;쓰다) + ion(명접;추상)

1091. option
[ápʃən/ɔ́p-]

n. 선택(권), 옵션

파 **optional** *a.* 임의의

🔊 You have several ***options***.
당신은 몇 가지를 선택할 수 있다.

❖ opt(choose;고르다) + ion(명접;추상)

1092. portion
[pɔ́:rʃən]

n. 부분, 일부, 배당, 할당, 상속분

🔊 I'm going to start a business with my ***portion*** of the inheritance.
유산 상속분으로 사업을 시작할 예정입니다.

☐ What's my ***portion***?
내 할당분은 얼마입니까?

❖ port(part;부분) + ion(명접;추상)

1093. proportion
[prəpɔ́:rʃən]

n. 비, 비율, 비례, 조화 *v.* 비례시키다, 조화시키다

파 **proportionate** *a.* 균형잡힌 **proportional** *a.* 조화된, 균형잡힌
관 **in proportion to** ~에 비례하는

🔊 The ***proportion*** of boys to girls at our college is three to two.
우리 대학의 남학생과 여학생의 비율은 3대 2입니다.

❖ pro(for;~에) + port(part;부분) + ion(명접;추상)

1094. phenomenon
[finámənàn /-nɔ́mənən]

n. 현상, 경이, 불가사의한 것, 비범한 사람

파 **phenomenal** *a.* 자연현상의, 경이적인

🔊 The present prosperity could be a passing ***phenomenon***.
현재의 번영은 일시적인 현상일지도 모른다.

❖ phen(appear;나타나다) + omen(징조) + on(명접;추상)

GROUP 62

Round 1 ☐	월	일
Round 2 ☐	월	일
Round 3 ☐	월	일

1095. reason
[ríːzən]

n. 이유, 구실, 까닭 *v.* 논하다, 설득하다

파 **reasonable** *a.* 이치에 맞는, 정당한   **reasonably** *ad.* 합리적으로, 무리없이
reasoning *n.* 추론, 논거
관 **unreasonable** 부당한

🔊 I don't like it for some ***reasons***. 무슨 이유에서인지 그것을 좋아하지 않는다.
☐ The price is ***reasonable***. 가격은 괜찮다.

1096. poison
[pɔ́izən]

n. 독, 유해한 것 *v.* 독을 넣다, 독살하다

파 **poisonous** *a.* 유독[유해]한
관 **food poisoning** 식중독

🔊 She took ***poison*** and killed herself. 그녀는 음독자살했다.
☐ Someone must have ***poisoned*** the soup.
누가 수프에 독을 넣었음에 틀림이 없다.
☐ It's a ***poisonous*** snake. 독사다.

1097. fun
[fʌn]

n. 즐거움, 기쁨, 흥겨움, 재미있는 것 *v.* **유쾌힌**

파 **funny** *a.* 우스운, 기묘한
관 **make fun of** ~를 놀림감으로 삼다

🔊 We had ***fun*** making it. 그것을 만드는 것은 재미있었다.

1098. dawn
[dɔːn]

n. 여명, ⟨the~로⟩ 시작, 발단 *v.* 오다, 나타나기 시작하다

관 **dawn on** 나타나기 시작하다

명사

🔊 My husband did not come home till ***dawn***.
남편은 새벽까지 귀가하지 않았다.

☐ It suddenly ***dawned*** on me what he meant.
그가 말하고자 하는 것이 갑자기 이해되기 시작했다.

1099. **way**
[wei]
n. 길, 거리, 방향, 방법, 점

관 **all the way** 도중내내, 모처럼 **by the way** 그런데 **by way of** ~를 경유해서
give way 양보하다 **go out of the[one's] way to** 일부러 ~하다
go one's [own] way 독자적인 길을 가다 **in a way** 어떤 의미로는
in no way 결코 ~아니다 **in one's[own] way** 나름으로
in the way of ~의 점에서 **no way** 결코 ~아니다
on way or another 이럭저럭 **one way or the other** 어차피, 결국은
on the[one's] way 도중에, 진행 중에, 돌아가는 중에, 가고 있는 중에
show the way 길을 안내하다 **under way** 진행 중에서

🔊 I don't like the ***way*** he talks. 그의 어투는 마음에 들지 않는다.
☐ Come this ***way***. 이쪽으로 오세요.
☐ I feel the same ***way***. 나도 동감입니다.
☐ You've done things your own ***way***. 당신은 당신이 하고자 하는대로 했다.
☐ There's a long ***way*** to go. 아직 갈 길이 멀다.
☐ By the ***way***, did you hear from Mary? 그런데 메리에게서 연락이 있었습니까?
☐ In a ***way***, you're right. 어떤 의미에서는 당신이 옳다.
☐ I'm on my ***way***. 이제 돌아갑니다.

1100. **policy**
[pάləsi/pɔ́l-]
n. 방침, 정책

🔊 It's my ***policy*** to be punctual all the time.
항상 시간을 지키는 것이 내 방침입니다.

❖ polis(city;도시) + y(명접)

1101. **emergency**
[imə́:rdʒənsi]
n. 비상사태, 치료에 긴급을 요하는 상태

🔊 Could I see the doctor right now? This is an ***emergency***.
응급입니다. 바로 진찰 받을 수 있습니까?

❖ e(ex;밖에) + merge(dip;담그다) + ency(명접;추상)

---

296 PART 2

1102. mercy
[mə́ːrsi]

n. 자비, 동정심, 인정, (신의) 은총

파 **merciful** a. 자비로운, 동정심이 많은　**mercifully** ad. 자비롭게
관 **at the mercy of** ~에 좌우되어　**mercy killing** 안락사

- Show a little *mercy*. 조금이라도 자비를 보여주세요.

1103. tragedy
[trǽdʒədi]

n. 비극, 참사, 불운

파 **tragic** a. 비극의, 비참한

- His death was a terrible *tragedy*. 그의 죽음은 큰 비극이다.
- The movie had a *tragic* ending. 그 영화의 결말은 비극적이었다.
- trag(goat;염소) + ed(song;노래) + y(명접)

1104. key
[kiː]

n. 열쇠, 실마리, 비결, 중요인물　a. 중요한, 주요한　v. 맞추다

- I locked my *keys* in the car.
  차안에 열쇠를 두고 잠가버렸다.
- I've asked all *key* personnel to my house this weekend.
  중요 인물은 모두 주말에 우리집에 초대했다.

1105. attorney
[ətə́ːrni]

n. 변호사, 법정대리인

- You have the right to an *attorney*. 당신은 변호사를 고용할 권리가 있다.
- at(ad;~에) + torn(turn;돌리다) + ey(듣다)

1106. survey
[səːrvéi]

n. 조사(하다), 측량(하다)

- According to a *survey*, the cost of living is higher in Seoul than in New York. 어떤 조사에 의하면 서울의 물가는 뉴욕보다 높다.
- sur(넘어서) + vey(보다)

명사

1107. **sympathy**
[símpəθi]

n. 동정, 동감

파 **sympathize** *v.* 동정하다   **sympathetic** *a.* 동정적인, 인정이 있는

🔊 I have no *sympathy* for people for won't help themselves.
스스로 노력하지 않는 사람은 동정하지 않는다.

❖ sym(함께) + path(feeling;감정) + y(명접)

1108. **assembly**
[əsémbli]

n. 집회, 회의, (부품의) 조립

파 **assemble** *v.* 모으다
관 **assembly line** 일작업렬   **assembly plant** 조립공장

🔊 The party was held at our town's *assembly* hall.
파티는 마을회관에서 열렸다.

❖ as(ad;~에) + semble(like;같은) + y(명접)

1109. **company**
[kʌ́mpəni]

n. 회사(의), 모임, 친구, 동료

관 **keep a person company** 남과 친근하게 지내다, 남과 동행하다
enjoy a person's company ~와 즐겁게 동행하다

🔊 What *company* do you work for? (= Who do you work for?)
어디에서 근무합니까?

☐ I'll keep you *company*.
당신과 동행하겠습니다.

❖ com(함께) + pan(bread;빵) + y(명접)

1110. **penny**
[péni]

n. 페니, 1센트 동전, 잔돈

🔊 I don't have a *penny* on me. 한 푼도 없습니다.

1111. **ceremony**
[sérəmòuni /-məni]

n. (의)식, 식전, 예의

파 **ceremonial** *a.* 의식상의, 공식의

🔊 Are you attending the opening *ceremony*? 개회식에 참석합니까?

☐ Please don't stand on *ceremony*.
체면 차리지 말고 즐겁게 보내세요.

1112. **joy** [dʒɔi]   *n.* 기쁨, 환희

파 **joyful** *a.* 기쁨에 찬   **joyous** *a.* 기쁜   **joyfully** *ad.* 매우 즐겁게

🔊 What a *joy* it is to have you back!
당신이 돌아와서 기쁘다!

1113. **therapy** [θérəpi]   *n.* 요법

관 **therapist** 요법상

🔊 You need to get some *therapy*.
치료할 필요가 있어요.

1114. **secretary** [sékrətèri /-tri]   *n.* 비서, 서기, 장관

파 **secretarial** *a.* 비서의

🔊 I'll leave the memo with my *secretary*.
비서에게 메모를 남겨두겠다.

❖ secret(hidden;숨겨진) + ary(명접)

1115. **grocery** [gróusəri]   *n.* 식료 잡화점, 〈복수형으로〉 식료 잡화류

관 **grocer** 식료품 장수   **grocery store** 식료 잡화점

🔊 She has a part-time job at a *grocery*.
그녀는 식료 잡화점에서 아르바이트를 하고 있다.

☐ Have you bought your *groceries* for this week yet?
이번 주 식료품은 샀습니까?

❖ groc(gross;도매로) + ery(명접;장소)

명사

GROUP 63

1116. **theory** [θíːəri]   *n.* 이론, 학설, 지론

파 **theorize** *v.* 이론을 구성하다   **theoretical** *a.* 이론의, 이론적인
   theoretically *ad.* 이론적으로

- Do you understand Einstein's *theory* of relativity?
  아인슈타인의 상대성이론을 이해합니까?
- My *theory* is that there's been a cover-up.
  내 생각으로는 무마책이 있는 것 같다.

❖ theor(view;보다) + y(명접)

1117. **category** [kǽtəgɔ̀ːri /-gəri]   *n.* 부문, 범주, 종류

파 **categorize** *v.* 범주로 나누다, 분류하다   **categorical** *a.* 절대적인, 범주의

- What *category* does this music fall into?
  이 음악은 어떤 종류의 음악입니까?

1118. **memory** [mémǝri]   *n.* 기억(력), 회상, 기념

파 **memorize** *v.* 암기하다   **memorable** *a.* 인상적인
   memorial *a.* 기념[추도]의 *n.* 기념물, 기념비, 기념제
관 **in memory of** ~을 기념[추도]해서

- I'm refreshing my *memory*. 기억을 새롭게 하고 있습니다.
- I have a poor *memory* for names. 사람의 이름을 잘 기억할 수 없습니다.
- I have many happy *memories* of our vacation last year.
  작년 휴가는 매우 즐거웠다.

❖ memor(mindful;유의하는) + y(명접)

1119. **victory** [víktəri]   *n.* 승리

파 **victorious** *a.* 승리를 거둔, 의기양양한　**victoriously** *ad.* 의기양양하게
관 **victory** 승리자

🔊 Jim led our team to ***victory***. 짐이 팀을 승리로 이끌었다.

❖ vict(격파하다) + ory(명접)

1120. **territory**
[térətɔ̀ːri /-t-əri]

n. 영토, 지역, 영역, 분야, 담당 구역

파 **territorial** *a.* 영토의, 지역의

🔊 Both countries claim the island as part of their ***territory***.
양국 모두 그 섬을 자신의 영토로 주장하고 있다.

☐ That's not my ***territory***.
그것은 내 영역이 아닙니다.

❖ terri(land:땅) + tory(명접)

1121. **capacity**
[kəpǽsəti]

n. 재능, 도량, 포용력, 수용능력

🔊 You have a great ***capacity*** to learn. 당신은 학습능력이 뛰어나다.
☐ The stadium is filled to ***capacity***. 경기장은 만원이다.

❖ cap(hold:잡다) + ac + ity(명접:추상)

1122. **humidity**
[huːmídəti]

n. 습기, 습도

파 **humidify** *v.* 축축하게 하다　**humid** *a.* 습기찬
관 **humidifier** 가습기　**dehumidifier** 제습기

🔊 The ***humidity*** of summer in Seoul is unbearable.
서울의 여름 습기는 참을 수 없다.

❖ humid(습기있는) + ity(명접:추상)

1123. **quality**
[kwáləti/kwɔ́l-]

n. 질, 품질, 자질, 재능　*a.* 양질의

파 **qualitative** *a.* 질적인
관 **quality control** 품질관리

🔊 A nice ***quality*** about you is you recognize your weaknesses.
당신의 좋은 점은 자신의 결점을 인정하는 것이다.

명사

1124. **responsibility**
[rispànsəbíləti /-spɔ̀n-]

n. 책임, 책무

- 파 **responsible** *a.* 책임이 있는
- He has a strong sense of *responsibility*. 그는 책임감이 강하다.
- I'll take the *responsibility*. 내가 책임지겠다.
- Who is *responsible* for this? 이것은 누구 책임입니까?
- ❖ responsibe(책임이 있는) + ity(명접;추상)

1125. **facility**
[fəsíləti]

n. 재능, 〈보통, 복수형으로〉 설비, 시설, 편의

- 파 **facilitate** *v.* 수월하게 하다, 촉진하다
- We have good *facilities* at or sports club.
  우리 스포츠 클럽에는 멋진 설비가 있습니다.
- I'm not going to change my plans to *facilitate* you.
  당신의 편의를 위해 계획을 바꿀 수는 없다.
- ❖ facile(쉬운) + ity(명접;추상)

1126. **dignity**
[dígnəti]

n. 위엄, 존엄, 품위, 고귀함

- 파 **dignify** *v.* 위엄을 주다 **dignified** *a.* 위엄이 있는, 엄숙한
- Don't do anything that will lower your *dignity*.
  품위가 깎이는 일은 하지 마세요.
- ❖ dign(worthy;가치있는) + ity(명접;추상)

1127. **community**
[kəmjú:nəti]

n. (공동)사회, 커뮤니티

- He contributes a lot to his *community*.
  그는 이 지역사회에 많이 기여하고 있다.
- ❖ common(공통의) + ity(명접)

1128. **opportunity**
[ɑ̀pərtjú:nəti/ɔ̀pər-]

n. 기회, 호기

- 파 **opportune** *a.* 때가 적절한, 알맞은, 적합한
- 관 **opportunism** 기회주의

🔊 You have the ***opportunity*** to become incredibly rich.
당신은 큰 부자가 될 기회가 있어요.

❖ op(~에) + portu(port;항구) + ity(명접;추상)

1129. pity
[píti]

n. 동정심, 동정, 연민 v. 동정하다, 불쌍히 여기다

파 **pitiful** a. 가련한, 인정 많은

🔊 It's a ***pity*** they broke up. 그들이 이혼한 것은 안타까운 일이다.
☐ I ***pity*** you. 불쌍하군요.

1130. authority
[əθɔ́:riti, əθár-/ əθɔ́r-]

n. 권위, 권한

파 **authorize** v. 권한을 주다, 정식으로 허가하다 **authorization** n. 위임, 허가
authoritative a. 권한을 가진, 믿을만한 **authoritatively** ad. 명령적으로

🔊 Who is in ***authority*** here? 여기에서는 누가 책임자입니까?
☐ I have no ***authority*** to decide. 나에게는 결정권이 없습니다.

❖ author(저자) + ity(명접;추상)

1131. majority
[mədʒɔ́(:)rəti, -dʒár-]

n. 대다수, 태반, 과반수, 다수파 반 **minority** 소수

파 **major** a. 다수의, 주요한, 중요한, 큰

🔊 The ***majority*** of people in Seoul live in small apartments.
서울 사람의 대부분은 작은 아파트에서 살고 있다.

❖ major(주요한) + ity(명접;추상)

1132. security
[sikjúəriti]

n. 안전, 안심, 방위, 담보, 보증인, 〈보통, 복수형으로〉 유가증권
b**insecurity** 불안

파 **secure** v. 안전하다, 지키다, 확보하다 a. 안전한, 확실한
관 **insecure** 불안한

🔊 We need good ***security*** during the president's visit.
대통령 방문 중에는 경비를 엄중히 해야 한다.
☐ I don't feel very ***secure*** here.
이곳은 그다지 안심할 수 없다.

❖ se(secret;비밀) + cur(cure;보존) + ity(명접;추상)

1133. **quantity**
[kwántəti/kwɔ́n-]

n. 양, 대량

파 **quantitative** *a.* 양의, 양적인

🔊 We are looking for quality rather than ***quantity***.
우리가 요구하고 있는 것은 양이 아니라 질이다.

1134. **plenty**
[plénti]

n. 다수(량), 충분함, 풍부한 *a.* 많은, 충분히

파 **plentiful** *a.* 풍부한, 충분한

🔊 I have ***plenty*** of time. 시간이 많습니다.
❖ plent(full;가득한) + y(명접)

1135. **party**
[pá:rti]

n. 파티, 정당, 일행, 관여자, (전화의) 상대

관 **welcome[farewell] party** 환영[송]회 **third party** 제3자

🔊 Which ***party*** do you support? 어느 정당을 지지합니까?
❖ part(나누다, 일부) + y(명접)

1136. **property**
[prápərti/prɔ́p-]

n. 재산, 소유물[지], 부동산

🔊 He owns ***property*** in Hawaii. 그는 하와이에 땅을 가지고 있다.
❖ proper(자기의) +ty(명접)

1137. **duty**
[djú:ti]

n. 의무, 직무, 임무, 세금

파 **dutiful** *a.* 충실한
관 **off duty** 비번인 **on duty** 근무시간 중인 **duty-free** 면세의

🔊 It's my ***duty*** to organize the trip. 여행을 기획하는 것이 내 임무입니다.
☐ I just did my ***duty***. 나는 의무를 다했을 뿐이다.
❖ due(debt;빚) + ty(명접)

GROUP 64

Round 1 □ 월 일
Round 2 □ 월 일
Round 3 □ 월 일

1138. **guy**
[gai]

n. 놈, 녀석

- He's an important **guy**. 그는 중요인물이다.
- Do you **guys** play softball? 너희들 소프트볼 할 줄 알아?

*참조
회화에서 guys(너희들)는 남자에게만 쓰는 것이 아니라 여자들에게도 쓴다.

1139. **head**
[hed]

n. 머리, 두뇌, 우두머리, 자리, 수석, 〈보통, 복수형으로〉 동전의 앞쪽 a. 수석의, 주요한 v. 선두에 서다, 진행하다

관 **from head to foot** 완전히 **make head s or tail s of** ~를 이해할 수 있다
be headed for ~를 향해서 가는

- Use your **head**. 머리를 써라.
- Are you the **head** of this studio? 당신이 이 스튜디오의 책임자입니까?
- Where are you **headed**? 어디에 가니?
- We're **heading** home. 집으로 돌아가고 있다.

1140. **thread**
[θred]

n. 실(모양의 것), 맥락 v. 실을 꿰다

- Do you have any **thread**? 실 있습니까?
- Please **thread** the needle for me. 바늘에 실을 꿰어 주십시오.

1141. **load**
[loud]

n. (짐의) 한 짐, 고생, 부담(량), 장전
v. 싣다, 잔뜩 올려놓다, 필름을 넣다 bunload 짐을 내리다

파 **loaded** a. 짐을 실은, 필름을 넣은
관 **a load of** 다량의

- I feel like there's a heavy **load** on my shoulders.
  내 어깨에 무거운 짐이 지어져 있는 것 같다.
- Is this camera **loaded**? 이 카메라에 필름이 들어 있습니까?

1142. **aid**
[eid]

n. 원조, 보조기구 v. 원조하다

관 **first aid** 응급처치

🔊 We're sending financial *aid* to the earthquake victims.
우리는 지진 피해자에게 원조금을 보내고 있습니다.

▢ Many people *aided* in the rescue.
많은 사람이 구조활동에 참가했다.

1143. **kid**
[kid]

n. 어린이, 새끼염소(가죽) v. 놀리다

🔊 I've got to pick up my *kids* at 5:00. 5시에 아이들을 마중가야 한다.
▢ You're *kidding*. / No kidding. 설마.

1144. **fluid**
[flú:id]

n. 액체, 유동체 a. 유동성의, 유동적인, 변하기 쉬운

🔊 The doctor told me to drink lots of *fluids*.
수분을 많이 취하라고 의사가 말했다.

1145. **liquid**
[líkwid]

n. 액체, 유체 a. 액체의, 유동성의, 불안정한

🔊 Drink a lot of *liquids*. 수분을 많이 섭취하세요.

1146. **hand**
[hænd]

n. 손, 도움, 일손, 기량 v. 건네주다

관 **at hand** 가까이에   **change hands** 주인이 바뀌다
hand in hand 손에 손잡고   **on hand** 가지고 있는
on (the) one hand 한편으로는   **on the other hand** 다른 한편으로는
out of hand 감당할 수 없어   **hand in** ~를 제출하다   **hand out** ~를 배부하다

🔊 Give me *hand*. 도와주세요.
▢ Get your *hands* off me. 내게서 손을 떼세요.
▢ *Hand* me the bag. 가방을 집어줘.
▢ When do I have to *hand* in the paper? 리포트의 제출일은 언제입니까?

1147. **land**
[lænd]

n. 육지, 토지, 대지 v. 착륙하다, 내려놓다

- That little piece of ***land*** is worth 100 million won.
  저 작은 땅이 1억원이나 한다.
- Are we ***landing*** now?
  이제 착륙합니까?

1148. **command**
[kəmǽnd, -máːnd]

n. v. 명령(하다), 지휘(하다), 〈보통 Command로〉 사령부

- 파 **commanding** a. 지휘하는, 당당한
- I can't follow the chain of ***command*** in this company.
  이 회사의 지휘계통에 따를 수 없다.
- ❖ com(완전히) + mand(order;명령하다)

1149. **errand**
[érənd]

n. 심부름, 심부름 다니기, 사명

- 관 **run[go on] errands[an errand]** 심부름하다
- Will you run an ***errand*** for me? 심부름을 해 주시겠습니까?
- I have a lot of ***errands*** to do. 해야 할 심부름이 많이 있다.
- I sent her on an ***errand***. 그녀에게 심부름을 부탁했다.

1150. **kind**
[kaind]

n. 종류, 어떤 종류의 사람[물질], 본질

- 관 **a kind of** ~같은 사람[사물]   **kind of** 다소, 약간   **of a kind** 같은 종류의
- What ***kind*** of people are they? 그들은 어떤 사람들입니까?
- I'm not that ***kind*** of girl. 나는 그런 여자가 아니다.
- I was ***kind*** of upset. 나는 좀 당혹했다.
- I ***kind*** of like it. 그것이 좀 마음에 든다.

＊참조
회화에서 kind of는 kinda로 줄여 쓰기도 하며, 직접적으로 말하기 곤란할 때 「좀」, 「그럭저럭」, 「그냥」의 뜻으로 쓰인다.

1151. bond
[bɑnd/bɔnd]

n. 결속, 속박, (계약[차용])증서, 채권, 접착(제)

🔊 Neither time nor distance can back the **bond** that we feel.
아무리 오랜 시간 거리를 떨어져 있더라도 우리의 유대는 끊을 수 없다.

1152. fund
[fʌnd]

n. 기금, 자금, 〈복수형으로〉 재원 v. 자금을 제공하다

🔊 I'm going to contribute to the relief **fund** for the famine victims.
기근 피해자 구제기금에 기부하겠다.

☐ Do we have enough to **fund** the project?
계획에 필요한 자금은 있습니까?

1153. wound
[wuːnd]

n. 상처, 부상 v. 상처를 입히다

파 **wounded** a. 부상당한

🔊 How long will it take for the **wound** to hear?
상처가 치료되려면 시간이 얼마나 걸립니까?

☐ His pride was badly **wounded**.
그의 자존심은 매우 손상되었다.

1154. god
[gɑd/gɔd]

n. 신, 〈God로〉 그리스도, 창조주

🔊 I swear to **God**. 하느님께 맹세합니다.

☐ For **God's** sake, hurry up. 부탁이니까, 서둘러 주세요.

1155. method
[méθəd]

n. 방법, 방식

파 **methodical** a. 정연한, 질서있는
관 **methodology** 방법론

🔊 I do not approve of your **methods**. 당신의 방법은 인정할 수 없다.

1156. **childhood**
[tʃáildhùd]

n. 어린 시절, 유년기, 초기의 단계

관 **childish** 어린이의, 어린애 같은, 유치한   **childlike** 솔직한, 순진한

🔊 I spent my *childhood* in England.
나는 어린 시절을 영국에서 보냈다.

☐ There were no video games in my *childhood*.
어릴 때에는 비디오 게임 같은 것은 없었다.

❖ child(어린이) + hood(명접;추상)

1157. **neighborhood**
[néibərhùd]

n. 근처, 인근, 지역 ⟨the ~로⟩ 이웃 사람들

파 **neighbor** v. 이웃하다 n. 이웃   **neighboring** a. 인접한

🔊 I was in the *neighborhood*, so I thought I'd stop by.
근처에 왔기 때문에 들리려고 생각했습니다.

❖ neighbor(이웃) + hood(명접;추상)

1158. **flood**
[flʌd]

n. 홍수, 대범람   v. 범람하다, 쇄도하다

🔊 Did you hear about the *flood* in Miami?
마이애미의 홍수에 관해 들었습니까?

GROUP 65

Round 1 □ 월 일
Round 2 □ 월 일
Round 3 □ 월 일

1159. **mood** [muːd]   n. 기분, 심정, 분위기, 〈복수형으로〉변덕, 시무룩함

파 **moody** a. 기분이 언짢은, 시무룩한, 변덕스러운

- I'm not in the ***mood*** for this kind of music. 이런 음악을 들을 기분이 아니다.
- He's in a bad ***mood***. 그는 기분이 좋지 않다.

1160. **board** [bɔːrd]   n. 위원[중역]회, 식사, 판지, 게시판 v. 하숙하다

관 **board of directors** 중역회, 이사회   **across the board** 전면적으로
on board 배 안에, 비행기 안에

- My father is on the ***board*** of directors of this company.
  아버지는 이 회사의 중역입니다.
- The plane is ***boarding***.
  비행기 탑승시간입니다.
- Has he ***boarded*** yet?
  그는 승선했습니까?

1161. **ward** [wɔːrd]   n. 병동, 구 v. 지키다, 보호하다

- Where is the children's ***ward***? 아동 병동은 어디입니까?
- We used to live in Sungdong ***ward***. 전에는 성동구에 살았었다.
- He gave me a charm to ***ward*** off bad luck. 그가 액운막이 부적을 주었다.

1162. **award** [əwɔ́ːrd]   n. 상, 상품, 장학금 v. (상을) 수여하다

- Harry's going to get an ***award*** for his essay.
  해리는 자신이 쓴 논문으로 상을 받을 겁니다.

❖ a(ex;밖에) + ward(watch;보다)

310   PART 2

1163. coward
[káuərd]

n. 겁쟁이, 비겁자

- 파 **cowardly** a. 겁많은, 비겁한
- 관 **cowardice** 겁, 비겁
- 🔊 He's a *coward*. 그는 겁쟁이다.
- ❖ coda(tail;꼬리) + ard(명접)

1164. crowd
[kraud]

n. 군중, 북적임, 많음 v. 떼지어 모이다, 밀어닥치다

- 파 **crowded** a. 붐비는, 대만원인
- 🔊 There was a large *crowd* at the exhibition. 전시회장은 많은 사람들로 붐볐다.
- ☐ I'm fed up with riding on *crowded* trains. 붐비는 열차에 지쳤다.

1165. disorder
[disɔ́ːrdər]

n. 무질서, 혼란, (심신기능의) 장애, 난조
v. (질서 등을) 어지럽히다

- 파 **disorderly** a. 무질서한, 소란스러운
- 🔊 he is suffering from a speech *disorder*. 그는 언어장애를 겪고 있다.
- ❖ dis(떨어져, 반대) + order(질서)

1166. career
[kəríər]

n. 직업, 생애(의 일), 경력 a. 전문의, 본직의, 직업적인

- 관 **career woman** 직장여성
- 🔊 Kathy has got her own *career*. 케씨는 직업을 가지고 있다.
- ☐ She made a *career* out of her hobby. 그녀는 취미가 직업이 되었다.
- ❖ car(wagon;수레) + eer(명접)

1167. customer
[kʌ́stəmər]

n. 고객, 거래[단골]처

- 🔊 Nancy, would you attend to the *customer* who just came in?
  낸시, 방금 들어온 손님을 접대해 주십시오.
- ❖ custom(길들이다, 자신의 것) + er(명접;사람)

1168. manner
[mǽnəːr]

n. 방식, 방법, 태도, 〈복수형으로〉 예의, 풍습

관 **in a manner of speaking** 말하자면　**well-[ill-] mannered** 예의바른[나쁜]　**manners and customs** 풍속, 관습

🔊 I don't like his stuck-up *manner*. 그의 거만한 태도가 싫다.

❖ man(hand;손) + er(명접)

1169. temper
[témpəːr]

n. 기질, 기분, 성미, 노기　v. 조절하다, 부드럽게 하다

관 **quick[short] temper** 성마름, 화를 잘내는 성미　**temperament** 기질, 성마름

🔊 I'm sorry I lost my *temper*. 화를 내서 죄송합니다.

☐ He has a bad *temper*. 그는 성미가 급하다.

❖ temp(時, 시간) + er(명접)

1170. character
[kǽriktər]

n. 성질, 특색[징], (등장)인물, 문자

파 **characterize** v. 특징짓다　**characteristic** n. 특징 a. 특징을 나타내는; 특유의
관 **Chinese character** 한자

🔊 He has a good *character*. 그는 성격이 좋다.

☐ She is quite a *character*. 그녀는 색다르다.

☐ That's very *characteristic* of him. 그것은 매우 그답다.

1171. quarter
[kwɔ́ːrtər]

n. 4분의 1, 25센트, 15분, 4분기, 지역　v. 4등분하다

파 **quarterly** a. 연4회의　ad. 연4회에　n. 계간지

🔊 I don't even make a *quarter* of his salary.
내 수입은 그의 4분의 1에도 미치지 않는다.

☐ We lost $60 million in the first *quarter*.
제 1사분기에 6천만 달러의 결손을 냈다.

❖ quart(fourth;4의) + er(명접)

1172. disaster
[dizǽstər, -záːs-]

n. 재해, 대참사, 뜻밖의 큰 불행

- 파 **disastrous** *a.* 비참한 **disastrously** *ad.* 비참하게
- 관 **natural disaster** 천재

🔊 Please take whatever precautions are necessary to prevent a ***disaster***.
대참사를 피하기 위해 필요한 예방책은 모두 취해 주십시오.

☐ Charlie and I were a ***disaster***.
찰리와 나는 전혀 잘 지내지 못했다.

❖ dis(떨어져) + aster(star;별)

1173. **latter**
[lǽtər]

n. 〈the~로〉 뒤쪽, 후자 *a.* 뒤쪽의, 후자의

🔊 You can come in the morning or in the afternoon, but the ***latter*** suits me better. 오전 오후 언제라도 상관없지만 나는 오후가 더 좋습니다.

＊참조
later(나중에)와 혼동하지 말자.

1174. **matter**
[mǽtər]

n. 물질, 문제, 사건, 우편물, 〈the~로〉 곤란, 걱정 *a.* 중요한

- 관 **a matter of** ~의 문제   **as a matter of fact** 실제로
  for that matter 그 일이면   **no matter** 비록 ~일지라도

🔊 What's the ***matter*** with you?
무슨 일이지?

☐ It's a ***matter*** of opinion.
그것은 견해 문제다.

☐ As a ***matter*** of fact, this is not a good deal at all.
사실, 그것은 좋은 거래는 아닙니다.

☐ I'll wait for your no ***matter*** how late it gets.
아무리 늦더라도 당신을 기다리겠습니다.

☐ It doesn't ***matter***.
그것은 아무래도 상관없다.

1175. **fever**
[fíːvər]

n. (발)열, 열병 *v.* 발열시키다, 흥분시키다

- 파 **fevered** *a.* 열이 있는 **feverish** *a.* 뜨거워진, 몹시 흥분한

🔊 I have a high ***fever***.
열이 높습니다.

☐ I'm feeling ***feverish***.
열이 난다.

1176. **affair**
[əféər]

n. 일, 모임, 정사, (일시적이고 불륜한) 사건

- 🔊 Is that any of your ***affair***?
  그게 당신과 상관있나요?
- ☐ That is none of your ***affair***.
  = That's my own ***affair***. / Mind your own ***affairs***.
  당신과는 상관없는 일이야.
- ❖ af(ad;~에) + fair(make;만들다)

1177. **pair**
[pεər]

n. 한 쌍, 한 벌, 한 쌍의 남녀 *v.* 쌍으로 하다

- 🔊 I bought myself a ***pair*** of canaries.
  카나리아 한 쌍을 샀다.

GROUP 66

Round 1 □ 월 일
Round 2 □ 월 일
Round 3 □ 월 일

1178. despair
[dispéər]
n. 절망(시키는 것) *v.* 절망하다

- 파 **despairing** *a.* 절망적인 **despairingly** *ad.* 절망적으로
- 🔊 Don't give in to ***despair***. 절망해서는 안 된다.
- ☐ Mr. Johnson is ***despairing*** of his son.
  존슨 씨는 아들이 가망이 없다고 포기하고 있다.
- ❖ de(~이 없는) + spair(hope; 희망)

1179. labor
[léibər]
n. 노동(자), 일, 힘드는 일 *v.* 일하다, 힘쓰다, 수고하다

- 파 **laborious** *a.* 수고하는, 근면한
- 관 **labor force** 노동력 **mental force** 정신노동 **physical labor** 육체노동
- 🔊 This is an outline of our company's ***labor*** policy.
  이것이 우리 회사의 노동 대책의 개략입니다.
- ☐ Physical ***labor*** doesn't suit me.
  육체 노동은 내게 맞지 않는다.

1180. corridor
[kɔ́:ridər, kár-]
n. (호텔, 백화점 등의) 복도, 회랑

- 🔊 Please wait in the ***corridor***. 복도에서 기다려 주십시오.

1181. odor
[óudər]
n. 냄새, 향기

- 🔊 I smell a strange ***odor***. 이상한 냄새가 납니다.

1182. humor
[hjú:mər]
n. 유머, 기질, 기분, 심정 *v.* 만족시키다

- 파 **humorous** *a.* 익살스러운 **humorously** *ad.* 익살스럽게

명사 315

- 🔊 You have a good sense of ***humor***. 당신은 유머 감각이 있다.
- ☐ Our boss has no sense of ***humor*** at all. 사장님은 전혀 유머를 이해하지 못한다.
- ❖ humid(젖은) + or(명접)

1183. rumor
[rúːmər]
n. 소문, 풍문 *v.* 소문을 내다

- 🔊 I heard a ***rumor*** that you're getting a transfer.
  당신이 전근한다는 소문을 들었다.

1184. honor
[ánər/ɔ́n-]
n. 명예, 경의, 〈복수형으로〉 훈장, 우등
v. 명예를 주다, 공경하다

- 파 **honorable** *a.* 명예로운, 훌륭한   **honorary** *a.* 명예의, 명예 표시의
- 관 **on one's honor** 명예를 걸고
- 🔊 It was a great ***honor*** meeting you. 만나뵙게 되어 영광이었습니다.
- ☐ I feel very ***honored*** to have been invited. 초대해 주셔서 영광입니다.

1185. error
[érər]
n. 잘못, 틀림, 과오

- 파 **err** *v.* 잘못하다   **erroneous** *a.* 잘못된
- 🔊 The pilot's ***error*** caused the crash. 조종사의 실수가 추락사고를 일으켰다.
- ❖ err(벗어나다, 잘못하다) + or(명접)

1186. factor
[fǽktər]
n. 요인, 요소, 원인

- 🔊 His family was a critical ***factor*** in his decision.
  결정을 내리는 데 있어서 그의 가족이 중요한 요소였다.
- ❖ fact(make; 만들다, 이루다) + or(명접)

1187. favor
[féivər]
n. 호의, 지지, 친절한 행위, 은혜
v. 호의를 보이다, 지지하다, 영예를 주다

- 파 **favorable** *a.* 호의적인, 유리한   **favorite** *a.* 마음에 드는
  favorably *ad.* 호의적으로, 순조롭게
- 관 **ask a person's a favor, ask a favor of a person** 남에게 부탁하다

do a person a favor, do a favor for a person 남을 위해 애쓰다
in favor of ~에 찬성[지지]하여

- Will you do me a *favor*? 부탁이 있습니다.
- Could I ask a *favor* of you? 부탁이 있습니다.
- Blue is my *favorite* color. 청색은 내가 좋아하는 색입니다.

1188. **flavor**
[fléivər]

n. 맛, 풍미, 향신료, 취향, 특질 *v.* 맛이 나다

- 파 **flavored** *a.* 풍미를 들인
- 관 **flavoring** 조미, 풍미를 들이기

- These peaches have a lovely *flavor*. 이 복숭아는 향이 좋다.
- I *flavored* it with wine. 와인으로 풍미를 더했다.

1189. **material**
[mətíəriəl]

n. 원료, 소재, 자료, 재질, 〈복수형으로〉 용구 *a.* 물질의

- 파 **materialize** *v.* 구체화하다, 실현하다

- What *material* is this? 이것의 소재는 무엇입니까?
- My plan did not *materialize*. 내 계획은 실현되지 않았다.
- ❖ matter(물질) + al(명접;추상)

1190. **trial**
[tráiəl]

n. 재판, 공판, 시험, 시련 *a.* 공판의, 시험의

- 파 **try** *v.* 시험하다, 심리하다
- 관 **on trial** 심리중인   **trial and error** 시행착오

- How did the *trial* go?
  재판은 어떻게 됐습니까?
- We're using the new schedule on a *trial* basis.
  시험삼아 새로운 스케줄로 하고 있습니다.
- ❖ try(시험하다) + al(명접;추상)

1191. **signal**
[sígn-əl]

n. 신호 *v.* 신호하다, 신호를 보내다

- Give me a *signal*. 신호해 주십시오.
- He's *signaling* for[to] you to pass him. 그가 지나가라고 신호하고 있다.
- ❖ sign(상징, 적다) + al(명접;추상)

명사   317

1192. **pal**
[pæl]

n. 친구, 동료, 같은 무리

🔊 We've been *pals* since high school. 고등학교 이후로 친구입니다.

1193. **funeral**
[fjú:nərəl]

n. 장례, 장례식

관 **funeral home** 장의 시설

🔊 I have to go to a *funeral* tomorrow. 내일은 장례식에 가야 한다.

1194. **proposal**
[prəpóuzəl]

n. 제안, 계획, 기획, 신청

파 **propose** v. 제안하다, 결혼 신청을 하다
관 **proposition** 제안

🔊 Have you heard his *proposal*? 그의 제안을 들었습니까?
☐ This is what I *propose*. 그것이 내 제안입니다.
☐ Jack *proposed* to me. 잭이 나에게 프로즈했어요.
❖ pro(앞에) + pose(put;놓다) + al(명접;추상)

1195. **capital**
[kǽpitl]

n. 자본(금), 수도, 대문자 a. 주요한, 대문자의

파 **capitalize** v. 자본화하다, 대문자로 쓰다

🔊 You need a lot of *capital* to start a business.
사업을 시작하는 데에는 많은 자본이 필요합니다.
❖ capit(head;머리) + al(명접;추상)

1196. **ritual**
[rítʃuəl]

n. 의식, 식전 a. 의식의

파 **rite** n. 의식

🔊 In Japan taking a bath is like a *ritual*. 일본에서는 목욕은 의식 같은 것입니다.
❖ rite(의식) + al(명접;추상)

1197. **interval**
[íntərvəl]

n. 간격, 사이, 막간

관 **at intervals** 때때로, 이따금

🔊 Major earthquakes are said to occur at ***intervals*** of 70 years in the Kanto area in Japan.
일본의 관동 지방에서는 70년에 한 번 대지진이 일어난다고 합니다.

❖ inter(사이에) + val(wall;벽)

1198. **rebel**
[rébəl]

n. 반역자, 반항자 *v.* 반역하다, 반항하다

파 **rebellion** *n.* 반역, 반란 **rebellious** *a.* 반항적인

🔊 Nick is a bit of a ***rebel***.
닉은 좀 반항적이다.

☐ Tom is at a ***rebellious*** age.
톰은 반항기이다.

❖ re(뒤로) + bel(war;전쟁)

GROUP 67

Round 1 □ 월 일
Round 2 □ 월 일
Round 3 □ 월 일

1199. **wheel** [hwi:l]
n. 차바퀴, 〈the~로〉 (자동차의) 핸들, 회전, 〈복수형으로〉 자동차
v. 밀다, 차로 나르다, 방향을 바꾸다

관 **at the wheel** 핸들을 잡고, 운전해서

I've got my own *wheels* now. 나는 내 차를 가지고 있다.

1200. **personnel** [pə̀:rsənél]
n. (전)직원, 인원, 사원

We have very highly qualified *personnel*.
우리 회사 사원은 높은 수준의 자격을 가지고 있다.

❖ person(사람) + el(명접)

1201. **fuel** [fjú:əl]
n. 연료 *v.* 연료를 공급하다

I'm getting low on *fuel*. 연료가 떨어져 간다.

You'll only *fuel* his discontent if you tell him about your success.
그에게 당신 성공을 이야기한다면 그의 불만을 일으키게 된다.

1202. **level** [lévəl]
n. 수준, 단계, 수평(면), 고도 *a.* 편평한, 동등[균등]한, 균형이 잘 잡힌 *v.* 수평으로 하다, 평준화하다

관 **find one's[own] level** 알맞은 지위에 자리잡다 **on the level** 정직하게; 공평하게

His English is still at the high school *level*.
그의 영어는 아직 고등학교 수준이다.

1203. **detail** [dí:teil, ditéil]
n. 세부, 상세, 말초적인 것 *v.* 상세히 설명하다

파 **detailed** *a.* 상세한
관 **in detail** 상세히; 소상히

🔊 Give me some ***details***. (= Will you explain it in detail?)
좀 더 상세하게 설명해 주십시오.
❖ de(떨어져) + tail(cut;자르다)

1204. **bill** [bil]
n. 계산서, 청구서[액], 어음, 증서, 지폐, 법안, 삐라, 명세서
v. 외상으로 하다, 청구서를 작성하다

관 **foot the bill** 비용을 지불하다, 책임을 도맡다
a clean bill of health 완전 건강증명서

🔊 The phone ***bill*** will be enormous. 전화료가 매우 많이 나올 것이다.
☐ Do you have a 10-dollar ***bill***? 10달러 지폐를 가지고 있습니까?
☐ ***Bill*** me later. 나중에 청구서를 보내 주십시오.

1205. **skill** [skil]
n. 숙련, 수단, 기량, 기능, 기술

파 **skilled** *a.* 숙련된 **skillful** *a.* 솜씨 좋은 **skillfully** *ad.* 능숙하게

🔊 Do you have any special ***skills***? 무슨 특기가 있습니까?
☐ He's ***skillful*** surgeon. 그는 숙련된 의사이다.

1206. **pill** [pil]
n. 정제, 알약, 〈the~로〉 경구 피임약

🔊 Don't take too many sleeping ***pills***. 수면제를 과용하지 마세요.

1207. **soul** [soul]
n. 혼, 정신, 정수 *a.* 흑인의

파 **soulful** *a.* 감정이 깃들어 있는

🔊 I'm tired in body and ***soul***. 심신이 너무 피곤하다.

1208. **gas** [gæs]
n. 가스, 기체 〈gasoline의 약자〉 가솔린 *v.* 가솔린을 넣다

🔊 We are running out of ***gas***. 가솔린이 떨어져 간다.

1209. **statistics**
[stətístiks]

n. 통계(자료), 통계학

- 파 **statistical** *a.* 통계(학상)의 **statistically** *ad.* 통계적으로
- 관 **statistic** 통계치

🔊 Are these ***statistics*** reliable? 이 통계는 믿을 수 있습니까?

＊참조
「통계」는 복수취급, 「통계학」은 단수취급.

1210. **series**
[síəriːz]

n. 연속, 일련, 계속

🔊 We had a ***series*** of problems last week. 지난 주는 문제가 속출했다.

1211. **basis**
[béisis]

n. 기초, 기준, 근거

- 관 **basic** 기초의 **basics** 기초, 기본 **base** 기초
  on the basis of ~를 기초로 하여

🔊 On the ***basic*** of what you've said, I'd say You'll make a good salesman. 말하는 것에 따른다면 당신은 훌륭한 세일즈맨이 될 것이다.

☐ I'm working at a restaurant on a part-time ***basis***.
레스토랑에서 아르바이트를 하고 있습니다.

❖ bas(step;단계) + sis(명접)

1212. **crisis**
[kráisis]

n. 위기, 중대 국면, (운명의) 전환기

- 파 **critical** *a.* 위기의, 위독한, 중대한 **critically** *ad.* 아슬아슬하게

🔊 We are facing a financial ***crisis***. 우리는 재정위기에 직면해 있다.

☐ His father is still in ***critical*** condition. 그의 아버지는 아직 위중한 상태에 있다.

☐ She has passed the ***critical*** point in her recovery.
그녀의 병세는 위기를 넘겼다.

❖ cri(separate;나누다) + sis(명접)

1213. **means**
[miːnz]

n. 수단, 방법, 재력

관 **by all means** 어떻게 해서든지, 기필코 **by any means** (부정문에 써서) 도무지
by means of ~에 의하여 **by no means** 결코 ~아니다

🔊 We'll have to resort to legal ***means***.
법적 수단에 호소해야 한다.

1214. **headquarters**
[hédkwɔ̀ːrtərz]

n. 본부, 본국, 사령부

🔊 This is our company ***headquarters***. 여기가 본사입니다.
❖ head(머리) + quarters(분기)

1215. **access**
[ǽkses]

n. 접근하는 길, 입수하는 방법, 접근, 입수, 통로

파 **accessible** *a.* 접근할 수 있는, 입수하기 쉬운, 이용할 수 있는

🔊 He has easy ***access*** to inside information.
그는 내부 정보를 쉽게 입수할 수 있다.
❖ ac(ad ; ~에) + cess(go ; 가다, 나아가다)

1216. **process**
[práses/próu-]

n. 과정, 공정, 전진 *v.* 가공하다, 처리하다

관 **in the process** 진행 중에

🔊 We're in the ***process*** of building a new house. 집을 신축 중입니다.
❖ pro(앞에) + cess(go ; 가다, 나아가다)

1217. **mess**
[mes]

n. 더러운 상태, 엉망진창(인 것), 궁지 *v.* 어지르다, 더럽히다

파 **messy** *a.* 지저분하게 어지른, 말끔하지 못한
관 **make a mess of** ~를 망쳐놓다 **make a mess of it** 실수를 저지르다
mess around 빈둥거리며 지내다 **mess around with** (나쁜 친구와) 교제하다

🔊 My desk is a ***mess***. 내 책상은 정돈되어 있지 않다.
□ Excuse the ***mess***. 어질러서 죄송합니다.
□ You ***messed*** up the deal. 당신이 거래를 망쳤다.

1218. **kindness**
[káindnis]

n. 친절(한 행위), 호의

명사

- 파 **kind** *a.* 친절한, 인정있는, 상냥한   **kindly** *ad.* 친절히
- 관 **unkind** 불친절한

- 🔊 I'll never forget your ***kindness***.
  친절을 결코 잊지 않겠습니다.
- ☐ It's so ***kind*** of you to help me.
  도와주셔서 감사합니다.
- ❖ kind(친절한) + ness(명접;추상)

1219. **address**
[ədrés]

n. 주소, 연설   *v.* 연설하다, 주소[이름]를 쓰다

- 🔊 Will you tell me your ***address***, please?
  주소를 가르쳐 주시겠습니까?
- ❖ ad(~에, ~으로) + dress(direct;곧장)

1220. **progress**
[prágrəs/próug-]

n. 전진, 진행, 진보, 발전   *v.* 전진하다, 발달하다, 진보하다

- 파 **progression** *n.* 반진보, 발전, 전진   **progressive** *a.* 진보적인, 누진적인
- 관 **in progress** 진행 중인

- 🔊 Are you making ***progress***?
  일은 진행 중입니까?
- ☐ How is the work ***progressing***?
  일의 진행 상태는 어떻습니까?
- ❖ pro(앞에) + gress(step;단계)

GROUP 68

Round 1 □ 월 일
Round 2 □ 월 일
Round 3 □ 월 일

1221. **stress** [stres]   *n.* 압박, 긴장, 강조, 강세   *v.* 압박하다, 긴장시키다, 강조하다

파 **stressful** *a.* 스트레스가 많은

🔊 I've been under a lot of *stress* recently. 요즘 스트레스를 많이 받고 있다.

1222. **distress** [distrés]   *n.* 고뇌, 비통, 걱정거리, 곤궁   *v.* 고통을 주다, 슬프게 하다

파 **distressed** *a.* 고민[괴로워]하고 있는   **distressing** *a.* 비참한, 괴로움을 주는
distressingly *ad.* 비참하게

🔊 She's in great *distress* over her father's death.
그녀는 아버지의 죽음을 매우 슬퍼하고 있다.
□ The documentary was *distressing*. 그 다큐멘터리는 참혹했다.
□ I was *distressed* when I heard you were going away.
당신이 떠난다고 하니 마음이 아팠다.

❖ di(떨어져) + stress(strain;압박)

1223. **fuss** [fʌs]   *n.* 실없는 야단법석, 부질없는 소동
         v. 야단법석을 부리다, 안달복달하다

🔊 Don't make a *fuss* about such small thing.
그런 쓸데없는 일로 야단법석하지 마세요.
□ Stop *fussing*. 소란 피우는 것을 그만두세요.
□ What is he *fussing* about? 그는 무엇을 떠들고 있습니까?

1224. **focus** [fóukəs]   *n.* 초점, 중심, 핵심   *v.* 초점을 맞추다, 집중시키다

파 **focal** *a.* 초점의
관 **forcal point** 초점, 중심

🔊 This picture is out of *focus*. 이 사진은 초점이 맞지 않다.

명사

- Please don't move. I'm getting you in *focus*.
  움직이지 마세요. 지금 초점을 맞추고 있어요.
- I'd like to *focus* this discussion on the environment.
  토론의 초점을 환경에 맞추고 싶다.

1225. **surplus** [sə́:rplʌs, -pləs] *n.* 나머지, 과잉, 잉여금 *a.* 과잉의, 나머지의

- The Korean government is being criticized for not reducing the trade *surplus* with the U.S.
  한국 정부는 미국과의 무역 흑자를 줄이지 않는다고 비난받고 있다.
- We should send our *surplus* rice to needy countries.
  우리는 잉여분의 쌀을 가난한 나라들에게 보내야 합니다.

❖ sur(위에, 넘어서) + plus(보다 더)

1226. **status** [stéitəs, stǽtəs] *n.* 지위, 신분, 상태, 정세

- Professors have a high *status* in Korea. 한국에서 교수의 지위는 높다.

1227. **streak** [stri:k] *n.* 선, 줄무늬, (고기, 지방 등의) 층, 경향, 기미, 연속 *v.* 줄을 치다, 질주하다

파 **steaky** *a.* 줄로 된, 변하기 쉬운

- He has a mean *streak* in him. 그는 근성이 나쁜 점이 있다.
- I had a *streak* of good luck. 행운이 계속되었다.

1228. **lack** [læk] *n.* 부족, 결핍 *v.* 결핍되다, 모자라다

파 **lacking** *a.* 모자라서

- We've suffering from a *lack* of manpower. 노동력 부족으로 어려움을 겪고 있다.
- You *lack* confidence. 당신은 자신감이 부족하다.

1229. **track** [træk] *n.* 육상경기, 경주로, 지나간 자국, 오솔길, 철도길 *v.* 추적하다, 탐지하다

관 **keep track of** ~의 뒤를 쫓다   **lose track of** ~를 놓치다   **on track** 바르게

off the track 본론에서 벗어나 **on the right track** 확실한 단서에 따르고 있어

- 🔊 I lost *track* of time. 얼마나 시간이 지났는지 모르겠다.
- ☐ Your train leaves from *Track* 3. 당신이 탈 열차는 3번선에서 출발합니다.

1230. wreck
[rek]

n. 난파, 충돌, 파괴, 좌절, 잔해, 몰락한 사람
v. 난파[조난]시키다, 대파시키다

관 **wreckage** 난파, 잔해, 파편

- 🔊 I saw two *wrecks* on the speedway on my way home.
  돌아오는 고속도로에서 사고를 두 번 보았다.
- ☐ This car is a *wreck*.
  이 자동차는 고물이다.
- ☐ You've *wrecked* everything.
  당신은 아주 망했다.

1231. shock
[ʃak/ʃɔk]

n. 충격, 놀라움, 쇼크 *v.* 충격을 주다, 분개시키다

- 🔊 I'm afraid it's going to be kind of a *shock*. 놀랄지도 몰라요.
- ☐ I'm *shocked* at you. 당신에게 정말 놀랐다.

1232. block
[blak/blɔk]

n. 덩어리, 한 구획, 장애(물)
v. (교통 등을) 막다, 방해하다, 저지하다

관 **blockade** 봉쇄 **blockage** 방해, 방해물

- 🔊 I live only three *blocks* from here.
  나는 여기에서 단지 3블록 떨어진 곳에 살고 있습니다.
- ☐ We must *block* that takeover.
  우리는 그 매수합병을 저지해야 한다.

1233. stock
[stak/stɔk]

n. 재고품, 저장, 주권, 자본금, 가축 *a.* 재고의, 수중에 있는
v. 구입하다, 가지고 있다

관 **in stock** 재고가 있어 **out of stock** 품절되어 **take stock** 재고조사를 하다
take stock of ~를 평가하다, 상세히 조사하다

- 🔊 Do you have any more of these in *stock*? 이것들의 재고는 아직 있습니까?
- ☐ It's out of *stock*. 품절입니다.
- ☐ It's not a good time to buy *stocks*. 지금은 주식을 살 시기가 아닙니다.

명사

1234. luck
[lʌk]

n. 운, 운명, 행운

파 **lucky** *a.* 행운인, 재수좋은　**luckily** *ad.* 운좋게
관 **try one's luck** 운을 걸어보다, 흥하든 망하든 해보다

- Good ***luck***. 행운을 빕니다.
- ☐ We're out of ***luck***. The store is closed. 운이 나쁘군. 그 가게는 문을 닫았어.
- ☐ I was just ***lucky***. 운이 좋았을 뿐입니다.

1235. folk
[fouk]

n. 〈보통, 복수형으로〉 사람들, 가족, 양친　*a.* 민간의, 가족의

- ***Folks***, I have an announcement. 여러분, 소식이 있습니다.
- ☐ I ought to call my ***folks***. 부모님께 전화해야 한다.

1236. bulk
[bʌlk]

n. 용적, 큰 것, 〈the~로〉 대부분　*v.* 커지다

파 **bulky** *a.* 부피가 있는, 큰
관 **in bulk** 대량으로

- I usually buy groceries in ***bulk***. 식료품은 항상 모아서 많이 삽니다.
- ☐ I don't want to carry anything too ***bulky***.
  너무 부피가 큰 것은 가지고 오고 싶지 않습니다.

1237. blank
[blæŋk]

n. 공란, 백지, 여백　*a.* 백지의, 빈, 무표정의

- Fill in the ***blanks***. 공란을 채우세요.

1238. chunk
[tʃʌŋk]

n. 빵, 고기 등의 큰 덩어리, 두껍게 썬 토막, 상당한 양

파 **chunky** *a.* 덩어리[두껍게 썬]의, 다부진

- I lost a big ***chunk*** of money in Las Vegas. 라스베이거스에서 거금을 날렸다.

GROUP 69

Round 1 □ 월 일
Round 2 □ 월 일
Round 3 □ 월 일

1239. **outlook**
[áutlùk]
n. 조망, 전망, 견해, 태도, 경치, 경계

- What's the ***outlook*** for the stock market?
  주식시장의 전망은 어떻습니까?
- He has a negative ***outlook*** on life.
  그는 부정적인 인생관을 가지고 있다.
- out(밖에) + look(보다)

1240. **dark**
[dɑːrk]
n. 어두움, 암흑, 저녁 *a.* 어두운, 진한, 음울한, 비밀의

파 **darkness** *n.* 어둠, 비밀
관 **in the dark** 비밀로, 어두운 곳에서   **before[after] dark** 어두워지기 전에[후에]

- Children are often afraid of the ***dark***.
  아이들은 어둠을 무서워한다.

1241. **remark**
[rimάːrk]
n. 발언, 의견, 소견 *v.* 말하다, 주의하다

파 **remarkable** *a.* 현저한, 주목할만한   **remarkably** *ad.* 현저히

- That's a rude ***remark***. 그것은 실례가 되는 발언이다.
- You're a ***remarkable*** girl. 당신은 멋진 여성이다.
- re(다시) + mark(표시하다)

1242. **work**
[wəːrk]
n. 일, 공부, 직업, 작품
v. 일하다, 근무하다, 움직이다, 작용하다

파 **workable** *a.* 실행가능한   **working** *a.* 일하는, 실용적인 *n.* 일, 작용
관 **at work** 일을 하는   **get[set] to work** 일에 착수시키다
go to work 일하러 가다   **out of work** 실직해서   **work on** ~에 작용하다
work out ~를 해결하다, 생각해 내다, 운동하다

명사

- 🔊 How's your ***work*** going? 일의 진행 상태는 어떻습니까?
- ☐ Let's get back to ***work***. 일로 돌아가자.
- ☐ I don't think your plan will ***work***. 당신의 계획이 성공할 것 같지 않다.
- ☐ This clock is not ***working***. 이 시계는 서 있다.
- ☐ There are one or two problems we still have to ***work*** out.
  아직 해결해야 할 문제가 두 세 가지 있습니다.

1243. **network**
[nétwəːrk]

n. 방송망, 네트워크

- 🔊 The TV ***networks*** did a good job covering the summit talks.
  수뇌 회담의 텔레비전 방송은 매우 유익했다.
- ☐ America's highway ***networks*** are wonderful.
  미국의 고속도로망은 멋지다.
- ❖ net(그물) + work(작업)

1244. **task**
[tæsk, tɑːsk]

n. 일, 직무 *v.* 혹사하다

- 관 **task force** 대책 본부
- 🔊 Reaching a compromise is going to be a difficult ***task***.
  타협에 이르는 것은 어려운 일이 될 것이다.

1245. **approach**
[əpróutʃ]

n. 접근, 가까이 하기, 접근 방법, 어프로치 *v.* 다가가다

- 🔊 Try another ***approach***. 다른 방법으로 해보세요.
- ❖ ap(ad;~에) + proach(near;가까이)

1246. **bunch**
[bʌntʃ]

n. (과일 등의) 송이, (꽃 등의) 다발, 무리 *v.* 묶다, 모으다

- 🔊 He bought me a beautiful ***bunch*** of flowers.
  그가 아름다운 꽃을 한 다발 사 주었다.

1247. **hunch**
[hʌntʃ]

n. 예감, 직감 *v.* 예감이 들다

🔊 I've got a *hunch* he isn't coming. 그는 오지 않을 것 같다.

1248. **patch**
[pætʃ]

n. 헝겊 조각, 천 조각, 반창고, 한 구획
v. 헝겊을 대고 깁다, 수선하다

🔊 I want a real solution, not just a *patch* here and there.
임시변통이 아닌 진짜 해결이 필요합니다.

1249. **itchy**
[ítʃi]

n. 가려움, 열망 v. 가렵다, 못견디다

파 **itchy** a. 가려운, ~하고 싶어 못 견디는
🔊 I have an *itch* on my back. 등이 따갑다.
□ My eyes are *itchy*. 눈이 따갑다.

1250. **triumph**
[tráiəmf]

n. 대승리, 대성공 v. 승리하다, 성공하다

파 **triumphant** a. 승리를 거둔, 뽐내는
🔊 Our baseball team came home in *triumph*. 우리 야구팀은 승리하고 돌아왔다.

1251. **cash**
[kæʃ]

n. 현금(지불) v. 현금화하다 a. 현금의

관 **in cash** 현금으로 **cash in on** ~으로 벌다
🔊 I don't have any *cash*. 현금은 가지고 있지 않습니다.
□ *Cash* or charge? 현금입니까, 카드입니까?
□ I'll pay in *cash*. 현금으로 지불하겠습니다.

1252. **trash**
[træʃ]

n. 폐물, 잡동사니, 가치없는 것

파 **trashy** a. 쓰레기의, 쓸모 없는
관 **trash can[basket]** 쓰레기통
🔊 Please take out the *trash*. 쓰레기를 버려 주십시오.
□ Don't watch such *trash*. 그런 쓰레기 같은 프로는 보지 마세요.

1253. **dish** [diʃ]
n. 큰접시, 요리, 〈the dishes로〉 식탁용 접시(류)
v. 접시에 담다

관 **dish out** ~을 분배하다, 주다　**dish up** (요리를) 큰 그릇에 담다
do the dishes 식기를 씻다

- I'll do the *dish*. 내가 식기를 닦겠다.
- What's the name of this *dish*? 이 요리는 무엇입니까?

1254. **length** [leŋkθ]
n. 길이, 세로, 기간

파 **lengthen** v. 길게 하다, 연장하다　**lengthy** a. 길다란　**long** a. 긴

- You'll have to cut the *length* of your speech.
  연설은 짧게 할 필요가 있습니다.
- leng(long; 긴) + th(명접; 추상)

1255. **faith** [feiθ]
n. 신뢰, 신앙

파 **faithful** a. 성실[충실]한, 심신깊은　**faithfully** ad. 성실[충실]하게

- I have *faith* in him. 나는 그를 믿고 있습니다.
- Mr. Kim is very *faithful* to his company.
  미스터 김은 회사에 아주 충실하다.

1256. **birth** [bəːrθ]
n. 탄생, 출생, 출산, 가문

관 **by birth** 태생은, 타고난　**give birth to** ~을 낳다

- We'll need our *birth* certificates.
  출생증명서가 필요합니다.

1257. **youth** [juːθ]
n. 청년, 청년시대, 젊은이, 초창기

파 **youthful** a. 젊은, 젊디젊은, 원기있는　**young** a. 젊은

- I wasn't the athletic type in my *youth*.
  젊은 시절에는 스포츠맨 타입은 아니었습니다.

1258. **jam**
[dʒæm]

n. 혼잡, 고장, 곤란, 궁지
v. 밀어넣다, 쑤셔넣다, 방해하다, 고장나다

관 **traffic jam** 교통정체

🔊 I was caught in a traffic *jam*.
   교통정체에 걸렸다.

☐ The girls are in a *jam*.
   딸들은 어려움에 빠져 있다.

1259. **program**
[próugræm, -grəm]

n. 프로그램, 차례, 계획   v. 프로그램을 만들다, 차례를 만들다, 계획하다

🔊 What's your favorite TV *program*?
   당신이 좋아하는 텔레비전 프로그램은 무엇입니까?

❖ pro(앞에) + gram(write;쓰다, 그리다)

GROUP 70

Round 1 ☐ 월 일
Round 2 ☐ 월 일
Round 3 ☐ 월 일

1260. **problem**
[prábləm/prɔ́b-]

n. 문제, 어려운 문제, 다루기 힘든 사람, 어려운 일

파 **problematic** *a.* 문제가 많은, 의문의, 미해결인

- What's the *problem*? 무슨 일이지?
- No *problem*. 괜찮아요. / 좋습니다.
- I have a lot of *problems*. 문제가 산적해 있다.
- pro(앞에) + blem(throw;던지다)

1261. **item**
[áitəm, -tem]

n. 조항, 품목, 물건, (짧은) 기사

파 **itemize** *v.* 항목별로 나누다

- Let's move on to the next *item*.
  다음 항목으로 넘어가자.
- Did you read the *item* about the water shortage in the paper?
  물 부족에 관한 신문 기사를 읽었습니까?

1262. **victim**
[víktim]

n. 희생자, 피해자

파 **victimize** *v.* 희생시키다, 괴롭히다, 속이다
관 **fall (a) victim to** ~의 희생이 되다

- How many *victims* were there in the plane crash?
  추락사고의 희생자는 몇 명입니까?

1263. **room**
[ru:m, rum]

n. 방, 장소, 공간, 여지

파 **roomy** *a.* 널찍한
관 **room and board** 식사 딸린 숙박요금, 식사가 나오는 하숙

- There's no *room* for anything else. 더 이상 들어갈 여유가 없습니다.
- Make *room* for Tom. 톰을 위해 좀 좁혀 주십시오.

334　　　PART 2

1264. **symptom**
[símptəm]
n. 징후, 증상, 조짐

- 파 **symptomatic** *a.* 징후[전조]를 나타내는
- Do you have any other *symptoms* besides a high fever?
  고열 외에 어떤 증상이 있습니까?
- ❖ sym(함께) + pt(rush;달리다) + om(명접)

1265. **custom**
[kʌ́stəm]
n. 관습, (개인의) 습관, 〈복수형으로〉 관세, 세관

- 파 **customize** *v.* 주문으로 만들다   **customary** *a.* 습관적인
- 관 **customer** 고객
- Is it a *custom* to send birthday cards in Korea?
  한국에서는 생일카드를 보내는 것이 관습입니까?

1266. **bottom**
[bátəm/bɔ́t-]
n. 밑바닥, 아래부분, 〈야구〉(회의) 말 *a.* 밑바닥의, 최하의

- 관 **from the bottom of one's heart** 마음 속에서   **from top to bottom** 위부터 아래까지, 완전히   **get to the bottom of** 진상을 규명하다   **bottom line** 요점, 결론, 최종 결과, 순익
- I was often at the *bottom* of my class in English.
  영어 성적은 종종 반에서 최하였다.
- It's the *bottom* of the ninth.
  9회 말입니다.
- The *bottom* line is money.
  가장 중요한 요점은 돈이다.
- *Bottoms* up.
  건배.

1267. **arm**
[ɑːrm]
n. 팔, 〈복수형으로〉 병기 *v.* 무장시키다

- 관 **arm in arm** 팔짱을 끼고   **give one's right arm** 큰 희생을 치르다   **twist one's arm** 강요하다   **with open arms** 진심으로 기뻐하며
- He twisted my *arm* to make me say yes.
  예스라고 말하라고 그가 강요했습니다.

1268. alarm [əláːrm]
n. 경보, 자명(시계), 놀람, 불안
v. 걱정시키다, ~에 경보를 발하다

- 파 **alarming** a. 놀라게 하는
- 관 **fire alarm** 화재경보기
- 🔊 Will you set the *alarm* for six? 알람시계를 6시에 맞춰 주시겠습니까?

1269. term [təːrm]
n. 기간, 기한, 학기, 전문용어, 〈복수형으로〉 (교제) 관계, 조건, 가격   v. 이름 붙이다, 부르다

- 관 **in terms of** ~에 해서, ~의 점에서   **terminology** 술어, 전문용어
- 🔊 What's the *term* of the lease? 임대계약 기간은 몇 년입니까?
- ☐ She was kicked out before the spring *term* ended. 그녀는 봄학기 종료 전에 퇴학당했다.

1270. sum [sʌm]
n. 합계, 총액, 금액, 개요   v. 합계하다, 개요를 말하다

- 관 **sum up** ~를 요약하다   **sum total** 총계, 요지
- 🔊 We spent a large *sum* of money on furniture. 우리는 가구에 많은 돈을 썼다.
- ☐ Will you *sum* up the presentation? 발표를 요약해 주시겠습니까?

1271. slap [slæp]
n. 찰싹 때리기(소리)   v. 찰싹 때리다

- 관 **slap in the face** 얼굴을 때리다, 거절하다, 모욕하다
- 🔊 Mary gave him a *slap* on the cheek. 메리는 그의 턱을 한 방 갈겼다.

1272. nap [næp]
n. 낮잠, 선잠   v. 선잠자다

- 🔊 I'm going to take a *nap*. 낮잠 잘게.

1273. tap [tæp]
n. 가볍게 두드림, 톡톡 치는 소리
v. 가볍게 툭툭치다, 재를 가볍게 톡톡쳐서 털어내다

🔊 I heard a *tap* on the door. 문을 두드리는 소리를 들었다.
□ He *tapped* me on the shoulder. 그는 내 어깨를 가볍게 두드렸다.

1274. **step**
[step]

n. 걸음, 걷는 방향, 발소리, 발자취, 한 단계, 수단
v. 걸어가다, 밟다, 걷다

관 **in step** 보조를 맞춰서 **out of step** 보조가 맞지 않아 **step by step** 일보일보 **take steps** 조치를 취하다 **step aside** 옆으로 비키다, 물러나다 **step down** 사임하다 **step in** 들르다 **step out** 외출하다 **step up** 승진하다, 향상하다, 올리다

🔊 Watch your *step*. 발밑을 조심하세요.
□ *Step* on it. 서둘러 주십시오.
□ You are *stepping* on my foot. 내 발을 밟고 있어요.

1275. **clip**
[klip]

n. 클립, 종이 끼우개, 끼워두는 쇠붙이
v. 클립으로 고정시키다

🔊 I suppose this *clip* will hold the cards all right.
이 클립으로 카드를 잘 묶을 수 있겠다.

1276. **tip**
[tip]

n. 정보, 조언, 팁 v. 귀뜸하다, 밀고하다, 팁을 주다

🔊 Do you have any helpful *tips*? 무슨 도움이 되는 조언이 있습니까?
□ The police were *tipped* off. 경찰은 밀고로 정보를 얻었다.

1277. **crop**
[krɑp/krɔp]

n. 농작물, 수확물[고] v. 수확하다, 베어들이다

🔊 We had a record rice *crop* last year. 작년은 기록적인 쌀 풍작이었다.

1278. **law**
[lɔː]

n. 법, 법률, 법칙, 법학

파 **lawful** a. 합법의
관 **lawmaker** 입법자, 의원 **lawsuit** 소송 **lawyer** 변호사

🔊 Is gambling against the *law* here? 여기서는 도박은 위법입니까?
□ You're breaking the *law*. 당신은 법을 어기고 있다.

명사

GROUP 71

Round 1 ☐	월	일
Round 2 ☐	월	일
Round 3 ☐	월	일

1279. **view** [vju:]   *n.* 광경, 경치, 풍경, 견해   *v.* 보다, 바라보다

- 관 **in view of** ~를 고려하여, ~점에서 보다   **point of view** 견해   **viewpoint** 점
- From my point of *view*, he's heading for disaster.
  내 생각으로는 그는 실패를 향해 가고 있다.

1280. **interview** [íntərvjù:]   *n.* 인터뷰, 회견, 면접   *v.* 인터뷰하다, 회견하다, 면접하다

- I have an appointment for a job *interview* at 1 p.m.
  오후 1시에 취직면접 약속이 있습니다.
- ❖ inter(~사이에, 서로) + view(보다)

1281. **shadow** [ʃǽdou]   *n.* 그림자, 어두운 곳, 실체가 없는 것   *v.* 그늘지게 하다, 미행하다

- 파 **shadowy** *a.* 그림자 같은, 어렴풋한
- 관 **in the shadow of** ~의 바로 옆에, ~의 보호하에
- My *shadow* got into the picture. 내 그림자가 사진에 찍혔다.
- I feel like I'm being *shadowed*. 미행 당하고 있는 것 같다.

1282. **fellow** [félou]   *n.* (남자)친구, 녀석, 동료, 특별연구원   *a.* 동료의

- 관 **fellowship** 특별연구원, 장학기금, 교제, 협회
- He's a remarkable *fellow*. 그는 멋있는 놈이다.

1283. **row** [rou]   *n.* 열, 줄

- 관 **in a row** 잇따라, 일렬로

PART 2

🔊 I always sit in the back **row**. 나는 항상 뒷자리에 앉습니다.
☐ I stayed up all night two days in a **row**. 이틀 연속해서 철야했다.

1284. **grief**
[gri:f]

n. 깊은 슬픔, 비탄, 고뇌, 재난, 슬픔의 원인

파 **grieve** *v.* 몹시 슬프게 하다

🔊 Jack is a source of **grief** to his parents. 잭은 부모님의 걱정의 근원이다.

1285. **staff**
[stæf/stɑːf]

n. 직원, 부원 *v.* (직원을) 배치하다

🔊 We have a very efficient **staff**. 직원은 매우 유능합니다.
☐ This hospital is well **staffed**. 병원의 직원 수는 충분하다.

1286. **stuff**
[stʌf]

n. 재료, 물질, 재능, 소지품, 잡동사니, 허튼소리 *v.* 채우다

관 **and all that stuff** 그 외 모두   **do one's stuff** 자기가 할 일을 제대로 하다
   know one's stuff 유능하다   **stuffing** 요리 속에 넣는 소[속]

🔊 This is the real **stuff**. 이것은 진짜다.
☐ I've **stuffed** myself. 과식했다.

1287. **proof**
[pruːf]

n. 증거, 증명, 검산, 교정쇄 *a.* 견디는, 뚫지 못하는

파 **prove** *v.* 증명하다, 입증하다

🔊 They have no **proof** that he is guilty. 그가 유죄라는 증거는 없다.

1288. **job**
[dʒab/dʒɔb]

n. 일, 업적, 책무, 힘드는 일

🔊 I've got a **job** in New York. 뉴욕에서 직장을 구했다.
☐ You've done a good **job**. 매우 잘 했다.
☐ I can't drink on the **job**. 근무 중에 술은 마시지 않는다.
☐ I'm out of a **job**. 실업 중입니다.

명사

1289. suburb
[sʌ́bəːrb]

n. 교외, 시외

파 **suburban** *a.* 교외의, 시외의

- I live in a **suburb** of Seoul. 나는 서울 교외에 살고 있다.
- How do you like **suburban** life? 교외 생활은 어떻습니까?
- sub(아래에) + urb(city;도시)

1290. traffic
[trǽfik]

n. 교통, 통행, 운수, 부정거래

- The **traffic** was really bad. 도로는 매우 혼잡했다.
- traf + fic(만들다, 이루다)

1291. classic
[klǽsik]

n. 일류작품, 고전(작가), 대예술가, 대표적인 것 *a.* 일류의, 고전의, (전통으로) 유명한, 권위가 있는, 전형적[규범적]인

관 **classical** 고전의

- It's a **classic**. 그것은 일등품이다.
- class(종류) + ic(형접)

1292. ring²
[riŋ]

n. 반지, 고리 *v.* 에워싸다, 둥글게 열을 짓다

- He gave me a diamond **ring**.
  그는 나에게 다이아몬드 반지를 주었다.

1293. drug
[drʌg]

n. 약, 마약

관 **druggist** 약사, 약국 **drugstore** 약국
drug addict[dealer] 마약중독자[밀매인]

- This **drug** has no side effects and is very safe.
  이 약은 부작용이 없어서 매우 안전하다.

1294. idea
[aidíːə]

n. 생각, 의견, 사상, 계획, 예감

- That's a good *idea*. 좋은 생각이다.
- I have no *idea*. 모르겠습니다.
- I've got an *idea*. 좋은 생각이 있습니다.
- He might get the wrong *idea*. 그가 오해할지도 모른다.

1295. **tax** [tæks]
n. 세(금), ⟨a~로⟩ 무거운 부담 *v.* 과세하다, 부담을 지우다

- 파 **taxable** *a.* 과세할 수 있는
- 관 **taxation** 과세, 징세

- I have my local *tax* deducted from my salary.
  지방세는 봉급에서 공제되고 있습니다.
- He was prosecuted for *tax* evasion.
  그는 탈세로 기소 당했다.
- It's $500 including *tax*.
  세금 포함 5백 달러입니다.

1296. **buzz** [bʌz]
n. 윙윙거리는 소리, (전화의) 신호음
v. 윙윙 소리나다, 전화를 걸다

- 관 **buzzer** 부저

- Give me a *buzz* when you're ready, OK?
  준비가 되면 전화 주시겠지요?

  *참조
  buzz가 「귓전을 쌩 울리며 지나가다」, 「살짝 들르다」라는 뜻도 있는데 회화에서 Buzz him in! 하면 「(그를) 들어오라고 해!」, 「(그를) 잠깐 들여보내!」라는 의미이다.

명사

PART 3
형용사 467

GROUP

072
>
094

GROUP 72

Round 1 □ 월 일
Round 2 □ 월 일
Round 3 □ 월 일

1297. **fierce**
[fiərs]
a. 거친, 격심한, 지독한

파 **fiercely** ad. 격렬히

🔊 Competition between the two companies is ***fierce***.
그 두 회사간의 경쟁은 치열하다.

1298. **rude**
[ru:d]
a. 실례되는, 조잡한, 미가공의

파 **rudeness** n. 무례, 조잡

🔊 I'm sorry I was ***rude*** to you yesterday. 어제는 실례되는 일을 해서 죄송합니다.
☐ It's very ***rude*** to ask such a question. 그와 같은 질문은 매우 실례입니다.

1299. **free**
[fri:]
a. 자유로운, 자유롭게 ~할 수 있는, 한가한, 무료의 ad. 자유롭게, 무료로 v. 자유롭게 해주다, 해방하다

파 **freedom** n. 자유 **freely** ad. 자유롭게
관 **be free from** ~가 없는 **be free of** ~가 면제되어
　　free of charge, for free 무료로 **free hand[will]** 자유행동[의지]

🔊 Feel ***free*** to drop in any time. 언제라도 들러주십시오.
☐ Will you be ***free*** next Friday? 다음주 금요일은 한가합니까?

1300. **safe**
[seif]
a. 안전한, 무사한, 믿을 만한 n. 금고

파 **safety** n. 안전, 무사 **safely** ad. 안전하게, 무사히
관 **to be on the safe side** 신경을 기하여 **safe and sound** 무사히

🔊 Have a ***safe*** trip. 조심해서 여행 하세요.
☐ Put it somewhere ***safe***. 어딘가 안전한 곳에 놓아주십시오.

1301. **strange**
[streindʒ]

a. 기묘한, 이상한, 익숙하지 않는, 서먹서먹한

파 **strangely** ad. 이상하게, 기묘하게, 불가사이하게도
관 **feel strange** 몸이 불편하다, 어지럽다　**stranger** 낯선 사람, 이방인

- This has been a very *strange* day. 오늘은 매우 이상한 날이었다.
- I'm a *strange* here. 여기는 처음입니다.

1302. **huge**
[hju:dʒ]

a. 거대한, 막대한

- The show was a *huge* success. 쇼는 대성공했다.

1303. **awake**
[əwéik]

a. 자지 않고, 방심하지 않는 v. 잠이 깨다, 깨닫다

관 **wide awake** 한잠도 자지 않고　**awaken** 각성시키다　**awakening** 깨닫고 있는

- I was *awake* all night trying to decide. 결단을 내리려고 한숨도 자지 못했다.
- ❖ a(~에) + wake(잠이 깬)

1304. **alike**
[əláik]

a. 동등한, 비슷한 ad. 마찬가지로

- Tom and Jim are much *alike*, both selfish and shrewd.
  톰과 짐은 매우 닮았다. 둘 다 이기적이고 빈틈이 없다.
- ❖ a(~에) + like(형접;~와 같은)

1305. **female**
[fí:meil]

a. 여성(의), 암컷(의)　반 **male** 남성(의), 수컷(의)

관 **feminine** 여성의, 여성같은　**masculine** 남성의, 남성같은

- We have a *female* executive at our company.
  우리 회사에는 여자 중역이 한 사람 있다.
- Is this bird *female*? 이 새는 암컷입니까?
- ❖ 라틴어 femella(소녀)에서 유래

1306. able [éibəl]
a. 유능한, ⟨be able to로⟩ ~할 수 있는
반 unable ~할 수 없는

- 파 **ability** n. 능력, 수완
- 관 **inability** 무력, 무능

🔊 I won't be *able* to come to your party. 당신의 파티에는 갈 수 없습니다.

1307. available [əvéiləbəl]
a. 입수할 수 있는, 이용할 수 있는, 일손이 비어 있는

- 파 **availability** n. 이용할 수 있음

🔊 It's *available* in most stores. 어느 가게에서도 살 수 있습니다.
❖ avail(소용이 되다) + able(형접;할 수 있는)

1308. capable [kéipəbəl]
a. 유능한; 능력[자격]이 있는 반 **incapable** 능력이 없는

- 파 **capability** n. 능력

🔊 Is he *capable* of taking over her job?
그가 그녀의 일을 인계받을 수 있습니까?

☐ She's a *capable* secretary.
그녀는 유능한 비서다.

❖ cap(잡다, 머리) + able(형접;할 수 있는)

1309. considerable [kənsídərəbəl]
a. 상당한, 적지 않은, 무시할 수 없는

- 파 **considerably** ad. 꽤, 상당히

🔊 Tom makes a *considerable* amount of money. 톰은 상당한 돈을 번다.
❖ consider(고려하다) + able(형접;할 수 있는)

1310. vulnerable [vʌ́lnərəbəl]
a. 약한, 상처받기 쉬운, 약점이 있는, 공략 당하기 쉬운

- 파 **vulnerability** n. 상처[공략 당하기] 받기 쉬움, 약점

🔊 Nancy is still young and *vulnerable*.
낸시는 너무 어려서 상처받기 쉽다.

❖ vulner(상처, 부상) + able(형접;할 수 있는)

1311. **miserable** [mízərəbəl] *a.* 슬픈, 불행한, 비참한

- 파 **misery** *n.* 불행
- What is making you so ***miserable***?
  왜 그렇게 비참한 생각을 하지?
- It's ***miserable*** day.
  비참한 날이다.
- ❖ miser(비참한) + able(형접;할 수 있는)

1312. **inevitable** [inévitəbəl] *a.* 피할 수 없는, 필연적인, 당연한

- 파 **inevitability** *n.* 불가피, 필연성 **inevitably** *ad.* 필연적으로, 반드시
- Under the circumstances a merger is ***inevitable***.
  그 상황에서는 합병을 피할 수 없습니다.
- ❖ in(아닌) + evitable(피할 수 있는)

1313. **notable** [nóutəbəl] *a.* 주목할 만한, 두드러진, 유명한 *n.* 〈복수형으로〉 저명인

- 파 **notably** *ad.* 현저하게, 특히
- The most ***notable*** thing he said was that love is the answer to the world's problems.
  그의 발언에서 가장 주목할 것은 세계 문제를 해결하는 것은 사랑이라는 것이다.
- ❖ not(note;기억하다) + able(형접;할 수 있는)

1314. **comfortable** [kámfərtəbəl] *a.* 쾌적한, 기분좋은, 편안한, 불편함이 없는
반 **uncomfortable** 쾌적하지 않은

- 파 **comfort** *n.* 위로 *v.* 위로하다 **comfortably** *ad.* 쾌적하게, 마음 편히
  discomfort *n.* 불쾌
- Make yourself ***comfortable***.
  편히 하세요.
- I'll ***comfort*** her.
  내가 그녀를 위로하겠다.
- ❖ comfort(위로) + able(형접;할 수 있는)

1315. **stable**
[stéibl]
a. 안정된, 변하지 않는, 영속성이 있는, 착실한

파 **stabilize** *v.* 안정시키다 **stability** *n.* 안정, 지속, 불변

🔊 His condition is ***stable***.
그의 병세는 안정되고 있다.

❖ sta(stnd;서 있는) + ble(형접;할 수 있는)

1316. **incredible**
[inkrédəbəl]
a. 믿어지지 않는, 의심스러운, 놀라운

파 **incredibly** *ad.* 믿을 수 없을 만큼, 매우

🔊 You have an ***incredible*** memory.
당신의 기억력은 훌륭하다.

❖ in(아닌) + cred(credit;믿다) + ible(형접;할 수 있는)

1317. **terrible**
[térəbəl]
a. 무서운, 두려운, 심한, 너무 심한

파 **terrify** *v.* 깜짝 놀라게 하다 **terror** *n.* 공포 **terribly** *ad.* 무시무시하게, 몹시

🔊 That's a ***terrible*** thing to say.
심한 말씀이군요.

☐ I'm ***terribly*** disappointed.
매우 실망했다.

❖ terr(frighten;두렵게 하다)+ ible(형접;할 수 있는)

1318. **horrible**
[hɔ́:rəbəl, hár-]
a. 무서운, 끔찍한, 매우 싫은

파 **horrify** *v.* 겁먹게 하다 **horror** *n.* 공포 **horribly** *ad.* 무섭게, 지독히

🔊 What a ***horrible*** thing!
무서운 일이다!

❖ horr(horror;공포) + ible(형접;할 수 있는)

GROUP 73

Round 1 □ 월 일
Round 2 □ 월 일
Round 3 □ 월 일

1319. sensible [sénsəbəl]
a. 분별이 있는, 현명한, 알아차릴 수 있는

- 🔊 Let's be ***sensible***. 분별 있는 얘기를 하자.
- ☐ He was ***sensible*** enough to have saved his money.
  그는 현명하게도 저금을 했다.
- ❖ sens(sense 분별); + ible(형접;할 수 있는)

1320. possible [pásəbəl/pɔ́s-]
a. 가능한, 있을 수 있는, 가능한 한
반 **impossible** 불가능한

- 파 **possibility** *n.* 가능성, 실현성 **possibly** *ad.* 혹시, 될 수 있는대로
- 관 **if possible** 가능하면
- 🔊 Is it ***possible*** to go on a different airline?
  다른 회사의 항공편으로 가는 것은 가능합니까?
- ☐ Start working on it as soon as ***possible***.
  가능한 한 빨리 그 일을 시작해 주십시오.
- ☐ Give me a call tonight if ***possible***.
  가능하다면 오늘밤 전화를 주십시오.
- ❖ poss(potent;효능이 있는) + ible(형접;할 수 있는)

1321. flexible [fléksəbəl]
a. 유연한, 나긋나긋한, 휘기 쉬운, 융통성 있는

- 파 **flex** *v.* 굽다 **flexibility** *n.* 유연성 **flexibly** *ad.* 유연하게
- 🔊 You need to be a little more ***flexible***. 조금 더 융통성이 있어야 한다.
- ❖ flex(몸을 풀다) + ible(형접;할 수 있는)

1322. humble [hʌ́mbəl]
a. 겸손한, 얌전한, (신분 등이) 낮은, 하찮은 *v.* 겸허하게 하다

- 파 **humility** *n.* 겸손, 비하 **humbly** *ad.* 고상하게

형용사

🔊 He is very **humble** about his achievements.
그는 자신의 성공에 매우 겸손합니다.
❖ hum(humus; 땅위에, 대수롭지 않은) + ble(형용사형 접미사)

1323. **noble**
[nóubəl]
a. 고상한, 숭고한, 고귀한, 귀족의, 우수한

파 **nobility** n. 숭고함, 귀족 **nobly** ad. 고상하게

🔊 Stop being so **noble**. 고상한 척하지 마세요.
□ He has a **noble** character. 그는 고상한 인격을 가진 사람이다.
❖ no(known; 알려진) + ble(형용사형 접미사)

1324. **worthwhile**
[wə́ːrθhwáil]
a. 가치있는, 훌륭한

🔊 This work you're doing is very **worthwhile**. 당신의 일은 매우 가치 있다.
□ Do something **worthwhile** for a change. 이따금은 가치 있는 일을 하세요.
❖ worth(가치) + while(~동안)

1325. **hostile**
[hástil/hóstail]
a. 적의, 적의를 가진, 적대하는, 비우호적인

파 **hostility** n. 적의, 전쟁

🔊 Why are you so **hostile** toward him?
당신은 왜 그에게 그렇게 적의를 나타냅니까?
□ Our company is facing **hostile** takeover.
우리 회사는 적대적 매수합병에 직면해 있다.
❖ host(enemy; 적) + ile(~에 관한 성질이 있는)

1326. **whole**
[houl]
a. 전체의, 모든, 완전한 ad. 완전히 n. 전부, 전체

관 **a whole lot** 대개 **a whole lot of** 많은 **as a whole** 전체로서
on the whole 통틀어

🔊 I had to change my **whole** schedule. 예정을 모두 변경해야 했다.
□ It took me two **whole** days to arrange the furniture.
가구를 배치하는 데 이틀 내내 걸렸다.
□ Did you memorize that **whole** book? 저 책을 전부 외었어요?

1327. **sole** [soul]
a. 유일의, 단독의, 독점적인

- 파 **solely** *ad.* 단독으로, 단지
- 🔊 He was the *sole* survivor of the accident. 사고의 생존자는 그 뿐이었다.
- ❖ sol(one;하나의) + e(어미)

1328. **multiple** [mʌ́ltəpəl]
a. 다수의, 다종다양의 *n.* 배수

- 파 **multiply** *v.* 늘리다, ~를 곱하다
- 관 **multiple-choice** 다중선택의
- 🔊 He suffered *multiple* injuries in the accident. 그는 사고로 여러 군데 상처를 입었다.
- ☐ What is 7 *multiplied* by 6? 7 곱하기 6은 얼마입니까?
- ❖ multi(많은) + ple(fold;포개다, 더하다)

1329. **subtle** [sʌ́tl]
a. 묽은, 미묘한, 민감한

- 파 **subtlety** *n.* 미묘함, 민감, 예민   **subtly** *ad.* 미묘하게
- 🔊 These two golf clubs look the same but there's a *subtle* difference in the grip. 이 두 개의 골프채는 같아 보이지만 손잡이에 미세한 차이가 있다.

1330. **gentle** [ʤéntl]
a. 고상한, 친절한, 조용한, (동물이) 순한

- 파 **gently** *ad.* 온화하게, 조용히
- 🔊 You must be *gentle* to her. 그녀에게 친절하게 하세요.
- ☐ Lay the baby down *gently*. 아기를 조용히 재우세요.
- ❖ gent(gens;씨족) + le(~에 관한 성질이 있는)

1331. **same** [seim]
a. 같은, 동일한, 변함이 없는
n. 〈the~로〉 동일인[같은 물건] *ad.* 똑같이

- 관 **at the same time** 동시에, 그래도   **all the same** 그래도
  the same as ~와 같이

🔊 I was thinking the *same* thing. 나도 같은 것을 생각하고 있었다.
☐ Thanks all the *same*. 어쨌든 감사합니다.
☐ (The) *same* here. 나도 같습니다.
☐ (The) *same* to you. 당신도.

1332. **welcome**
[wélkəm]
a. 환영받는, 기쁜 v. 환영(하다); 어서 오십시오

🔊 You're *welcome* to visit us any time. 언제 방문해도 괜찮습니다.
☐ You're *welcome*. 천만에.
☐ Let's *welcome* him. 그를 환영하자.
❖ wel(well;잘) + come(오다)

1333. **insane**
[inséin]
a. 제정신이 아닌, 정신이상의, 괴상한
[반] sane 제정신의, 분별이 있는

파 **insanity** *n*. 광기, 정신이상
🔊 It's impossible, ridiculous, and *insane*.
그것은 불가능하고 동시에 어리석어서 상태가 정상이 아니다.
☐ Are you *insane*? 미쳤니?
❖ in(아닌) + sane(제정신의)

1334. **fine**
[fain]
a. 훌륭한, 멋진, 기분이 상쾌한, 날씨가 좋은, 가느다란
ad. 훌륭히, 잘

🔊 Everything's *fine*. 모두 좋습니다.
☐ That's *fine* with me. 나는 상관없습니다.

1335. **genuine**
[ʤénjuin]
a. 진짜의, 진품의, 진심에서의

파 **genuinely** *ad*. 진실로
🔊 Is this *genuine* leather? 이것은 진짜 가죽입니까?
❖ genu(타고난) + ine(형접;~에 관한, ~성질이 있는)

1336. **rare**
[rɛər]
a. 드문, 진기한, 희박한

파 **rarity** n. 진기한 일[것]　**rarely** ad. 드물게, 아주 솜씨있게

🔊 This is a *rare* opportunity. 이것은 보기 드문 기회입니다.

☐ We *rarely* see each other these days. 요즘에는 거의 못 만났지요.

1337. **square** [skwɛər]

a. 정방형[직각]의, 평방[제곱]의, 동점인, 정직한 n. 정방형, 사각, 광장, 평방, 제곱, 멍청이 v. 정방[직각]으로 하다, 제곱하다, 청산하다 ad. 정방형으로, 직각으로, 똑바로, 정직[공평]하게

관 **all square** ~와 대차없이　**square root** 제곱근　**fair and square** 공명정대한

🔊 The floor space of my house is 120 *square* meters.
우리집 건평은 120평방미터입니다.

1338. **aware** [əwéər]

a. 알고 있는, 인식이 있는

파 **awareness** n. 알고 있음

🔊 He's not *aware* of the problem.
그는 그 문제를 모르고 있습니다.

☐ Is he *aware* that we have changed our plans?
그는 계획의 변경을 알고 있습니까?

❖ a(강조) + ware(wary;조심성 있는)

GROUP 74

Round 1 □ 월   일
Round 2 □ 월   일
Round 3 □ 월   일

1339. **sincere**
[sinsíər]
a. 성실한, 진실의

파 **sincerity** *n.* 성실, 솔직, 진심 **sincerely** *ad.* 충심으로, 진심으로

- He is a *sincere* person.
  그는 성실한 사람이다.
- I *sincerely* hope that you will think about what I said.
  내가 말한 것을 고려해 주시기를 진심으로 바랍니다.

1340. **severe**
[sivíər]
a. 엄한, 가혹한, 심각한

파 **severity** *n.* 엄격, 가혹 **severely** *ad.* 엄하게, 심하게

- This is a *severe* cutback. 이것은 가혹한 삭감이다.
- Don't think I'm being *severe*. 내가 엄하다고는 생각하지 말아주세요.

1341. **entire**
[entáiər]
a. 전체[전부]의, 완전한

파 **entirety** *n.* 전체 **entirely** *ad.* 전부, 완전히

- The *entire* building burned down. 건물은 모두 탔다.
- I *entirely* agree with you. 전적으로 동감입니다.

1342. **sore**
[sɔːr]
a. 아픈, 욱신욱신 쑤시는, 슬픈, 화가 나는

파 **soreness** *n.* 아픈 곳, 고통, 비통 **sorely** *ad.* 아파서, 심하게

- I have a *sore* throat. 목이 아프다.
- Don't be *sore*. 화내지 말아요.

1343. **obscure**
[əbskjúər]

a. 희미한, 불명료한, 눈에 띄지 않는
v. 흐리게 하다, 덮어서 가리다

파 **obscurity** *n.* 몽롱, 불명료(한 점)

🔊 There's some ***obscure*** meaning in this. 여기가 의미가 헷갈린다.

1344. **pure**
[pjuər]

a. 순수한, 청순한, 단일의, 동질의, 순전한

파 **purify** *v.* 정화하다, 순화하다   **purity** *n.* 순수, 순결
purely *ad.* 순결하게, 단지, 완전히, 깨끗이

🔊 Are these earrings ***pure*** gold? 이 귀걸이는 순금입니까?

1345. **sure**
[ʃuər]

a. 확고한, 믿을 수 있는 *ad.* 확실히 반 **unsure** 불확실한

파 **surely** *ad.* 확실히, 정말로
관 **be sure and** 〈명령문에서〉 반드시 ~하세요   **for sure** 확실히
make sure 확신시키다, 반드시 ~하다   **to be sure** 확실히

🔊 I'm ***sure*** it's true. 그것은 정말 틀림없다.
▫ I'm ***sure*** of the success of this campaign. 이 캠페인은 꼭 성공해요.
▫ Are you ***sure*** about this? 이 건은 확실합니까?
▫ I'll make ***sure*** someone meets you at the airport.
반드시 누가 공항으로 당신을 마중나가도록 하겠다.

1346. **mature**
[mətjúəːr, -tʃúəːr]

a. 성숙한, 원숙한, 숙고한 *v.* 익히다 반 **immature** 미숙한

파 **maturity** *n.* 성숙, 원숙

🔊 He is not yet ***mature***. 그는 아직 어린 아이다.
▫ Girls ***mature*** faster than boys. 여자는 남자보다 빨리 성숙한다.
❖ matur(성숙한) + e(접미사)

1347. **wise**
[waiz]

a. 현명한, 분별 있는

파 **wisely** *ad.* 현명하게

형용사

🔊 I think you've made a *wise* decision.
당신은 현명한 결정을 내렸다고 생각한다.

☐ It might be *wise* to take some extra money.
돈을 좀 가지고 있는 편이 좋을지도 모릅니다.

1348. **false**
[fɔːls]
a. 가짜의, 허위의, 그릇된, 엉터리의

파 **falsify** *v.* 속이다
관 **falsehood** 거짓말, 허위

🔊 That rumor turned out to be *false*. 소문은 거짓이었다.

1349. **immense**
[iméns]
a. 거대한, 멋진

파 **immensity** *n.* 거대함   **immensely** *ad.* 매우, 굉장히

🔊 We are facing an *immense* problem here.
우리는 중대한 문제에 직면해 있습니다.

❖ im(in;~아닌) + mense(measure;치수를 재다)

1350. **intensive**
[inténsiv]
a. 격렬한, 맹렬한, 열심한

파 **intensify** *v.* 강렬하게 하다, 증대하다   **intensity** *n.* 격함, 강렬
intensely *ad.* 격렬히

🔊 He was in *intense* pain.
그는 격렬한 통증을 느꼈다.

☐ I'm taking an *intensive* course in English.
나는 영어 집중강좌를 받고 있다.

❖ intens(심한) + ive(형접;~에 관한, ~성질이 있는)

1351. **loose**
[luːs]
a. 풀려나온, 자유로운, 매지 않은, 해방된, 죄지 않은
v. 풀다, 놓아주다, 자유롭게 하다

파 **loosen** *v.* 풀다, 해방하다   **loosely** *ad.* 느슨하게, 뿔뿔이

🔊 The screw on my glasses is *loose*. 안경 나사가 헐겁다.

☐ I'll just *loosen* my tie. 넥타이를 풀겠다.

1352. **coarse** [kɔːrs]
a. 거친, 조잡한, 질이 떨어지는, 태도가 천하고 상스러운

- 🔊 This material is too ***coarse***. 이 재질은 너무 거칠다.

1353. **delicate** [délikət, -kit]
a. 깨지기[상처받기] 쉬운, 섬세[우아]한, 신중을 요하는

- 파 **delicacy** *n.* 정교함, 연약함, 섬세함, 별미
- 🔊 It's a ***delicate*** matter. 그것은 미묘한 문제다.

1354. **appropriate** [əpróuprièit]
a. 적절한, 고유의 *v.* 충당하다, 할당하다
반 **inappropriate** 적절하지 않은, 부적당한

- 파 **appropriation** *n.* 할당, 경비할당, 충당금
- 🔊 I don't have any dresses that would be ***appropriate*** for the party. 파티에 입고 갈 적당한 옷이 없습니다.
- ❖ ap(ad;~에) + propri(자기의) + ate(형접;~에 관한, ~성질이 있는)

1355. **late** [leit]
a. 지각한, 늦은, 최근의 *ad.* 늦게, 지각하여, 최근까지

- 파 **lately** *ad.* 최근
- 관 **of late** 요즘, 최근 **later** 더 늦은, 더 뒤의 **later on** 나중에
  sooner or later 조만간 **latest** 최후에, 최근의 **at the latest** 늦어도
- 🔊 I'm sorry I'm ***late***. 늦어서 죄송합니다.
- ☐ It's getting ***late***. (시각이) 늦어지고 있다.
- ☐ I'm 20 minutes ***late***. 20분 지각입니다.
- ☐ He's been unhappy ***lately***. 그는 요즘 행복하지 않다.
- ☐ I'll catch you ***late***. 뒤쫓아 가겠다.
- ☐ Is that the ***latest*** fashion? 그것이 최근 유행입니까?

1356. **legitimate** [lidʒítəmit]
a. 합법적인, 적출의, 도리에 맞는 *v.* 합법화하다, 정당화하다 반 **illegitimate** 비합법의, 적출이 아닌

- 파 **legitimacy** *n.* 합법, 적법 **legitimately** *ad.* 합법적으로

🔊 All the business is ***legitimate***. 상거래는 모두 합법입니다.
❖ legi(lawful;법률의) + tima + ate(형접;~에 관한, ~성질이 있는)

1357. ultimate
[ʌ́ltəmit]

a. 최후[최종]인, 근본적인, 최고의 *n.* 궁극의 것, 최종단계

파 **ultimately** *ad.* 최후로, 결국, 궁극적으로

🔊 I wonder what the company's ***ultimate*** decision will be.
회사의 최종결정은 어떻게 될지 궁금해요.
❖ ultim(ultra;극단적인) + ate(형접;~에 관한, ~성질이 있는)

1358. intimate
[íntəmit]

a. 친밀한, 정다운, 개인적인, 상세한 *n.* 친구

파 **intimacy** *n.* 친밀, 상세한 지식 **intimately** *ad.* 절친하게

🔊 She's not an ***intimate*** friend.
그녀는 친한 친구는 아닙니다.
❖ intima(내막) + ate(형접;~에 관한, ~성질이 있는)

GROUP 75

Round 1 □ 월 일
Round 2 □ 월 일
Round 3 □ 월 일

1359. **moderate**
[máːdərèit/mɔ́-]
a. 적당한, 온건한, 온화한, 보통의
v. 완화하다, 절제하다, 사회를 맡다

파 **moderation** *n.* 적당, 온화, 온건 **moderately** *ad.* 적당히, 온건하게

🔊 The climate in Hawaii is *moderate*. 하와이의 기후는 따뜻하다.

❖ moder(modest;겸손한) + ate(형접;~에 관한, ~성질이 있는)

1360. **elaborate**
[ilǽbərèit]
a. 정성들인, 정교한, 복잡한
v. 애써서 만들다, 다듬다, 상술하다

파 **elaboration** *n.* 공들여 만들기, 정교, 상세 **elaborately** *ad.* 정성 들여서

🔊 Don't buy anything too *elaborate*. 너무 복잡한 것은 사지 마세요.
▢ Please *elaborate* on the idea. 그 생각에 관해서 상세히 설명해 주십시오.

❖ e(밖에) + labor(작업) + ate(형접;~에 관한, ~성질이 있는)

1361. **accurate**
[ǽkjərit]
a. 정확한, 치밀한

파 **accuracy** *n.* 정확, 정밀 **accurately** *ad.* 정확하게

🔊 Are these figures *accurate*? 이 숫자들은 정확합니까?

❖ ac(ad;~에) + cur(care;주의) + ate(형접;~에 관한, ~성질이 있는)

1362. **adequate**
[ǽdikwit]
a. 적절한, 충분한 반 **inadequate** 불충분한

파 **adequacy** *n.* 충분함 **adequately** *ad.* 충분히

🔊 This apartment is small but it's *adequate* for us.
이 아파트는 작지만 우리들에게는 적당하다.

❖ ad(~에) + equ(equal;균등한) + ate(형접;~에 관한, ~성질이 있는)

1363. **private** [práivit]
a. 사유의, 민영의, 개인적인, 비밀의

- 파 **privacy** *n.* 프라이버시, 사생활 **privately** *ad.* 개인으로서, 내밀히
- 관 **in private** 내밀히, 비공식으로, 개인적으로
- 🔊 She goes to a ***private*** school. 그녀는 사립학교에 다니고 있습니다.
- ☐ May I speak to you in ***private***? 둘이서만 이야기할 수 있습니까?
- ❖ priv(한 명의) + ate(형접;~에 관한, ~성질이 있는)

1364. **concrete** [kánkri:t, kán-]
a. 구체적인, 현실의, 명확한; 구체성

- 🔊 Give me a ***concrete*** example. 구체적인 예를 보여주십시오.
- ❖ con(com;함께) + crete(crescent;자라는)

1365. **polite** [pəláit]
a. 정중한, 예의바른 반 **impolite** 정중하지 않은, 실례인

- 파 **politeness** *n.* 정중함 **politely** *ad.* 정중히
- 🔊 He's always very ***polite*** to me. 그는 항상 예의바르다.
- ❖ pol(polish;세련되게 하다) + ite(형용사형 접미사)

1366. **definite** [défənit]
a. 한정된, 일정한, 명료한

- 파 **define** *v.* 정의하다, 한정하다 **definition** *n.* 정의, 한정 **definitely** *ad.* 명확히
- 🔊 I'll give you a ***definite*** answer later. 확실한 대답은 나중에 알려주겠다.
- ☐ You're ***definitely*** wrong. 당신이 절대 틀렸다.
- ☐ ***Definitely***. 물론.
- ❖ defin(정의를 내리다) + ite(형용사형 접미사)

1367. **opposite** [ápəzit]
a. 반대의, 맞은 편의 *n.* 반대인 것 *prep.* ~의 맞은 편에

- 파 **oppose** *v.* 반대하다, 대항[반항]하다 **opposition** *n.* 반대, 저항, 반목, 야당
- 🔊 Why do we always seem to have ***opposite*** points of view? 왜 우리는 항상 의견이 반대로 되는 거지요?
- ☐ Why do you say the ***opposite*** of what I say? 왜 나와 반대로 말하지?
- ❖ oppos(oppose;반대하는) + ite(형용사형 접미사)

1368. **remote**
[rimóut]
a. 먼, 원격(조작)의, 먼 친척인, 관계없는, 희미한

파 **remotely** *ad.* 멀리, 멀리 떨어져서, 아주 조금

- The chance of his winning is ***remote***.
  그가 이길 가망은 거의 없다.
- I live in a ***remote*** town.
  그는 멀리 떨어진 도시에 살고 있다.

❖ re(뒤로) + mote(move;움직이다)

1369. **cute**
[kju:t]
a. 예쁜, 영리한

- What a ***cute*** dress!
  아주 예쁜 드레스다!

1370. **due**
[dju:]
a. 지불되어야 할, (수표 등이) 지불기한이 만료된, ~할 예정으로, 당연한, ⟨due to로⟩ ~탓인
n. 지불되어야 할 것, ⟨복수형으로⟩ 요금, 수수료

관 **in due course** 때가 되어, 머지않아 **the due date** 지불기일

- When is the paper ***due***?
  리포트 제출 기한은 언제입니까?
- The train is ***due*** in five minutes.
  열차는 5분 후에 옵니다.
- He had to give up going to college ***due*** to his father's death.
  부친의 사망으로 대학 진학을 포기해야 했다.

1371. **vague**
[veig]
a. 모호한, 확실하지 않는, 막연한, 흐릿한

파 **vagueness** *n.* 애매함 **vaguely** *ad.* 애매하게, 막연한

- His instructions were somewhat ***vague***.
  그의 지시는 어느 정도 애매모호하다.
- I ***vaguely*** remember her face.
  어렴풋이 그녀의 얼굴을 기억하고 있습니다.

1372. **blue** [bluː]

a. 푸른, 핏기가 없는, 우울한, 비관적인
n. 청색, 〈the blues로〉 침울

관 **have the blues** 기분이 우울하다

🔊 I'm feeling *blue*. (= I've got the blues.)
우울합니다.

1373. **true** [truː]

a. 진실의, 진짜의, 성실한, 정확한 *ad.* 정말로, 바르게

파 **truth** *n.* 진실, 진리 **truly** *ad.* 정말로, 바르게, 완전히
관 **come true** 실현하다 **hold true** 타당한, 유효한 **to tell the true** 사실을 말하면

🔊 That's not *true*.
그건 사실이 아닙니다.

☐ My dream has come *true*.
꿈이 이루어졌다.

1374. **brave** [breiv]

a. 용감한 *v.* 용감히 맞서다 *v.* 용사 반 **cowardly** 비겁한

파 **bravery** *n.* 용감 **bravely** *ad.* 용감히

🔊 You were very *brave*.
당신은 매우 용감했다.

1375. **grave** [greiv]

a. 중요한, 심각한, 진지한

관 **gravity** 중요성, 중력

🔊 Deforestation is a *grave* problem.
벌목은 중대한 문제입니다.

1376. **alive** [əláiv]

a. 살아있는, 생생한

🔊 My parents are still *alive*.
부모님은 모두 아직 생존해 계십니다.

❖ a(~에, ~위에) + live(life;삶)

1377. **repulsive**
[ripʌ́lsiv]
a. 불쾌한, 혐오감을 일으키는, (힘 등이) 반발하는

- 파 **repulsion** *n.* 혐오, 반감, 격퇴
- ◀) What a *repulsive* sight!
  끔찍한 광경이다!
- ❖ repulse(격퇴하다) + ive(~에 관한, 성질이 있는)

1378. **compulsive**
[kəmpʌ́lsiv]
a. 강박관념에 사로잡힌, 강제적인

- 파 **compel** *v.* ~시키다 **compulsion** *n.* 강제, 강박
  compulsively *ad.* 강제적으로
- 관 **compulsory** 강제적인, 의무적인 **compulsory education** 의무교육
- ◀) She's a *compulsive* buyer.
  그녀는 충동적으로 물건을 산다.
- ❖ compuls(compulsion;강제) + ive(~에 관한, 성질이 있는)

1379. **expensive**
[ikspénsiv]
a. 고가의, 돈이 많이 드는 반 **inexpensive** 싼

- 파 **expense** *n.* 비용, 지출
- 관 **at the expense of** ~를 희생하여
- ◀) This suit is too *expensive*.
  이 양복은 너무 비싸다.
- ☐ Did you go there at your own *expense*?
  자비로 거기에 갔습니까?
- ❖ expense(비용) + ive(~에 관한, 성질이 있는)

1380. **massive**
[mǽsiv]
a. 큰, 대규모인, 당당한

- 파 **mass** *n.* 덩어리, 집단, 전체 **massively** *ad.* 대규모로
- ◀) That's a *massive* undertaking.
  대규모적인 사업이다.
- ❖ mass(질량, 덩어리) + ive(~에 관한, 성질이 있는)

GROUP 76

Round 1 □ 월 일
Round 2 □ 월 일
Round 3 □ 월 일

1381. passive
[pǽsiv]
a. 수동의, 소극적인 빤 **active** 능동적인, 적극적인

파 **passivity** n. 수동성, 불활동

🔊 It's time to stop being so ***passive*** and take action.
소극적인 태도는 그만두고 행동을 할 때이다.

❖ pas(pass;겪다) + ive(~에 관한, 성질이 있는)

1382. aggressive
[əgrésiv]
a. 적극적인, 억지가 센, 공격적인

파 **aggression** n. 공격 **aggressiveness** n. 적극성
aggressively ad. 적극적으로

🔊 Mike is a little too ***aggressive***. 마이크는 억지가 너무 세다.

❖ aggres(aggression;침략) + ive(~에 관한, 성질이 있는)

1383. negative
[négətiv]
a. 부정적인, 소극적인, 반대하는 n. 부정, 네거티브
빤 **affirmative** 긍정적인

파 **negate** v. 부정하다, 무효로 하다 **negatively** ad. 부정적으로
관 **in the negative** 부정적으로, 부정적인

🔊 It's a pity you have such a ***negative*** attitude.
당신이 그런 부정적인 태도를 취한 것이 안타깝다.

☐ I used to be ***negative***.
전에 나는 소극적이었다.

❖ negat(부정하다) + ive(~에 관한, 성질이 있는)

1384. relative
[rélətiv]
a. 상대적인, 비교의, 관련하는 n. 친척

파 **relativity** n. 상대성, 상대성이론 **relatively** ad. 상대적으로, 비교적으로

🔊 Happiness is a ***relative*** thing. 행복은 상대적인 것입니다.

☐ Jack is my ***relative***. 잭은 내 친척입니다.

☐ Land is still *relatively* cheap here. 여기는 아직 땅이 비교적 싸다.
❖ relate(관계시키다) + ive(~에 관한, 성질이 있는)

1385. **cooperative**
[kouápərèitiv/-ópərətiv]
a. 협력적인, 협동의, 협동조합의   *n.* 협동조합

파 **cooperate** *v.* 협력[협동]하다   **cooperation** *n.* 협력

🔊 Unfortunately he's not being very *cooperative*.
불행하게도 그는 그다지 협력적이 아닙니다.
☐ I hope you'll *cooperate* with us. 협력을 바랍니다.
☐ Thank you for your *cooperation*. 협력해 주어서 감사합니다.
❖ cooperate(서로돕다) + ive(~에 관한, 성질이 있는)

1386. **conservative**
[kənsə́ːrvətiv]
a. 보수적인, 전통적인, 신중한

파 **conserve** *v.* 보존하다, 보호하다   **conservation** *n.* (자연환경) 보호, 보존
conservatively *ad.* 보수적으로, 어림잡아

🔊 My father is very *conservative* about dating.
아버지는 데이트에 관해서는 매우 보수적이다.
☐ He is *conservative* about his clothes.
그의 복장은 수수하다.
❖ conservation(보수) + ive(~에 관한, 성질이 있는)

1387. **active**
[ǽktiv]
a. 활동적인, 활약하고 있는, 능동적인   반 **passive** 소극적인

파 **activity** *n.* 활동   **actively** *ad.* 적극적으로

🔊 He is very *active* in community work. 그는 지역활동에 많이 활약하고 있다.
❖ act(행동) + ive(~에 관한, 성질이 있는)

1388. **attractive**
[ətrǽktiv]
a. 매력있는, 흥미있는   반 **unattractive** 매력 없는

파 **attract** *v.* 마음을 끌다   **attraction** *n.* 매력
관 **distract** (주의를) 딴데로 돌리게 하다, 괴롭히다, 혼란시키다

🔊 It's a very *attractive* proposition. 매우 매력적인 제안이다.
❖ attract(유인하다) + ive(~에 관한, 성질이 있는)

형용사

1389. primitive
[prímətiv]

a. 원시(시대)의, 원시적인, 유치한, 초기의

🔊 That's a pretty ***primitive*** method. 꽤 유치한 방법이다.
❖ prime(초기) + itive(ive;~에 관한, 성질이 있는)

1390. sensitive
[sénsətiv]

a. 민감한, 섬세한, 신경질적인, 미묘한

파 **sensitivity** *n.* 민감성, 감수성

🔊 He's a ***sensitive*** man. 그는 감수성이 예민하다.
☐ She is very ***sensitive*** about her age. 그녀는 자신의 나이에 매우 신경을 쓴다.
❖ sense(감각) + tive(~에 관한, 성질이 있는)

1391. positive
[pázətiv/póz-]

a. 명쾌한, 확신하여, 긍정적인, 적극적인, 건설적인, 양성의
n. 양화(陽畵)

파 **positively** *ad.* 확실히, 절대로, 명확히

🔊 Be more ***positive*** or you'll wind up miserable.
더 적극적으로 살지 않으면 인생이 비참하게 돼요.
❖ position(장소, 놓다) + ive(~에 관한, 성질이 있는)

1392. consecutive
[kənsékjətiv]

a. 연속적인, 논리적으로 일관된

🔊 It's been raining for five ***consecutive*** days.
5일이나 비가 계속 내리고 있다.
❖ consecution(연속) + ive(~에 관한, 성질이 있는)

1393. radical
[rǽdikəl]

a. 급진적인, 과민한, 근본적인 *n.* 급진주의자, 과격론자

파 **radicalize** *v.* 급진화하다
관 **radicalism** 급진주의

🔊 Your ideas are too ***radical*** for this company.
당신의 생각은 이 회사에는 너무 과격하다.

- We need to make some *radical* changes.
  근본적인 계획이 필요합니다.
- ❖ radic(root;근본) + al(~에 관한, 성질이 있는)

1394. **medical**
[médikəl]

a. 의학[의료]의, 내과의 *n.* 의대생, 내과의사

파 **medication** *n.* 약물치료, 약물첨가   **medicine** *n.* 약, 의학, 내과학

- He's a *medical* student. 그는 의대생이다.
- Take your *medicine*. 약을 드세요.
- He's a doctor of *medicine*. 그는 내과의사입니다.
- ❖ medic(의사) + al(~에 관한, 성질이 있는)

1395. **logical**
[ládʒikəl/lɔ́dʒ-]

a. 논리에 합당한, 논리적인   반 **illogical** 비논리적인

파 **logic** *n.* 논리(학), 도리   **logically** *ad.* 논리적으로

- Your argument is not *logical* at all.
  당신의 주장은 전혀 논리가 맞지 않는다.
- ❖ logic(논리) + al(~에 관한, 성질이 있는)

1396. **psychological**
[sàikəládʒikəl /-lɔ́dʒ]

a. 심리적인, 정신의, 심리학의

파 **psychology** *n.* 심리학   **psychologically** *ad.* 심리적으로

- Your criticism had a negative *psychological* effect on him.
  당신의 비판은 심리적으로 그에게 나쁜 영향을 주었다.
- ❖ psychology(심리학) + ical(~에 관한, 성질이 있는)

1397. **chemical**
[kémikəl]

a. 화학의, 화학작용의, 화학제품의, 화학적인
n. 〈보통, 복수형으로〉 화학제품

관 **chemistry** 화학, 성격의 부조화

- People are living next to *chemical* waste in many places.
  사람들은 많은 장소에서 화학 폐기물과 이웃해서 살고 있다.
- ❖ chemic(연금술의) + al(~에 관한, 성질이 있는)

1398. technical
[téknikəl]
a. 기술의, 전문의, 공학의

- 파 **technique** *n.* 기술 **technicality** *n.* 전문적 사항
  technically *ad.* 기술[전문]적으로
- 관 **technology** 과학기술 **technological** 과학기술의
- 🔊 This conversation is getting too ***technical*** for me.
  이 대화는 나에게는 너무 전문적입니다.
- ☐ We're having a ***technical*** problem with our computer system.
  컴퓨터 시스템에 기술적인 문제가 일어나고 있다.
- ❖ technic(기술) + al(~에 관한, 성질이 있는)

1399. cynical
[sínikəl]
a. 빈정대는, 냉소적인

- 파 **cynic** *n.* 냉소가 **cynically** *ad.* 냉소적으로, 빈정대는
- 관 **cynicism** 빈정대는 태도[말]
- 🔊 That's a ***cynical*** point of view.
  그것은 냉소적인 견해이다.
- ❖ cynic(비꼬는) + al(~에 관한, 성질이 있는)

1400. typical
[típikəl]
a. 전형적인, 대표적인, 특유의

- 파 **type** *n.* 형, 양식
- 🔊 That kind of remark is ***typical*** of him.
  그같은 의견은 매우 그답다.
- ❖ type(전형) + ical(~에 관한, 성질이 있는)

1401. physical
[fízikəl]
a. (육)체의, 물질의, 자연의, 물리학의

- 파 **physically** *ad.* 육체적으로, 물질적으로, 물리적으로
- 🔊 ***Physical*** exercise is essential to good health.
  운동은 건강에 필수적이다.
- ❖ physic(자연의) + cal(~에 관한, 성질이 있는)

GROUP 77

Round 1 □ 월 일
Round 2 □ 월 일
Round 3 □ 월 일

1402. **practical** [prǽktikəl]
 a. 실제적인, 실용적인, 실제의, 실질상의
 반 **impractical** 실제적이지 않은

 파 **practice** v. n. 실행(하다), 실천(하다), 경험, 연습(하다), 개업(하다)
 practically ad. 실제적으로, 실질적으로, 사실상

 🔊 It's reasonable, but not *practical*. 그것은 도리에는 맞지만 현실적은 아닙니다.
 ❖ practic(실제적인) + cal(~에 관한, 성질이 있는)

1403. **political** [pəlítikəl]
 a. 정치의, 정당의

 파 **politics** n. 정치

 🔊 That's *political* problem. 그것은 정치상의 문제이다.
 ☐ He has entered *politics*. 그는 정계에 입문했다.
 ❖ politic(정치상의) + al(~에 관한, 성질이 있는)

1404. **vertical** [və́ːrtikəl]
 a. 수직의, 종(縱)의, 직립한 n. 수직선
 반 **horizontal** 수평의

 파 **vertically** ad. 수직으로
 관 **vertical section** 종단면

 🔊 Korea has a *vertical* society.
 한국은 수직 사회이다.
 ☐ Korean can be written either *vertically* or horizontally.
 한국어는 종으로도 횡으로도 쓸 수 있다.
 ❖ vertex(꼭지점) + cal(~에 관한, 성질이 있는)

1405. **local** [lóukəl]
 a. 지방의, 토지의, 국부적인, 역마다 정차하는
 n. 지방민, 지부, 보통열차

 파 **localize** v. 한정하다, 지방색을 부여하다 **locally** ad. 지방적으로, 장소상으로
 관 **local call** 시내통화 **local government** 지방자치제 **local time** 현지시간

형용사

🔊 I work for a *local* newspaper. 나는 지방 신문사에 근무하고 있다.
□ I knew instantly he was a *local* man. 그가 지방 사람인 것을 즉시 알았다.
❖ locus(현장) + al(~에 관한, 성질이 있는)

1406. **ideal**
[aidíːəl]
a. 이상적인, 상상적인 n. 이상, 전형

파 **idealize** v. 이상화하다 **ideally** ad. 이상적으로
관 **idealistic** 이상주의의

🔊 We figured this apartment was *ideal*. 이 아파트가 이상적이라고 생각했다.
□ His *ideals* are too high. 그의 이상은 너무 높다.
❖ idea(생각) + al(~에 관한, 성질이 있는)

1407. **real**
[ríːəl, ríəl]
a. 정말의, 진짜의, 실제의

파 **reality** n. 진실, 현실, 실체 **realistic** a. 정말의, 현실적인
really ad. 정말로, 실제로, 완전히 **realistically** ad. 현실적으로
관 **for real** 진실로, 진지하게 반 **unrealistic** 현실적이 아닌

🔊 You're a *real* pal. 당신은 진짜 친구다.
□ Be more *realistic*. 더 현실적이 되세요.
□ That's *really* wonderful. 그건 정말 멋지다.

1408. **legal**
[líːgəl]
a. 법률상의, 합법의, 법정의, 변호사의 반 **illegal** 비합법의

파 **legalize** v. 합법화하다 **legally** ad. 법률적으로

🔊 Abortion is *legal* in this state.
이 주에서는 인공 임신중절은 법적으로 인정되고 있다.
❖ leg(law;법) + al(~에 관한, 성질이 있는)

1409. **official**
[əfíʃəl]
a. 정식의, 공인의, 직무상 n. 공무원, 관공리, 직원

파 **officially** ad. 공식적으로, 직무상
관 **office** 사무소, 관직 **officer** 사관, 관리

🔊 It's not *official* yet. 아직 공식적인 건 아닙니다.
□ *Officially*, I'm on leave. 나는 정식 휴가 중입니다.
❖ office(전직원) + al(~에 관한, 성질이 있는)

1410. **artificial** [àːrtəfíʃəl] *a.* 인조의, 모조의, 부자연스런

파 **artificially** *ad.* 인위적으로, 부자연스럽게

🔊 These *artificial* flowers look real. 이것들은 조화인데 진짜 같다.
☐ His politeness seemed rather *artificial*. 그의 정중함은 오히려 부자연스러운 것 같다.
❖ artifice(기교, 기술) + al(~에 관한, 성질이 있는)

1411. **superficial** [sùːpərfíʃəl] *a.* 표면의, 표면적인, 천박한

파 **superficiality** *n.* 천박, 피상 **superficially** *ad.* 표면적으로

🔊 His friendliness is obviously *superficial*.
그의 친절이 거짓이라는 것은 명백합니다.
❖ super(위로, 넘어서) + fi + cial(~에 관한, 성질이 있는)

1412. **social** [sóuʃəl] *a.* 사회적인, 사회의, 사교적인

파 **socialize** *v.* 사회주의화하다, 사이좋게 교제하다 **society** *n.* 사회, 단체, 협회 **socially** *ad.* 사회적으로

🔊 Doctors have a high *social* status. 의사는 사회적인 지위가 높다.
❖ super(위에) + face(표면) + al(~에 관한, 성질이 있는)

1413. **commercial** [kəmə́ːrʃəl] *a.* 상업의, 영리적인, 광고용의 *n.* 광고방송

파 **commercialize** *v.* 상업화하다 **commerce** *n.* 상업 **commercially** *ad.* 상업적으로

🔊 He's a *commercial* artist. 그는 상업[광고] 아티스트입니다.
☐ I find TV *commercials* very entertaining.
텔레비전 광고는 매우 재미있다고 생각합니다.
❖ commerce(상업) + al(~에 관한, 성질이 있는)

1414. **crucial** [krúːʃəl] *a.* 중대한, 결정적인

파 **crucially** *ad.* 결정적으로

형용사

- Your attitude is *crucial* to your success.
  당신의 태도가 성공을 결정하는 열쇠가 된다.
- This is a *crucial* point.
  이것이 중요한 점이다.
- cru(cross;십자, 구부리다) + al(~에 관한, 성질이 있는)

1415. industrial
[indÁstriəl]
a. 산업의, 공장의

파 **industrialize** *v.* 산업화하다   **industry** *n.* 산업, 근면   **industrious** *a.* 근면한

- Korea is now considered a top *industrial* power.
  지금 한국은 선진 공업국으로 여겨지고 있다.
- industry(산업) + al(~에 관한, 성질이 있는)

1416. controversial
[kÀntrəvə́ːrʃəl/kɔ̀n-]
a. 논의 여지가 있는, 논쟁의 (적이 되는), 토론을 좋아하는

파 **controversy** *n.* 논쟁, 논의

- Abortion is a very *controversial* subject right now.
  인공 임신중절은 지금 논쟁거리다.
- controversy(논쟁) + al(~에 관한, 성질이 있는)

1417. initial
[iníʃəl]
a. 처음의, 최초의, 어두의
n. 〈보통, 복수형으로〉 머리글자, 이니셜

파 **initially** *ad.* 처음은

- Our *initial* plan was to establish a branch in Chicago.
  당초의 계획은 시카고에 지점을 개설하는 것이었다.
- initi(begin;시작) + al(~에 관한, 성질이 있는)

1418. essential
[isénʃəl]
a. 불가결의, 본질적인   *n.* 〈보통, 복수형으로〉 주요점, 요소

파 **essence** *n.* 본질, 진수, 불가결 요소   **essentially** *ad.* 본질적으로
관 **in essence** 본질에 있어서, 기본적으로

- He's *essential* to our plan.
  우리 계획에는 그의 참가가 절대 필요하다.

☐ Tolerance is the *essence* of married life.
결혼생활에는 관용이 불가결하다.
❖ essence(본질) + al(~에 관한, 성질이 있는)

1419. potential
[pouténʃəl]
a. 가능성이 있는, 잠재적인 *n.* 가능성, 잠재능력

파 **potentially** *ad.* 잠재적으로

He's a *potential* troublemaker.
그가 문제아가 될 가능성은 충분하다.
❖ potency(힘) + al(~에 관한, 성질이 있는)

1420. trivial
[tríviəl]
a. 하찮은, 시시한, 미미한

파 **trivia** *n.* 사소한 일 **triviality** *n.* 평범

The disadvantages are *trivial* compared to the advantages.
유리함에 비하면 불리한 점은 사소한 것이다.
❖ triva(평범한 일) + al(~에 관한, 성질이 있는)

GROUP 78

Round 1 ☐ 월 일
Round 2 ☐ 월 일
Round 3 ☐ 월 일

1421. **normal** [nɔ́ːrməl]
a. 보통의, 표준의, 평균적인, 정상인 n. 표준, 정상, 평균수준
반 **abnormal** 유별난

파 **normalize** v. 정상[표준적]으로 하다 **normally** ad. 보통은, 표준적으로

- The way you feel is *normal*.
  그렇게 느끼는 것이 보통이다.
- He wouldn't have approved under *normal* circumstances.
  정상이라면 그는 동의하지 않았을 것이다.

❖ norm(표준) + al(~에 관한, 성질이 있는)

1422. **professional** [prəféʃənəl]
a. 직업의, 직업적인, 전문직의
n. 프로 선수, 지적 직업인

파 **profession** n. 직업, 지적 직업

- I want to be a *professional* golfer. 나는 프로 골퍼가 되고 싶다.
- What is his *profession*? 그의 직업은 무엇입니까?

❖ profession(직업) + al(~에 관한, 성질이 있는)

1423. **national** [næʃənnəl]
a. 국민[국가]의, 국립의, 전국적인 n. (특정의) 국민

파 **nationalize** v. 국영화[국유화]하다 **nation** n. 나라, 국가, 국민
관 **nationality** 국적   **nationwide** 전국적인

- This scandal is *national* disgrace. 이 추문은 국가의 수치다.

❖ nation(국민) + al(~에 관한, 성질이 있는)

1424. **rational** [rǽʃənl]
a. 이성적인, 합리적인 반 **irrational** 비논리적인

파 **rationalize** v. 합리화하다 **rationality** n. 합리성
rationally ad. 합리적으로, 이성적으로

- Please be *rational*. 분별을 지켜 주세요.

❖ ration(reason ; 이유) + al(~에 관한, 성질이 있는)

1425. traditional
[trədíʃənəl]   *a.* 전통의, 전통적인, 전설의

파 **tradition** *n.* 전통, 관례, 전설   **traditionally** *ad.* 전통적으로

🔊 Hanbok is the ***traditional*** dress of Korea.
한복은 한국의 전통적인 복장입니다.

❖ tradition(전통) + al(~에 관한, 성질이 있는)

1426. personal
[pə́ːrsənəl]   *a.* 개인의, 개인적인, 개인을 대상으로 한

파 **person** *n.* 사람   **personality** *n.* 개성, 인격
personally *ad.* 개인적으로, 자기로서는
관 **personal effects** 개인용품

🔊 Can I ask you a ***personal*** questions? 개인적인 질문을 해도 좋습니까?
□ ***Personally***, I prefer going to Europe. 개인적으로는 유럽에 가는 것이 좋겠다.

❖ person(개인) + al(~에 관한, 성질이 있는)

1427. internal
[intə́ːrnl]   *a.* 내부의, 체내의, 내면적인, 국내의   *n.* 〈복수형으로〉 본질, 내장
반 **external** 외부의, 체외의

파 **internalize** *v.* 내면화하다, 흡수하다

🔊 I think the government should spend more time on the ***internal*** affairs of the country. 정부는 국내문제에 더 시간을 할애해야 한다고 생각한다.

❖ intern(내부의) + al(~에 관한, 성질이 있는)

1428. liberal
[líbərəl]   *a.* 자유주의의, 관대한, 교양있는, 인색하지 않은   *n.* 자유주의자

파 **liberalize** *v.* 자유주의화 하다, 관대해지도록 하다   **liberally** *ad.* 자유롭게, 관대히

🔊 Our company's trading policy is fairly ***liberal***.
우리 회사의 무역 방침은 꽤 자유주의적이다.

❖ liber(자유로운) + al(~에 관한, 성질이 있는)

1429. general
[dʒénərəl]   *a.* 일반적인, 전체에 통하는, 전체적인   *n.* 장군, 일반원리

파 **generalize** *v.* 일반화하다, 보편화하다   **generalization** *n.* 일반화
generally *ad.* 일반적으로, 널리

관 **as a general rule**, **in general** 일반적으로
generally speaking 일반적으로, 널리

🔊 What is your ***general*** impression of him?
그의 전체적인 인상은 어떻습니까?

☐ In ***general***, Americans are more outgoing than Koreans.
일반적으로 미국인은 한국인에 비해 사교적이다.

☐ ***Generally*** speaking, this is a good plan.
일반적으로 이것은 좋은 계획이라고 생각한다.

❖ gener(속, 종류) + al(~에 관한, 성질이 있는)

1430. **several**
[sévərəl]
a. 몇몇의, 각각의, 따로따로의 *n.* 여러 사람, 여러 개

🔊 There are ***several*** things I want to ask you.
묻고 싶은 것이 몇 가지 있습니다.

❖ sever(separate;분리하다) + al(~에 관한, 성질이 있는)

1431. **oral**
[ɔ́:rəl]
a. 구두의 *n.* 구두시험

파 **orally** *ad.* 구두로

🔊 I've never taken an ***oral*** exam.
구두시험은 받은 적이 없습니다.

❖ or(mouth;입) + al(~에 관한, 성질이 있는)

1432. **moral**
[mɔ́(:)rəl, már-]
a. 도덕의, 도덕[교훈]적인, 정신적인
n. 교훈, 〈복수형으로〉 도덕, 품행

파 **morality** *n.* 도덕, 도의, 교훈 **morally** *ad.* 도덕적으로
moralistic *a.* 도덕주의의

🔊 His ***moral*** standards are very low. 그의 도덕관념은 매우 낮다.
☐ I need your ***moral*** support. 당신의 정신적인 지원이 필요합니다.
☐ What's the ***moral*** of the story? 이 이야기의 교훈은 무엇입니까?

❖ mor(custom;관습) + al(~에 관한, 성질이 있는)

1433. **central**
[séntrəl]
a. 중앙[중심]의, 주요한 *n.* 본부, 본사

파 **centralize** *v.* 중심에 모으다, 중앙집권화하다 **center** *n.* 중앙

🔊 This is the ***central*** problem.
이것이 가장 중요한 문제입니다.

❖ center(가운데) + al(~에 관한, 성질이 있는)

1434. **neutral**
[njúːtrəl]

a. 중립의, 공평한, 특색이 없는, 중성의

파 **neutralize** v. 중립화하다, 무효로 하다, 중화하다　**neutrality** n. 중립, 중성
관 **neutralizer** 중립화하는 것, 중화제

☐ I am ***neutral*** in this matter.
이 건에 관해서 나는 중립입니다.

❖ neuter(중성) + al(~에 관한, 성질이 있는)

1435. **rural**
[rúərəl]

a. 시골의, 전원의　반 **urban** 도시의

🔊 I've always had a preference for ***rural*** life.
훨씬 전부터 시골에서 생활하고 있었다.

❖ rur(country;시골) + al(~에 관한, 성질이 있는)

1436. **natural**
[nǽtʃərəl]

a. 자연의, 천연의, 천성의, 당연의　n. 안성맞춤인 사람[것]

파 **nature** n. 자연, 본성　**naturally** ad. 자연히, 당연히

🔊 It's ***natural*** to want to look young.
젊어 보이고 싶은 것은 당연하다.

☐ Is this a ***natural*** lake?
이것은 자연호입니까?

☐ ***Naturally***, she wanted to give a good impression.
당연히 그녀는 좋은 인상을 주고 싶었다.

❖ nature(자연) + al(~에 관한, 성질이 있는)

1437. **cultural**
[kʌ́ltʃərəl]

a. 문화의, 교양적인

파 **culture** n. 문화

🔊 Have you gotten accustomed to the ***cultural*** differences yet?
이젠 문화의 차이에 익숙해졌습니까?

❖ culture(문화) + al(~에 관한, 성질이 있는)

형용사

1438. **universal** [jùːnəvə́ːrsəl]
a. 일반적인, 보편적인, 만인의, 전세계의

파 **universality** n. 일반성, 보편성 **universe** n. 우주, 세계
universally ad. 일반적으로, 보편적으로

🔊 It is often said that music is the *universal* language.
음악은 세계 공통의 언어라고 일컬어지고 있습니다.

❖ univers(우주) + al(~에 관한, 성질이 있는)

1439. **vital** [váitl]
a. 생명의, 치명적인, 아주 중대한, 힘이 충만한

파 **vitalize** v. 활성화하다, 활기를 넣다 **vitality** n. 활력, 활기, 생명력
vitally ad. 절대로, 치명적으로

🔊 Good transportation is *vital* to development of the new residential area.
신흥 주택지의 개발에는 편리한 교통수단이 매우 필요하다.

❖ vit(bio;생명) + al(~에 관한, 성질이 있는)

GROUP 79

Round 1 □ 월 일
Round 2 □ 월 일
Round 3 □ 월 일

1440. **mental** [méntl] *a.* 정신의, 마음의, 지능의

파 **mentality** *n.* 정신, 심리, 지성 **mentally** *ad.* 정신적으로

- His *mental* age is 15. 그의 정신 연령은 15살이다.
- I used to be very good at *mental* arithmetic. 전에는 암산을 잘했다.
- I'm *mentally* exhausted. 정신적으로 피곤하다.

❖ ment(mind;마음) + al(~에 관한, 성질이 있는)

1441. **fundamental** [fʌndəméntl] *a.* 기본적인, 기초의, 중요한 *n.* 기본, 기초, 원리

파 **fundamentally** *ad.* 기본적[근본적]으로

- There is a *fundamental* difference between Korean and American business procedures. 한국과 미국의 비즈니스 절차는 근본적으로 차이가 있다.
- Hard work is *fundamental* to success. 근면은 성공의 기초다.
- *Fundamentally*, it's a sound idea. 기본적으로 좋은 생각이다.

❖ fundament(기초) + al(~에 관한, 성질이 있는)

1442. **horizontal** [hɔ̀ːrzɑ́ːntl/hɔ̀ːrzɔ́ːn-] *a.* 수평한, 가로로 된 반 **vertical** 수직한, 세로로 된

파 **horizon** *n.* 지평선, 수평선 **horizontally** *ad.* 수평하게

- Do you want vertical or *horizontal* stripes? 세로 선이 좋습니까, 가로 선이 좋습니까?
- See the sun going down behind the *horizon*. 지평선으로 지는 해를 보세요.

❖ horizon(수평선) + tal(~에 관한, 성질이 있는)

1443. **individual** [ìndəvídʒuəl] *a.* 개개의, 개인의, 독특한; 개인

파 **individuality** *n.* 개성, 개인 **individually** *ad.* 하나하나, 개인적으로

형용사

individualistic 이기주의적인

🔊 Teachers should give more ***individual*** attention to each student.
교사는 학생 개개인에게 더 주의를 기울여야 한다.

❖ in(아닌) + divid(divide;나누다) + ual(~에 관한, 성질이 있는)

1444. **annual**
[ǽnjuəl]
a. 1년의, 예년의 *n.* 연감

🔊 His ***annual*** income must be over 20 million dollar.
그의 연 수입은 2천만 달러를 넘고 있음에 틀림없다.

❖ annu(year;해) + al(~에 관한, 성질이 있는)

1445. **equal**
[íːkwəl]
a. 동등한, 평등한, 맞먹는
n. 대등한 사람[것] *v.* 맞먹다, 못지 않다

파 **equalize** *v.* 같게 하다 **equality** *n.* 평등 **equally** *ad.* 같게, 평등하게

🔊 All men are created ***equal***. 사람은 모두 평등하게 태어난다.
☐ He is not ***equal*** to the task. 그는 그 일을 할만한 능력이 없다.
☐ Five plus three ***equal*** eights. 5 더하기 3은 8이다.

❖ equ(대등한) + al(~에 관한, 성질이 있는)

1446. **casual**
[kǽʒuəl]
a. 약식의, 격식을 차리지 않는, 조심성 없는, 우연의, 임시의

파 **casually** *ad.* 뜻밖에, 우연히

🔊 These clothes are too ***casual*** for the party.
이 옷은 파티에 입고 가기에는 너무 캐주얼하다.

❖ casu(case;경우, 사건) + al(~에 관한, 성질이 있는)

1447. **visual**
[víʒuəl]
a. 시각의, 시각에 의한, 눈에 보이는

파 **visualize** *v.* 마음에 그리다, 상상하다, 시각화하다 **visually** *ad.* 시각적으로
관 **visible** 눈에 보이는, 명백한

🔊 ***Visual*** aids are very helpful in teaching.
시각 교재는 교육에 매우 도움이 된다.

❖ vis(vision:시각) + ual(~에 관한, 성질이 있는)

1448. **intellectual** [ìntəléktʃuəl]
a. 지성[지력]의, 지성적인 *n.* 지식인

파 **intellect** *n.* 지성, 지식인 **intellectually** *ad.* 지적으로

🔊 I want to live an ***intellectual*** life. 지적인 생활을 살고 싶다.

❖ intellect(지력) + ual(~에 관한, 성질이 있는)

1449. **mutual** [mjúːtʃuəl]
a. 상호의, 공동[공통]의

파 **mutuality** *n.* 상호관계, 상호의존 **utually** *ad.* 서로, 공통으로

🔊 We need ***mutual*** understanding. 우리는 상호 이해가 필요하다.

❖ mut(mutate;변하시키다) + al(~에 관한, 성질이 있는)

1450. **sexual** [sékʃuəl]
a. 성의, 성적인

파 **sex** *n.* 성, 성별 **sexuality** *n.* 성적 특질 **sexually** *ad.* 성적으로
관 **sexual harassment** 성적 침해 **sexism** 성차별

🔊 ***Sexual*** equality is not yet a reality in many companies.
많은 기업에서는 남녀는 아직 평등하지 않다.

❖ sex(성) + ual(~에 관한, 성질이 있는)

1451. **loyal** [lɔ́iəl]
a. 충실한, 성실한

파 **loyalty** *n.* 충성, 충실, 충의

🔊 Korean workers are ***loyal*** to their company. 한국의 노동자는 회사에 충실하다.

❖ loy(law;법) + al(~에 관한, 성질이 있는)

1452. **royal** [rɔ́iəl]
a. 왕의, 왕립의, 왕실의, 당당한

파 **royalty** *n.* 왕족, 왕위, 왕권, 저작권료

🔊 She is from the ***royal*** family.
그녀는 왕실 출신이다.

☐ He receives a lot of money in ***royalties*** from his books every year.
그는 매년 저서의 인세가 많이 들어온다.

❖ roy(rex;왕) + al(~에 관한, 성질이 있는)

1453. **parallel**
[pǽrəlèl]

a. 평행의, 유사한, 서로 비슷한, 대응하는
n. 평행(선), 유사 v. 평행하게 하다, 필적시키다 ad. 평행하게

🔊 Can you think of a *parallel* case? 유례를 열거해 주십시오.
❖ para(beside;옆에) + allo(one another;서로) + el(~에 관한, 성질이 있는)

1454. **cruel**
[krúːəl]

a. 잔혹[냉혹]한, 무자비한, 학대해서

파 **cruelty** n. 잔혹, 냉혹, 무자비 **cruelly** ad. 잔혹하게, 무자비하게, 지독하게
🔊 Don't be *cruel* to animals. 동물을 학대해서는 안 된다.
❖ cru(crude;천연그대로의) + el(~에 관한, 성질이 있는)

1455. **evil**
[íːvəl]

a. 나쁜, 사악한, 불길한 n. 악, 사악

🔊 He'd never do an *evil* thing. 그는 결코 나쁜 일은 하지 않는다.

1456. **civil**
[sívəl]

a. 시민(사회의), 민간의, 민사의, 예의바른

파 **civilian** n. 일반시민 **civility** n. 예의바름
관 **civil law** 민법 **civil rights** 시민권, 공민권 **civil service** 공무원
🔊 Martin Luther King Jr. was a champion of *civil* rights.
마틴 루터 킹 목사는 공민권 옹호자였다.
❖ civ(citizen;시민) + ill(~에 관한, 성질이 있는)

1457. **overall**
[óuvərɔ̀ːl]

a. 전부의, 전체의, 총체적인 ad. 전체적으로

🔊 What's the *overall* outlook for the stock market?
주식시장 전반에 관한 전망은 어떻습니까?
❖ over(처음부터 끝까지) + al(~에 관한, 성질이 있는)l

1458. **ill**
[il]

a. 병으로, 건강이 나쁜, 사악한, 적의를 가진 n. 죄악, 〈보통, 복수형으로〉 불행 ad. 나쁘게, 불충분하게, 적의를 품고

파 **illness** n. 병

관 **ill at ease** 편안하지 않은   **speak ill of** ~의 험담을 하다

🔊 Mr. Denver looks seriously *ill*.
덴버 씨는 중병인 것 같다.

1459. **dull**
[dʌl]

a. 무딘, 지루한, 둔한

🔊 Mr. Johnson's lecture is always *dull*. 존슨 선생님의 수업은 항상 지루하다.
□ I've been feeling *dull* recently. 요즘 몸이 나른하다.
□ This knife is *dull*. 이 칼은 무디다.

1460. **full**
[ful]

a. 가득한, 충분한, 완전한   n. 충분, 전부, 최고, 절정

파 **fullness** n. 충분, 완전, 풍부함   **fully** ad. 충분히, 완전히
관 **in full** 전부, 완전히   **to the full** 충분히, 마음껏

🔊 I'm *full*. 배가 부르다.
□ This wallet is *full* of money. 이 지갑에는 돈이 꽉 차 있다.
□ I'll take *full* responsibility. 내가 전부 책임지겠다.
□ Don't talk with your mouth *full*. 입에 음식물을 물고 말하지 마세요.

GROUP 80

Round 1	☐	월	일
Round 2	☐	월	일
Round 3	☐	월	일

1461. **dreadful** [drédfəl]   *a.* 지독한, 굉장히 무서운

- 파 **dread** *v.* 겁내다, 염려하다 *n.* 공포, 불안   **dreadfully** *ad.* 무섭게, 끔찍하게
- What a *dreadful* thing! 참혹한 일이다!
- ❖ dread(공포) + ful(~가득한)

1462. **peaceful** [píːsfəl]   *a.* 평화스러운, 평온한, 온화한

- 파 **peace** *n.* 평화, 평온   **peacefully** *ad.* 평화스럽게, 평온하게
- It's *peaceful* here. 이곳은 매우 마음이 편안하다.
- ❖ peace(평화) + ful(~가득한)

1463. **careful** [kέərfəl]   *a.* 주의깊은, 신중한, 마음을 쓰는   반 **careless** 부주의한

- 파 **carefully** *ad.* 주의깊게, 정성들여
- Be *careful*. It's hot. 뜨거우니까 조심하세요.
- You can't be too *careful* with children.
  아이들에게 아무리 주의해도 지나치지 않다.
- Be *careful* crossing the street. 도로를 건널 때는 주의하세요.
- Be *careful* what you say. 말을 조심하세요.
- ❖ care(주의) + ful(~가득한)

1464. **useful** [júːsfəl]   *a.* 도움이 되는, 유익한, 유능한   반 **useless** 도움이 안 되는

- 파 **usefully** *ad.* 유익하게
- 관 **come in useful** 도움이 되다
- I want to give her something *useful* as a gift.
  도움이 될만한 것을 그녀에게 주고 싶다.

☐ Your present came in very **useful**.
당신의 선물은 매우 도움이 되었습니다.
❖ use(사용) + ful(~가득한)

1465. grateful
[gréitfəl]
a. 감사하는

파 **gratefully** *ad.* 감사히

🔊 I'm very *grateful* for your invitation. 초대해 주셔서 대단히 감사합니다.
❖ grate(감사한, 즐거운) + ful(~가득한)

1466. beautiful
[bjúːtəfəl]
a. 아름다운, 훌륭한, 멋있는

파 **beautify** *v.* 미화하다 **beauty** *n.* 아름다움 **beautifully** *ad.* 아름답게

🔊 I've never seen anything so *beautiful*.
이렇게 아름다운 것은 지금까지 본 적이 없다.
❖ beauty(아름다움) + ful(~가득한)

1467. powerful
[páuərfəl]
a. 강력한, 효과 있는, 설득력 있는, 유력한

파 **power** *n.* 힘, 능력, 권력, 강국, 병력 **powerfully** *ad.* 강력하게

🔊 He's a *powerful* man. 그는 유능한 사람이다.
☐ The union has a lot of *power*. 조합은 힘이 강하다.
❖ power(힘) + ful(~가득한)

1468. thoughtful
[θɔ́ːtfəl]
a. 사색하는, 친절한, 생각이 깊은, 사려 깊은, 조심하는

파 **thoughtfully** *ad.* 친절하게

🔊 He is a *thoughtful* gentleman. 그는 사려 깊은 신사입니다.
☐ That's very *thoughtful* of you. 친절에 감사 드립니다.
❖ thought(생각) + ful(~가득한)

1469. awful
[ɔ́ːfəl]
a. 무서운, 무시무시한

파 **awfully** *ad.* 매우

형용사

🔊 The movie was *awful*. 그 영화는 무서웠다.
☐ I feel *awful*. 몸이 좋지 않다.
☐ I feel *awful* about what I said. 내가 말한 것을 후회하고 있다.
❖ awe(두려움) + ful(~가득한)

1470. neat
[ni:t]
a. 산뜻한, 순수한

파 **neatly** *ad.* 깔끔하게, 솜씨있게

🔊 I like my room *neat* and tidy. 방을 말끔히 정리하는 것을 좋아합니다.
☐ That's neat. 멋지군요.

1471. great
[greit]
a. 위대한, 중요한, 멋진 *n.* 큰인물, 위인

파 **greatness** *n.* 위대함, 거대함, 중요함 **greatly** *ad.* 대단히, 매우

🔊 That's *great*. 멋지군요.
☐ I think it's a *great* idea. 그것은 멋진 생각이라고 생각합니다.

1472. fat
[fæt]
a. 살찐, 지방이 많은 *n.* 지방(분), 비계

파 **fatty** *a.* 지방의, 지방이 많은

🔊 I'm getting *fat*. 살이 찌고 있다.
☐ You don't have to eat the *fatty* part. 지방은 먹지 마세요.

1473. flat
[flæt]
a. 평평한, 엎드려 누운, 일률적인, 기운이 없는, 재미가 없는 *ad.* 순전히, 정확히 *n.* 평면, 평지, 펑크

파 **flatten** *v.* 평평하게 하다 **flatly** *ad.* 딱 잘라서, 평평하게
관 **fall flat** 실패하다

🔊 We've got a *flat* tire. 펑크났다.
☐ I'll beat you *flat*. 철저하게 패배시키겠다.

1474. abstract
[æbstrǽkt]
a. 추상적인, 이론적인 *n.* 추상, 요약 *v.* 분리시키다
반 **concrete** 구체적인

- 🔊 Do you like *abstract* paintings? 추상화를 좋아합니까?
- ☐ It's a good idea in the *abstract* but it's not practical. 그것은 이론적으로는 멋진 생각이지만 실제적이지는 않다.
- ❖ abs(떨어져서) + stract(draw;끌어당기다)

1475. **exact** [igzǽkt]   a. 정확한, 바로 그

- 파 **exactly** ad. 정확히, 꼭, 〈대답에서〉 그렇고 말고
- 관 **to be exact** 엄밀히 말한다면
- 🔊 Can you give me the *exact* time? 정확한 시간을 가르쳐 주십시오.
- ☐ We have $235.28, to be *exact*. 정확히 235달러 28센트 있습니다.
- ☐ Tell me *exactly* what happened. 무엇이 일어났는지 정확히 말해 주세요.
- ☐ Not *exactly*. 그렇지 않습니다.

1476. **perfect** [pə́ːrfikt]   a. 완전한, 철저한 v. 완전무결하게 하다, 완성하다

- 파 **perfection** n. 완전, 완성 **perfectly** ad. 완전히
- 🔊 No one can be *perfect*. 완전한 인간은 없습니다.
- ☐ He is *perfect* for the job. 그는 그 일에 안성맞춤이다.
- ❖ per(통해서, 완전히) + fect(만들다, 이루다)

1477. **strict** [strikt]   a. 엄한, 엄격한, 엄밀한

- 파 **strictly** ad. 엄밀히, 정확히
- 관 **strictly speaking** 엄밀히 말하면
- 🔊 Are you *strict* with your children? 당신은 아이들에게 엄격합니까?
- ☐ It's *strictly* off the record. 그것은 절대 비밀입니다.

1478. **sweet** [swiːt]   a. 단, 단맛의, 향기 좋은, 기분 좋은, 즐거운, 사랑스러운, 멋진
n. 달콤함, 단 것

- 파 **sweeten** v. 달게 하다, 부드럽게 하다, 유쾌하게 하다
- 관 **sweetener** 감미료 **sweet tooth** 단 것을 좋아함
- 🔊 This ice cream is too *sweet*. 이 아이스크림은 너무 답니다.

형용사

1479. **quiet**
[kwáiət]

a. 조용한, 고요한, 삼가는, 점잖은
n. 평온 *v.* 진정시키다, 달래다

- 파 **quietly** *ad.* 조용히, 차분히
- 관 **on the quiet** 몰래
- 🔊 Will you keep them *quiet*?
  그들을 조용히 하게 해 주시겠습니까?

1480. **net**
[net]

a. 순수한 *n.* 순익 *v.* ~의 순익을 얻다

- 🔊 The *net* profit was $5 million.
  순익은 500백만 달러였다.

1481. **upset**
[ʌpsét]

a. 뒤집힌, 혼란한, 심란한 *v.* 뒤엎다, 전복시키다, 좌절시키다, (위장을) 탈나게 하다 *n.* 뒤집히기, 혼란, 동요, 전복

- 🔊 What are you so *upset* about?
  무엇을 그렇게 화내고 있습니까?
- ☐ I have an *upset* stomach.
  속이 울렁거립니다.
- ☐ I don't want to *upset* my parents.
  부모님을 걱정시키고 싶지 않다.
- ❖ up(위로) + set(고정시키다)

1482. **wet**
[wet]

a. 축축한, 습기있는, 비의 *v.* 축이다, 적시다 *n.* 습기

- 🔊 We can't play tennis because the court is still *wet*.
  아직 코트가 젖어 있어서 테니스를 할 수 없습니다.

GROUP 81

Round 1 □ 월 일
Round 2 □ 월 일
Round 3 □ 월 일

1483. straight [streit]
a. 곧은, 똑바로 선, 솔직[정직]한, 확실한, 연속된
ad. 똑바로, 직접적으로, 정직하게, 연속하여 *n.* 직선

파 **straighten** *v.* 곧게 하다, 정리하다
관 **go straight** 성실하게 살다   **straight out** 솔직히
straighten out (곤란 등을) 청산하다

🔊 Let me get this *straight*.
이 건을 확실히 해 둡시다.

□ How do I get a *straight* answer from him?
어떻게 하면 그에게서 확신한 답을 들을 수 있을까?

□ I'll tell you *straight* out.
솔직히 말하겠다.

1484. light² [lait]
a. 가벼운, 양이 적은, 용이한 *ad.* 가볍게, 경쾌하게, 쉽게

파 **lighten** *v.* 가볍게 하다   **lightly** *ad.* 가볍게, 명랑하게, 쉽게

🔊 I'd like to have something *light* for lunch. 점심은 가벼운 걸로 먹고 싶다.

1485. slight [slait]
a. 약간인, 적은, 보잘 것 없는 *n.* 경시, 무시 *v.* 경시하다

파 **slightly** *ad.* 약간, 조금

🔊 There's been a *slight* change of plan. 계획은 조금 변경되었다.

1486. right [rait]
a. 의로운, 적당한, 오른편의
ad. 정확히, 완전히, 바로, 오른편으로 *n.* 올바름, 권리, 오른쪽

파 **rightly** *ad.* 올바르게, 정확히, 마땅하게
관 **all right** 괜찮은   **put right** 정리하다, 정정하다   **right away** 곧   **be in the right** 옳다   **give one's right hand[arm]** 큰 희생을 무릅쓰다   **right or wrong** 좋든 나쁘든   **rightful** 합법의, 정당한

형용사

389

- Is everything all *right*? 모두 순조롭습니까?
- You're absolutely *right*. 당신이 절대 옳다.
- That's *right*. 맞아요.
- I'll be *right* back. 곧 돌아오겠습니다.
- Tell him I'll be *right* down. 곧 돌아온다고 그에게 말해 주세요.
- Are you busy *right* now? 지금 바쁩니까?
- I need them *right* away. 그것들이 필요합니다.

1487. **bright** [brait]　*a.* 밝은, 선명한, 쾌활한, 영리한

파 **brighten** *v.* 밝게 하다　**brightly** *ad.* 빛나서, 환하게
- She's *bright* girl. 그녀는 현명하다.
- You're looking *bright* and chipper this morning. 오늘 아침은 매우 밝군요.

1488. **tight** [tait]　*a.* 단단히 맨, 빡빡한, 팽팽한, 꽉 끼는, 촘촘한　*ad.* 단단히, 꽉, 충분히

파 **tighten** *v.* 단단히 죄어지다, 강화하다
- These shoes are too *tight*. 이 구두는 너무 낀다.
- I have a *tight* schedule. 예정이 꽉 차 있습니다.
- Sleep *tight*. 푹 자세요.
- Things are *tight* this month. 이번 달은 돈 줄이 막혔다.

1489. **uptight** [ʌptáit]　*a.* 몹시 긴장한, 초조한, 엄격한, 딱딱한

- I don't know why but he's been *uptight* all day.
  어찌 된 일인지 모르겠지만 그는 하루종일 초조해 하고 있다.
- ❖ up(위로) + tight(단단히)

1490. **difficult** [dífikʌlt, -kəlt]　*a.* 어려운, 곤란한, 이해하기 어려운

파 **difficulty** *n.* 어려움, 곤란, 난점
- It's a very *difficult* problem. 그것은 매우 어려운 문제다.
- I'm having a *difficult* time with one of the new workers.
  신입사원 중에 귀찮은 자가 한 명 있다.

☐ She is very *difficult* to understand.
그녀는 이해하는 데 어려움을 겪고 있다.

1491. significant
[signífikənt]
a. 중요한, 의미 깊은, 중대한, 의미있는

파 **signify** *v.* 나타내다, 의미하다, 조짐이 되다 **significance** *n.* 중요함, 의미, 의의
significantly *ad.* 의미있게, 중요하게

🔊 Has there been any *significant* change in the stock market?
주식시장에서 두드러진 움직임은 있었습니까?

❖ signifiy(의미하다) + ant(~에 관한.~성질이 있는)

1492. brilliant
[bríljənt]
a. 훌륭한, 멋진, 빛나는

파 **brilliance** *n.* 광휘, 탁월 **brilliantly** *ad.* 반짝반짝, 산뜻하게, 두드러지게

🔊 Some of your ideas are *brilliant*. 당신의 생각에는 멋진 것도 있다.

1493. pregnant
[prégnənt]
a. 임신하고 있는

파 **pregnancy** *n.* 임신

🔊 My wife is *pregnant*. 아내는 임신 중이다.

❖ pre(앞에) + gn(genus;태어남) + ant(~에 관한.~성질이 있는)

1494. reluctant
[rilʌ́ktənt]
a. 마음이 내키지 않는, 꺼리는

파 **reluctance** *n.* 마지못함, 혐오 **reluctantly** *ad.* 마지못하여

🔊 I'm *reluctant* to buy things on loan. 대출 받아서 쇼핑하기는 싫다.

❖ reluct(싫어하다) + ant(~에 관한.~성질이 있는)

1495. important
[impɔ́ːrtənt]
a. 중요[중대]한, 저명한, 위대한
반 **unimportant** 중요하지 않은

파 **importance** *n.* 중요성

🔊 This is *important* to me. 이것은 나에게 중요합니다.

❖ im(~가운데로, 위로) + port(나르다, 항구) + ant(~에 관한.~성질이 있는)

1496. instant
[ínstənt]
a. 즉각적인, 긴급한 *n.* 순간, 즉시

- 파 **instantaneous** *a.* 순간적인, 즉시의 **instantly** *ad.* 즉시
- 관 **this instant** 지금 곧 **the instant (that)...** ~하자마자
- 🔊 You shouldn't expect ***instant*** success.
  곧바로 성공하기를 기대해서는 안 된다.
- ▫ The ***instant*** I came home, I noticed the new car in the carport.
  귀가하자마자 차고에 주차된 새 차를 발견했다.
- ❖ in(~에) + sta(stand;서다) + nt(~에 관한.~성질이 있는)

1497. relevant
[réləvənt]
a. 관련이 있는, 적절한 반 **irrelevant** 관련이 없는

- 파 **relevance** *n.* 관련성, 타당성
- 🔊 That information is not ***relevant*** to what we're discussing now.
  그 정보는 지금 우리가 말하고 있는 일과는 관계가 없습니다.
- ❖ relev(relieve;안심시키다) + ant(~에 관한.~성질이 있는)

1498. decent
[dí:sənt]
a. (복장 등이) 고상한, 단정한, 매우 훌륭한, 상당한, 관대한

- 파 **decency** *n.* 품위 있음, 예의 바름, 체면 **decently** *ad.* 어울리게, 예의 바르게, 단정하게
- 🔊 Put on a ***decent*** dress for the party. 파티에는 예의 바른 복장을 하세요.
- ▫ Use ***decent*** language. 품위 있는 말을 하세요.

1499. magnificent
[mægnífəsənt]
a. 장대[웅대]한, 숭고한, 아끼지 않는, 멋있는

- 파 **magnificence** *n.* 장대, 웅대, 장엄 **magnificently** *ad.* 장대하게
- 🔊 You have a ***magnificent*** view. 멋진 경치이군요.
- ❖ magnific(거룩한) + ent(~에 관한.~성질이 있는)

1500. innocent
[ínəsnt]
a. 무죄의, 악의 없는, 순결한 반 **guilty** 유죄의

- 파 **innocence** *n.* 무죄, 결백
- 🔊 I think he is ***innocent***. 그는 무죄라고 생각한다.
- ❖ in(아닌) + noc(noxious;해로운) + ent(~에 관한.~성질이 있는)

GROUP 82

Round 1 □ 월 일
Round 2 □ 월 일
Round 3 □ 월 일

1501. **confident** [kánfidənt/kɔ́n-] a. ⟨be confident of로⟩ ~을 확신하여, 자신이 있는

파 **confide** v. 신용하다, 털어놓다 **confidence** n. 신용, 자신, 확신, 비밀
confidential a. 비밀의, 신임이 두터운

- I'm *confident* of his negotiating ability. 나는 그의 교섭 능력을 확신하고 있다.
- I'm *confident* that this plan will work. 이 계획을 잘 해갈 자신이 있습니다.
- I'm *confident* in myself. 자신 있습니다.
- I have *confident* in you. 당신을 신용하고 있습니다.
- con(완전히, 몽땅) + fide(신용) + ent(형접;~에 관한, ~성질이 있는)

1502. **intelligent** [intélədʒənt] a. 머리 좋은, 현명한, 지성있는

파 **intelligence** n. 지력, 총명, 이해, 정보 **intelligently** ad. 영리하게

- Nancy is a very *intelligent* student. 낸시는 총명한 학생이다.
- I question his *intelligence*. 나는 그의 지성을 의심한다.
- intel(inter;사이) + lig(선발하다, 주워 모으다) + ent(형접;~에 관한, ~성질이 있는)

1503. **efficient** [ifíʃənt] a. 유능한, 능률적인, 효율적인

파 **efficiency** n. 능률, 효율 **efficiently** ad. 능률적으로

- I want an *efficient* person for the job. 그 일에 유능한 사람이 필요하다.
- ef(밖에) + fic(이루다) + ient(형접;~에 관한, ~성질이 있는)

1504. **convenient** [kənvíːnjənt] a. 편리한, 가까운, 사용하기 쉬운, 형편이 좋은
반 **inconvenient** 불편한, 형편이 나쁜

파 **convenience** n. 편리, 형편 좋음 **conveniently** ad. 편리하게, 때마침
관 **for convenience('s) sake** 편의상 **at your convenience** 자기의 형편이 좋은 때에 **inconvenience** 불편, 형편이 나쁨

형용사 393

- 🔊 What time is **convenient** for you? 몇 시가 형편이 좋겠습니까?
- ☐ That's a very **convenient** excuse. 그것은 편리한 변명이군요.
- ❖ con(함께) + ven(오다) + ient(형접;~에 관한, ~성질이 있는)

1505. **patient** [péiʃənt]
a. 인내성이 있는, 끈기 있는 *n.* 환자

- 파 **patience** *n.* 인내(력), 끈기 **patiently** *ad.* 끈기 있게
- 🔊 You must be **patient** with Susie.
  참을성 있게 수지를 봐주세요.
- ☐ Nurses sometimes fall in love with their **patients**.
  간호사는 때때로 환자와 사랑에 빠진다.
- ❖ pati(suffer;참다) + ent(형접;~에 관한, ~성질이 있는)

1506. **impatient** [impéiʃənt]
a. 초조해 하는, 안절부절 못하는, 몹시 ~하고 싶어하는

- 파 **impatience** *n.* 성급함, 초조, 열망 **impatiently** *ad.* 성급히
- 🔊 Don't be so **impatient**. 그렇게 안달하지 마세요.
- ☐ She's very **impatient** to get to the airport. 그녀는 일찍 공항에 가고 싶어한다.
- ❖ im(아닌) + patient(끈기 있는)

1507. **equivalent** [ikwívələnt]
a. 동등한, 상당하는 *n.* 동등한 것, 동의어

- 🔊 This year's summer bonus is **equivalent** to two and a half months' pay.
  올 여름의 보너스는 봉급의 2.5배다.
- ❖ equi(대등한) + val(가치 있는) + ent(형접;~에 관한, ~성질이 있는)

1508. **silent** [sáilənt]
a. 조용한, 무언의, 잠자코 있는 *n.* 〈복수형으로〉 무성영화

- 파 **silence** *n.* 조용함, 무언 **silently** *ad.* 조용히, 소리 없이
- 🔊 Do you want me to be **silent** about your engagement?
  약혼 건에 대해서는 입을 다물기를 원합니까?
- ☐ You have the right to remain **silent**.
  당신은 묵비권이 있습니다.
- ❖ sil(silence;침묵) + ent(형접;~에 관한, ~성질이 있는)

1509. excellent
[éksələnt]

a. 우수한, 우량한, (성적이) 뛰어난

파 **excel** *v.* 뛰어나다, 낫다 **excellence** *n.* 우수함

🔊 She's an ***excellent*** secretary. 그녀는 우수한 비서다.

❖ excel(뛰어나다) + ent(형접;~에 관한, ~성질이 있는)

1510. violent
[váiələnt]

a. 난폭한, 격한, 심한

파 **violate** *v.* 위반하다, 침해하다 **violence** *n.* 폭력, 맹렬
violently *ad.* 격하게, 맹렬히

🔊 He became angry and ***violent***. 그는 화가 나서 난폭하게 행동했다.

☐ The movie has too much ***violence***. 그 영화는 폭력 장면이 너무 많다.

❖ viol(violence;폭력) + ent(형접;~에 관한, ~성질이 있는)

1511. different
[dífərənt]

a. 다른, 별개의, 독특한

파 **differentiate** *v.* 식별[구별]하다 **difference** *n.* 차이, 상이, 차액
differently *ad.* 다르게

관 **split the difference** 차액의 중간을 취하다, 절충하다

🔊 This vase is ***different*** from what I ordered. 이 꽃병은 주문한 것과는 다릅니다.

☐ That's a ***different*** matter. 그것은 다른 문제입니다.

☐ It makes no ***difference***. 중요치 않습니다.

❖ differ(다른다) + ent(형접;~에 관한, ~성질이 있는)

1512. current
[kə́:rənt, kʌ́r-]

a. 현재의, 현행의, (통화 등이) 통용[유통]하고 있는
n. 유통, 기류, 경향

파 **currency** *n.* 화폐, 유통 **currently** *ad.* 현재는, 일반적으로

🔊 Where's the ***current*** issue of TIME?
타임지 이번 호는 어디에 있지?

❖ curr(흐르다, 달리다) + ent(형접;~에 관한, ~성질이 있는)

1513. absent
[ǽbsənt]

a. 결석[결근]의, 부재의, 멍한

형용사

- 파 **absence** n. 결석, 결근, 부재　**absently** ad. 멍하니
- 관 **absent-minded** 멍한, 잊기 쉬운

- 🔊 He was ***absent*** from the meeting. 그는 회의에 결석했다.
- ☐ The decision was made in my ***absence***. 그 결정이 내가 부재 중에 내려졌다.
- ❖ ab(떨어져서) + sent(있다)

1514. **present²**
[prézənt]
a. 출석하고 있는, 현재의, 당면한　*n.* 현재

- 파 **presence** n. 출석, 면전　**presently** ad. 이내, 현재, 지금
- 관 **at present** 지금　**in the presence of** ~의 면전에서

- 🔊 Our chairman was ***present*** at the opening.
  개막식에는 이사장이 출석했다.
- ☐ The ***present*** management is not the worst.
  지금의 경영이 최악이라고 할 수는 없다.
- ❖ pre(앞에) + sent(있다)

1515. **competent**
[kámpətənt/kóm-]
a. 유능한, 충분한
반 **incompetent** 무능한, 불충분한

- 파 **competence** n. 능력, 적성

- 🔊 He's ***competent*** editor. 그는 유능한 편집자입니다.
- ❖ compete(경쟁) + ent(형접;~에 관한, ~성질이 있는)

1516. **content**
[kəntént]
a. 만족한　*v.* 만족시키다

- 파 **contentment** n. 만족
- 관 **to one's heart's content** 마음껏

- 🔊 I'm ***content*** with my job. 나는 직업에 만족하고 있습니다.
- ❖ con(완전히, 몽땅) + tent(유지하다)

1517. **joint**
[dʒɔint]
a. 공동[합동]의　*n.* 이음매, 접합 부분, 관절　*v.* 접합하다

- 🔊 Let's make it a ***joint*** venture. 그것은 합병사업으로 하자.
- ☐ My arm came out of ***joint***. 팔 관절이 어긋났다.

1518. **prompt**
[prɑmpt/prɔmpt]

a. 신속한, 즉석의 *v.* 자극하다, 재촉하다

파 **promptly** *ad.* 신속히, 정확히

- I need a ***prompt*** reply.
  대답을 빨리 듣고 싶습니다.
- She's always ***prompt***.
  그녀는 항상 시원시원하다.

1519. **smart**
[smɑːrt]

a. 영리한, 활발한, (복장 등이) 단정한, 격렬한

파 **smartly** *ad.* 재치있게, 날쌔게, 세게

- He's not as ***smart*** as I thought.
  그는 생각한 것만큼 현명하지 않다.
- You look ***smart***.
  멋지군요.

형용사

GROUP 83

Round 1 □ 월 일
Round 2 □ 월 일
Round 3 □ 월 일

1520. **alert**
[ələ́ːrt]
a. 방심하지 않는, 기민한 *n.* 경계태세 *v.* 경계태세를 취하게 하다

관 **on the alert** 경계하여, 대기하여

- Be *alert* to the various opportunities that may come your way.
  여러 가지 기회를 놓치지 않도록 방심하지 마세요.
- Be on the *alert* for a telephone booth.
  전화 부스가 있는지 주의해서 봐 주세요.

❖ al(ad;~에) + ert(erect;곧추 세우다)

1521. **short**
[ʃɔːrt]
a. 짧은, 키가 작은, 간결한, 근소한, 부족한, 닿지 않는
ad. 갑자기, 통명스럽게

파 **shorten** *v.* 짧게 하다, 생략하다 **shortage** *n.* 부족 **shortly** *ad.* 곧
관 **short of** ~에 이르지 않은, ~가 부족하여 **come[fall] short of** ~이 부족하다
run short 부족하다 **run short of** ~이 부족하다 **for short** 생략해서
in short 요약하면, 즉

- We are *short* of money now.
  지금 돈은 거의 없습니다.
- The water *shortage* is getting worse.
  물 부족이 심해지고 있다.

1522. **fast**
[fæst, fɑːst]
a. 빠른, 고속의, 급속한, (시계 등이) 빠른, 신속한
ad. 빠르게, 신속히, (잠이) 깊이

파 **fasten** *v.* 단단히 고정하다, 묶어놓다

- He is a *fast* worker.
  그는 일이 빠르다.
- You've only got 10 minutes, so you will have to talk *fast*.
  10분 밖에 없으니까 빨리 말해 주세요.

1523. last
[læst, lɑːst]

a. 최후의, 바로 전의, 궁극의, 결코 ~할 것 같지 않은
ad. 최후에, 끝으로 *n.* 최후의 사람[사물], 끝

파 **lastly** *ad.* 끝으로
관 **last of all** 최후에 **at last** 마침내 **at long last** 가까스로

- This may be our *last* chance to buy a house.
  우리가 집을 살 마지막 기회일지도 모른다.
- Where have you been for the *last* three hours?
  지난 3시간 이상 동안 어디에 있었지?
- It's been a long time since I saw you *last*.
  오랜만이군요.
- You're really here at *last*.
  드디어 오셨군요.
- You're *last* person I'd have expected to take such a silly attitude.
  당신이 그런 바보 같은 태도를 취하리라고는 꿈에도 생각하지 못했다.

1524. past
[pæst, pɑːst]

a. 과거의, 최근의 *n.* 과거, 경력 *prep.* 지나서

- It's been closed for the *past* three months.
  그곳은 최근 3개월간 쉬고 있다.
- I don't like talking about my *past*.
  과거에 관해 말하고 싶지 않다.
- It's half *past* seven.
  7시 반입니다.

1525. modest
[mάdist/mɔ́d-]

a. 겸손한, 삼가는, 적절한, 고상한

파 **modesty** *n.* 겸손, 조심함, 고상함 **modestly** *ad.* 겸손히, 조심하게

- His wife is a *modest* person.
  그의 아내는 소극적이다.
- Don't be so *modest*.
  그렇게 겸손해 하지 마세요.
- ❖ mode(척도, 틀) + st(형용사형 접미사)

1526. honest
[άnist/ɔ́n-]

a. 정직한, 성실한, 솔직한 반 **dishonest** 부정직한

파 **honesty** n. 정직, 솔직   **honestly** ad. 정직하게, 솔직히
관 **to be honest (with you)** 솔직히 말하면, 사실은

🔊 Let's be ***honest*** with each other.
서로 솔직히 이야기합시다.

☐ To be ***honest***, I think you're making a big mistake.
솔직히 말해서 당신은 큰 잘못을 하고 있다.

❖ honor(명예) + est(형용사형 접미사)

1527. **moist** [mɔist]
a. 물기가 있는, 습기 찬, (눈에) 눈물이 고인

파 **moisten** v. 축축하게 하다, 젖게 하다   **moisture** n. 습기, 수분

🔊 My hands are ***moist***. 손이 (땀으로) 젖어 있다.

1528. **most** [moust]
a. 〈many, much의 최상급〉 가장 많은   반 **least** 가장 적은
n. 최대수, 대부분   *ad.* 가장, 대단히, 거의

관 **many** (수가) 많은   **much** (양이) 많은   **more** 더 많은   **at most** 많아야, 기껏해야
make the most ~를 최대한 활용하다   **most of all** 특히, 무엇보다도

🔊 ***Most*** women are age conscious.
대부분의 여성은 나이에 신경을 쓴다.

☐ ***Most*** of the students came down with the flu.
대부분의 학생이 인플루엔자에 걸렸다.

☐ I like baseball the ***most***.
나는 야구를 제일 좋아한다.

1529. **next** [nekt]
a. 다음의, 오는, 이웃의   *ad.* 다음에, 〈최상급을 수반해서〉 뒤이어 ~인, 거의   *n.* 다음 사람[것]

관 **next time** 다음에 ~할 때에   **next to** ~에 가장 가까이, 거의 ~인

🔊 Who's ***next***? 다음은 누구입니까?

☐ May I sit ***next*** to you? 옆자리에 앉아도 됩니까?

1530. **fancy** [fǽnsi]
a. 이색적인, 특제의, 고가인, 최상인   *v.* 공상[상상]하다, ~라고 생각하다, 좋아하다   *n.* 공상, 생각, 취미

파 **fanciful** *a.* 공상의

🔊 I'm taking you to a ***fancy*** restaurant. 멋진 레스토랑에 데리고 가겠다.

1531. **ready**
[réadi]

a. 준비[채비]를 갖춘, 기꺼이 ~하는, 금방 ~하려는, 즉시의

파 **readiness** *n.* 준비, 신속, 수월 **readily** *ad.* 쉽게, 용이하게, 기쁘게
관 **get ready** 준비를 하다

🔊 Dinner will be *ready* soon. 저녁식사가 곧 준비됩니다.
□ I'll be *ready* in 10 minutes. 10분이면 준비할 수 있습니다.

1532. **steady**
[stédi]

a. 안정된, 꾸준한, 동요하지 않는, 착실한 *n.* 정해놓은 애인
v. 안정하다[시키다] *ad.* 견실하게, 중단 없이, 착실하게

파 **steadily** *ad.* 견실하게
관 **go steady** 정해진 이성과 교제하다

🔊 Does he have a *steady* job? 그에게는 안정된 직장이 있습니까?
❖ stead(대신, 도움) + y(형접;~로 가득한)

1533. **greedy**
[grí:di]

a. 갈망하는

파 **greed** *n.* 탐욕 **greedily** *ad.* 갈망하여
관 **be greedy for** ~를 갈망하는

🔊 Don't be so *greedy*. 그렇게 욕심부리지 마.
❖ greed(탐욕) + y(형접;~로 가득한)

1534. **bloody**
[bládi]

a. 피를 흘리는, 피투성이의

파 **blood** *n.* 피

🔊 He gave me a *bloody* nose. 그에게 맞아서 코피가 났다.
❖ blood(피) + y(형접;~로 가득한)

1535. **sturdy**
[stə́:rdi]

a. 탄탄한, 힘 센, 완강한, 건전한

🔊 Your son is certainly *sturdy*. 정말 강인한 아들이다.

형용사

1536. **shy** [ʃai]   *a.* 수줍은, 부끄럼 타는, 수상쩍은, 신중한

파 **shyness** *n.* 수줍어함, 겁많음   **shyly** *ad.* 부끄럽게

🔊 He is too *shy* to ask her for a date.
그는 부끄러워서 그녀에게 데이트 신청을 하지 못한다.

☐ Don't be *shy*.
부끄러워 하지 마세요.

1537. **healthy** [hélθi]   *a.* 건강한, 건전한

파 **health** *n.* 건강   **healthful** *a.* 건강한, 건전한

🔊 You look pretty *healthy*.
매우 건강한 것 같군요.

☐ It is not *healthy* to eat too much.
과식은 건강에 좋지 않다.

☐ To your *health*!
당신의 건강을 위해 축배!

❖ health(건강한) + y(형접;~로 가득한)

GROUP 84

Round 1 □ 월 일
Round 2 □ 월 일
Round 3 □ 월 일

1538. **wealthy**
[wélθi]
a. 부유한, 풍부한, 풍족한

파 **wealth** *n.* 부, 풍부

- She sold the land she inherited and became very ***wealthy***.
  그녀는 상속받은 땅을 팔아서 큰 부자가 되었다.
- wealth(풍부) + y(형접;~로 가득한)

1539. **sneaky**
[sníːki]
a. 살금살금하는, 비열한, 흠칫흠칫하는

파 **sneak** *v.* 살금살금 들어가다[나오다], 슬금슬금하다

- She's a very ***sneaky*** person. 그녀는 매우 소곤대고 있다.
- I ***sneaked*** out of the classroom. 나는 교실에서 살그머니 빠져나왔다.
- sneak(살금살금가다) + y(형접;~로 가득한)

1540. **friendly**
[fréndli]
a. 친밀한, 우호적인, 호의적인, 친절한

파 **friend** *n.* 친구
관 **friendship** 우정   **make friends with** ~와 친하게 되다

- You were always ***friendly*** to me. 당신은 나에게 매우 친절했다.
- When did you get ***friendly*** with cops? 언제부터 경관과 잘 알고 지냈지?
- friend(친구) + ly(형접;~와 같은)

1541. **likely**
[láikli]
a. 있을 법한, 사실일 것 같은, 적당한, 아마, 십중팔구
반 **unlikely** 있을 것 같지 않은

- She's ***likely*** to make the same mistake again. 그녀는 또 같은 실수를 할 것 같다.
- Most ***likely*** it will rain. 비가 내릴 것 같군요.
- Not ***likely***. 어림없는 소리, 당치도 않아.
- like(비슷한 것) + ly(형접;~와 같은)

형용사

1542. **lonely** [lóunli]   a. 동행이 없는, 쓸쓸한, 인적이 드문

- 파 **loneliness** n. 적막
- 관 **lone** 혼자의 **lonesome** 쓸쓸한 **alone** 홀로
- 🔊 I sometimes feel so ***lonely***. 때때로 매우 외로워진다.
- ❖ lone(고독한) + ly(형접;~와 같은)

1543. **lovely** [lʌ́vli]   a. 훌륭한, 아름다운, 귀여운

- 파 **loveliness** n. 사랑스러움, 멋짐
- 🔊 It's a ***lovely*** day, isn't it? 멋진 날씨군요.
- ❖ love(사랑) + ly(형접;~와 같은)

1544. **ugly** [ʌ́gli]   a. 추한, 불쾌한, 험악한

- 파 **ugliness** n. 추악
- 🔊 The discussion turned ***ugly***. 토의는 험악했다.
- ❖ ug(fear;두려움) + ly(형접;~와 같은)

1545. **chilly** [tʃíli]   a. 으스스한, 오한이 나는

- 파 **chill** v. 차게 하다, 식히다, 냉장하다 n. 차가움, 오한, 감기, 흥을 깸
- 🔊 I feel ***chilly***. 오한이 난다.
- ▫ It's a bit ***chilly*** tonight. 오늘밤은 조금 춥군요.
- ▫ Are you having a ***chill***? 오한이 납니까?
- ❖ chil(냉기) + ly(형접;~와 같은)

1546. **silly** [síli]   a. 어리석은, 바보같은; 바보

- 🔊 Don't be ***silly***.
  바보같은 말 하지 마세요.
- ▫ I know it sounds really ***silly***, but I'm afraid of the dark.
  바보같지만 나는 어두운 게 무섭다.

1547. jolly
[dʒáli/dʒɔ́li]

a. 즐거운, 흥겨운, 유쾌한, 멋진

🔊 We were all in a ***jolly*** mood at the party.
파티에서는 모두 즐거웠다.

1548. only
[óunli]

a. 유일한, 최적의 *ad.* 단지, 겨우

관 **not only... but also~** ...뿐만 아니라 ~도 또한   **only just** 단지, 아슬아슬하게

🔊 I am an ***only*** child. 나는 독자입니다.
☐ He is ***only*** a child. 그는 아직 어린애다.
☐ I have ***only*** $10. 10달러밖에 없다.
☐ He left ***only*** a minute ago. 그는 바로 전에 떠났습니다.
☐ I'm ***only*** 24 and I'm divorced. 내가 이제 겨우 24살인데 이혼이라니.
❖ one(하나) + ly(형접;~와 같은)

1549. holy
[hóuli]

a. 신성한, 덕이 높은, 신심 깊은

파 **holiness** *n.* 신성

🔊 Christmas Day is a ***holy*** day for Christians.
기독교도에게 크리스마스는 신성한 날이다.
❖ hol(whole;완전한)+ y(형접;~로 가득한)

1550. tiny
[táini]

a. 아주 직은, 조그마한

🔊 Could you do one ***tiny*** favor for me?
작은 부탁이 있습니다.
❖ tine(가지) + y(형접;~로 가득한)

1551. funny
[fʌ́ni]

a. 우스운, 별난, 괴상한

파 **fun** *n.* 즐거움

🔊 What's so ***funny***? 무엇이 그렇게 우습지?
❖ fun(재미, 장난) + y(형접;~로 가득한)

1552. phony
[fóuni]
a. 가짜의, 모조의, 사기의 *n.* 가짜, 사기꾼

- He's a ***phony*** doctor. 그는 가짜 의사이다.
- You're a big ***phony***. 너는 사기꾼이다.

1553. happy
[hǽpi]
a. 즐거운, 행복한, 만족한 [반] **unhappy** 불행한

- [파] **happiness** *n.* 행복 **happily** *ad.* 행복하게, 즐겁게
- I'm not ***happy*** with your excuse.
  당신의 해명은 납득할 수 없다.
- If you have problems, I'd be ***happy*** to help you.
  문제가 있으면 기꺼이 돕겠습니다.
- ❖ hap(행운, 우연) + y(형접;~로 가득한)

1554. sloppy
[slápi/slɔ́pi]
a. 궂은, 단정치 못한

- [파] **slop** *v.* 엎지르다, 게걸스럽게 먹다 *n.* 엎지른 물
- This is a ***sloppy*** report. 이 보고서는 엉터리다.
- ❖ slop(엎지르다) + y(형접;~로 가득한)

1555. weary
[wíəri]
a. 지친, 싫증난, 지루하게 하는 *v.* 지치게[지루하게] 하다

- He is ***weary*** from a hard day at the office. 회사의 일로 과로해서 그는 피곤합니다.
- I'm ***weary*** of this kind of life. 그런 생활에는 지쳤다.
- ❖ wear(tired;지친) + y(형접;~로 가득한)

1556. ordinary
[ɔ́ːrdənèri/ɔ́ːdənəri]
a. 보통의, 평범한

- [파] **ordinarily** *ad.* 보통은
- He's no ***ordinary*** man. 그는 보통 사람이 아니다.
- ***Ordinarily*** we'd be on vacation at this time of the year.
  보통 이 시기는 여행을 다니고 있습니다.
- ❖ ord(order;순서, 명령) + ary(형접;~에 관한, ~성질이 있는)

1557. extraordinary
[ikstrɔ́ːrdənèri, èkstrɔ́ːrdənəri]

a. 놀라운, 터무니없는, 비범한, 보통이 아닌

파 **extraordinarily** *ad.* 대단히, 몹시, 엄청나게

🔊 That's an ***extraordinary*** proposal.
대단한 제안이다.

❖ extra(밖의) + ordinary(보통의)

1558. temporary
[témpərèri /-rəri]

a. 일시적인, 임시의, 잠정적인
반 **permanent** 영구적인

파 **temporarily** *ad.* 일시적으로, 임시로, 잠정적으로

🔊 Divorce is only a ***temporary*** solution.
이혼은 일시적인 해결에 지나지 않는다.

☐ Fame is only ***temporary***.
명성은 순간적이다.

☐ I have a ***temporary*** job at a supermarket.
슈퍼마켓에서 아르바이트를 하고 있습니다.

❖ tempor(시간) + ary(형접;~에 관한, ~성질이 있는)

1559. contrary
[kántreri/kɔ́n-]

a. 반대의, 반대로

관 **on the contrary** 이에 반하여, 그러기는커녕　**to the contrary** 반대의[로]

🔊 The result was ***contrary*** to my expectation.
결과는 내 기대와는 반대였다.

☐ This car looks small. – On the ***contrary***, it's quite spacious inside.
이 차는 작군요. – 아니에요, 속은 매우 넓어요.

☐ She produced evidence to the ***contrary***.
그녀는 반대 증거를 제출했다.

❖ contra(반대로, 거꾸로) + ary(형접;~에 관한, ~성질이 있는)

1560. necessary
[nésəsèri, -sisəri]

a. 필요한, 필연의　반 **unnecessary** 불필요한, 필요없는

파 **necessitate** *v.* 필요로 하다　**necessity** *n.* 필요성, 필수품
necessarily *ad.* 부득이, 반드시

🔊 That's absolutely ***necessary***.
그것은 절대로 필요하다.

GROUP 85

Round 1 □ 월 일
Round 2 □ 월 일
Round 3 □ 월 일

1561. **dry**
[drai]
a. 마른, 가뭄, 목이 마르는, (와인 등이) 쌉쌀한
v. 말리다, 건조시키다

관 **dry out** 바싹 마르다 **dry up** 완전히 마르다, (식기 등을) 행주로 닦다

- Is my shirt *dry*? 내 셔츠는 말랐습니까?
- We are going to have a *dry* rainy season this year.
  금년은 건조한 장마가 될 것입니다.
- I'll have a *dry* white wine. 쌉쌀한 백 포도주를 먹겠습니다.
- *Dry* yor tears. 눈물을 닦으세요.

1562. **every**
[évriː]
a. 온갖, ~마다

관 **every time** 매번, ~할 때에 **every bit** 어느 모로 보나, 전적으로, 정말로
every now and then, **every once in a while** 때때로
every so often 때때로

- We eat out *every* Sunday. 일요일은 매주 밖에서 식사를 합니다.
- She writes me *every* now and then. 그녀는 때때로 편지를 보냅니다.

1563. **angry**
[ǽŋgri]
a. 성난, 화난

파 **anger** v. 성나게 하다 n. 성 **angrily** ad. 노하여, 역정을 내어
관 **get[become, grow] angry** 화나다 **angry with[at]** (사람에게) 화가 난
angry at[about, over, that절] (~일로) 화가 난

- He's very *angry* with you. 그는 당신에게 매우 화가 나 있다.
- ❖ anger(화나게 하다) + y(형접;~로 가득한)

1564. **hungry**
[hʌ́ŋgri]
a. 배고픈, 굶주린, 열망하는

파 **hunger** n. 공복

- 🔊 I'm terribly ***hungry***. 배가 몹시 고프다.
- ☐ He's ***hungry*** for fame. 그는 명성을 얻고 싶어한다.
- ☐ I'm really not that ***hungry***. 나 사실 그렇게 배고프지는 않아.
- ❖ hunger(굶주림) + y(형접;~로 가득한)

*참조

회화에서 that이 형용사 앞에 오면 「저것」이 아니라 「그렇게」, 「매우」의 뜻으로 쓰인다. very보다 강한 뜻으로 주로 부정적인 표현에 쓴다.

1565. merry
[méri]

a. 명랑한, 쾌활한

- 파 **merriment** *n.* 웃고 즐김　**merrily** *ad.* 명랑하게, 즐겁게
- 🔊 We had a ***merry*** time at the festival.
축제는 매우 즐거웠다.

1566. sorry
[sári, sɔ́:ri]

a. 후회하는, 애통한, 섭섭한　*v.* 미안합니다

- 🔊 I'm ***sorry*** about yesterday. 어제의 일은 죄송합니다.
- ☐ I'm ***sorry*** I'm late. 늦어서 죄송합니다.
- ☐ I'm ***sorry*** to bother you. 방해해서 미안합니다.
- ☐ I'm ***sorry*** to hear that. 안됐군요.
- ❖ sore(아픈) +y(형접;~로 가득한)

1567. easy
[í:zi]

a. 쉬운, 수월한, 편한　*ad.* 쉽게, 태평하게, 천천히

- 파 **easily** *ad.* 쉽게, 느긋하게
- 관 **go easy on** ~를 태평하게 해나가다
- 🔊 Interviewing him is not going to be ***easy***. 그와 인터뷰하는 것은 쉽지 않다.
- ☐ Take it ***easy***. 진정하세요.
- ☐ ***Easy*** now. 몸조심해.
- ❖ ease(편함) + y(형접;~로 가득한)

1568. uneasy
[ʌní:zi]

a. 불안한, 걱정인, 불편한

- 파 **uneasiness** *n.* 불안, 거북함
- 🔊 I'm ***uneasy*** about my future. 내 장래가 불안합니다.
- ❖ un(아닌) + easy(편한)

1569. noisy
[nɔ́izi]
a. 떠들썩한, 시끄러운

파 **noise** n. 소음, 잡음 **noisily** ad. 시끄럽게

- This is a very *noisy* neighborhood. 이곳의 이웃은 시끄럽다.
- noise(잡음) + y(형접;~로 가득한)

1570. busy
[bízi]
a. 바쁜, 바쁘게 움직이는, (전화가) 통화 중인

파 **busily** ad. 바쁘게, 부지런히
관 **get busy** 일하기 시작하다

- I have a *busy* schedule. 일정이 꽉 차 있습니다.
- I'm *busy* writing a paper. 리포트를 쓰기에 바쁘다.
- The line's *busy*. (전화에서) 통화 중입니다.

1571. lousy
[láuzi]
a. 지독한, 비열한, 불결한

- He did a *lousy* job. 그의 일의 결과는 비참했다.
- louse(비열한 놈) + y(형접;~로 가득한)

1572. mighty
[máiti]
a. 강력[강대]한, 거대한, 대단한 ad. 매우, 굉장히

파 **might** n. 힘, 세력, 능력 **mightily** ad. 힘차게, 매우

- He had a *mighty* influence on my life. 그는 내 인생에 큰 영향을 주었다.
- She's *mighty* pretty. 그녀는 매우 예쁘다.
- might(힘) + y(형접;~로 가득한)

1573. naughty
[nɔ́:ti, nɑ́:ti]
a. 장난꾸러기인, 품위 없는

파 **naughtily** ad. 장난스럽게

- What a *naughty* boy you are! 대단히 장난스러운 아이다!
- naught(무가치) + y(형접;~로 가득한)

1574. **guilty**
[gílti]
a. 유죄의, 죄악감이 있는, 저지른 반 **innocent** 무죄의

- 파 **guilt** *n.* 범죄, 유죄, 자책감
- 🔊 The jury says she's ***guilty***. 배심에 의하면 그녀는 유죄이다.
- ☐ I'm feeling very ***guilty*** about it. 그 건에 대해서는 죄의식을 느낀다.
- ❖ guilt(죄) + y(형접;~로 가득한)

1575. **empty**
[émpti]
a. 빈, 하찮은, ⟨be empty to~로⟩ ~이 없는; 무의미한

- 관 **empty-handed** 빈손으로　**empty-headed** 무식한
- 🔊 This box is ***empty***. 이 상자는 비었습니다.
- ☐ Will you ***empty*** the ashtray? 재떨이의 재를 비워 주십시오.

1576. **dirty**
[də́:rti]
a. 더러운, 부정한, 음란한　*v.* 더럽히다, 더러워지다

- 파 **dirt** *n.* 오물, 먼지
- 관 **play dirty** 더러운 짓을 하다
- 🔊 Don't get ***dirty***. 입고 있는 것을 더럽히지 마세요.
- ☐ He's never accepted a ***dirty*** bargain. 그는 부정한 거래는 용납하지 않는다.
- ❖ dirt(먼지) + y(형접;~로 가득한)

1577. **nasty**
[næsti, ná:s-]
a. 몹시 불결한, (날씨 등이) 험악한, 불쾌한, 지독한

- 🔊 Why must you be so ***nasty***? 왜 그렇게 심술궂어야 하지?

1578. **pretty**
[príti]
a. 귀여운, 아름다운, 유쾌한, 상당한　*ad.* 꽤, 매우

- 파 **prettily** *ad.* 곱게, 예쁘게, 단정하게
- 🔊 What a ***pretty*** outfit! 예쁜 옷이다!
- ☐ I'm doing ***pretty*** well. 잘 지내고 있습니다.
  - *참조
  pretty가 「매우」라는 뜻으로 쓰일 때는 very well보다 좀 더 강한 의미이다.

1579. **heavy** [hévi]   *a.* 무거운, 거센, 중대한, 곤란한, 기분이 무거운, 음침한

- 파 **heavily** *ad.* 무겁게, 내리 눌러, 가혹하게
- This suitcase is not very ***heavy***. 이 가방은 그다지 무겁지 않다.
- You're not ready for ***heavy*** work. 당신은 아직 중노동을 할 상태는 아니다.

1580. **lazy** [léizi]   *a.* 게으른, 태만한

- 파 **laziness** *n.* 나태, 태만
- Don't be ***lazy***. 태만하지 마.
- He's a ***lazy*** student. 그는 게으른 학생이다.

1581. **crazy** [kréizi]   *a.* 미친, 무분별한, 열중한

- 파 **craze** *n.* 열광, 대유행   **craziness** *n.* 광기   **crazily** *ad.* 열광적으로, 미친 듯이
- 관 **go crazy** 정신이 나가다   **drive a person crazy** ~를 매우 화나게 하다
- Are you ***crazy***? 미쳤니?
- She's ***crazy*** about you. 그는 당신에게 반해 있다.
- These children are driving me ***crazy***. 아이들 때문에 미칠 것 같다.
- ❖ craze(광기) + y(형접;~로 가득한)

1582. **bad** [bæd]   *a.* 나쁜, 해로운, 불쾌한   *n.* 나쁨

- 파 **badly** *ad.* 나쁘게, 대단히
- 관 **not (so) bad** 꽤 좋은   **too bad** 가엾어   **go bad** 썩다
- It isn't as ***bad*** as you think. 당신이 생각하는 것만큼 나쁘지는 않다.
- That's too ***bad***. 안됐군요.

GROUP 86

Round 1 □ 월 일
Round 2 □ 월 일
Round 3 □ 월 일

1583. **dead**
[ded]

a. 죽은, 말라죽은, 마비된, 활기가 없는, 기진맥진한, (전화 등이) 끊긴 *n.* ⟨the~로⟩ 죽은 사람 *ad.* 절대로, 전적으로

파 **die** *v.* 죽다
deadly *a.* 치명적인, 죽은 사람 같은, 지나친 *ad.* 죽은 듯이, 지독하게

- My mother has been *dead* for seven years. 어머니가 돌아가신지 7년이 된다.
- The market is *dead* right now. 시장은 지금 불황이다.
- The battery's *dead*. 배터리가 나갔다.
- The phone is *dead*. 전화가 끊겼다.
- I'm *dead* tired. 몹시 피곤하다.

1584. **glad**
[glæd]

a. 기쁜, 반가운

파 **gladden** *v.* 기쁘게 하다

- I'm *glad* to meet you. 만나서 영광입니다.
- I'm *glad* you like it. 좋아하시니 기쁩니다.

1585. **mad**
[mæd]

a. 실성한, 회기 난, 바보 같은, ~에 미친[열중한]

파 **madden** *v.* 미치게 하다, 격분시키다 **madness** *n.* 광기, 광란
madly *ad.* 맹렬히, 격렬하게, 미친 듯이
관 **like mad** 맹렬히

- I'm *mad* at you. 당신에게는 정말 화가 난다.
- You *mad* him boiling mad. 당신은 그를 몹시 화나게 한다.
- I'm *mad* about the Rolling Stones. 롤링 스톤즈에게 빠져 있습니다.

1586. **broad**
[brɔːd]

a. 폭이 넓은, 광범위한, 관대한 *n.* (손발 등의) 넓은 부분

형용사 413

파 **broaden** v. 넓어지다　**broadly** ad. 널리, 대충

🔊 He has ***broad*** shoulders. 그는 어깨가 넓다.

1587. **sad**
[sæd]

a. 슬퍼하는, 비탄에 잠긴

관 **sad to say** 미안하지만

🔊 Shy are you so ***sad***? 무엇이 그렇게 슬프죠?

1588. **odd**
[ɑd/ɔd]

a. 이상한, 기묘한, 여분의, 한쪽의, 홀수의
n. 〈복수형으로〉 승산, 가능성

파 **oddity** n. 이상한[특이한] 사람[것], 이상함, 특이함　**oddly** ad. 기묘하게
관 **at odds** 불화로

🔊 Their behavior is ***odd***.
　그들의 행동은 이상하다.

☐ The ***odds*** are that he'll pass the examination.
　그는 아마 합격할 것이다.

☐ He and his father have been at ***odds*** for a long time.
　그와 아버지는 전부터 사이가 나쁘다.

1589. **engaged**
[ingéidʒd]

a. 종사하고 있는, 약혼중인, 예약된

파 **engage** v. 종사하다, 고용하다, 약혼하게 하다　**engagement** n. 약혼, 약속, 고용

🔊 I'm ***engaged*** in social work now.
　그는 사회복지 사업을 하고 있다.

☐ Nancy is ***engaged*** to a promising young lawyer.
　낸시는 앞날이 밝은 젊은 변호사와 결혼했다.

❖ engage(참여) + ed(형접;~에 관한, ~성질이 있는)

1590. **astonished**
[əstániʃt /-tɔ́n-]

a. 놀란

파 **astonish** v. 몹시 놀라게 하다　**astonishment** n. 경악
　astonishing a. 깜짝 놀라게 하는

🔊 She looked ***astonished***. 그녀는 놀라고 있었다.

☐ I'm ***astonished*** at you. 당신에게 놀랐다.

❖ astonish(놀라게 하다) + ed(형접;~에 관한, ~성질이 있는)

1591. **distinguished**
[distíŋgwiʃt]

a. 저명한, 현저한

파 **distinguish** *v.* 식별하다, 특징을 이루다, 저명하게 하다
distinction *n.* 구별, 특징, 우수한 성적, 탁월

🔊 Ladies and gentlemen, we have with us today a ***distinguished*** guest from Canada, Professor John Howard.
오늘은 캐나다에서 저명한 손님이 오셨습니다. 존 하워드 교수입니다.

❖ distinguish(구별하다) + ed(형접; ~에 관한, ~성질이 있는)

1592. **naked**
[néikid]

a. 발가벗은, 노출된, 적나라한

파 **nakedness** *n.* 노출

🔊 He was half ***naked*** with only his pants on. 그는 상반신을 벗었다.

1593. **wicked**
[wíkid]

a. 사악한, 악한, 부정한, 장난꾸러기의

파 **wickedness** *n.* 사악, 부도덕 **wickedly** *ad.* 부도덕하게, 심하게

🔊 You think I'm a ***wicked*** guy, don't you? 내가 마음 나쁜 사람이라고 생각하지요?

❖ wick(witch;마녀) + ed(형접; ~에 관한, ~성질이 있는)

1594. **so-called**
[sóukɔ́:ld]

a. 소위, 세상에서 말하는 바의

🔊 Your ***so-called*** friends have let you down.
당신의 친구들이라는 자들이 당신을 버린 것입니다.

❖ so(그렇게) + call(부르다) + ed(형접; ~에 관한, ~성질이 있는)

1595. **ashamed**
[əʃéimd]

a. 부끄러워하는 반 **proud** 자랑하는

관 **be ashamed of[about]** ~을 부끄럽게 생각하다
be ashamed to ~해서 부끄럽다, 부끄러워서 ~하고 싶지 않다
be ashamed that... ...인 것을 부끄럽게 생각하다
feel ashamed 부끄럽게 생각하다

🔊 He should be *ashamed* of himself. 그는 자신을 부끄러워해야 한다.
❖ a(~에) + shame(부끄러움) + d(형접;~에 관한, ~성질이 있는)

1596. **frightened**
[fráitnd]
a. 겁을 먹은, 놀란

파 **frighten** *v.* 흠칫 놀라게 하다   **fright** *n.* 공포, 놀람   **frightening** *a.* 무서운

🔊 There's no need to be *frightened*.
겁낼 것은 없다.
☐ You're not *frightened* of the thunderstorm, are you?
천둥소리에 놀라지 않았죠?
❖ frighten(놀라다) + ed(형접;~에 관한, ~성질이 있는)

1597. **inclined**
[inkláind]
a. ~하고 싶은, ~경향이 있는

파 **incline** *v.* (~으로) 마음이 내키다, 쏠리다

🔊 I'm *inclined* to believe her side of the story.
나는 그녀가 말하는 쪽을 믿고 싶습니다.
❖ inclin(기울다) + ed(형접;~에 관한, ~성질이 있는)

1598. **old-fashioned**
[óuldfǽʃənd]
a. 시대에 뒤떨어진, 고풍인

🔊 I guess my ideas are *old-fashioned*.
내 생각이 시대에 뒤떨어진 것 같다.
❖ old(오래된) + fashion(유행) + ed(형접;~에 관한, ~성질이 있는)

1599. **scared**
[skɛərd]
a. 깜짝 놀란, 무서워하는

파 **scare** *v.* 놀라게 하다, 겁나게 하다 *n.* 공포   **scary** *a.* 잘 놀라는

🔊 I'm *scared* to death. 너무 무섭다.
☐ There's nothing to be *scared* of. 겁낼 것 없습니다.
☐ You *scared* the life out of me. 당신에게는 죽을 정도로 놀랐다.
☐ That was quite a *scare*. 그것은 너무 무서웠다.
❖ scare(놀라게 하다) + ed(형접;~에 관한, ~성질이 있는)

1600. **tired**
[taiərd]

a. 지친, 싫증난, 낡은

파 **tire** *v.* 피로하다[피곤하게 하다], 지치다[지치게 하다]
tiresome *a.* 지겨운, 성가신, 지루한 **tiring** *a.* 고된, 지루한

- I'm getting *tired*. 피곤해진다.
- I'm *tired* of saying the same thing. 같은 것을 말하는 데 지쳤다.
- tire(피로해지다) + ed(형접;~에 관한, ~성질이 있는)

1601. **depressed**
[diprést]

a. 우울한, 의기소침한

파 **depress** *v.* 의기소침시키다 **depression** *n.* 의기소침, 불경기
depressing *a.* 우울하게 하는

- I feel *depressed*.
  우울합니다.
- What *depressing* weather!
  정말 우울한 날이군요!
- depress(우울) + ed(형접;~에 관한, ~성질이 있는)

1602. **used**²
[juːst]

a. 익숙해져 (있는)

- I'm not *used* to city life.
  도시 생활에 익숙하지 않다.
- I've got *used* to getting up early.
  일찍 일어나는 데 익숙해졌다.
- use(사용) + ed(형접;~에 관한, ~성질이 있는)

형용사

GROUP 87

Round 1 ☐ 월 일
Round 2 ☐ 월 일
Round 3 ☐ 월 일

1603. **complicated**
[kámplikèitid/kóm-]
a. 복잡한, 이해하기 어려운

파 **complicate** *v.* 복잡하게 하다, (병을) 악화시키다 **complication** *n.* 복잡함

- You're a *complicated* lady. 이해하기 어려운 여자이군요.
- This is going to be *complicated*. 이것은 복잡하게 되겠다.
- ❖ complicate(복잡하게 하다) + ed(형접;~에 관한, ~성질이 있는)

1604. **educated**
[édʒukèitid]
a. 교양 있는, 교육을 받은

파 **educate** *v.* 교육하다 **education** *n.* 교육 **educational** *a.* 교육상의

- She is well *educated* and comes from a good family.
  그녀는 양가의 딸이고 매우 교양이 있다.
- She has a college *education*. 그녀는 대학 교육을 받았다.
- This program is very *educational*. 이 프로그램은 매우 교육적이다.
- ❖ educate(교육하다) + ed(형접;~에 관한, ~성질이 있는)

1605. **delighted**
[diláitid]
a. 기뻐하는, 만족한

파 **delight** *v.* 매우 기쁘게 하다, 즐겁게 하다, *n.* 큰 기쁨
delightful *a.* 즐거운, 유쾌[쾌적]한

- I'm *delighted* to meet you. 뵙게 되어 영광입니다.
- The children are such a *delight*. 아이들을 보고 있으면 매우 즐겁다.
- ❖ delight(즐겁게하다) + ed(형접;~에 관한, ~성질이 있는)

1606. **excited**
[iksáitid]
a. 흥분한, 들뜬

파 **excite** *v.* 흥분시키다, 자극하다 **excitement** *n.* 흥분, 자극
exciting *a.* 흥분시키는

- I'm really *excited* about our upcoming trip. 이번 여행을 정말 기대하고 있습니다.

- Isn't this *exciting*? 재미있지 않아요?
- ❖ excite(흥분시키다) + ed(형접;~에 관한, ~성질이 있는)

1607. **disappointed**
[dìsəpɔ́intid]

a. 실망한, 낙담한

- 파 disappoint *v.* 실망시키다 disappointment *n.* 실망
  disappointing *a.* 낙담시키는, 기대에 어긋나는
- 🔊 I'm *disappointed* with the result. 그 결과에 실망했다.
- I'm *disappointed* in her. 그녀에게 실망했다.
- What a *disappointment*! 실망이다!
- The movie was *disappointing*.
  영화는 기대에서 벗어났다.
- ❖ disappoint(어긋나게 하다) + ed(형접;~에 관한, ~성질이 있는)

1608. **exhausted**
[igzɔ́:stid]

a. 쇠진한, 다 써버린

- 파 exhaust *v.* 지쳐버리게 하다, 다 써버리다 exhaustion *n.* 피로, 소모
  exhausting *a.* 지치게 하는, 소모시키는
- 🔊 I feel absolutely *exhausted*. 기진맥진입니다.
- My patience was *exhausted*. 참을 수 없었다.
- ❖ exhaust(다하다) + ed(형접;~에 관한, ~성질이 있는)

1609. **afraid**
[əfréid]

a. 두려워하는, 걱정하는, (~하지나 않을까) 불안한

- 🔊 What are you *afraid* of? 무얼 두려워하고 있습니까?
- I'm *afraid* of dying. 죽는 것이 무섭다.
- I was *afraid* to ask. 묻는 것이 두려웠다.
- I'm *afraid* something's happened to him.
  그에게 무슨 일이 일어나지 않을까 걱정이다.
- I'm *afraid* I can't help you. 죄송하지만 도와줄 수 없겠는데요.

1610. **rigid**
[rídʒid]

a. 엄격한, 완고한, 단단한

- 파 rigidity *n.* 엄격, 완고, 경직
- 🔊 The rules of this school are too *rigid*. 이 학교의 규칙은 너무 엄격하다.

1611. **valid** [vǽlid]
a. 타당한, 정당한, 유효한

파 **validate** *v.* 유효하게 하다, 확인하다 **validity** *n.* 유효성, 정당함

🔊 Are these coupons still *valid*? 이 쿠폰은 아직 유효합니까?

❖ val(strong;강한) + id(형접;~에 관한, ~성질이 있는)

1612. **solid** [sάlid/sɔ́l-]
a. 고체의, 순수한, 견실한, 연속한, 입체의
n. 고체, 입체 *ad.* 일치하여, 완전히

파 **solidify** *v.* 응고시키다, 굳히다 **solidarity** *n.* 결속, 단결, 연대

🔊 This buckle is made of *solid* gold. 이 버클은 순금이다.
  I'm booked *solid* the whole month. 1개월간 예정이 꽉 잡혀 있다.

❖ sol(단단한, 금화) + id(형접;~에 관한, ~성질이 있는)

1613. **stupid** [stjú:pid]
a. 어리석은, 바보 같은, 시시한 *n.* 얼간이, 바보

파 **stupidity** *n.* 어리석음, 바보, 어리석은 짓

🔊 Why did you do such a *stupid* thing? 어째서 그런 바보같은 일을 했죠?

❖ stup(numb;감각을 잃은) + id(형접;~에 관한, ~성질이 있는)

1614. **vivid** [vívid]
a. 선명한, 생생한, 원기왕성한

파 **vividly** *ad.* 선명하게, 생생하게

🔊 I have *vivid* memories of spending a summer by the sea.
바다에서 한 여름 보낸 일을 생생하게 기억하고 있습니다.

❖ viv(살다) + id(형접;~에 관한, ~성질이 있는)

1615. **mild** [maild]
a. 온화한, 상냥한, 부드러운, 입에 맞는

파 **mildly** *ad.* 온화하게, 부드럽게
관 **to put it mildly** 조심스럽게 말하다

🔊 We had a *mild* winter. 따뜻한 겨울이었다.

1616. wild
[waild]
a. 야생의, 거친, 난폭한, 열광적인, 열중한 *n.* 미개지

파 **wildly** *ad.* 난폭하게, 거칠게

🔊 We have to protect the ***wild*** animals. 야생동물을 보호해야 합니다.
☐ The children went ***wild*** over the toys. 아이들은 그 장난감을 매우 좋아했다.

1617. household
[háushòuld]
a. 가족(의), 세대(의), 가정(의)

관 **householder** 세대주

🔊 I'll leave the ***household*** arrangements to you. 가사를 맡기겠습니다.
❖ house(가정) + hold(잡다)

1618. grand
[grænd]
a. 장대한, 위대한, 중요한

🔊 It's a ***grand*** day for hiking. 하이킹하기 가장 좋은 날이다.

1619. blind
[blaind]
a. 눈이 먼, 맹목적으로, 무작정으로 *v.* 〈blind to로〉 분별을 잃게 하다, 눈멀게 하다, 맹목적으로 만들다

관 **go[become] blind** 실명하다

🔊 He is ***blind*** to his own faults. 그는 자신의 결점에 무신경하다.

1620. fond
[fɑnd/ fɔnd]
a. 좋아하는, 다정한, 애정있는

파 **fondly** *ad.* 다정하게, 경솔히 믿어서

🔊 Are you ***fond*** of dancing? 댄스를 좋아합니까?

1621. bound
[baund]
a. 묶인, 〈be bound to로〉 의무가 있는, 꼭 ~하기로 되어 있는

관 **be bound up in** ~에 열중하여 **be bound up with** ~와 밀접한 관계가 있는

🔊 It's ***bound*** to be a failure. 그것은 실패하게 되어 있다.

1622.
profound
[prəfáund]

a. 깊은, 마음에서의, 심원한, 의미 깊은

파 **profoundly** *ad.* 깊이, 충심으로

🔊 The president's remarks at the entrance ceremony were *profound*.
입학식에서 교장이 말한 것은 인상 깊었다.

❖ pro(앞에) + found(기초)

1623.
compound
[kəmpáund, kámpaund]

a. 합성의, 복합의
v. 합성[혼합]물; 혼합하다, 조합하다

🔊 He's got a *compound* fracture of the arm.
그는 팔을 복합골절 당했다.

❖ com(함께) + pound(put;놓다)

GROUP

Round 1 □ 월 일
Round 2 □ 월 일
Round 3 □ 월 일

1624. **round** [raund]
a. 둥근, 원[구]형의, 우수리 없는, 어림수의, 원숙한 *n.* 회전, 일순, 순회, 한 시합 *v.* 둥글게 하다, 완전하게 하다, 에워싸다

관 **round up** 모으다, 반올림하다, 요약하다

- She has a *round* face. 그녀는 둥근 얼굴입니다.
- Give me a *round* number. 대강의 숫자를 가르쳐 주십시오.

1625. **good** [gud]
a. 좋은, 적합한, 사이좋은, 친절한, 훌륭한 *n.* 이익, 선행, 가치

파 **goodness** *n.* 덕, 우수함
관 **as good as** ~와 다름없이 **good and** 대단히, 충분히 **make good** 변상하다, 수행하다 **do good** 좋은 일을 하다, 도움이 되다 **for good** 영원히 **goods** 상품

- We had a really *good* time. 매우 즐거웠습니다.
- How *good* of you to come and see me! 만나러 와 주셔서 감사합니다.
- That sounds *good*. 좋은 말입니다.
- Take a *good* look. 잘 보세요.
- Exercise is *good* for you? 운동은 건강에 좋다.
- What time is *good* for you. 몇 시가 좋겠습니까?
- You've been so *good* to me. 당신은 나에게 매우 친절했다.
- He's *good* at sports. 그는 스포츠를 잘 한다.
- I know it's hard but it's for your own *good*.
  어렵다는 것은 알고 있지만 당신만 믿겠습니다.
- Are you going to England for *good*?
  영국에 가면 다시는 돌아오지 않습니까?

1626. **hard** [hɑːrd]
a. 단단한, 근면한, 곤란한, 힘이 드는, 엄한
ad. 열심히, 격렬하게

파 **harden** *v.* 굳히다, 단련하다 **hardness** *n.* 단단함, 엄격함, 곤란
관 **hard on** ~에게 모질게 굴다 **hard up** 돈에 쪼들려 **die hard** (습관 등이) 쉽게 없어지지 않다 **have a hard time** 혼이 나다 **hard feelings** 악감정 **hard luck** 불운 **hardworking** 근면한

형용사

- It's **hard** for me to say good-bye. 당신과 헤어지기가 괴롭다.
- Don't be **hard** on him. 그에게 가혹하게 대하지 마세요.
- No **hard** feelings. 나쁘게 생각하지 말아줘.
- You're working too **hard**. 당신은 과로하고 있어요.

1627. awkward
[ɔ́:kwərd]

a. (입장 등이) 난처한, 곤란한, 기회가 나쁜

파 **awkwardly** *ad.* 어색하게, 꼴사납게

- I'm in a rather **awkward** position. 나는 꽤 곤란한 입장에 있습니다.

1628. weird
[wiərd]

a. 불가사의한, 이상한, 기묘한, 별스러운

- A **weird** thing happened yesterday. 어제 이상한 일이 일어났다.

1629. absurd
[əbsə́:rd, -zə́:rd]

a. 어리석은, 불합리한

- This plan s **absurd**. 이 계획은 바보스럽다.
- ❖ ab(~와 떨어진) + surd(무리수)

1630. loud
[laud]

a. (소리가) 큰, 높은, 소란한; 큰 소리로

파 **loudness** *n.* 음성이 큼, 큰 소리 **loudly** *ad.* 소리 높이, 시끄럽게

- The TV is too **loud**. 텔레비전 소리가 너무 크다.
- Will you speak **louder**, please? 더 큰 소리로 말해 주십시오.

1631. proud
[praud]

a. 자랑으로 여기는, 자랑하는, 뽐내는, 교만한

파 **pride** *v.* 자랑하다 *n.* 자랑 **proudly** *ad.* 뽐내어, 거만하게

- We're **proud** of you.
  우리는 당신을 자랑스럽게 생각한다.
- He's **proud** to be Irish.
  그는 자신이 아일랜드인이라는 것을 자랑스럽게 생각하고 있다.

1632. gross
[grous]
a. 전체의, 총계의, 극심한, 뚱뚱한
n. 그로스(12다스), 총계 *v.* 총수익을 올리다

🔊 The *gross* profit for this month is 500 million dollars.
이번 달 총 수익은 5억 달러이다.

1633. tremendous
[triméndəs]
a. 거대한, 엄청난, 아주 멋진

파 **tremendously** *ad.* 맹렬히, 매우

🔊 The Shinkansen has had a *tremendous* impact on the Japanese economy. 신칸센은 일본 경제에 큰 영향을 주었다.
❖ trem(shake;흔들리다) + endouss(~가득한)

1634. gracious
[gréiʃəs]
a. 다정한, 상냥한, 우아한

파 **grace** *n.* 우아, 품위 **graceful** *a.* 우아한, 기품 있는
graciously, gracefully *ad.* 우아하게

🔊 She is a very *gracious* woman. 그녀는 품격이 있다.
☐ She *graciously* offered to help. 그녀는 친절하게도 도움을 주었다.
❖ grace(우아함) + ous(~가득한)

1635. precious
[préʃəs]
a. 귀중한, 값진, 대단한

🔊 The time we spend together is *precious* to me.
함께 지낸 시간은 나에게 중요합니다.
❖ preci(price;가치, 보수) + ous(~가득한)

1636. delicious
[dilíʃəs]
a. 아주 맛있는, 향기로운

🔊 That was a *delicious* lunch. 매우 맛있는 점심식사였다.
☐ What a *delicious* – looking cake! 맛있는 케이크!
❖ delici(delight;기쁨) + ous(~가득한)

1637. suspicious
[səspíʃəs]
a. 의심이 많은, 의심쩍은, 수상한, 믿지 않는

파 **suspect** *v.* 의심하다　**suspicion** *n.* 혐의, 의심　**suspiciously** *ad.* 의심하듯이
관 **above suspicion** 의심의 여지가 없는　**on suspicion of** ~이라는 혐의로　**under suspicion** 혐의를 받고

- Did you notice anything *suspicious*?
  무슨 의심스러운 점이 있었습니까?
- He looks *suspicious* to me.
  그가 의심스럽다고 생각합니다.

❖ su(sub;밑에) + spici(look at;보다) + ous(~가득한)

1638. conscious
[kánʃəs/kɔ́n-]
a. 의식있는, 의식적인　반 **unconscious** 무의식의
v. 〈be conscious of[that절]로〉 ~를 알아차려

파 **consciousness** *n.* 의식, 자각　**consciously** *ad.* 의식하여
관 **consciously** 무의식중에

- Is he *conscious*?
  그는 의식이 있습니까?
- He's *conscious* of the difficulty involved.
  그는 내포된 어려움을 알고 있다.

❖ con(완전히) + sci(알다) + ous(~가득한)

1639. religious
[rilídʒəs]
a. 신앙이 깊은, 경건한, 종교의, 신앙의

파 **religion** *n.* 종교　**religiously** *ad.* 심신 깊게, 종교상

- Her mother is very *religious*. 그의 어머니는 매우 신앙심이 깊다.

❖ religi (religion;종교)+ ous(~가득한)

1640. various
[véəriəs]
a. 갖가지의, 다방면의, 각종의, 많은

파 **vary** *v.* 바꾸다, 다르게 하다　**variety** *n.* 다양성, 종류
관 **variation** 변화, 차이　**variant** 다른, 가지가지의

- I've heard *various* rumors about her.
  그녀에 대해서는 여러 소문을 듣고 있었다.
- My working hours *vary* from week to week.
  근무시간은 주에 따라 바뀐다.

1641. serious
[síəriəs]

a. 진지한, 진정의, 중대한, (병 상처가) 심각한

파 **seriousness** *n.* 진지함, 중대성   **seriously** *ad.* 진지하게, 진심으로

Are you *serious* about this?
이 건은 진심입니까?

＊참조

회화에서 I'm serious.하면 「나 정말이야.」, 「나 농담이 아니야.」라는 뜻으로 I'm not joking.과 같은 뜻이다.

GROUP 89

Round 1 □ 월 일
Round 2 □ 월 일
Round 3 □ 월 일

1642. **mysterious**
[mistíəriəs]
a. 신비의, 수수께끼 같은, 불가사의한

파 **mystery** n. 신비 **mysteriously** ad. 신비하게

- He's so cool and *mysterious*. 그는 멋지고 신비적이다.
- He's been acting *mysteriously* lately. 최근 그의 행동은 이해할 수 없다.
- ❖ mystery(신비) + ous(~가득한)

1643. **glorious**
[glɔ́ːriəs]
a. 멋있는, 즐거운, 영광된, 빛나는

파 **glorify** v. 찬미하다 **glory** n. 영광, 찬송

- We had a *glorious* time. 멋진 시간을 보냈다.
- ❖ glory(영광) + ous(~가득한)

1644. **curious**
[kjúəriəs]
a. 호기심이 강한, ⟨be curious about로⟩ ~을 알고 싶어하는, ⟨be curious to로⟩ ~하고 싶은, 진기한, 색다른

파 **curiosity** n. 호기심 **curiously** ad. 진기한 듯이, 이상하게도

- I'm *curious* about where you were last night.
  어젯밤 네가 어디에 있었는지 궁금해.
- I'm *curious* to know why she quit her job. 그녀는 왜 일을 그만두었지 궁금해.
- ❖ curi(cure;주의, 걱정) + ous(~가득한)

1645. **furious**
[fjúəriəs]
a. 몹시 화난, 광폭한, 사나운

파 **fury** n. 격노

- Andy is *furious* with you. 앤디는 당신에게 화나 있어요.
- ❖ fury(격노) + ous(~가득한)

1646. **luxurious**
[lʌgʒúəriəs, lʌkʃúər-]

a. 사치스러운, 호화로운, 쾌적한

파 **luxury** *n.* 사치, 고급품, 쾌락

🔊 We stayed at a ***luxurious*** hotel in Miami.
우리는 마이애미의 호화스러운 호텔에 묵고 있었다.

❖ luxury(사치) + ous(~가득한)

1647. **obvious**
[ábviəs/ɔ́b-]

a. 명백한, 잘 보이는

파 **obviously** *ad.* 명백히

🔊 It's ***obvious*** he doesn't understand the situation he is in.
명백히 그는 자신의 입장을 이해하지 못하고 있다.

☐ Your strategy is a little ***obvious***. 그의 전략은 속이 들여다보인다.
☐ He's ***obviously*** in love with her. 명백히 그는 그녀를 사랑하고 있다.

❖ ob(~쪽으로) + vi(길) + ous(~가득한)

1648. **previous**
[príːviəs]

a. 앞의, 이전의

파 **previously** *ad.* 먼저, 전에
관 **previous[prior] to** ~에 앞서서

🔊 That topic was discussed at a ***previous*** meeting.
그 문제는 앞 회의에서 검토되었다.

❖ pre(앞에) + vi(길) + ous(~가득한)

1649. **envious**
[énviəs]

a. 부러워하는, 시기하는, 질투심이 강한

🔊 Jenny is very ***envious*** of her sister. 제니는 여동생을 매우 질투하고 있다.

❖ envy(질투) + ous(~가득한)

1650. **anxious**
[ǽŋkʃəs]

a. 걱정하는, 갈망하는

파 **anxiety** *n.* 걱정, 불안   **anxiously** *ad.* 걱정하여, 걱정스럽게
관 **be anxious about[for]** ~를 걱정하는

형용사

be anxious for[to, that절] ~를 갈망하는

- I'm **anxious** about tomorrow's job interview. 내일 취직면접이 걱정이다.
- She's **anxious** to go home. 그녀는 몹시 집에 돌아가고 싶어한다.
- ❖ anx(anger;조이다) + ous(~가득한)

1651. jealous
[dʒéləs]

a. 시기하는, 질투의

- 파 **jealousy** n. 시기, 질투
- You're **jealous** of him, aren't you? 그를 질투하고 있군요.
- ❖ jeal(zeal;열성) + ous(~가득한)

1652. marvelous
[máːrvələs]

a. 놀라운, 우수한, 훌륭한

- 파 **marvel** v. 놀라다 n. 경이, 불가사의 **marvelously** ad. 훌륭히
- I'm having a **marvelous** time. 매우 즐겁습니다.
- ❖ marvel(놀라다) + ous(~가득한)

1653. fabulous
[fǽbjələs]

a. 아주 근사한, 거짓말 같은

- 파 **fable** n. 우화, 전설
- What a **fabulous** house! 멋진 집이다!
- ❖ fable(우화) + ous(~가득한)

1654. ridiculous
[ridíkjələs]

a. 웃기는, 어리석은, 터무니없는

- 파 **ridicule** v. 비웃다 n. 놀림, 조롱
- That's **ridiculous**. 웃기는 일이다.
- Don't **ridicule** my mother. 내 어머니를 놀리지 마세요.
- ❖ ridicue(비웃다) +(~가득한)

1655. enormous
[inɔ́ːrməs]

a. 거대한, 막대한

- 파 **enormously** ad. 엄청나게

🔊 When you consider the *enormous* responsibilities involved in marriage, you can't take it lightly.
결혼에 걸려 있는 책임의 중대함을 생각하면 가볍게 받아들일 수 없습니다.

❖ e(ex;밖에, 밖에서) + norm(표준) + ous(~가득한)

1656. **dangerous**
[déindʒərəs]

a. 위험한

파 **endanger** *v.* 위태롭게 하다 **danger** *n.* 위험한 것[인물], 위협 **dangerously** *ad.* 위태롭게

🔊 It's *dangerous* to go out alone at night.
밤에 혼자서 외출하는 것은 위험하다.

❖ danger(위험) + ous(~가득한)

1657. **numerous**
[njúːmərəs]

a. 다수의, 매우 많은 많이 모인

🔊 There are *numerous* possibilites for expanding business.
사업을 확대할 가능성은 많이 있다.

❖ number(숫자) + ous(~가득한)

1658. **generous**
[dʒénərəs]

a. 관대한, 도량이 넓은

파 **generosity** *n.* 관대함, 도량 넓음 **generously** *ad.* 관대하게, 고결하게

🔊 You're very *generous* with your money.
당신은 돈을 매우 잘 쓰는군요.

☐ It was very *generous* of you to grant his request.
관대하게도 그의 부탁을 들어주었군요.

❖ gener(탄생) + ous(~가득한)

1659. **vigorous**
[vígərəs]

a. 정력적인, 활발한

파 **vigor** *n.* 정력, 힘참, 활력 **vigorously** *ad.* 정력적으로

🔊 The committee has launched a *vigorous* campaign to stop illegal parking. 위원회는 위법주차 추방운동을 정력적으로 펼쳤다.

❖ vigor(활기) + ous(~가득한)

형용사

1660. nervous
[nə́ːrvəs]
a. 신경의, 신경질인, 위태로운

- 파 **nerve** *n.* 신경, 용기　**nervousness** 신경질, 신경과민
  nervously *ad.* 신경질적으로
- Don't be *nervous*. 화내지 마.
- How can he have the *nerve* to suggest such a thing?
  그런 일을 제안하다니 뻔뻔스럽군요.
- ❖ nerve(신경, 신경과민) + ous(~가득한)

1661. dear
[diər]
a. 친애하는, 귀여운, 비싼, 소중한
n. 사랑하는 사람, 귀여운 사람

- 파 **dearly** *ad.* 마음으로부터, 값비싸게
- These memories are very *dear* to me. 이 추억이 매우 그립다.
- His mistake cost him *dearly*. 그의 실수는 손실이 컸다.

1662. rear
[riər]
a. 배후의　*n.* 후방, 뒤

- 관 **rear-view mirror** 백미러
- Please exit through the *rear* doors. 뒷문으로 나가 주십시오.
- there's parking in the *rear*. 주차장은 뒤입니다.

1663. familiar
[fəmíljər]
a. 잘 알려져 있는, 친밀한

- 파 **familiarize** *v.* 익숙하게 하다, 정통하다　**familiarity** *n.* 숙지, 친밀함
- He looks *familiar*.
  어딘가에서 그를 만난 느낌이 있다.
- His name sounds *familiar*.
  그의 이름은 어딘가에서 들은 것 같다.
- This certainly is a *familiar* scene.
  이 광경은 어딘가에서 본 느낌이 든다.
- Are you *familiar* with Indian food?
  인도 요리를 잘 알고 있습니까?
- That film director's name is quite *familiar* to me.
  그 영화감독의 이름은 잘 알고 있습니다.
- ❖ family(가족) + ar(형접;~에 관한, ~성질이 있는)

GROUP 90

Round 1 □ 월 일
Round 2 □ 월 일
Round 3 □ 월 일

1664. **peculiar**
[pikjúːljər]
a. 기묘한, 독특한, 특별한

파 **peculiarity** *n.* 기묘함, 특징, 특수성   **peculiarly** *ad.* 특별히, 기묘하게

- She has some *peculiar* ideas.
  그녀의 생각은 좀 이상하다.
- His behavior has been very *peculiar* recently.
  최근 그의 행동은 매우 이상하다.

1665. **similar**
[símələr]
a. 유사한, 동종의, 같은

파 **similarity** *n.* 유사(점)   **similarly** *ad.* 마찬가지로, 유사하게

- Your handwriting is *similar* to mine.
  당신의 글씨는 내 글씨와 매우 비슷하다.
- simil(비슷하다, 함께 하다) + ar(형접;~에 관한, ~성질이 있는)

1666. **spectacular**
[spektǽkjələr]
a. 장관인, 극적인, 구경거리의

파 **spectacle** *n.* 광경, 장관

- What a *spectacular* sunset! 멋진 일몰이다!

1667. **particular**
[pərtíkjələr]
a. 특정의, 특별의, 독특한, 까다로운, 상세한
n. 개개의 사항, 세목, 〈복수형으로〉 상세

파 **particularly** *ad.* 특히, 현저하게
관 **in particular** 특히, 상세히

- Mrs. Winter is *particular* about her appearance.
  윈터 부인의 외모는 독특하다.
- particle(소량,소립자) + ar(형접;~에 관한, ~성질이 있는)

형용사

1668. regular
[régjələr]

a. 규칙적인, 일정의, 정기적인, 보통의 *n.* 정식 선수, 단골손님

파 **regularity** *n.* 규칙 바름 **regularly** *ad.* 규칙적으로, 정기적으로

🔊 It's just a *regular* cold.
단지 보통 감기입니다.

❖ regul(rule;규칙) + ar(형접;～에 관한, ～성질이 있는)

1669. slender
[sléndər]

a. 호리호리한, 조금의

🔊 She is *slender* and attractive.
그녀는 호리호리하고 매력적이다.

☐ How can we manage on such a *slender* budget?
이런 빈약한 예산으로 어떻게 해나갈 겁니까?

1670. tender
[téndər]

a. 부드러운, 정이 많은, 친절한, 〈고기 등이〉 부드러운, 만지면 아픈

파 **tenderness** *n.* 부드러움, 유연함 **tenderly** *ad.* 친절하게, 부드럽게

🔊 Jean is *tender* and trusting.
진은 온순해서 사람을 의심하지 않는다.

☐ The meat is very *tender*.
고기는 매우 부드럽다.

❖ tender(stretch;뻗다) + er(형접;～에 관한, ～성질이 있는)

1671. sheer
[ʃiər]

a. 완전한, 투명하고 얇은, 깎아지른 듯한 *ad.* 완전히, 수직으로

🔊 All this wrapping paper is *sheer* waste.
이 포장지는 전혀 쓸모없다.

1672. queer
[kwiər]

a. 기묘한, 불가사의한, 이상한, 괴상한 *n.* 동성애 남자

🔊 There was a *queer* man in the park.
공원에 수상한 남자가 있다.

1673. **eager**
[í:gər]

a. 열망하고 있는, 열심의

파 **eagerness** n. 열심, 열망

🔊 He is *eager* to get back to Korea. 그는 몹시 한국으로 돌아가고 싶어한다.

1674. **either**
[í:ðər, áiðər]

a. (둘 중의) 어느 한쪽(의) ad. 〈부정문에서〉 어느 쪽도 (~않다); 이든 또는 ...이든, 〈부정문에서〉 ~도 또한 ~않다

🔊 Take *either* one of them. 어느 쪽인지 한쪽을 택해 주십시오.
☐ *Either* one would be fine.(= Either will do.) 아무나 괜찮습니다.
☐ They're *either* drunk or crazy. 그들은 취했거나 미쳤거나다.
☐ It never occurred to me, *either*. 나도 그런 것은 생각한 적이 없습니다.
☐ I don't know, *either*. 저도 모릅니다.

1675. **other**
[ʌ́ðər]

a. 그밖의, 〈보통 the~로〉 (2개 중에) 다른 하나의
n. 그밖의 것, 다른 하나

관 **every other** 〈보통 2개 중에서〉 서로   **no other than** 다름아닌 ~으로
on the other hand 다른 한편은   **the other day** 요전날
otherwise 그렇지 않으면, 그밖의 점에서는

🔊 Do you need any *other* things? 다른 필요한 것은 있습니까?
☐ May I see the *other*? 다른 하나를 보여 주십시오.

1676. **another**
[ənʌ́ðər]

a. 또 하나의   n. 또 하나의 것, 다른 것

관 **one after** 잇따라   **one another** 〈둘 이상의 것이〉 서로
in one way or another 어쨌든, 어떻게든

🔊 Would you like *another* drink? 한 잔 더 어떻습니까?
❖ an(앞의, 먼저의) + other(그밖의)

1677. **former**
[fɔ́:rmər]

a. 앞선, 전임의, 앞에 말한, 전자의   n. 〈the~로〉 전자

파 **formerly** ad. 이전에는, 원래는
관 **the latter** 후자

🔊 Let me introduce you to my *former* boss.
전임 사장님을 소개합니다.

☐ She was *formerly* a secretary at my company.
그녀는 전에 우리 회사의 비서였다.

❖ form(first;처음) + er(형접;~에 관한, ~성질이 있는)

1678. **inner**
[ínər]
a. 내부의, 내면적인, 보다 친한

🔊 You're lucky to be a member of the president's *inner* circle of friends.
사장의 측근 중 한 명이어서 당신은 행운이다.

❖ inn(inside;안에) + er(형접;~에 관한, ~성질이 있는)

1679. **proper**
[prápər/prɔ́p-]
a. 적절한, 어울리는, 타당한, 예의바른, 고유의

파 **properly** *ad.* 적절히, 바르게
관 **proper name** 고유명사

🔊 What's the *proper* way to write a résumé?
이력서를 바르게 쓰는 방법은 무엇입니까?

1680. **bitter**
[bítər]
a. 쓴, 괴로운, 신랄한, 격렬한; 매우, 지독히 *n.* 쓴 맛, 쓴 것

파 **bitterly** *ad.* 몹시, 혹독하게

🔊 This medicine is very *bitter*.
이 약은 매우 쓰다.

☐ I had a very *bitter* experience at my former company.
전 회사에서 매우 쓴 경험을 했다.

1681. **clever**
[klévər]
a. 현명한, 똑똑한, 능숙한

파 **cleverly** *ad.* 잘, 영리하게

🔊 Jim is a *clever* boy. 짐은 현명한 소년이다.
☐ That's a *clever* idea. 그것은 좋은 생각이다.

1682. **fair**
[fɛər]

a. 공평[공정, 정당]한, 상당한, 맑은 [반] **unfair** 불공평한

파 **fairness** *n.* 공평, 공정 **fairly** *ad.* 공평[공정]히, 꽤

- That's not ***fair***. 그것은 불공평하다.
- I'm ***fair*** with everybody. 나는 누구에게나 공평하다.
- ***Fair*** enough. 좋아.

1683. **senior**
[síːnjər]

a. 연상의, 선임[선배, 고참]의; 신분이 위인, 상급의, 최고학년의
n. 연장자, 선배, 최상급생 [반] **junior** 연하의, 하위의, 후배의

파 **seniority** *n.* 연상
관 **senior citizen** 고령자

- Mr. Williams is my ***senior*** associate. 윌리엄즈 씨는 내 상사입니다.

❖ sen(나이든) + ior(비교급 접미사)

형용사　437

GROUP 91

Round 1 ☐ 월 일
Round 2 ☐ 월 일
Round 3 ☐ 월 일

1684. **inferior**
[infíəriər]

a. 하급의, 열등한, 2류의 *n.* 부하, 후배

- 파 **inferiority** *n.* 열등, 조잡
- 관 **inferiority[superiority] complex** 열등[우월]감
- ◀» Higher education in Korea seems to be *inferior* to American higher education. 한국의 고등교육은 미국의 고등교육에 비해 열등하다.
- ❖ infer(낮은) + ior(비교급 접미사)

1685. **superior**
[səpíəriər, su-]

a. 우수한, 상위의, 위의 *n.* 뛰어난 사람, 상사, 선배

- 파 **superiority** *n.* 우월, 탁월
- ◀» German cars are *superior* to Korean cars in many ways.
  독일 차는 한국 차보다 여러 면에서 우수하다.
- ☐ The quality of this paper is *superior*.
  이 종이는 우등품이다.
- ☐ I can't say anything to my *superiors*.
  나는 상사에게 아무 것도 말할 수 없다.
- ❖ super(위로, 넘어서) + ior(비교급 접미사)

1686. **prior**
[práiər]

a. 전의, 먼저의, 우선하는

- 파 **priority** *n.* 앞서기, 우선권
- 관 **prior to** ~에 우선해서
- ◀» Please consult me *prior* to making your final decision.
  최종 결정을 내리기 전에 나와 상의해 주십시오.
- ☐ Security is our top *priority*.
  안전이 최우선입니다.
- ❖ pri(제1의, 주요한) + or(비교급 접미사)

1687. major [méidʒər]
a. 중요한, 일류의, 큰, 다수의, 전공의 *n.* 전공과목
v. ⟨major in으로⟩ 전공하다

- 파 **majority** *n.* 대다수, 과반수
- 🔊 We have a *major* problem. 중대한 문제가 일어났다.
- □ His *major* concern is money. 그의 관심은 오로지 돈이다.
- □ What was your *major* at college? 대학에서의 전공은 무엇입니까?

1688. minor [máinər]
a. 중요하지 않은, 이류의, 적은, 소수의, 미성년의
n. 미성년자, 급이 낮은 사람, 부전공과목

- 파 **minority** *n.* 소수파, 소수민족
- 🔊 That's a *minor* point. 그것은 중요하지 않습니다.
- □ He's still a *minor*. 그는 아직 미성년이다.
- □ I'm afraid we're in the *minority*. 우리가 소수파 같습니다.
- ❖ min(작은) + or(비교급 접미사)

1689. cubic [kjú:bik]
a. 입방(체)의, 세제곱의

- 파 **cube** *n.* 입방체, 정육면체
- 관 **cubic content** 용적, 체적 **cube root** 세제곱근
- 🔊 This bottle holds 800 *cubic* centimeters. 이 병은 8백 씨씨 들어갑니다.
- ❖ cube(입방체) + ic(~에 관한, ~성질이 있는)

1690. specific [spisífik]
a. 명확한, 특정의, 독특한

- 파 **specify** *v.* 명확히 말하다, 지정하다 **specification** *n.* 상술, 명세서, 명료화
  specifically *ad.* 명확히, 구체적으로, 특히
- 🔊 Could you be more *specific*? 좀 더 구체적으로 말해 주시겠습니까?
- □ Do you have a *specific* date in mind? 특별한 희망일은 있습니까?
- ❖ species(kind:종류) + fic(만들다, 이루다)

1691. terrific [tərífik]
a. 대단한, 훌륭한, 무서운

🔊 That's *terrific*. 멋지다!
❖ terri(frighten;놀라다) + fic(일으키다)

1692. scientific
[sàiəntífik]

a. 과학의, 과학적인, 정확한

파 **science** *n.* 과학 **scientifically** *ad.* 과학적으로
관 **scientist** 과학자

🔊 His methods are not *scientific* at all. 그의 방법은 전혀 과학적이지 않다.
❖ scient(knowledge;지식) + fic(만들다, 이루다)

1693. public
[pʌ́blik]

a. 공공의, 공립의, 공개의, 공적인, 공공연한 *n.* 공중, 민중

파 **publicize** *v.* 공표하다 **publicity** *n.* 광고, 선전, 주자
  publicly *a.* 공공연히, 면전에서, 공개적으로
관 **in public** 사람들 앞에서, 공공연히

🔊 My children are going to a local *public* school.
내 아이들은 지방의 공립학교에 다니고 있다.
☐ I've never sung in *public*.
사람들 앞에서 노래를 부른 적이 없습니다.
❖ publ(people;사람들) + ic(형접;~에 관한, ~성질이 있는)

1694. academic
[æ̀kədémik]

a. 학문의, 비실제적인, 대학의

파 **academy** *n.* 학교, 예술원 **academically** *ad.* 학구적으로

🔊 His idea is entirely *academic*. 그의 생각은 전혀 실용적이 아니다.
❖ academy(학교) + ic(형접;~에 관한, ~성질이 있는)

1695. economic
[ìːkənámik, èk-/-nóm-]

a. 경제(학)의

파 **economize** *v.* 절약하다 **economy** *n.* 경제, 절약
관 **economical** 절약하는 **economically** 경제적으로 **economics** 경제학

🔊 I had to quit studying abroad for *economic* reasons.
경제적인 이유로 유학을 포기해야만 했다.
☐ Korea is now a great *economic* power.
한국은 지금 경제 대국이다.

- This car is *economical*.
  이 자동차는 경제적이다.
- economy(경제) + ic(형접;~에 관한, ~성질이 있는)

1696. **historic**
[histɔ́(:)rik /-tár-]

a. 역사상 유명[중요]한, 역사에 남은

파 **history** *n.* 역사 **historical** *a.* 역사의, 역사에 기초한

◀)) This is a *historic* moment. 이것은 역사적 순간이다.
- history(역사) + ic(형접;~에 관한, ~성질이 있는)

1697. **electric**
[iléktrik]

a. 전기의

파 **electricity** *n.* 전기 **electrical** *a.* 전기에 관한
관 **electric al appliances** 전기 기구 **electric power** 전력

◀)) Can I use the *electric* blanket? 전기 담요를 사용해도 됩니까?

1698. **basic**
[béisik]

a. 기초의, 기본적인, 근본적인 *n.* 〈복수형으로〉 기초, 근본

파 **basically** *ad.* 근본적으로

◀)) This is the *basic* plan. 이것이 기본 계획입니다.
- Let's get back to the *basic*. 기본으로 돌아가자.
- base(기본) + ic(형접;~에 관한, ~성질이 있는)

1699. **enthusiastic**
[enθùːziǽstik]

a. 열광적인, 열중[몰두]하는, 열심인

파 **enthusiasm** *n.* 열중, 열광, 열심 **enthusiastically** *ad.* 열광적으로, 열심히

◀)) He is *enthusiastic* about his new job. 그는 새 일에 매우 열심이다.
- He has a great *enthusiasm* for teaching. 그는 매우 교육에 열심이다.
- enthusiast(열렬한 지지자) + ic(형접;~에 관한, ~성질이 있는)

1700. **fantastic**
[fæntǽstik]

a. 매우 멋진, 어처구니없는, 기묘한

파 **fantasy** *n.* 공상 **fantastically** *ad.* 어처구니없이

🔊 That's *fantastic*. 멋지다!
❖ fantasy(공상) + ic(형접;~에 관한, ~성질이 있는)

1701. **domestic**
[douméstik]
a. 국내[국산]의, 가정[가사]의, 사람에게 길들여진

파 **domesticate** *v.* 길들이다
관 **domestic affairs** 가사 **domestic products** 국산품
🔊 We have many difficult *domestic* problems to solve.
풀어야 할 국내 문제가 많이 있다.
❖ dome(집, 주인) + st + ic(형접;~에 관한, ~성질이 있는)

1702. **optimistic**
[àptəmístik]
a. 낙관[낙천]적인 반 **pessimistic** 비관적인

관 **optimism** 낙천주의 **optimist** 낙천가
🔊 I think you're a bit too *optimistic*.
당신은 너무 낙관적이다.
❖ optimist(낙천가) + ic(형접;~에 관한, ~성질이 있는)

1703. **mean²**
[miːn]
a. 기분 나쁜, 미천한, 인색한

파 **meanness** *n.* 보잘것없음, 비열, 천함
🔊 I think you're being *mean* to her.
그녀에게 심술궂군요.

GROUP 92

Round 1 □ 월 일
Round 2 □ 월 일
Round 3 □ 월 일

1704. **human** [hjúːmən] *a.* 인간의, 인간적인 *n.* 인간

- 파 **humanize** *v.* 인간성을 부여하다 **humanity** *n.* 인간성
  humanly *ad.* 인간적으로
- 관 **human nature** 인간성 **human being** 인간
- 🔊 It seems to be *human* nature to tell lies. 거짓말을 하는 것은 인간의 본성 같다.
- ❖ hum(사람) + an(~에 관한, ~대한 성질이 있는)

1705. **mistaken** [mistéikən] *a.* 틀린, 오해한, 판단이 잘못된

- 파 **mistake** *v.* 실수하다 *n.* 오해 **mistakenly** *ad.* 잘못하여, 실수로
- 🔊 I guess I was *mistaken* after all. 결국 착각을 하고 있었군요.
- ☐ You're mistaken. 당신은 실수했다.
- ❖ mis(잘못된) + take(취하다) + en(~에 관한, ~대한 성질이 있는)

1706. **rotten** [rátn/rɔ́tn] *a.* 썩은, 부패한

- 파 **rot** *v.* 썩다, 부패하나
- 🔊 This apple is *rotten*. 이 사과는 썩었다.
- ☐ You're *rotten* to the core. 당신은 뼛속까지 썩어 있다.
- ❖ rot(썩다)+ en(~에 관한, ~대한 성질이 있는)

1707. **foreign** [fɔ́(ː)rin, fár-] *a.* 외국의, 대외의, (기관 등에) 이질의, 무관계의

- 관 **foreigner** 외국인
- 🔊 Our bodies are made to reject *foreign* objects.
  우리 몸은 이물질을 거부하도록 되어 있다.
- ☐ She's going to marry a *foreigner*. 그녀는 외국인과 결혼한다.

형용사

1708. **plain**
[plein]

a. 명백한, 평이한, 간결한, 솔직한, 보통의, 무늬 없는 *n.* 평원

- 파 **plainly** *ad.* 명백히, 솔직히, 수수하게
- It's *plain* to see he doesn't like his job.
  그가 일을 싫어하는 것은 누구의 눈에도 명백하다.
- She's rather *plain* girl. 그녀는 보통의 평범한 여자이다.

1709. **main**
[mein]

a. 주요한, 가장 중요한

- 파 **mainly** *ad.* 주로, 대부분은
- You're missing the *main* point. 중요한 점을 놓치고 있다.

1710. **certain**
[sə́ːrtən]

a. 틀림없는, 확실한, 반드시 ~하는, 어느 (정도의), 일정의
반 **uncertain** 확실하지 않은, 자신 없는

- 파 **certainly** *n.* 확실성   **certainly** *ad.* 확실히, 정말
- 관 **for certain** 확실히   **make certain** ~를 확실히 하다
- I'm *certain* this stock will go up. 이 주식은 틀림없이 오른다.
- I'm *certain* of[about] your success. 당신의 성공을 확신한다.
- It's *certain* he'll get a promotion. 그가 승진하는 것은 확실하다.
- Make *certain* all the students are on board.
  학생들이 모두 탔는지 확인해 주십시오.
- Well, *certainly*. 예, 알겠습니다.
- It *certainly* does[is]. 확실히 그렇습니다.
- ❖ cert(sure;확실한) + ain(an;형용사형 접미사)

1711. **thin**
[θin]

a. 얇은, 가는, 홀쭉한, 희박한, 적은, 내용 없는 반 **thick** 짙은
ad. 얇게, 가늘게   *v.* 엷게[가늘게] 하다, 솎아내다

- 파 **thinly** *ad.* 얇게
- The ice is too *thin* to skate on. 스케이트를 타기에는 얼음이 너무 얇다.
- He is *thin* and weak. 그는 말라서 약하다.
- The hair is *thinning*. 머리가 빠지고 있다.

1712. **common** [kámən/kɔ́m-]
a. 공통의, 공유의, 보통의 n. 공유지

- 파 **commonly** ad. 보통
- 관 **have~in common** ~를 공유하다   **common sense** 상식
- It is **common** knowledge that he is the man behind the scenes.
  그에게 흑막이 있다는 것은 주지의 사실이다.
- We have a lot of things in **common**.
  우리에게는 많은 공통점이 있다.

1713. **modern** [mádərn/mɔ́d-]
a. 현대[근대]의, 최근의, 최신의 n. 현대인

- 파 **modernize** v. 근대[현대]화 하다   **modernity** n. 현대적임
- Are you interested in **modern** art? 근대 회화에 흥미가 있어요?

1714. **stern** [stə:rn]
a. 엄격한, 가차없는, 가혹한

- Is your boss always so **stern**? 상사는 항상 그렇게 엄해요?

1715. **born** [bɔ:rn]
a. 타고난, 천성의; 〈수동태로〉 태어난

- 파 **bear** v. 낳다
- 관 **born and bred** 순수한
- He's a **born** salesman. 그는 타고난 세일즈맨이다.
- I've known you since you were **born**. 태어날 때부터 당신을 알고 있었다.

1716. **stubborn** [stʌ́bərn]
a. 완고한, 고집센, 완강한, 단단한, 다루기 힘든

- 파 **stubbornness** n. 완고, 외고집, 불굴   **stubbornly** ad. 완고하게
- My father is very **stubborn**. 아버지는 매우 완고하시다.
- ❖ stub(그루터기) + born(타고난)

형용사

1717. own
[oun]
a. 자기자신의, 독특한
n. ⟨one's own으로⟩ 자기자신의 것 *v.* 소유하다, 인정하다

관 **of one's[own]** 자기자신의 **on one's[own]** 혼자 힘으로, 혼자서, 스스로

- We have our *own* way of doing business.
  우리는 우리대로의 방식이 있습니다.
- You want to be on your *own*, don't you?
  독립하고 싶죠?
- My father *owns* a newspaper.
  아버지는 신문사를 경영하고 있다.

1718. unknown
[ʌnóun]
a. 미지의, 불명의, 무명의, 헤아릴 수 없는
n. 무명인, 미지의 세계, 미지수 반 **well-known** 유명한

- That company was relatively *unknown* until recently.
  그 회사는 최근까지 비교적 알려져 있지 않았다.
- un(아닌) + known(알려진)

1719. outstanding
[àutstǽndiŋ]
a. 현저한, 저명한, 미해결인

- He did an *outstanding* job. 그는 매우 뛰어난 일을 했다.
- These bills are *outstanding*. 이 청구서는 미불입니다.
- out(밖으로) + stand(서다) + ing(~에 관한, ~대한 성질이 있는)

1720. willing
[wíliŋ]
a. 기쁘게 (~하는), (~하는 것을) 꺼리지 않는
반 **unwilling** ~하고 싶지 않은

파 **willingness** *n.* 기꺼이 하기 **willing** *ad.* 기꺼이, 기쁘게

- I'm *willing* to help. 기쁘게 돕겠습니다.
- will(의지를 발동하다) + ing(형접;~에 관한, ~성질이 있는)

1721. startling
[stáːrtliŋ]
a. 놀랄만한; 놀랄 정도로

파 **startle** *v.* 깜짝 놀라게 하다

- The price is *startling*, isn't it? 놀랄만한 값이군요.

☐ I was ***startled*** by the news. 그 소식에 매우 놀랐다.
❖ startle(펄쩍 뛰게하다) + ing(형접;~에 관한, ~성질이 있는)

1722. **charming**
[tʃáːrmiŋ]
a. 〈사람, 사물에 써서〉 매력적인, 멋진

파 **charm** *v.* 황홀하게 하다, 매료하다 *n.* 매력, 마력, 주문

🔊 She's ***charming***, witty and graceful.
그녀는 매력적이고 재치가 있고 상냥하다.

❖ charm(매혹하다) + ing(형접;~에 관한, ~성질이 있는)

1723. **ongoing**
[ángòuiŋ, ɔ́(ː)-]
a. 진행 중인, 전진하는

🔊 High inflation is an ***ongoing*** problem in many countries.
많은 나라에서 고인플레이션이 진행 중입니다.

❖ on(~를 향하여) + go(가다) + ing(형접;~에 관한, ~성질이 있는)

1724. **amusing**
[əmjúːziŋ]
a. 재미있는, 즐거운

파 **amuse** *v.* 즐겁게 하다 **amusement** *n.* 오락 **amused** *a.* 흥겨워 하는

🔊 Yesterday I saw a very ***amusing*** program on TV.
어제 텔레비전에서 아주 재미있는 프로그램을 보았다.

❖ amuse(즐겁게하다) + ing(형접;~에 관한, ~성질이 있는)

GROUP 93

Round 1 □ 월 일
Round 2 □ 월 일
Round 3 □ 월 일

1725. fascinating
[fǽsənèitiŋ]
a. 멋진, 매력적인

파 **fascinate** *v.* 매혹하다, 황홀하게 하다   **fascination** *n.* 매혹, 매료

- How *fascinating*! 멋지다!
- You *fascinate* me. 당신에게 반했다.
- ❖ fascinate(매혹하다) + ing(형접;~에 관한, ~성질이 있는)

1726. disgusting
[disgʌ́stiŋ]
a. 진절머리나는, 구역질나는

파 **disgust** *v.* 진절머리나게 하다, 정나미 떨어지게 하다   *n.* 혐오, 넌더리

- That's *disgusting*. 그것은 정말 싫다.
- I'm *disgusted* with you. 당신에게는 정말 질렸다.
- ❖ disgust(혐오감을 유발하다) + ing(형접;~에 관한, ~성질이 있는)

1727. amazing
[əméiziŋ]
a. 놀랄만한

파 **amaze** *v.* ~를 놀라게 하다   **amazement** *n.* 놀람
관 **be amazed at** ~에 놀라다

- It's truly *amazing* that she won the lottery twice.
  = I'm *amazed* that she won the lottery twice.
  그녀가 두 번씩이나 복권에 당첨되어서 정말 놀랐다.
- ❖ amaze(놀라게하다) + ing(형접;~에 관한, ~성질이 있는)

1728. strong
[strɔ(ː)ŋ, strɑŋ]
a. 강한, 강건한, 튼튼한, 유력한

파 **strengthen** *v.* 강화하다   **strength** *n.* 힘, 강함, 능력
strongly *ad.* 강하게, 견고히, 열심히
관 **be going strong** 쇠퇴하지 않다, 건강하다

- We have very *strong* management. 우리 회사의 경영은 매우 우수하다.

- I'm still going *strong*. 아직 잘 하고 있습니다.
- I have no *strength* left. 이제 힘이 없습니다.

1729. **wrong**
[rɔːŋ, rɑŋ]

a. 틀린, 나쁜, 부적당한, 반대쪽의, 거꾸로의; 나쁘게, 틀려, 거꾸로

파 **wrongly** *ad.* 부당하게, 불법으로, 틀려
관 **get it wrong** 오해하다　**go wrong** 실패하다, 길을 잘못 들다
　　be in the wrong 잘못한　**do a person wrong** ~을 부당하게 대우하다

- What's *wrong* with him? 그에게 무슨 일이 있습니까?
- Is anything *wrong*? 무슨 일입니까?
- You're *wrong*. 당신이 틀렸다.
- Don't get me *wrong*. 오해 말아 주십시오.

1730. **each**
[iːtʃ]

a. 각각의　*n.* 각자, 각각

관 **each and every** 〈**every**의 강조〉 각기 ~모두　**each time** 매번, 예외 없이
　　each other 서로

- How long have you known *each* other?
  서로 알고 지낸 지 얼마나 됩니까?
- I wish to thank *each* and every one of you for attending our dance tonight.
  여러분, 오늘밤 댄스 파티에 참가해 주셔서 대단히 감사합니다.
- Let's be honest with *each* other.
  서로 솔직해집시다.

1731. **rich**
[ritʃ]

a. 부자의, 부유한, 고가인, 영양이 풍부한, 기름진, 짙은

파 **richness** *n.* 풍부함　**richly** *ad.* 부유하게, 충분히

- You're *rich* and famous, and you have a beautiful wife.
  당신은 부자이고 유명하며 아름다운 아내가 있다.
- The food is a bit too *rich*.
  음식은 좀 느끼하다.

1732. **such**
[sʌtʃ]

a. 이러한, 매우 ~한, 그같은　*n.* 그와 같은 것

관 **such and such** 여차여차한, 이러이러한

형용사

🔊 You shouldn't have said **such** a thing.
그런 말은 하지 않아야 했다.

☐ Why are you in **such** a hurry?
왜 그렇게 서두르고 있습니까?

1733. **enough**
[ináf]
a. 충분한, ~하기에 족한 n. 충분(한 양) ad. 충분히

관 **more than enough** 충분하게

🔊 I've saved **enough** money for a trip to Europe.
유럽여행하기에 충분한 돈을 저축했다.

☐ That's **enough**.
그것으로 충분합니다.

☐ That's good **enough** for me.
나는 됐습니다.

☐ Have you had **enough**?
충분히 드셨습니까?

1734. **rough**
[rʌf]
a. 거친, 울퉁불퉁한, 조잡한, 괴로운, 대강의

파 **roughly** ad. 난폭하게, 대략

🔊 I had a **rough** day on the job. 오늘 일은 힘들었다.

☐ Give me a **rough** number. 대략의 수를 가르쳐 주십시오.

1735. **tough**
[tʌf]
a. 강한, 완고한, 굳센, 어려운, 〈고기 등이〉 단단한 n. 깡패

파 **toughen** v. 강하게 하다, 어렵게 만들다

🔊 He is a **tough** businessman.
그는 만만치 않은 사업가다.

1736. **selfish**
[sélfiʃ]
a. 이기적인, 자기본위의, 방자한
반 **unselfish** 이기적이지 않은

파 **selfishness** n. 제멋대로임 **selfishly** ad. 이기적으로

🔊 His motives were completely **selfish**.
그의 동기는 오로지 이기적이었다.

❖ self(자기) + ish(형접;~와 같은)

1737. **foolish**
[fúːliʃ]

a. 어리석은, 바보 같은

파 **fool** *v.* 바보 취급하다, 우롱하다 *n.* 어리석은 자, 바보 **foolishly** *ad.* 어리석게도
관 **make a fool of** ~를 바보 취급하다
make a fool of oneself 바보짓을 하여 웃음거리가 되다

- I feel *foolish* going to see this movie.
  이 영화를 보러 가는 건 바보스러운 것 같다.
- Don't be *foolish*.
  현명하세요.

❖ fool(바보) + ish(형접;~와 같은)

1738. **harsh**
[hɑːrʃ]

a. 거친, 조잡한

파 **harshly** *ad.* 거칠게, 엄하게

- I don't think such *harsh* words are necessary.
  그렇게 엄하게 말하지 않아도 된다고 생각해요.
- Don't be so *harsh* with the children.
  아이들에게 그렇게 엄하지 마세요.

1739. **smooth**
[smuːð]

a. 매끄러운, 조용한, 온건한, 사근사근한, 원활히 움직이는
v. 반반[평평]하게 하다, 용이[원활]하게 하다, 안정시키다

파 **smoothly** *ad.* 매끄럽게

- How come your hands are so *smooth*?
  어떻게 그렇게 부드러운 손을 가지고 있죠?
- The plans are going *smoothly*.
  계획은 순조롭게 진행되고 있다.

1740. **worth**
[wəːrθ]

a. ~가치가 있는, 값이 ~인 *n.* 가치, 상당한 분량

파 **worthy** *a.* 어울리는, 가치 있는
관 **worthless** 가치 없는

- This little piece of land is *worth* 100 million won.
  이 작은 땅이 1억원 이상 한다.
- It's not *worth* the effort.
  그것은 노력할 만한 가치가 없다.

□ I'm afraid he's not **worthy** of you.
그는 당신과 어울리지 않는 것 같다.

1741. **weak**
[wi:k]

a. 약한, 열등한, 서투른, (음식물이) 묽은

파 **weaken** *v.* 약하게 하다, 묽게 하다   **weakness** *n.* 약한 것, 약점

◀) I'm feeling a little **weak**.
좀 기운이 없습니다.

□ I'm **weak** in mathematics.
수학에는 약합니다.

1742. **thick**
[θik]

a. 굵은, 두꺼운, 진한, 빽빽한   *ad.* 두껍게
n. 가장 굵은[밀집한] 부분

파 **thicken** *v.* 두껍게[굵게, 진하게] 하다

◀) The book I have to read for the report is very **thick**.
독서 감상문용 책은 매우 두껍다.

□ This soup is too **thick**.
이 수프는 너무 되다.

GROUP 94

Round 1 □ 월 일
Round 2 □ 월 일
Round 3 □ 월 일

1743. sick [sik]   *a.* 병든, 구역질나는, 소름끼치는, 지친

파 **sicken** *v.* 구역질이 나게 하다, 물리게 하다   **sickness** *n.* 병
   sickening *a.* 진저리나게 하는

- My mother is *sick*. 어머니는 아프시다.
- I'm *sick* of this job. 이 일에는 질렸다.
- You make me *sick*. 당신을 보고 있으면 화가 치민다.

1744. quick [kwik]   *a.* 빠른, 급속한, 민첩한, 순간의

파 **quicken** *v.* 빠르게 하다   **quickly** *ad.* 빨리, 서둘러

- Let's be *quick*. 서두르자.
- I don't want to make a *quick* decision. 결정은 서둘러 주십시오.
- Come *quick*. 빨리 와.

1745. drunk [drʌŋk]   *a.* 술취한 *n.* 굳은, 만취한 사람

관 **drunken** 〈보통, 한정적 용법으로〉 술에 취한   **drunkenness** 취기

- I got *drunk*. 나는 취했다.
- He's a real *drunk*. 그는 정말 취했다.

1746. random [rǽndəm]   *a.* 임의의, 무작위의, 닥치는 대로

관 **at random** 마구잡이로

- The police sometimes conduct *random* checking for drugs.
  경찰은 때때로 마약 임의 수사를 한다.
- The participants were chosen at *random*.
  참가자는 무작위로 선출됐다.

형용사

1747. **warm**
[wɔːrm]

a. 따뜻한, 훈훈한, 다정한, 흥분한, 따뜻한 색의
v. 데우다, 따뜻하게 하다, 열심히 하게 하다

파 **warmth** n. 따뜻함, 열심, 흥분   **warmly** ad. 따뜻하게, 열심히, 정성껏
관 **warm over** 다시 데우다, 다시 덥히다
  warm up 따뜻해지다, 격앙하다, 준비운동을 하다

- This bread is still *warm*. 이 빵은 아직 따뜻하다.
- He's a *warm* guy. 그는 마음이 따뜻한 사람이다.
- We just need a few minutes to *warm* up. 준비운동에 몇 분 필요하다.

1748. **firm**
[fəːrm]

a. 단단한, 안정[고정]된, 확고한   ad. 견고하게

파 **firmly** ad. 단단히, 단호히

- This table is not *firm*. 이 테이블은 튼튼하지 않다.
- Hold the camera *firmly* with both hands. 양손으로 카메라를 꽉 잡아 주십시오.

1749. **medium**
[míːdiəm]

a. 중간의, 중위의, 보통의   n. 중간, 중위, 매개물

- I'll have my steak *medium*. 스테이크는 미디엄으로 주십시오.
- ❖ mid(중간의) + um(명사형 어미)

1750. **minimum**
[mínəməm]

a. 최소(한)의   n. 최소량, 최소한도

파 **minimize** v. 최소한도로 하다   **minimal** a. 최소(한도)의

- What's the *minimum* amount to open an account?
  계좌를 개설하려면 얼마나 예금을 하면 됩니까?
- Keep expenses to a *minimum*.
  지출을 최대한 억제해 주십시오.
- ❖ mini(가장 작은) + um(명사형 어미)

1751. **maximum**
[mǽksəməm]

a. 최대(한)의   n. 최대량, 최대한도

파 **maximize** v. 최대로 하다

- What's the *maximum* amount we can spend? 지출 상한은 얼마입니까?

1752. cheap
[tʃiːp]

a. 싼, 싸구려의, 쉽게 얻을 수 있는, 인색한

파 **cheapen** *v.* 싸게 하다   **cheapness** *n.* 염가, 저렴   **cheaply** *ad.* 싸게, 싸구려로
관 **feel cheap** 기분이 나쁘다

- This watch was very *cheap*. 이 시계는 매우 쌌다.
- I got this watch very *cheap*. 이 시계를 매우 싸게 샀다.

1753. asleep
[əslíːp]

a. 잠들어, (손발이) 저려

관 **fall asleep** 잠들다

- Betty, are you *asleep*? 베티, 자니?
- I fell *asleep* while I was watching the movie.
  영화를 보고 있는 사이에 잠들어 버렸다.
- ❖ a(~에, ~위에) + sleep(자다)

1754. steep
[stiːp]

a. 가파른, 험한, (값 등이) 터무니없는   *n.* 경사면, 절벽

- This slope is very *steep*. 경사가 가파르다.

1755. sharp
[ʃɑːrp]

a. 날카로운, 가파른, 심한, 총명한, 명확한
v. 날카롭게, 심하게, 정각에

파 **sharpen** *v.* 날카롭게 하다, 깎다   **sharply** *ad.* 날카롭게, 갑자기, 심하게

- Leslie is a *sharp* girl. 레슬리는 영리한 여자다.
- The meeting will begin at 2 o'clock *sharp*. 회의는 2시 정각에 시작됩니다.
- *Sharpen* your pencils. 연필을 깎으세요.

1756. few
[fjuː]

a. 약간의, 다소의, 거의 없는, ⟨a~로⟩ 다소의, 조금은 (있는)
n. ⟨a~로⟩ 소수의 사람[것], ⟨the~로⟩ 소수

관 **a good few**, **not a few** 꽤 많은   **quite a few** 다수의

- I'm leaving in a *few* minutes. 몇 분 뒤에 떠납니다.
- *Few* people know the truth about him. 그에 관해서 사실을 아는 사람은 없다.

1757. low [lou]
a. 낮은, 활력이 없는, 저질의, 표준 이하의
ad. 낮게, 야비하게, 검소하게 n. 낮은 것, 최저 가격

파 **lower** v. 낮추다, 한 층 내리다
- We're *low* on gas. 가솔린이 떨어졌다.
- We're *low* this month. 이번 달은 경제적으로 어렵다.
- We don't want to *lower* our standard. 수준을 내리고 싶지 않다.

1758. narrow [nǽrou, -rə]
a. 폭이 좁은, 한정된, 편협한, 빠듯한 v. 좁히다, 제한하다

파 **narrowly** ad. 간신히
관 **narrow down** 국한하다
- I don't like driving on *narrow* streets. 좁은 길을 운전하기는 싫다.
- We'll *narrow* down the participants to 12. 참가자를 12명까지 좁혔다.

1759. brief [bri:f]
a. 단기간의, 간결한, 짤막한 n. 요약, 배경 설명, 개요
v. 필요한 정보를 주다, 요약하다

파 **brevity** n. 간결함, (시간의) 짧음 **briefly** ad. 간단히
관 **to be brief** 간단히 말하면, 요컨대 **briefing** 개략 설명
- I'll be *brief*. 내 말은 곧 끝납니다.
- Let's make a *brief* stop at the next service area.
  다음 휴게소에서 좀 멈추자.

1760. stiff [stif]
a. 굳은, 경직된, 완고한, 격렬한
ad. 굳게, 경직해서, 심하게, 완전히

파 **stiffen** v. 굳어지다, 강하다 **stiffly** ad. 굳게
- Our conversation was very *stiff*. 우리의 대화는 매우 딱딱했다.
- I have a *stiff* neck. 어깨가 결린다.

1761. extra [ékstrə]
a. 여분의, 특별한, 임시의 n. 여분의 것, 추가요금

- I have an *extra* bag. 여분의 가방이 하나 있습니다.

1762. **complex** [kəmpléks] *a.* 복합의, 복잡한   *n.* 복합[집합]체, 콤플렉스, 고정[강박]관념

관 **housing complex** 주택단지

🔊 It's a *complex* problem. 그것은 복잡한 문제입니다.

회화잡는 스피킹 영단어 3300

PART 4
부사 99

GROUP

095
>
099

GROUP 95

Round 1 ☐ 월 일
Round 2 ☐ 월 일
Round 3 ☐ 월 일

1763. **away** [əwéi]
ad. 떨어져, 저쪽으로, 사라져

관 **right away** 즉시
- Stay *away* from him. 그에게는 가까이 가지 마세요.
- I need them right *away*. 그것들이 지금 즉시 필요합니다.
- a(~쪽으로) + way(길)

1764. **halfway** [hǽfwéi, hɑːf-]
ad. 중간에서, 중도에서

관 **meet a person halfway** 남과 서로 다가서다, 타협하다
- I'm *halfway* through the book now. 그 책은 반 정도까지 읽었다.
- I have to meet him *halfway*. 그와 타협해야 한다.
- half(절반) + way(길)

1765. **anyway** [éniwèi]
ad. 어떻게 해서라도, 어쨌든, 아무튼

- I have to go and see her, *anyway*. 어쨌든 그녀를 만나야 한다.
- Thanks, *anyway*. 어쨌든 감사합니다.
- *Anyway* if you free, could you help me? 아무튼 시간 되면 나 좀 도와줄 수 있어?
- any(어떤) + way(방법)

*참조
회화에서 anyway는 화제를 전환하기 위해 사용하는 표현이다. anyhow, by the way도 같은 뜻이다.

1766. **already** [ɔːlrédi]
ad. 〈긍정문에서〉 이미, 벌써, 이전에

- I've *already* prepared supper. 이미 저녁 준비를 했다.
- Have you finished that bottle of whiskey *already*? 벌써 위스키를 한 병 마셨어?
- al(모든) + ready(준비)

1767. **probably**
[prábəbli/prɔ́b-]

ad. 필시, 대개는

파 **probability** *n.* 있음직함, 확률　**probable** *a.* 있음직한, 그럴싸한, 유망한

🔊 We'll *probably* need more money. 아마 돈이 더 들 것이다.

❖ prob(증명) + able(형접;할 수 있는) + ly(부접)

*참조

absolutely 〉 certainly, surely 〉 probably, likely 〉 perhaps, maybe, possibly의 순서로 확실성이 약하다.

1768. **rapidly**
[rǽpidli]

ad. 빨리, 신속히

파 **rapid** *a.* 빠른, 급한

🔊 The standard of living improved *rapidly* after the war.
전후 생활 수준이 급격히 향상되었다.

❖ rapid(빠른) + ly(부접)

1769. **hardly**
[háːrdli]

ad. 거의 ~아니다

관 **hardly ever** 좀처럼 ~않다

🔊 I can *hardly* wait. 더 기다릴 수 없다.
☐ It was *hardly* used. 한 번도 사용 안 한 거야.

❖ hard(힘든) + ly(부접)

*참조

always 〉 usually 〉 often, frequently 〉 sometimes 〉 occasionally 〉 seldom, hardly, scarcely의 순서로 빈도가 약해진다.

1770. **nicely**
[náisli]

ad. 멋지게, 훌륭하게, 정확히

파 **nicety** *n.* 멋있는 것, 정밀함　**nice** *a.* 좋은, 흡족한

🔊 He handled it *nicely*. 그는 그것을 잘 처리했다.
☐ Your shirt goes *nicely* with your suit. 당신의 셔츠는 양복에 잘 어울린다.

❖ nice(좋은) + ly(부접)

1771. scarcely
[skéərsli]

ad. 거의 ~아닌, 가까스로, 겨우

- 파 **scarcity** n. 부족, 결핍, 희귀함 **scarce** a. 결핍된, 부족한, 진귀한
- 관 **scarcely ever** 좀체로 ~않다
- 🔊 You can *scarcely* buy anything with 100 won these days.
  요즘 천 원으로는 거의 아무 것도 살 수 없다.
- ❖ scarce(부족한) + ly(부접)

1772. largely
[láːrdʒli]

ad. 대부분은, 대개, 주로, 크게

- 파 **large** a. 큰, 넓은
- 🔊 This problem is *largely* your fault. 이 문제가 일어난 것은 주로 당신 때문이다.
- ❖ large(큰) + ly(부접)

1773. namely
[néimli]

ad. 즉, 바꾸어 말하면

- 🔊 There is one main disadvantage to my apartment, *namely*, a lack of space. 내 아파트는 매우 큰 결점이 있습니다. 다시 말해서 좁다는 것입니다.
- ❖ name(이름) + ly(부접)

1774. extremely
[ikstríːmli]

ad. 극단적으로, 지극히, 매우

- 파 **extreme** n. 극도, 과도 a. 심한, 극도의, 가장 먼
- 🔊 This baby is *extremely* ill. 이 아기는 매우 아프다.
- ☐ Your idea is too *extreme*. 당신의 생각은 너무 극단적이다.
- ❖ extrem(극단의) + ly(부접)

1775. barely
[béərli]

ad. 간신히, 가까스로, 겨우

- 파 **bare** a. 벌거벗은, 노출된, 사실대로의
- 🔊 I can *barely* hear you. 목소리가 잘 들리지 않습니다.
- ❖ bare(벌거벗은) + ly(부접)

1776. **merely** [míərli]
ad. 그저, 단지

파 **mere** *a.* 단순한, 그저, 순진한

🔊 I was ***merely*** asking a question. 단지 질문만 했을 뿐입니다.
□ All I got was a ***merely*** "thank you". 대답은 단지 「고맙다」라는 한 마디 뿐이었다.
❖ mere(단순한) + ly(부접)

1777. **precisely** [prisáisli]
ad. 정확히, 정밀하게, 〈대답으로〉 맞아요

파 **precision** *n.* 정확, 정밀함, 정도   **precise** *a.* 정확한, 명확한, 엄밀한

🔊 I know ***precisely*** what you mean. 말하고자 하는 것은 잘 알고 있다.
□ ***Precisely***. 맞아요.
□ Can't you be a little more ***precise***? 좀 더 정확히 말해 주시겠습니까?
❖ precise(정확한) + ly(부접)

1778. **immediately** [imí:diətli]
ad. 곧, 즉시, 직접적으로

파 **immediate** *a.* 직접적인, 당면한, 즉시의
관 **immediate answer** 즉답

🔊 Report ***immediately*** to the infirmary. 보건소에 지금 즉시 연락해 주십시오.
❖ immidate(즉시의) + ly(부접)

1779. **approximately** [əpráksəmitli /-rɔ́k]
ad. 대략, 대체로

파 **approximation** *n.* 추정   **approximate** *a.* 근사한

🔊 The cost is ***approximately*** $1,500. 비용은 약 1500달러입니다.
❖ approximate(대략의) + ly(부접)

1780. **deliberately** [dilíbəritli]
ad. 고의적[계획적]으로, 신중히

파 **deliberate** *v.* 숙고하다 *a.* 고의의, 신중한   **deliberation** *n.* 숙고, 신중

🔊 He ***deliberately*** went late to the meeting. 그는 일부러 회의에 늦게 갔다.
❖ deliberate(숙고하다) + ly(부접)

1781. **desperately**
[déspəritli]

ad. 필사[극단]적으로, 절망적으로, 무지무지하게

파 **desperation** *n.* 자포자기, 절망 **desperate** *a.* 흥하든 망하든, 필사적인, 절망적인

🔊 I need money ***desperately***. 많은 돈이 필요하다.

He is ***desperate*** to find a job. 그는 필사적으로 직업을 구하고 있다.

❖ desperate(절망적인) + ly(부접)

1782. **absolutely**
[æ̀bsəlúːtli]

ad. 완전히, 절대적으로

파 **absolute** *n.* 절대적인 것 *a.* 절대의, 순수한, 확실한

🔊 You're ***absolutely*** right.
당신이 절대 옳습니다.

❖ absolute(절대의) + ly(부접)

1783. **chiefly**
[tʃíːfli]

ad. 주로, 우선

파 **chief** *n.* 우두머리, 수령 *a.* 주된, 최고의

🔊 I'm ***chiefly*** concerned about last month's poor sales.
지난달의 판매 부진이 제일 마음에 쓰인다.

❖ chief(최고의) + ly(부접)

1784. **forever**
[fərévər]

ad. 영원[영구]히, 언제나, 〈진행형과 함께 써서〉 끊임없이, 쉴 새 없이 *n.* 영원, 영구

🔊 If you don't ask Nancy to the dance, you'll regret it ***forever***.
낸시에게 춤추자고 권하지 않으면 일생 후회하게 될 것이다.

❖ for(미리) + ever(이제까지)

GROUP 96

Round 1 ☐	월	일
Round 2 ☐	월	일
Round 3 ☐	월	일

1785. **highly**
[háili]

ad. 대단히, 크게, 격찬하여

- 파 **high** a. 높은, 고등의, 원기왕성한
- 관 **think[speak] highly of** ~를 높이 평가하다
- 🔊 I *highly* recommend this wine. 이 와인을 정말 마셔보세요.
- ❖ high(주요한) + ly(부접)

1786. **thoroughly**
[θə́:rouli, θʌ́r-]

ad. 충분히, 완전히, 철저히

- 파 **thorough** a. 완전한, 철저한, 전적인
- 🔊 I've checked everything pretty *thoroughly*.
  모두 철저히 체크했다.
- ❖ thorough(처음부터 끝까지) + ly(부접)

1787. **primarily**
[praimérəli]

ad. 주로, 첫째로, 원래

- 파 **primary** n. 제일의 것, 예비선거 a. 제일의, 주요한, 본래의, 초등의
- 관 **prime** 가장 중요한, 최고위의, 최초의; 전성기, 장년기
  secondary 제2의, 2차원적인, 중등의
- 🔊 The lecture was *primarily* about U.S.-Korea trade friction.
  강연은 주로 한미 무역마찰에 관해서였다.
- ☐ My *primary* concern is your health.
  제일의 관심사는 당신의 건강이다.
- ❖ primari(제일의) + ly(부접)

1788. **hastily**
[héistili]

ad. 서둘러, 허둥지둥, 급히

- 파 **hasten** v. 서두르다, 급히 가다 **haste** n. 서두름, 성급 **hasty** a. 바삐 서두는
- 관 **in haste** 서둘러 **make haste** 서두르다

🔊 Don't give your answer ***hastily***. 성급하게 대답하지 마세요.
❖ hasty(급한) + ly(부접)

1789. frankly
[frǽŋkli]

ad. 솔직히 (말해서)

파 **rank** *a.* 솔직한
관 **frankly speaking** 솔직히 말해서

🔊 ***Frankly***, I think you're a bit too optimistic.
솔직히 말해서 당신은 너무 낙관적입니다.

☐ I told him ***frankly*** that he wasn't doing a good job.
나는 그에게 일하는 게 좋지 않다고 확실히 말했다.

❖ frank(솔직한) + ly(부접)

1790. especially
[ispéʃəli]

ad. 특히, 유달리

🔊 I ***especially*** like this one. 특히 이것이 좋습니다.
❖ especial(특별한) + ly(부접)

1791. finally
[fáinəli]

ad. 끝으로, 마침내, 드디어

파 **finalize** *v.* 마무리하다, 결말짓다 **final** *n.* 최후의 것, 결승전 *a.* 최후의

🔊 They ***finally*** got married. 그들은 결국 결혼했다.
☐ I ***finally*** made it. 결국 해냈다.
❖ final(최후의) + ly(부접)

1792. literally
[lítərəli]

ad. 문자 그대로, 축어적으로, 실제로

파 **literal** *a.* 문자의, 문자 그대로의, 축어적인

🔊 Don't take what he said ***literally***. 그의 말을 글자대로 받아들이지 마세요.
❖ literal(문자의) + ly(부접)

1793. totally
[tóutəli]

ad. 아주, 모두

파 **total** *v.* 합계하다 *n.* 합계, 총계 *a.* 전체의, 완전한

관 **totality** 전체
- I'm *totally* disgusted with him. 정말 그에게는 질렸다.
- What is the *total* cost of the trip? 여행비는 전부 얼마지?
- total(전체의) + ly(부접)

1794. gradually
[grǽdʒuəli]

ad. 차차, 서서히

파 **grade** n. 등급, 단계, 학년, 성적 **gradual** a. 점점 ~하는, 점진적인

- You'll get accustomed to your new post *gradually*.
  새 자리에는 점점 익숙해질 겁니다.
- gradual(점진적인) + ly(부접)

1795. usually
[júːʒluəli, -ʒwəli]

ad. 보통은, 통례적으로, 일반적으로

파 **usual** a. 평소의, 통상의
관 **unusual** 진귀한 **as is usual with** ~에게는 흔한 일이지만
  as usual 여느 때와 같이

- I *usually* leave for work at 6:30. 출근하는 시간은 항상 6시 반입니다.
- You're late as *usual*. 항상 지각이군요.
- usual(보통의) + ly(부접)

1796. actually
[ǽktʃuəli]

ad. 실제로, 정말로

파 **actuality** n. 현실(성), 사실 **actual** a. 현실의, 실제의

- I *actually* gave up smoking. 정말 담배를 끊었습니다.
- *Actually*, I gave up smoking. 사실을 말하면 담배를 끊었다.
- actual(사실의) + ly(부접)

  *actually와 really
  really가 일반적인 「정말로」의 뜻이라면 actually(= to tell the truth)는 「아닌 것 같지만 실제는 ~하다」는 반전의 의미가 있다.

1797. eventually
[ivéntʃuəli]

ad. 결국은, 드디어

파 **eventuality** n. 뜻밖의 사건, 가능성 **eventual** a. 결과로서 생기는, 궁극적인

- 🔊 ***Eventually***, he was caught by the police.
  결국 그는 경찰에 잡혔다.
- ☐ She will pay you back ***eventually***.
  그녀는 언젠가는 돈을 갚을 것입니다.
- ❖ eventual(최후의) + ly(부접)

1798. **virtually** [vɔ́ːrtʃuəli]
ad. 사실상, 실질적으로는, 거의

- 파 **virtual** *a.* 사실상의, 실제의
- 🔊 There's ***virtually*** no hope. 거의 절망적입니다.
- ☐ ***Virtually*** all the stores close on Sunday. 일요일에는 대부분 가게를 닫습니다.
- ❖ virtual(사실상의) + ly(부접)

1799. **suddenly** [sʌ́dnli]
ad. 돌연, 갑자기, 느닷없이

- 파 **sudden** *a.* 갑작스러운, 급한
- 🔊 It ***suddenly*** started to rain. 갑자기 비가 내렸다.
- ❖ sudden(갑작스런) + ly(부접)

1800. **deeply** [díːpli]
ad. 깊게, 강하게, (소리를) 굵고 낮게, (색이) 짙게

- 파 **deepen** *v.* 깊게 하다[되다]   **depth** *n.* 깊이, 심오함   **deep** *a.* 깊은, 심오한, 중대한
- 🔊 They're ***deeply*** in love with each other. 그들은 서로 깊이 사랑하고 있다.
- ☐ I'm ***deeply*** hurt. 나는 심하게 다쳤다.
- ❖ deep(깊은) + ly(부접)

1801. **simply** [símpli]
ad. 간단히, 솔직히, 소박하게, 단지, 아주, 〈부정문에서〉 절대로

- 파 **simplify** *v.* 간단[단순]하게 하다   **simplicity** *n.* 간단, 단순, 간소
  simple *a.* 단순한, 가난한, 소박한, 완전한
- 🔊 He sees things pretty ***simply***.
  그는 만사를 단순하게 생각하는 사람이다.
- ☐ She quit ***simply*** because she didn't like her boss.
  그녀는 단지 상사가 마음에 들지 않는다는 이유로 일을 사직했다.

☐ I *simply* can't believe it. 그런 것은 정말 믿을 수 없다.
❖ simple(간단한) + ly(부접)

1802. early
[ə́ːrli]

ad. 일찍이, 이르게, 초기에, 이른, 초기의, 빠른

관 **at the earliest** 일러도, 빨라도

🔊 I'll be leaving *early* in the morning. 아침 일찍 떠납니다.
☐ I'm waiting for an *early* reply. 신속한 답장을 기다리겠습니다.
❖ ear(ere;전에) + ly(부접)

1803. utterly
[ʌ́tərli]

ad. 아주, 완전히, 온통

파 **utter** *a.* 순전한, 완전한

🔊 I am *utterly* exhausted. 너무 피곤했다.
☐ There was *utter* confusion at the airport. 공항은 정말 혼란스러웠다.
❖ utter(전적인) + ly(부접)

1804. poorly
[púərli]

ad. 가난하게, 빈약하게, 나쁘게

파 **poverty** *n.* 궁핍, 결핍   **poor** *a.* 가난한, 빈곤한

🔊 He's *poorly* paid. 그의 봉급은 낮다.
☐ I'm *poor* at making conversation. 나는 대화에 약하다.
☐ *Poor* you. 불쌍하군.
❖ poor(가난한) + ly(부접)

GROUP 97

Round 1 □ 월 일
Round 2 □ 월 일
Round 3 □ 월 일

1805. simultaneously *ad.* 동시에
[sàiməltéiniəsli, sìm-]

파 **simultaneous** *a.* 동시의

◉ Two meetings are scheduled *simultaneously* for this afternoon.
2개의 회의가 오늘 오후에 동시에 열릴 예정입니다.

❖ simultaneous(동시의) + ly(부접)

1806. cautiously *ad.* 신중히, 조심하여
[kɔ́:ʃəsli]

파 **caution** *v.* 경고하다, 주의하다 *n.* 조심, 신중, 경계 **cautious** *a.* 신중한, 조심스러운

◉ She spoke *cautiously* at first. 처음에 그녀는 신중히 말했다.

❖ cautious(신중한) + ly(부접)

1807. constantly *ad.* 끊임없이, 언제나
[kʌ́nstəntli/kɔ́n-]

파 **constancy** *n.* 항구성, 불변 **constant** *a.* 끊임없이 이어지는, 일정한

◉ She's *constantly* complaining. 그녀는 끊임없이 불평했다.

❖ constant(끊임없는) + ly(부접)

1808. recently *ad.* 최근, 요즘
[rí:səntli]

파 **recent** *a.* 최근의, 새로운

◉ I haven't seen him *recently*. 그와는 최근 만나지 못했다.
□ There have been many *recent* changes. 요즘 여러 가지 변경이 있었다.

❖ recent(최근의) + ly(부접)

1809. evidently *ad.* 분명히, 본 바로는
[évidəntli]

파 **evidence** *n.* 증거, 흔적　**evident** *a.* 분명한

🔊 There have ***evidently*** been some mistakes in the calculation.
명백히 계산 착오가 몇 개 있었다.

❖ evident(분명한) + ly(부접)

1810. **sufficiently**
[səfíʃəntli]　　*ad.* 충분히

파 **sufficiency** *n.* 충분, 충족　**sufficient** *a.* 충분한

🔊 Do you think he's ***sufficiently*** experienced for this job?
그에게 이 일에 필요한 경험이 충분히 있다고 생각합니까?

❖ sufficient(충분한) + ly(부접)

1811. **permanently**
[pə́ːrmənəntli]　　*ad.* 영구히

파 **permanence** *n.* 영속, 불변
　permanent *a.* 영구적인, 불변의, 오래 지속하는 *n.* 파마

🔊 Are you planning to live in Korea ***permanently***? 계속 한국에 살 작정입니까?
☐ I'm looking for a ***permanent*** position. 상근직을 찾고 있습니다.

❖ permanent(영구적인) + ly(부접)

1812. **apparently**
[əpǽrəntli]　　*ad.* 외관상으로는, 분명히

파 **appear** *v.* 나타내다, ~으로 보이다　**apparent** *a.* 명백한

🔊 ***Apparently*** I made a mistake. 명백히 제가 잘못했습니다.

❖ apparent(명백한) + ly(부접)

1813. **frequently**
[fríːkwəntli]　　*ad.* 때때로, 자주

파 **frequent** *v.* 자주 가다　*a.* 빈번한, 상습적인　**frequency** *n.* 빈발, 빈도, 주피수

🔊 I ***frequently*** go to that restaurant for lunch.
그 레스토랑에는 자주 점심을 먹으러 간다.

❖ frequent(빈번한) + ly(부접)

1814. **mostly** [móustli] — ad. 주로, 대개, 일반적으로

- 파 **most** n. 대부분, 최대 a. 대부분의, 가장 큰 ad. 대단히
- My class is *mostly* made up of girls. 우리반은 대부분 여자이다.
- What I want *most* is to study abroad. 제일 하고 싶은 것은 유학이다.
- most(대부분의) + ly(부접)

1815. **slowly** [slóuli] — ad. 천천히, 느리게

- 파 **slow** v. 늦어지게 하다 a. 늦은, 더딘, 둔한
- My English is improving *slowly* buy surely. 내 영어는 늦지만 착실히 늘고 있다.
- He is *slow* in his work. 그는 일이 늦다.
- slow(늦은) + ly(부접)

1816. **ahead** [əhéd] — ad. 앞쪽에, 이제부터, 이기고

- 관 **ahead of** ~앞에, ~에 앞서서, ~보다 뛰어나 **get ahead** 출세하다
- Go straight *ahead*. 똑바로 가 주십시오.
- Go *ahead*. 먼저 하세요. / 말씀 계속하세요.
- Go *ahead* with your plan. 당신 계획을 진행하세요.
- may I take a break? – Yes, go *ahead*. 좀 쉬어도 됩니까? – 예, 그러세요.
- a(~쪽으로) + head(머리)

1817. **instead** [instéd] — ad. 그 대신에, 차라리

- 관 **instead of** ~의 대신에
- Let's go bowling *instead*. 대신에 볼링을 하자.
- I chose white *instead* of red. 빨강 대신에 흰색을 골랐다.
- in(~에) + stead(대신)

1818. **indeed** [indíːd] — ad. 정말로, 참으로, 확실히, 사실은, 과연

🔊 ***Indeed***, this is just the kind of house I was dreaming of.
정말로 지금까지 꿈꾸었던 집입니다.
❖ in(~에) + deed(행위, 증서)

1819. **beforehand** [bifɔ́:rhænd]
ad. 이전에, 사전에

🔊 Let me know ***beforehand*** how many people are coming.
몇 사람이 오는지 사전에 가르쳐 주십시오.
❖ before(전에) + hand(손, 건네주다)

1820. **offhand** [ɔ́(:)fhænd, ɑ́f-]
ad. 즉석에서[의], 준비 없이[는]

🔊 I can't say yes or no ***offhand***. 즉시 대답할 수 없습니다.
❖ off(떨어져서) + hand(손, 건네주다)

1821. **behind** [biháind]
ad. 뒤에, (~보다) 늦게, 남아있는 *prep.* ~의 뒤에, 늦어서
반 **in front of** ~의 앞에

관 **behind the times** 시대에 뒤져 **behind schedule** 예정보다 늦어
🔊 I'm very ***behind*** with my work. 일이 매우 지연되고 있다.
☐ My watch is one minute ***behind***. 내 시계는 1분 늦습니다.
❖ be(by; ~로) + hind(뒤의)

1822. **aboard** [əbɔ́:rd]
ad. (배, 비행기 등에) 타고

관 **go aboard** 승선하다
🔊 He's already gone ***aboard***. 그는 벌써 탑승했다.
❖ a(~에, ~위에) + board(넓은)

1823. **upward** [ʌ́pwərd]
ad. 위쪽으로, ~이래, ~이상; 위쪽을 향한, 상승하는
반 **downward** 아래쪽으로; 아래쪽을 향한

관 **upward of** ~이상
🔊 Look ***upward*** into the sky. 하늘을 쳐다보세요.

- ☐ This refrigerator must cost ***upward*** of $1,000.
  이 냉장고는 틀림없이 천 달러 이상이다.
- ❖ up(~ 위에) + ward(시간적 방향)

1824. **afterward(s)** [ǽftərwərd(z)]
ad. 나중에, 이후

- 🔊 Let's have supper now and watch TV ***afterwards***.
  먼저 저녁을 먹고 나중에 텔레비전을 보자.
- ❖ after(~ 뒤에) + ward(시간적 방향)

1825. **forward** [fɔ́:rwərd]
ad. 앞쪽에, 앞으로, 장래(를 향하여); 전방의, 전진하는
v. 나아가게 하다, (우편물을) 전송하다
[반] backward 뒤쪽으로, 거꾸로, 진보가 늦은

- 관 **look forward to** ~를 기대하고 있는
- 🔊 I've been looking ***forward*** to seeing you again.
  난 너를 다시 만나기를 기대하고 있었다.
- ☐ Step ***forward***, please.
  앞으로 가십시오.
- ☐ Will you ***forward*** this letter to the following address?
  이 편지를 다음 주소로 보내 주십시오.
- ❖ for(미리) + ward(시간적 방향)

GROUP 98

Round 1 □	월	일
Round 2 □	월	일
Round 3 □	월	일

1826. **aloud**
[əláud]

ad. 소리를 내어, 큰 소리로

🔊 Will you read it *aloud*? 소리내어 읽어 주십시오.
❖ a(~에) + loud(소리가 높은)

1827. **maybe**
[méibi]

ad. 어쩌면, 아마

🔊 *Maybe* you're right. 당신이 옳을지도 모른다.
□ *Maybe* you'd like to come along. 함께 가면 어떻습니까?
❖ may(~일지도 모른다) + be(이다)

1828. **once**
[wʌns]

ad. 한 번, 옛날, 단 한 번도; ~하기만 하면

관 **once and for all** 단호히　**once in a while** 이따금
　　once more[again] 한번 더　**once upon a time** 옛날에
　　at once 즉시　**all at once** 돌연　**just for once** 이번만은

🔊 I go to the dentist's *once* a week. 한 주에 한 번 치과의사에게 간다.
□ I've been to Spain *once*. 스페인에는 한 번 간 적이 있다.
□ I *once* went to Spain. 전에 스페인에 갔었다.

1829. **aside**
[əsáid]

ad. 옆에, 조금 떨어져서, 별도로

관 **set[put] aside** [돈 등을] 모아두다　**aside from** ~이외에, ~을 제외하고는

🔊 You should have some money put *aside* for emergencies.
비상시를 대비해서 돈을 좀 비축해 주세요.
❖ a(~쪽으로) + side(측면)

부사

1830. **outside**
[áutsáid]

ad. 밖에, 옥외에서; 외부의; 외측의 〈outside of로〉 ~의 바깥쪽으로, ~이외에 반 **inside** 속에; 내부[의]

🔊 Will you wait *outside*? 밖에서 기다려 주세요.
❖ out(밖에) + side(측면)

1831. **meanwhile**
[mi:nhwail]

ad. 그 사이에, 한편(으로)

🔊 *Meanwhile*, how would you like to go have a drink?
그 사이에 한 잔 하러 가지 않겠습니까?
❖ mean(중간) + while(동안)

1832. **alone**
[əlóun]

ad. 홀로, 단지 ~만; 혼자

관 **let alone** ~은 말할 것도 없이   **leave[let] ~alone** ~을 그대로 내버려두다

🔊 Why don't you go there together instead of going *alone*?
혼자가 아니라 함께 가면 어떻습니까?
☐ Leave me *alone*. 내버려두세요.
❖ al(all;일체의) + one(하나)

1833. **otherwise**
[ʌ́ðərwàiz]

ad. 그 밖의 점에서, 다른 방식으로, 그렇지 않으면; 다른

🔊 Dick has a short temper, but *otherwise* he's a good guy.
딕은 성질이 급하지만 그 점만 빼면 좋은 녀석이다.
❖ other(다른) + wise(자리, 방향)

1834. **else**
[els]

ad. 그 밖의, (그)외의; 〈의문부사를 수반해서〉 (그)외에, 외에

관 **or else** 그렇지 않으면, 〈종속절을 생략해서〉 그렇지 않으면 재미없을 것이다
elsewhere 다른 곳에

🔊 What *else* can I say? 그 외에 어떤 것을 말할 수 있습니까?
☐ Anything *else*? 다른 것이 있습니까?
☐ Let's eat somewhere *else*. 어디 다른 곳에서 먹자.

1835. **quite** [kwait]   *ad.* 전혀, 완전히, 아주, 꽤

관 **quite a bit[few]** 상당히 많은   **quite a little** 많은

- I *quite* agree. 전적으로 동감입니다.
- I don't *quite* understand you. 당신을 전혀 이해할 수 없습니다.

1836. **far** [fɑ:r]   *ad.* 멀리, 멀리 떨어져, 훨씬, 월등히; 먼, 먼 곳의, 보
반 **near** 가까이

관 **as far as** ~까지, ~인한   **by far** 단연   **far from** 결코 ~아니다
so far 여기까지는

- Don't go very *far*. 멀리 가지는 마세요.
- As *far* as food is concerned, I have no complaints. 음식에 관한 한 불만은 없습니다.
- So *far*, so good. = It's looking good so far. 아직은 순조롭습니다.
- *Far* from it! 어림도 없다.

1837. **rather** [rǽðər, rá:ð-]   *ad.* 오히려, 차라리, 약간, 어느 쪽인가 하면

- I'd *rather* drive than take the train. 열차보다 차로 가고 싶다.
- That's *rather* obvious. 그것은 꽤 확실하다.

1838. **together** [təgéðər]   *ad.* 함께, 같이, 서로; 동시에

파 **togetherness** *n.* 일체감, 연대감
관 **together with** ~와 함께

- Shall we go shopping *together*? 함께 쇼핑하러 갈까요?
- ❖ to(함께) + gether(끌어안다)

1839. **altogether** [ɔ̀:ltəgéðər, ɔ́:ltəgèr]   *ad.* 전적으로, 완전히

- How much will it be *altogether*? 전부 얼마나 됩니까?
- ❖ al(all;완전히) + together(함께)

부사

477

1840. **further**
[fə́ːrðər]

ad. 〈far의 비교급〉 더욱 멀리, 더욱이, 게다가; 더 먼; 그 이상의
v. 촉진하다

관 **furthermore** 게다가, 더욱더

- I can't walk any *further*. 더 이상 걸을 수 없다.
- I hope there won't be any *further* delay. 더 이상 늦지 않기를 바랍니다.
- *Furthermore*, you're late. 게다가 지각이에요.
- ❖ fur(fore;앞부분) + ther(거기)

1841. **ever**
[évər]

ad. 〈의문문에서〉 언젠가, 설마, 〈부정문에서〉 어떤 경우에도 ~하지 않는다, 〈if절에서〉 언젠가, 〈최상급, 비교급을 수반해서〉 지금까지, 도대체

관 **as ~as ever** 변함없이 ~인   **as ever** 변함없이   **ever since** 그 후 계속

- Have you *ever* tried Indian food?
  인도 요리를 먹어본 적이 있습니까?
- She's the most beautiful woman I've *ever* seen.
  그녀와 같이 아름다운 여성은 본 적이 없다.
- He's the same as *ever*.
  그는 평소와 같다.
- ❖ 라틴어 eon(영원)에서 유래

1842. **never**
[névər]

ad. 결코[조금도] ~하지 않다, 결코 ~할 리 없다

- I've *never* been abroad. 외국에 간 적이 없다.
- It's *never* to late. 너무 늦은 것은 아니다.
- ❖ ne(un;~아닌) + ever(전혀)

1843. **sometimes**
[sʌ́mtàimz]

ad. 때때로, 이따금

관 **sometime** 언젠가, 어느 때

- I *sometimes* feel dizzy. 간혹 어지럽다.
- ❖ sometime(때때로) + s(부접)

1844. **perhaps**
[pərhǽps, pərǽps]

ad. 어쩌면, 아마, 혹시

- 🔊 ***Perhaps*** you're right. 아마 당신이 옳을 것이다.
- ❖ per(~를 통해서) + hap(hppen;우연히 일어나다) + s(부접)

1845. **downstairs**
[dáunstéərz]

ad. 아래층으로[에]; 아래층; 아래층의

- 🔊 I'll go ***downstairs*** with you. 아래층까지 같이 가겠다.
- ☐ Tom is ***downstairs***. 톰은 아래층에 있다.
- ❖ down(아래의) + stair(계단의) + s(부접)

1846. **upstairs**
[ʌ́pstéərz]

ad. 2층으로; 2층(의)

- 🔊 Why don't you go ***upstairs*** and lie down for a while?
  2층에 가서 잠깐 눕는 것은 어떻습니까?
- ❖ up(위로) + stair(계단의) + s(부접)

GROUP 99

Round 1 □ 월 일
Round 2 □ 월 일
Round 3 □ 월 일

1847. **nevertheless**
[nèvərðəlés]
ad. 그럼에도 불구하고, 그래도 역시

- *Nevertheless*, that is my decision. 그럼에도 불구하고 나는 그렇게 결정했습니다.
- never(결코~하지 않다) + the + less(~보다 적은)

1848. **nowadays**
[náuədèiz]
ad. 오늘날에는, 요즈음에는, 최근 *n.* 현대

- I keep busy *nowadays*. 요즘 여러 가지로 바빠요.
- now(현재의) + a + day(날) + s(부접)

1849. **always**
[ɔ́:lweiz]
ad. 언제나, 항상, 시종

- 관 **not always** (언제나) ~은 아니다
- She is *always* well dressed. 그녀는 항상 잘 차려 입는다.
- all(모든) + way(길) + s(부접)

1850. **yet**
[jet]
ad. 〈부정문에서〉 아직, 아직 얼마 동안은, 〈긍정 의문문에서〉 이제, 이미, 그럼에도 불구하고

- 관 **and yet** 그럼에도 불구하고 **as yet** 지금까지는 **not yet** 아직입니다
- I'm not quite ready *yet*. 아직 준비되어 있지 않습니다.
- ☐ Has Mr. Brown come in *yet*? 이제 브라운 씨는 왔습니까?
- ☐ I'm glad he's gone and *yet* I miss him.
  그가 가서 기쁘지만 보고 싶은 마음도 있다.

1851. **overnight**
[óuvərnàit]
ad. 하룻밤 내내, 밤새도록; 일박의

- Do you plan to stay *overnight*? 1박 예정입니까?

- He became an ***overnight*** success. 그는 하룻밤 사이에 유명해졌다.
- ❖ over(넘어, 초과하여) + night(밤)

1852. **apart** [əpáːrt]

ad. 분리하여, 떨어져서, 뿔뿔이

관 **apart from** ~이외에   **come apart** 깨지다   **take ~ apart** 분해하다

- Nothing can keep us ***apart***. 우리를 갈라 놓을 것은 없다.
- ❖ a(~에) + part(나누다, 일부)

1853. **almost** [ɔ́ːlmoust]

ad. 거의, 대부분

- I was ***almost*** bitten by the dog. 그 개에게 물릴 뻔했다.
- I'm ***almost*** done. 거의 마쳤다.
- ❖ al(all;모든) + most(거의)

1854. **still** [stil]

ad. 아직도, 지금도, 여전히, 그럼에도 불구하고; 조용한, 정지한
n. 정숙   *v.* 조용하게 하다, 진정시키다

- You can ***still*** catch the 7 o'clock train. 아직 7시 열차를 탈 시간이 있다.
- I ***still*** can't believe it. 아직 믿을 수 없습니다.
- Hold ***still*** now. 가만히 있어 주세요.

1855. **then** [ðen]

ad. 그때, 게다가, 그러면; 그때의, 당시의   *n.* 그때

관 **now and then** 때때로

- I was talking on the phone ***then***. 그때 나는 통화 중이었다.
- What shall we do about it ***then***? 그럼 이 건은 어떻게 할까요?

1856. **often** [ɔ́(ː)ftən, ɑ́ftən]

ad. 자주, 빈번히

관 **every so often** 때때로

- I ***often*** forget to turn off the lights. 때때로 불을 끄는 것을 잊습니다.

1857. **even** [íːvən]

ad. ~조차, 〈비교급을 강조해서〉 더욱; 판판한, 균등한, 동일한, 짝수의 v. 판판하게 하다, 균등하게 하다, 청산하다

관 **even as** 바로 ~인 때에　**even if[though]** ~일지라도
even so 그렇다 치더라도　**get even with** ~에 복수하다

- *Even* a child can do that.
  그것은 아이라도 할 수 있습니다.
- She's *even* better looking than you.
  그녀는 당신보다 훨씬 아름답습니다.
- You shouldn't say that kind of thing, *even* if your intentions are good.
  의도는 좋을지라도 그렇게 말하면 안 된다.
- *Even* though I begged him, he wouldn't lend me the money.
  간청했는데도 불구하고 그는 돈을 빌려주지 않았다.

1858. **soon** [suːn]

ad. 이내, 빨리

관 **as soon as** ~하자마자　**as soon as possible** 가능한 한 빨리
sooner or later 조만간

- I'll *soon* be finished. 곧 마치겠습니다.

1859. **ago** [əgóu]

ad. (지금부터) ~전에

관 **before** (말하는 내용의 시점에서 봐서) ~전에

- he left just a minute *ago*. 그는 방금 떠났습니다.

1860. **so** [sou]

ad. 그만큼, 그렇게, 매우, 그와 같이, (~도) 마찬가지로, 그대로; 그래서

관 **and so on** ~등　**or so** ~정도　**so long as** ~인 한　**so that** ~하도록
so far 지금까지는　**so to speak** 말하자면

- It was *so* hot I couldn't do my work.
  더워서 일할 수 없었다.
- Take more money with you *so* (that) you won't run short.
  돈이 부족하면 안 되니까 더 가지고 가세요.
- I think *so*, too.
  나도 그렇게 생각합니다.

1861. **according**
[əkɔ́ːrdiŋ]

ad. 〈according to로〉 ~에 따라, ~에 준하여

🔊 ***According*** to the weather report, it's going to rain tomorrow.
일기예보에 의하면 내일은 비입니다.

❖ accord(조화시키다) + ing(형접;~에 관한, ~성질이 있는)

1862. **seldom**
[séldəm]

ad. 좀처럼 ~않다; 드물게, 어쩌다가

🔊 I ***seldom*** see him these days.
최근 그를 만나지 못했습니다.

INDEX

A

abandon 169
able 346
aboard 473
absent 395
absolutely 464
absorb 219
abstract 386
absurd 424
abuse 58
academic 440
accept 113
access 323
accident 270
accompany 157
accomplish 179
according 483
account 276
accurate 359
accuse 59
achieve 79
acknowledge 26
acquaint 111
acquire 46
act 93
active 365
actually 467
add 125
addict 98
address 324
adequate 359
adjust 122
administer 147
admire 46
admit 104
adopt 114
adore 48
advance 16
advantage 235
advertise 55
advise 55
affair 314
affect 94
afford 139
afraid 419
afterward(s) 474

agent 271
aggressive 364
ago 482
agree 24
ahead 472
aid 306
aim 211
air 149
alarm 336
alert 398
alike 345
alive 362
allow 208
almost 481
alone 476
aloud 475
already 460
alter 146
alternative 259
altogether 477
always 480
amazing 448
amount 277
amusing 447
analyze 90
angry 408
announce 17
annoy 158
annual 380
another 435
answer 149
anticipate 66
anxious 429
anyway 460
apart 481
apologize 88
apparently 471
appeal 192
appear 141
appetite 256
apply 157
appoint 112
appointment 274
appreciate 62
approach 330
appropriate 357

approve 85
approximately 463
argue 76
arise 54
arm 335
arrange 28
arrest 119
arrive 82
article 240
artificial 371
ashamed 415
aside 475
ask 191
asleep 455
aspect 262
assembly 298
asset 265
assign 164
assist 121
associate 62
assume 41
assure 50
astonished 414
atmosphere 248
attach 173
attack 184
attempt 113
attend 135
attention 292
attitude 232
attorney 297
attractive 365
attribute 75
authority 303
available 346
average 235
avoid 128
awake 345
award 310
aware 353
away 460
awful 385
awkward 424

B

bad 412
bake 31

bar 140
barely 462
bargain 282
basic 441
basis 322
bathe 29
bear 140
beat 90
beautiful 385
become 40
beforehand 473
beg 216
begin 168
behave 78
behind 473
believe 79
belong 218
bend 132
benefit 104
bet 99
betray 152
bid 127
bill 321
bind 135
birth 332
bit 266
bite 72
bitter 436
blame 38
blank 328
blast 118
bleed 127
bless 214
blind 421
block 327
bloody 401
blow 208
blue 362
board 310
boast 118
boil 194
bond 308
book 189
boost 281
bore 47
born 445
borrow 209
bother 145
bottom 335

bounce 17
bound 421
bow 207
brain 283
brave 362
break 183
breathe 29
breed 127
brief 456
bright 390
brilliant 391
bring 217
broad 413
broadcast 117
bruise 55
brush 181
budget 263
build 128
bulk 328
bump 204
bunch 330
bundle 35
burden 282
burn 171
burst 122
bury 161
busy 410
butt 123
buy 161
buzz 341

C

cable 239
calculate 64
call 194
calm 211
campaign 282
cancel 192
capable 346
capacity 301
capital 318
capture 50
care 248
career 311
careful 384
carry 159
case 252
cash 331
cast 117
casual 380

catch 175
category 300
cause 58
cautiously 470
cease 51
celebrate 67
central 376
ceremony 298
certain 444
challenge 28
chance 226
change 27
character 312
charge 237
charming 447
charter 146
chase 52
chat 92
cheap 455
cheat 91
check 184
cheer 143
chemical 367
chew 206
chiefly 464
childhood 309
chilly 404
choice 225
choke 34
choose 56
chore 249
chunk 328
circumstance 228
civil 382
civilization 289
claim 211
clarify 154
classic 340
classify 154
clean 162
clear 141
clever 436
client 271
climb 218
cling 217
clip 337
close 56
closet 264
clue 258

coarse 357
coincidence 228
collapse 57
colleague 257
collect 95
combine 41
come 38
comfortable 347
command 307
comment 108
commercial 371
commission 286
commit 105
committee 233
common 445
communicate 61
community 302
company 298
compare 45
compassion 286
compel 193
compete 72
competent 396
complain 165
complete 71
complex 457
complicated 418
compliment 272
component 275
compound 422
compromise 53
compulsive 363
conceal 191
concede 21
conceive 80
concentrate 68
concept 278
concern 171
conclusion 287
concrete 360
condemn 169
condition 291
conduct 263
conference 230
confess 214
confident 393
confirm 212
conflict 98
confront 112

confuse 60
congratulation 288
connect 96
conquer 148
conscience 229
conscious 426
consecutive 366
consent 109
consequence 230
conservative 365
consider 142
considerable 346
consist 121
constantly 470
constitute 76
construct 99
consult 107
consume 41
contact 94
contain 167
contempt 278
content 396
contest 281
continue 76
contract 260
contradict 98
contrary 407
contrast 280
contribute 74
control 199
controversial 372
convenient 393
convention 292
conversation 288
convert 115
conviction 290
convince 17
cooperative 365
coordinate 65
cope 43
copy 159
corporation 288
correct 97
corridor 315
cost 122
counsel 193
count 112
couple 241
courage 235

course 254
court 280
cover 148
coward 311
crack 183
crash 178
crazy 412
create 61
credit 268
creep 201
crime 244
crisis 322
criticize 88
crop 337
crowd 311
crucial 371
cruel 382
crush 182
cry 159
cubic 439
cue 257
cultivate 71
cultural 377
cure 250
curious 428
current 395
custom 335
customer 311
cut 123
cute 361
cynical 368

D

damage 234
dangerous 431
dark 329
dash 177
date 255
dawn 295
dead 413
deal 191
dear 432
debate 60
debt 260
decade 231
deceive 79
decent 392
decide 21
declare 44
decorate 68

dedicate 60
deeply 468
defeat 91
defect 261
defend 132
deficit 267
definite 360
degree 233
delay 150
deliberately 463
delicate 357
delicious 425
delighted 418
deliver 148
demand 130
demonstrate 68
denounce 17
deny 157
department 274
departure 251
depend 133
deposit 106
depressed 417
deprive 82
derive 81
descend 132
describe 14
desert 114
deserve 86
design 164
desire 249
despair 315
desperately 464
despise 53
destroy 158
detail 320
determine 42
develop 204
device 226
devote 73
die 29
diet 264
different 395
difficult 390
dig 217
dignity 302
dime 244
dimension 285
diminish 180

direct 97
dirty 411
disappointed 419
disaster 312
discipline 245
discount 277
discourage 26
discover 149
discuss 216
disease 253
disgusting 448
dish 332
dismiss 215
disorder 311
display 151
disrupt 114
dissolve 83
distance 228
distinguish 180
distinguished 415
distress 325
distribute 75
district 263
disturb 219
divert 115
divide 23
division 285
divorce 230
do 220
document 275
dodge 27
domestic 442
dominate 66
doubt 92
downstairs 479
dozen 282
draft 265
drag 216
drain 165
draw 206
dreadful 384
drift 103
drive 81
drop 205
drown 172
drug 340
drunk 453
dry 408
due 361

dull 383
dump 204
dust 281
duty 304
dye 87

E

each 449
eager 435
early 469
earn 170
ease 51
easy 409
eat 90
economic 440
edge 236
educated 418
effect 261
efficient 393
effort 279
either 435
elaborate 359
elect 95
electric 441
element 271
eliminate 66
else 476
embarrass 213
emerge 28
emergency 296
emotion 292
emphasize 90
employ 158
empty 411
enable 34
enchant 108
enclose 56
encounter 146
encourage 26
end 131
endure 48
engaged 414
enjoy 158
enormous 430
enough 450
enter 146
entertain 167
enthusiastic 441
entire 354
entitle 37

envious 429
environment 273
envy 162
equal 380
equipment 273
equivalent 394
erase 52
errand 307
error 316
escape 43
especially 466
essential 372
establish 178
estate 255
estimate 65
evade 20
evaluate 71
even 482
eventually 467
ever 478
every 408
evidence 229
evidently 470
evil 382
exact 387
exaggerate 67
examine 42
example 241
exceed 126
excellent 395
exchange 28
excited 418
excuse 59
executive 259
exercise 53
exhausted 419
exhibition 291
exist 121
expand 131
expect 96
expensive 363
experience 229
experiment 273
expert 279
explain 165
explode 23
explore 48
export 116
expose 57

express 214
extend 135
extra 456
extraordinary 407
extremely 462

F

fabulous 430
face 14
facility 302
fact 260
factor 316
fade 20
fail 193
faint 111
fair 437
faith 332
fake 238
fall 195
false 356
fame 243
familiar 432
fancy 400
fantastic 441
far 477
fascinating 448
fast 398
fat 386
fate 255
fault 269
favor 316
fear 140
feature 250
fee 232
feed 126
feel 192
fellow 338
female 345
fever 313
few 455
fierce 344
fight 265
figure 49
file 36
fill 197
finally 466
finance 16
find 135
fine 352
finish 180

fire 249
firm 454
fit 103
fix 221
flame 243
flat 386
flatter 147
flavor 317
flexible 349
flip 202
float 92
flood 309
flow 208
fluid 306
flush 181
fly 155
focus 325
fold 129
folk 328
follow 209
fond 421
foolish 451
forbid 128
force 18
forecast 117
foreign 443
forever 464
forget 101
forgive 81
form 212
former 435
fortune 247
forward 474
fragment 271
frame 38
frankly 466
free 344
freeze 87
frequently 471
friction 290
friendly 403
frightened 416
front 276
frustrate 69
fuel 320
fulfill 197
full 383
fun 295
function 169

fund 308
fundamental 379
funeral 318
funny 405
furious 428
furnish 180
further 478
fuss 325
future 251

G

gain 165
garbage 233
gas 321
gather 145
general 375
generate 68
generous 431
gentle 351
genuine 352
get 100
give 80
glad 413
glance 227
glorious 428
glow 208
glue 258
go 220
god 308
good 423
grab 218
gracious 425
gradually 467
graduate 70
grand 421
grant 108
grasp 205
grateful 385
gratitude 232
grave 362
great 386
greedy 401
greet 100
grief 339
grip 202
grocery 299
gross 425
grow 209
guarantee 25
guard 139

guess 215
guest 281
guide 23
guilty 411
guy 305

H

habit 266
halfway 460
halt 107
hand 306
handle 35
hang 217
happen 163
happy 406
hard 423
hardly 461
harm 212
harsh 451
hassle 242
hastily 465
hate 62
have 77
head 305
headquarters 323
healthy 402
hear 140
heavy 412
height 265
help 203
heritage 235
hesitate 70
hide 22
highly 465
hint 275
hire 46
historic 441
hit 104
hold 130
holy 405
home 245
honest 399
honor 316
hook 189
hop 204
hope 44
horizontal 379
horrible 348
hostile 350
household 421

hug 218
huge 345
human 443
humble 349
humidity 301
humiliate 62
humor 315
hunch 330
hungry 408
hunt 112
hurry 160
hurt 117
hustle 37

I

idea 340
ideal 370
identify 155
ignore 48
ill 382
illusion 287
illustrate 69
image 234
imagine 42
imitate 70
immediately 463
immense 356
impatient 394
imply 156
import 116
important 391
impose 56
impress 214
improve 85
impulse 253
incident 270
inclined 416
include 24
income 244
increase 52
incredible 348
indeed 472
indicate 61
individual 379
induce 19
indulge 27
industrial 372
inevitable 347
infection 290
infer 145

inferior 438
influence 16
inform 212
inherit 106
initial 372
initiate 63
injure 49
inner 436
innocent 392
inquire 47
insane 352
insight 266
insist 120
inspection 290
inspire 46
instance 228
instant 392
instead 472
instinct 263
institute 75
instruction 291
instrument 275
insult 107
insurance 227
intellectual 381
intelligent 393
intend 135
intensive 356
interest 281
interfere 45
internal 375
interpret 102
interrupt 114
interval 318
interview 338
intimate 358
introduce 19
intrude 24
invade 21
invent 111
investigate 62
investment 274
invite 73
involve 83
irritate 70
isolate 63
issue 258
itchy 331
item 334

J
jam 333
jealous 430
jerk 190
job 339
join 168
joint 396
jolly 405
joy 299
judge 27
justice 226
justify 155

K
keep 200
key 297
kick 184
kid 306
kill 198
kind 307
kindness 323
knock 185
knowledge 236

L
labor 315
lack 326
land 307
largely 462
last 399
late 357
latter 313
laugh 177
launch 174
law 337
lay 150
lazy 412
lead 124
leak 182
lean 162
learn 170
least 280
leave 77
legal 370
legitimate 357
lend 132
length 332
let 101
level 320
liberal 375

license 254
lick 184
lie 30
lie 30
life 233
lift 103
light 265
light 389
like 33
likely 403
limit 105
link 188
liquid 306
list 119
listen 163
literally 466
live 81
load 305
loan 163
local 369
locate 61
lock 185
logical 367
lonely 404
look 189
loose 356
lose 55
lot 277
lot 277
loud 424
lousy 410
love 84
lovely 404
low 456
loyal 381
luck 328
lure 49
luxurious 429

M
mad 413
magnificent 392
mail 194
main 444
maintain 167
major 439
majority 303
make 31
manage 25
manipulate 65

manner 312
manufacture 50
mark 190
marry 160
marvelous 430
massive 363
master 146
match 175
material 317
matter 313
mature 355
maximum 454
maybe 475
mean 162
mean2 442
means 322
meantime 244
meanwhile 476
measure 50
medical 367
medium 454
meet 99
melt 107
memory 300
mend 133
mental 379
mention 169
mercy 297
merely 463
merry 409
mess 323
method 308
middle 240
mighty 410
mild 420
mind 136
minimum 454
minor 439
miracle 240
miserable 347
miss 215
mission 286
mistake 238
mistaken 443
mix 222
moderate 359
modern 445
modest 399
modify 153

moist 400
moment 273
monitor 149
mood 310
moral 376
mortgage 234
most 400
mostly 472
motion 292
motivate 71
motive 259
move 84
multiple 351
mutual 381
mysterious 428

N
nail 194
naked 415
namely 462
nap 336
narrow 456
nasty 411
national 374
natural 377
nature 250
naughty 410
neat 386
necessary 407
need 127
negative 364
neglect 95
negotiate 63
neighborhood 309
nervous 432
net 388
network 330
neutral 377
never 478
nevertheless 480
next 400
nicely 461
nightmare 248
noble 350
nod 137
noisy 410
normal 374
notable 347
note 73
notice 15

notion 293
nowadays 480
numerous 431

O
obey 153
object 94
obligation 287
oblige 27
obscure 355
observe 86
obstacle 240
obvious 429
occasion 284
occupy 159
occur 150
odd 414
odor 315
offend 132
offer 144
offhand 473
official 370
often 481
old-fashioned 416
omit 105
once 475
ongoing 447
only 405
operate 68
opinion 284
opportunity 302
opposite 360
optimistic 442
option 294
oral 376
order 143
ordinary 406
organize 89
origin 283
other 435
otherwise 476
outcome 244
outlet 264
outline 245
outlook 329
outside 476
outstanding 446
overall 382
overcome 40
overlook 190

overnight 480
owe 87
own 446

P

pace 224
pack 183
pain 283
paint 111
pair 314
pal 318
panic 222
parallel 382
pardon 169
park 190
part 279
participate 66
particular 433
party 304
pass 213
passion 285
passive 364
past 399
patch 331
patient 394
pay 152
peaceful 384
peculiar 433
penny 298
perception 293
perfect 387
perform 213
perhaps 479
permanently 471
permission 286
persist 121
personal 375
personnel 320
perspective 259
persuade 20
phenomenon 294
phone 246
phony 406
physical 368
pick 185
piece 225
pierce 18
pile 36
pill 321
pin 168

pitch 176
pity 303
place 224
plain 444
plan 162
plant 269
play 151
plead 125
please 51
pledge 26
plenty 304
plug 218
point 276
poison 295
policy 296
polish 179
polite 360
political 369
poorly 469
portion 294
pose 56
position 291
positive 366
possess 215
possible 349
post 122
postpone 43
potential 373
pour 150
powerful 385
practical 369
praise 53
pray 152
preach 173
precious 425
precisely 463
predict 98
prefer 144
pregnant 391
prejudice 225
premise 253
prepare 44
prescription 293
present 109
present 396
preserve 87
president 270
prestige 236
presume 41

pretend 134
pretty 411
prevent 110
previous 429
price 226
pride 231
primarily 465
primitive 366
principle 241
print 112
prior 438
private 360
privilege 236
prize 260
probably 461
problem 334
proceed 126
process 323
produce 19
professional 374
profit 268
profound 422
program 333
progress 324
project 261
promise 53
promotion 293
prompt 397
proof 339
prop 205
proper 436
property 304
proportion 294
proposal 318
prospect 263
protect 97
protest 119
proud 424
prove 85
provide 23
provoke 34
pry 159
psychological 367
public 440
publish 179
pull 199
pump 204
punish 180
purchase 253

pure 355
purpose 254
pursue 77
push 181
put 124
puzzle 37

Q

qualify 154
quality 301
quantity 304
quarrel 193
quarter 312
queer 434
question 170
quick 453
quiet 388
quit 107
quite 477
quote 73

R

radical 366
rage 234
raise 53
random 453
range 237
rapidly 461
rare 352
rate 66
rather 477
rational 374
reach 173
reaction 289
read 125
ready 401
real 370
realize 89
rear 432
reason 295
rebel 319
recall 195
receive 80
recently 470
recognize 90
recommend 133
reconcile 36
record 139
recover 148
reduce 18

refer 144
reflect 95
refrain 166
refuse 59
regard 138
region 284
register 147
regret 102
regular 434
regulate 64
reject 94
relation 287
relative 364
relax 221
release 51
relevant 392
relieve 79
religious 426
reluctant 391
rely 155
remain 165
remark 329
remember 142
remind 136
remote 361
remove 84
render 143
renew 206
rent 275
repair 149
repeat 91
replace 14
reply 156
report 116
represent 109
reproach 173
repulsive 363
reputation 289
request 119
require 47
rescue 76
research 174
resemble 34
resent 109
reserve 86
residence 229
resign 164
resist 120
resort 117

resource 231
respect 96
respond 137
responsibility 302
rest 118
restore 48
restrain 166
restrict 99
result 269
resume 40
retire 46
retreat 92
return 172
reveal 192
revenge 237
reverse 58
review 206
reward 139
rich 449
rid 128
ride 22
ridiculous 430
right 389
rigid 419
ring 217
ring 340
rip 202
rise 54
risk 191
ritual 318
roast 118
rob 218
rock 186
role 241
roll 198
room 334
root 278
rotten 443
rough 450
round 423
route 256
routine 246
row 338
royal 381
rub 219
rude 344
ruin 168
rule 242
rumor 316

run 172
rural 377
rush 181

S

sacrifice 15
sad 414
safe 344
sake 238
sale 239
same 351
satisfy 155
save 78
say 153
scarcely 462
scared 416
scatter 147
scene 245
scent 270
schedule 242
scientific 440
scold 128
score 47
scrape 43
scratch 175
scream 210
screw 207
scrub 219
search 174
secret 264
secretary 299
security 303
seduce 19
see 24
seek 186
seem 210
seldom 483
select 95
selfish 450
sell 196
send 134
senior 437
sense 254
sensible 349
sensitive 366
sentence 230
separate 67
series 322
serious 427
serve 86

session 286
set 102
settle 37
several 376
severe 354
sew 207
sexual 381
shade 231
shadow 338
shake 31
shame 243
shape 247
share 44
sharp 455
shave 78
sheer 434
shift 103
shine 42
ship 201
shock 327
shoot 113
short 398
shout 123
shove 84
show 207
shrink 188
shut 123
shy 402
sick 453
sight 266
sign 164
signal 317
significant 391
silent 394
silly 404
similar 433
simply 468
simultaneously 470
sin 283
sincere 354
sink 188
sit 106
situation 289
size 260
skill 321
skip 202
slam 210
slap 336
sleep 201

slender 434
slide 22
slight 389
slip 202
sloppy 406
slot 278
slowly 472
smart 397
smash 177
smell 196
smooth 451
snap 199
sneaky 403
sneeze 87
so 482
soak 183
so-called 415
social 371
sole 351
solid 420
solve 82
sometimes 478
soon 482
sore 354
sorry 409
sort 279
soul 321
sound 137
source 231
spank 187
spare 45
speak 182
specialize 89
specific 439
spectacular 433
speculate 64
spell 196
spend 133
spill 198
spin 168
spirit 269
spite 255
split 104
spoil 194
sponsor 149
spot 278
spread 125
square 353
squeeze 88

stable 348	subject 261	tan 282
staff 339	submit 104	tap 336
stage 235	substance 227	task 330
stake 33	substitute 75	taste 256
stall 196	subtle 351	tax 341
stand 131	suburb 340	teach 173
stare 45	succeed 126	tear 141
start 114	such 449	tease 52
startling 446	suck 186	technical 368
starve 85	suddenly 468	tell 196
state 255	sue 77	temper 312
statistics 322	suffer 144	temperature 251
status 326	sufficiently 471	temporary 407
stay 153	suggest 118	tempt 113
steady 401	suit 107	tend 134
steal 192	sum 336	tender 434
steep 455	superficial 371	tension 285
stem 210	superior 438	term 336
step 337	supply 157	terrible 348
stern 445	support 116	terrific 439
stick 185	suppose 57	terrify 154
stiff 456	sure 355	territory 301
still 481	surface 224	thank 187
stimulate 65	surge 238	then 481
stink 188	surplus 326	theory 300
stock 327	surprise 54	therapy 299
stop 205	surround 137	thick 452
store 249	survey 297	thin 444
straight 389	survive 82	think 187
strain 283	suspect 96	thoroughly 465
strange 345	suspend 134	thoughtful 385
stray 152	suspicious 426	thread 305
streak 326	sustain 167	threaten 163
stress 325	swallow 209	thrill 198
stretch 176	swear 142	throw 209
strict 387	sweat 92	tie 31
strike 33	sweep 201	tight 390
stroke 239	sweet 387	tiny 405
strong 448	swell 197	tip 337
structure 251	swim 211	tired 417
struggle 36	switch 176	toast 280
stubborn 445	symbolize 89	together 477
study 153	sympathy 298	tolerate 67
stuff 339	symptom 335	tone 246
stumble 35		torment 274
stun 172	**T**	torture 251
stupid 420	tackle 36	toss 216
sturdy 401	take 32	totally 466
style 243	talent 271	touch 176
	talk 186	

색인

495

tough 450
trace 224
track 326
trade 231
traditional 375
traffic 340
tragedy 297
transfer 145
transform 213
translate 63
transmit 105
transportation 288
trap 200
trash 331
treasure 250
treat 91
tremble 34
tremendous 425
trial 317
trigger 145
trim 211
triumph 331
trivial 373
trouble 239
true 362
trust 122
try 161
tune 246
turn 171
typical 368

U

ugly 404
ultimate 358
undergo 221
understand 131
undertake 32
uneasy 409
union 284
unit 268
unite 72
universal 378
unknown 446
upset 388
upstairs 479
uptight 390
upward 473
urge 29
use 58
used 127

used 417
useful 384
usually 467
utterly 469

V

vague 361
valid 420
value 258
vanish 179
various 426
vehicle 240
verge 238
vertical 369
vice 226
victim 334
victory 300
view 338
vigorous 431
violent 395
virtually 468
vision 284
visit 106
visual 380
vital 378
vivid 420
voice 225
vote 73
vow 210
vulnerable 346

W

wait 103
wake 33
walk 187
wander 142
want 108
ward 310
warm 454
warn 170
warrant 270
wash 178
waste 74
watch 175
way 296
weak 452
wealthy 403
wear 141
weary 406
weep 201

weigh 176
weird 424
welcome 352
welfare 248
wet 388
wheel 320
whole 350
wicked 415
wild 421
willing 446
win 169
wind 137
wipe 43
wise 355
wish 181
wit 269
withdraw 206
withhold 130
wonder 143
work 329
worry 160
worth 451
worthwhile 350
wound 308
wrap 200
wreck 327
wrestle 37
wrinkle 241
write 72
wrong 449

Y

yell 197
yet 480
yield 128
youth 332

Z

zip 203